프랑스를 만든 나날, 역사와 기억

Ⅱ 현대 프랑스의 파노라마

프랑스를 만든 나날,
역사와 기억

이용재 외 지음 | 한국프랑스사학회 기획

II 현대 프랑스의 파노라마

푸른역사

책머리에

'특별한' 프랑스

프랑스는 특별한 나라인가? 누군들 자기 나라가 역사의 주역이자 선택된 땅인 양 여기지 않겠냐만은 프랑스인의 자부심은 유난스럽다. '프랑스 예외주의exception française'라는 표현은 이방인이 볼 때 국수주의 프랑스의 자기과시일 뿐이지만 프랑스인들은 프랑스 역사와 문화의 탁월성을 함축하는 말로 거리낌 없이 사용한다. 사실 프랑스는 세계 무대에서 주연 역할을 하기도 하고 세계사의 진로에 상당한 영향력을 행사하기도 했다. 프랑스는 서구 여느 나라들과는 달리 가열한 혁명이나 내전 등 거친 정치 변혁과 성패를 거듭하는 줄기찬 패권 투쟁으로 점철된 뜨거운 역사를 일구어 냈다. 유럽의 중심부, 교류와 통상이 오가는 지정학적 요충지에 자리 잡은 프랑스는 대서양에서 지중해 너머까지 폭풍우 치는 열강의 패권 투쟁에서 으뜸 자리를 놓치지 않았다.

　　로마제국의 속령 갈리아의 부침과 게르만족 프랑크왕국의 탄생, 중세 샤를마뉴제국의 팽창과 근대 절대왕정의 성쇠에 이르기까지 장구한 역사의 파노라마를 거치면서 조금씩 '프랑스 국가nation France'가 만들어졌다. 17세기 절대왕정 시대에 프랑스는 유럽의 선두에 우뚝 섰다. 유럽 열강이 아메리카와 아시아 대륙까지 세력을 뻗은 것은 16세기 대항해 시대 이후부터지만, 프랑스가 본격적으로 유럽에서 세계로 영향력을 확대하기 시작한 것은 18세기 후반 프랑스혁명 때부터라고 할 수 있을 것이다.

19세기 프랑스, '혁명'과 '제국'의 이중주

프랑스는 거친 혁명을 겪으면서 다른 나라들보다 앞서 현대사의 문턱을 넘어섰다. 구체제를 청산하고 프랑스혁명과 나폴레옹제국을 거쳐 현대에 이르는 과정 역시 매우 역동적이고 아주 강렬하다. 1789년 프랑스혁명은 자유·평등·우애라는 인류 보편의 가치를 내세우며 유럽을 넘어 아메리카 대륙으로 새로운 사상과 문화를 전파했다. 세계시민으로서의 보편의식을 고양한 혁명의 중심지라는 프랑스인의 자부심은 여기서 나온다. 프랑스는 1830년 7월혁명, 1848년 2월혁명 그리고 1871년 파리코뮌 노동자 봉기 등을 거치면서 왕정과 공화정 사이, 자유주의와 사회주의 사이를 넘나드는 진보정치의 실험장이 되었으며, 파리는 낭만주의에서 인상파 미술까지 유럽인들의 선망을 받는 문학과 예술의 본고장이었다.

하지만 이렇게 앞서가는 프랑스는 또한 제국의 건설과 문명화의 사명을 외치며 유럽 대륙을 넘어 북아프리카는 물론 멀리 아시아까지 식민 영토를 개척한 제국주의적 침탈의 견인차이기도 했다. 1830년 알제리 원정으로 시작된 식민지 쟁탈은 19세기 말~20세기 초 중동과 아프리카 지역으로, 아시아 인도차이나반도로 확대되었다. 제국의 팽창과 함께 프랑스의 문물이 해외 식민지는 물론 세계 전역으로 전파될 수 있었다. 적어도 19세기 이후 프랑스는 세계 무대를 좌우하는 강국 중 하나였으며, 프랑스 역사는 좋든 싫든 단순히 한 나라의 연혁이라기보다 인류의 공통 자산의 일부가 된 것이다. 세기의 전환점에서 프랑스는 드레퓌스 사건에서 정교분리 문제에 이르기까지 국론 분열의 위기를 잘 극복하고 잠시 번영의 세월 '벨에포크'를 누릴 수 있었다.

20세기 프랑스, 극단의 시대, 의혹의 세월

하지만 이러한 '혁명'과 '제국'의 영광, 프랑스의 이미지는 20세기에 두 차례 엄청난 세계 전쟁을 치르면서 빛이 바랬다. 제1차 세계대전의 결과 독일이 패하고 영국, 프랑스, 미국 등 연합국이 승리했으나, 유럽에는 '몰락'의 분위기가 감돌았다. 역사의 진보에 대한 믿음은 사라졌으며 극좌 공산주의와 극우 파시즘이 득세하고 민주주의 정치는 힘을 잃었다. 여기에 제2차 세계대전이 발발하자 독일의 침공을 막지 못한 프랑스는 항복의 굴욕을 맛보았다. 프랑스는 드골 장군의 '자유 프랑스'를 비롯한 레지스탕스 운동으로 독일을 꺾고 해방의 기쁨을 누리기는 했지만, 유대인 탄압 문제 등 전쟁이 남긴 후유증에 시달렸다.

전후 동서 냉전과 식민지 해방의 시대에 접어들어 프랑스는 더이상 유럽의 중심에 선 선도 국가의 지위를 누릴 수 없었다. 세계 무대는 미국과 소련의 양극체제에 의해 좌우되었으며, 영국과 프랑스 등 이른바 '제국주의 국가들'은 거대한 식민지 해방의 파고에 휩쓸려 후퇴와 쇠락의 길을 걸었다. 1954년 베트남 디엔비엔푸의 함락은 프랑스 식민제국 해체의 신호탄이었으며, 1962년 알제리의 독립은 지금도 식민잔재 청산과 관련해 프랑스 사회에 아픈 그늘을 던지고 있다. '68운동'의 물결 속에 젊은 세대가 역사의 무대에 등장한 1970년대 이후 프랑스는 탈국경, 다문화 시대에 접어들었다. '다양성 속의 통일성'unité dans la diversité이라는 슬로건은 사실 국경을 넘나드는 이주와 이민의 물결 속에서 여러 문화와 인종을 아울러야 하는 프랑스 사회의 고민을 내비치고 있다. 새천년의 문턱에서 프랑스는 인종 갈등과 종교 내전 등 새로운 도전에 직면해 있다. 21세기 벽두에 프랑스는 전통과 혁신을 결합해 새로운 미래상을 개척해야 할 역사의 전환점에 서 있는 것이다.

역사적 사건의 프리즘으로 보는 프랑스사

실로 프랑스는 다양하고 복잡하며, 그만큼 프랑스 역사는 풍부하고 활력이 넘친다. 정치와 사회, 종교와 문화가 국민공동체에 분리선을 그으면서, 그리고 이들 분열 요소가 때로 뒤엉키고 합해지면서, 역사의 변곡점을 만드는 숱한 사건들이 일어났다. 프랑스 역사의 역동성은 바로 이러한 분열과 화합의 변주곡에서 나온다고 할 수 있을 것이다. 프랑스대혁명 이후 현대의 길목에 접어들어서 좌파와 우파, 엘리트와 민중, 가톨릭과 이슬람, 토착인과 이주민 등등 실로 여러 갈등 국면을 거치면서 '공화국 프랑스'라는 합의된 정체성이 형성되었다. 이러한 갈등과 대립이 가져온 숱한 역사적 사건들의 파노라마가 프랑스 역사를 만들어 낸 것이다.

이 책은 기왕의 프랑스사 개설서와는 달리 사건 중심으로 구성되어 있다. 역사의 전환점을 장식한 중요 사건들이 차례로 배열되어 있다. 그렇다고 이 책은 단순히 사건의 연대기를 흥미 본위로 꾸며 낸 스토리텔링이 아니다. 한 국가의 역사를 주요 사건들을 매개로 구성한 것은 역사의 변곡점을 이루는 개개 사건들이 어떻게 서로 연결되고 이어받으면서 오늘날 프랑스라는 전체집합을 만들어 냈는가를 보여 주기 위해서다. 요컨대 이 책은 어떤 일률적인 관점에 따라 일관된 경로로 수렴되는 단순한 연대기식 개설서가 아니라, 개개 사건들에 대한 전공 저자들의 개성적인 필치와 해석이 녹아 있는 역사 평론이다. 이 책에는 18세기 말 프랑스대혁명부터 21세기 초 이민·인종 갈등까지 프랑스 근현대사의 가장 역동적인 장면들을 담은 역사 사건들 22개 항목이 나열되어 있다. 역사적 사건에 대한 면밀한 고증과 서술에 이어서 그 사건의 영향과 파급, 후대인의 평가와 해석이 뒤따른다. 요컨대 '역사'와 '기억'이라는 두 가지 렌즈를 통해서 사건을 재조명하고 새롭게 평가하는 것이다.

***

이 책은 프랑스사를 전공하는 동료 역사가들의 공동 저작이다. 한국프랑스사학회는 지난 몇 해 동안 '프랑스를 만든 나날les journée qui ont fait la France'이라는 기획으로 학술토론회를 열었으며 그 성과를 모아 책으로 묶었다. 앞서 나온 첫째 권은 기원전 로마령 갈리아 시대부터 18세기 절대왕정 시대까지를 다루었다. 이제 둘째 권은 프랑스대혁명에서 21세기 초반까지 현대 프랑스의 파노라마를 살펴본다. 첫째 권과 둘째 권 모두 항목의 선별과 내용 구성은 해당 주제를 공부한 동료 역사가들의 몫이다. 프랑스사 연구자들의 역량이 아낌없이 동원된 작품이라고 할 만하다.

　바쁜 세월, 무리한 요청에도 흔쾌히 집필에 참여해 준 필자들에게 감사한다. 여러 필자가 다양한 필치로 쓴 초벌 원고들을 정성껏 다듬느라 두 겹의 노고를 아끼지 않은 푸른역사 편집진에게도 고마운 마음을 전한다. 편집진의 꼼꼼한 길라잡이 덕에 겉도는 원고들이 깔끔한 책으로 탈바꿈했다. 이 책을 통해 프랑스의 역사와 문화에 대한 이해와 관심이 더 깊어졌다면 필자들에게 더 나은 보답은 없을 것이다.

2025년 5월
필자들을 대신해서
이용재

차례 | 프랑스를 만든 나날, 역사와 기억

1 혁명과 제국의 서사시

01
1789년 7월:
바스티유 습격, 혁명의 깃발을 올리다!

박윤덕

바스티유와 프랑스혁명

1789년 7월 14일 화요일 오후, 파리 동쪽 센강 우안에 자리한 바스티유 요새에서 총격전이 벌어져, 그곳을 지키고 있던 로네이 후작을 비롯한 군인 7명을 포함해서 100여 명의 사망자가 발생했다. 이는 6월 17일 삼부회 제3신분 대표들이 '국민의회Assemblée Nationale'를 자처하고 나섬으로써 혁명이 시작된 이래 첫 번째 희생이었다. 이 사건은 그 정치적 반향으로 보나 그 역사적 의미로 보나 프랑스사뿐 아니라 세계사에서도 전례가 없는 것이었다. 그날의 총성은 세계사의 흐름을 결정적으로 바꾸어 놓은, 새로운 시대의 도래를 알리는 신호탄이었다.

그렇기에 한때 프랑스 역사가들은 현대사의 기점을 1789년으로 잡았는데, 아마도 그 365일 가운데 가장 결정적인 순간이 7월 14일일 것이다. 현재 프랑스는 이날을 국경일로 기념한다. 샹젤리제 거리를 행진하는 자랑스러운 국민의 군대를 지켜보면서 공화국의 기치 아래 하나 된 국민임을 되새기고, 4만여 개 코뮌마다 무도회를 열어 이를 경축한다. 고드쇼가 보기에,[1] 바스티유 정복은 그 결과로 프랑스에 국민적 성격을 부여한 것이 아니라, 이미 사건의 진행 과정에서부터 국민적이었다. "바스티유의 정복자들"은 대부분 장인, 노동자, 가난뱅이 등 서민이었다. 이들은 "계급적 연대"의 토대 위에 유산자인 선거인들의 지휘 아래 합심, 협력했다. 뿐만 아니라, 전국 각지에서 자생적으로 결성된 민병대가 서로 연대함으로써 바스티유 함락은 "진정으로 국민적 반란의 절정"이 되었다. 1790년 7월 14일 바스티유 함락 1주년에 파리에서 거행된 연맹제Fête de la Fédération가 그 증거다.

또한 "파리의 혁명은 고립된 사건이 아니라, 매우 중요한 하나의 매듭, 하지만 1787년에 시작되었고 7월 14일 이후에도 계속된 혁명적 사건들의 연쇄 속에서도 마찬가지로 중요한 하나의 매듭"이라고 고드쇼는 평가했다. 다시 말해서, 1787년 이후 지방에서 발생한 폭동들이 없었다면 7월 14일의 사건은 발생하지 않았을 것이고, 바스티유 함락이 없었다면 1789년 7~8월의 농민혁명도 없었을 것이다. 뤼데는 이러한 관점에 동의하면서, 바스티유 함락의 역사적 의의를 제대로 파악하려면 그 사건을 "고유의 맥락 속에 자리매김해야 하고, 그렇게 함으로써 이 사건을 1789년 7월의 정치적 사건들과 연결할 뿐만 아니라, 이 드라마에 참여했던 파리 시민 수천 명의 관점에서 볼 수 있다"고 강조한 바 있다.[2] 이제 뤼데의 조언에 따라 7월 14일의 사건을 되새겨 보자.

국민의회의 반란

각지에서 모인 삼부회 대표들은 1789년 5월 2일 베르사유에서 신분별로 국왕을 알현하고, 5월 4일 생루이 교회에서 낭시 주교 라 파르La Fare가 집전한 미사에 참석함으로써 공식 일정을 시작했다. 애초에 이날로 예정되었던 삼부회 개회식은 5월 5일 화요일에 거행되었다. 오전 9시 국왕의 개회 선언에 이어 예복을 차려입은 세 신분의 대표들이 의전 순서에 따라 회의장에 들어와 지정된 자리에 앉았다. 그 자리는 "1614년의 규칙에 따라, 신분별로" 바이아쥬bailliage* 순서대로 배치되었다. 개회식은 1614년의 삼부회처럼 엄격하게 신분 구별을 유지한 채 진행되었다. 재정 상태의 심각성에 우려를 표명하는 국왕의 연설, 국새상서 바랑탱Barentin의 무미건조한 연설에 뒤이어, 재무총감 네케르Necker가 재정 상태에 대해서 무려 세 시간에 걸쳐 상세하게 보고했다. 제3신분 대표들은 지루하게 계속된 연설에서 그들이 듣고 싶은 내용을 찾을 수 없었다. 세 사람 모두 재정 문제만 언급할 뿐, 개혁 전망이나 정부의 정치적 양보에 대한 언질도, 신분별 표결인지 머릿수 표결인지에 대한 언급도 없었다.

국새상서 바랑탱은 대표들에게 "국왕이 지정한 중요한 문제들을 다루기 위해서, 의원 자격심사를……최대한 신속하게 끝내 줄 것"을 요청했지만, 실망한 제3신분 대표들은 바로 다음 날 "신분별 회의 구성에 반대"하기로 결의했다. 5월 6일 오전 9시에 지정된 회의장에 모인 제3신분 대표들은 오후 2시 30분까지 특권계급 대표들을 기다렸으나 그들은 오지 않았다. 이미 별도의 회의장에서 각각 회합한 성직자와 귀족 대표들이 의원 자격심사를 신분별로 진행하기로 결의했기 때문이다. 제3신분 대표들은 미라보 백작의 의견을 좇아 "자격이 검증되지 않았으므로 대표들은 삼부회에 출두한 개인들의 모임"일 뿐이며, "아직 유효한 권능이 없다"라고 확인했다. 따라서 평민 대표들은 "제3신분에게 전달된 서신들을 개봉하지 않을 것"이며, 특권계급 대표들에게 "신분별 회의 체제의 모순과 불합리, 분열의 위험에 대해

---

* 지방 행정 기구로 삼부회 선거의 단위였다.

깊이 생각할 시간을 주어야 한다"라고 주장했다.

   그 숙고의 시간은 제3신분의 지연작전으로 말미암아 생각보다 많이 길
어졌다. 평민 대표들은 "다른 두 신분이 합법적으로 구성되었다는 것을 확
인하는 것이 중요하므로, 자격심사는 합동으로 이루어져야 한다"라고 주
장했다. 속기록도, 운영 규정도 마련하지 않고 의장도 선출하지 않은 채
원 구성을 회피했다.*

   5월 11일, 귀족 대표들이 자격심사를 마치고 귀족원을 구성하자, 하급
성직자 대표들의 요청으로 세 신분 대표들의 회동이 성사되었지만, 협상
은 합의에 이르지 못하고 5월 25일 중단되었다. 귀족은 역사적 선례를 내
세우며 신분별 회의와 자격심사를 고집했고, 제3신분은 이성과 자연법을
내세우며 그에 반대했기 때문이다. 5월 28일, 루이 16세는 대신들의 입회
아래 협상을 재개하라고 요청했다. 6월 4일, 네케르는 의원 자격심사를 신
분별로 진행하고 그 결과를 다른 두 신분에 통보하는 방안을 제시하면서,
합의가 이루어지지 않으면 국왕이 결정할 것이라고 압박했으나, 귀족의
반대로 협상은 결렬되었다. 바로 그날, 왕세자 루이Louis-Joseph가 일곱 살
의 나이로 사망했다.**

   6월 10일, 시에예스Sieyès는 평민 대표들이 "너무 오랫동안 아무것도 하
지 않고 있는 것은 그들의 의무와 유권자의 이익을 저버리는 것"이므로 이

* 영국을 본받아 '하원communes'을 자처한 평민회는 가장 나이가 많은 연장자가 임시 의장으
로, 연장자들 가운데서 선임된 보좌역 4~6명의 도움을 받으면서 진행되었다. 5월 6일, 아미앵
Amiens 바이아주의 제3신분 대표인 르루Leroux(1716~1793)가 임시 의장을 맡았다. 5월 25일, 평
민회는 8일마다 임시 의장을 교체하기로 결의하고, 6월 1일 다이이D'Ailly(1724~1800)를 만장일
치로 선출하였으나, 이틀 뒤 건강상의 이유로 사퇴하였다. 6월 3일, 파리의 제3신분 대표인 바
이이Bailly(1736~1793)가 임시 의장으로 선출되었다.
** 6월 8일, 성직자, 귀족, 평민 대표들로 구성된 삼부회 대표단이 왕세자의 시신이 안치된 무동
Meudon 성으로 조문하였다. 6월 13일 "왕위 계승자로서 국가적 인물"인 왕세자가 공식적인 장례
절차 없이 매장되었다. 국왕은 애도 기간을 요청했으나, 제3신분 대표들은 받아들이지 않았다.

[그림 1-1] 〈삼부회 개최〉, 오귀스트 쿠데Auguste Couder 작, 1839. 1789년 5월 5일, 베르사유에서 삼부회가 개최되었다. 정면 위쪽에 국왕 루이 16세가 앉아 있고, 국왕의 왼쪽에 귀족(제2신분)이, 오른쪽에 성직자(제1신분)가, 정면 가운데 제3신분의 대표가 앉아 있다.

[그림 1-2] 〈구희장 선언〉, 자크루이 다비드Jacques-Louis David 작. 제3신분 대표들은 6월 20일 국민의회 회의장이 폐쇄되자 구희장에 모여 "결코 해산하지 않을 것"이라고 선언했다.

제 무기력에서 떨쳐 일어나야 한다고 주장했다. 그의 제안에 따라, '평민회 Assemblée des communes'는 "의회 일원이 될 권리, 즉 국민의 대표로서 표결할 권능을 가진 자들이 사전에 서로를 인정하지 않은 채 의회를 구성할 수는 없으므로, 자격심사를 위해 귀족과 성직자 대표들을 삼부회 회의장에 소환"해서 모든 대표를 바이아주 순서에 따라 개별적으로 호명呼名하고, 응답이 없는 경우 궐석으로 처리할 것이라고 최후통첩을 보내기로 했다. 6월 12일, 최후통첩이 성직자와 귀족 대표들에게 전달되었고, 평민회는 오후 7시부터 알파벳 순서에 따라 아장Agen 세네쇼세sénéchaussée*를 시작으로 세 신분 대표 전원에 대한 호명을 시작했다.

6월 13일 토요일, 특권계급 진영이 와해하기 시작했다. 푸아투Poitou 세네쇼세 대표들의 이름이 호명될 때, 3명의 성직자 대표가 응답하고 위임장을 제출했다. 박수갈채 속에 잘레Jallet가 그들을 대표해서 다음과 같이 말했다. "여러분! 오늘 몇 명의 푸아투 성직자 대표가 합동회의장에 왔습니다. 우리는 다른 두 신분 대표들의 위임장을 확인하고, 우리의 수임장을 제출하려고 여기에 왔습니다. 그렇게 의원 자격을 검증하고 인정받음으로써 국민은 마침내 진정한 대표들을 갖게 될 것입니다." 호명은 14일 오전 1시 30분경 종료되었지만, 귀족 대표는 한 명도 나타나지 않았다. 6월 14일, 그레구아르Grégoire 신부를 따르는 6명이, 16일에는 10명의 성직자 대표가 평민회에 합류했다.

6월 15일 월요일, 시에예스는 "의원 자격심사가 완료되었으니, 즉각 의회 구성에 착수하자"고 제안했다. 그에 따르면, "의원 자격심사 결과, 이 모임은 적어도 국민의 96퍼센트가 직접 파견한 대표들로 구성된 것이 확실하기 때문이다." 대표들은 격렬한 토론 끝에 6월 17일 '의회 구성에 관한 선언'을 채택하면서, 그 의회를 '국민의회'로 부르기로 결의했다. 또한 "국민의회가 명시적이고 공식적으로, 그리고 자유롭게 동의하지 않은 모든 종류의 조세 징수는 왕국의 모든 지방에서 완전히 중지될 것"이고, "국민의회가 공채에 대한 심사와 안정화를** 직접 챙길 것"이라고 선언했다. 따라서 "이 제부터 국가의 채무자들은 프랑스 국민의 명예와 신의의 보호 아래 놓일 것"이다. 이는 국민의회를 자처한 제3신분 대표들이 과세 동의권과 공채 발행에 대한 심사권을 행사하겠다는 것으로, 왕권에 대한 명백한 도전이자 반란이었다.

6월 19일, 성직자원은 149대 127로 "신분을 구별하기만 한다면, 의원 자 격심사를 합동으로 할 수 있다"고 결의했지만, 고위 성직자 대표들은 왕세 자 사망 후 마를리에 머물고 있던 국왕에게 달려가 도움을 요청했다. 귀족 대표들은 합동심사를 저지하기 위해서 국왕에게 항의서를 제출했다. 네케 르도 정부의 개입이 필요하다고 판단했다. 이튿날, 정부는 제3신분의 결의 를 반대하기보다는 무시하기로 하고, 평민과 성직자 대표들이 회합하지 못하도록 회의장을 폐쇄했다. 국왕참사회는 6월 22일 국왕이 참석하는 삼 부회 전원회의를 공지했다.

6월 20일 토요일 오전 9시, 국민의회 대표들은 "6월 22일 국왕이 참석할 회의를 준비하기 위해서 회의장 출입을 막으라"고 지시받은 병사들에게 가 로막혀 회의장에 들어가지 못했다. 이에 인근의 구희장Jeu de Paume에 모인 대표들은 "왕국의 헌법이 제정되어 확고한 토대 위에 설 때까지 결단코 해 산하지 않고, 필요하다면 어디에서라도 회합할 것"을 엄숙하게 맹세했다. 이제 제3신분 대표들의 반란은 노골적이고 공공연한 것이 되었다.

네케르는 제3신분 대표들을 진정시키기 위해서 6월 22일의 어전御前회 의를 준비하면서 재정적 평등을 확립하고, 모든 국민에게 공직을 개방하

---

* 지방 행정 기구로 삼부회 선거의 단위였다.
** 상환이 임박한 채무를 장기 공채로 전환하는 것을 말한다.

며, 장차 소집될 삼부회에서 머릿수 표결을 허용하자고 제안했다. 그 대신 국왕은 의회가 양원으로 구성되고 국왕에게 행정권과 법률 비준권을 보장한다는 조건에서만 이를 받아들일 것이라는 타협안을 마련했다. 특권계급의 권리와 재산에 관한 문제는 신분별 표결에 부친다는 조건도 추가되었다. 국왕은 주저하면서 결정을 내리지 못했고, 어전회의는 23일로 연기되었다. 6월 21일, 루이 16세는 왕제王弟들의 국왕참사회 참석을 허용했는데, 왕비 마리 앙투아네트와 아르투아Artois 백작 주변에 모인 궁정파는 네케르를 해임하고 무력 시위를 통해서 국민의회를 제압하자고 주장했다. 국왕은 여전히 망설였다.

6월 23일의 어전회의는 매우 삼엄한 분위기 속에서 진행되었다. 회의장 주변에 바리케이드가 설치되었고, 근위대 병사들이 배치되어 일반인의 접근을 막았다. 특권계급 대표들이 먼저 입장을 마칠 때까지, "국민의회 의원들은 비를 맞으며 1시간 이상을 기다려야 했다." 루이 16세는 불만에 가득 찬 대표들 앞에서 총 50개 조항을 담은 2개의 선언을 발표했다. 국왕은 조세와 공채에 대한 삼부회의 동의권을 인정하고, 지방 삼부회의 권한을 보장하며, 개인과 언론의 자유를 보호하겠다고 다짐했다. 또한 광범한 개혁 조치들이 삼부회에서 논의될 것이라고 약속했으나, 세 신분의 분리 회합은 온전하게 유지되어야 하고, 따라서 "6월 17일 이후에 이루어진 제3신분의 결정들은 불법적이고 위헌적"이라고 선언했다(제1조). 또한 제7조와 제8조에서, 신민 전체에 관한 문제는 세 신분이 합동으로 토의할 수 있지만, "세 신분의 전통적 권리들, 다음 삼부회의 구성 방식, 영주의 봉건적 권리들, 특권계급의 물적 부과조와 명예적 특권에 관한 문제들"은 그 대상이 될 수 없음을 분명히 했다.*

국왕은 발표를 마치면서 다음과 같이 제3신분 대표들을 겁박했다. "여러분이……짐을 저버린다면, 나는 혼자서라도 내 신민을 행복하게 만들 것이고, 나만이 그들의 진정한 대표라고 생각할 것이오.……나는 도달하고자 하는 목표를 향해 용감하고 단호하게 나아갈 것이오. 짐의 승인이 없이는 대표 여러분의 어떠한 조치도 법적 구속력이 없다는 것을 명심하시오. 여러분에게 명하노니, 즉시 해산하고 내일 아침부터 각 신분에 할당된 회의실에서 회의를 속개하시오!" 귀족과 고위 성직자 대표들은 퇴장하는 국왕의 뒤를 따랐지만, 국민의회 의원들과 상당수의 하급 성직자 대표들은 의전장 브레즈Dreux-Bréze가 국왕의 명령을 상기시켰음에도 전혀 움직이지 않았다. 미라보 백작은 그에게 소리쳤다. "당신을 보낸 자들에게 전하시오. 우리는 인민의 의지에 따라 여기에 있는 것이오. 이 자리에서 우리를 쫓아내려면, 당신은 무력 사용을 요청해야 할 것이오. 우리는 총검의 힘이 아니면 이 자리를 떠나지 않을 것이기 때문이오!" 라파예트를 비롯한 일부 귀족 대표들은 국왕의 명령을 받고 회의장에 진입한 근위대 병사들에 맞서 칼을 빼어 들 태세였다.

국왕의 개입은 역효과만 내서 간신히 버티고 있던 제방을 무너뜨려 버렸다. 6월 24일 성직자 대표 대부분이 국민의회에 합류했고, 이튿날, 오를레앙 공작이 이끄는 귀족 대표 47명도 대세를 따랐다. 결국 루이 16세는 6월 27일 성직자와 귀족 대표들에게 "지체없이 다른 두 신분 대표들과 회합할 것"을 촉구하지 않을 수 없었다. 국민의회 의장 바이이는 이날 회의 종료 직전, 성직자와 귀족 대표들을 맞이하면서 다음과 같이 결정했다. "세 신분 통합의 날은 기쁨과 환희의 날입니다. 이처럼 감동적인 순간에 일을 해

* 루이 16세는 두 번째 선언 〈국왕의 의도에 관한 선언Déclaration des intentions du Roi〉 제12조에서 "십일조, 토지세, 지대, 봉건적·영주적 권리와 의무, 실질적이든 명예적이든 토지와 봉토에 결부된 또는 인신에 관한 모든 권리와 대권을 포함한 모든 재산이 예외 없이 존중될 것"이라고 명시함으로써 구체제를 유지하겠다는 의지를 명확하게 밝혔다. 첫 번째 선언은 〈현재 소집된 삼부회에 관한 국왕의 선언Déclaration du Roi, concernant la présente tenue des Etats généraux〉이다.

서는 안 될 것입니다." 그는 6월 30일 화요일에 본회의를 재개하기로 하고 산회를 선포했다. 국회 의사록 편집자가 이날 회의록 끝에 "삼부회 종료Fin des Etats généraux"라고 명기하고, 6월 30일의 회의록을 "국민의회"라는 제목 아래 새로운 페이지에서 시작했듯이, 이제 프랑스의 역사는 국민의회 이름 아래 새로운 장을 열었다.

　이처럼 제3신분은 완강하고 단결된 저항과 투쟁으로 국왕의 항복을 받아냈다. 항복의 대가는 쓰라린 것이었다. 일부 귀족 대표들은 기속위임羈屬委任mandat impératif의 원칙*을 내세우며 국민의회의 의결에 참여할 권능이 없다고 주장하면서 반발했지만, 국민의회는 귀족과 성직자 대표들로부터 출석 신고를 받음으로써 완전체로서 원 구성을 완료했다. 국민의회는 7월 7일 헌법위원회를 구성하고, 이틀 뒤 스스로 제헌의회Assemblée constituante임을 선언했다. 이제 국민의회는 국왕에 맞서 입법부로서 막강한 권위와 국민의 지지를 누리게 되었다. 국왕은 헌법을 받아들임으로써 의회의 통제 아래 놓이게 될 것이고, 구체제는 새로운 입법자들에 의해서 차례차례 해체될 것이었다.

파리 시민의 봉기

루이 16세는 국민의회와 정면충돌을 피했지만, 자신의 권력을 지키기 위해서 군대를 동원하기로 결심한 것처럼 보인다. 마티에에 따르면,[3] 국왕은 6월 26일, 즉 세 신분 합동회의를 허용하기 하루 전, 수도 인근에 주둔한 2만

---

* 수임자인 의원이 본인의 양심과 판단이 아니라, 권한 위임자인 유권자의 뜻에 따라 표결해야 한다는 원칙으로, 현재 이 원칙이 적용된 사례로는 미국 대통령 선거인단 투표가 대표적이다.

여 명의 병력을 비밀리에 소집해 놓고, 의심을 피하려고 성직자와 귀족 대표들에게 제3신분과 합류하라고 촉구했다. 아르투아 백작을 통해서, 두 신분의 의장에게 위험에 처한 국왕의 목숨을 구하기 위해서 그렇게 해야 한다고 전했다는 것이다. 군 부대가 파리와 베르사유 주변으로 이동하는 것을 목격한 많은 사람이 군대의 개입을 걱정했지만, 실제로 6월 하순에 다시 소요가 확산하고 있었기 때문에 군대 이동의 명분은 충분했다.

삼부회가 열린 5~6월에는 프랑스 전역에 걸쳐 소요가 거의 없었다. 175년 만에 소집되어 "큰 희망"을 불러일으킨 삼부회에 모든 시선이 집중되었기 때문이다. '적어도 가난한 자들의 고통을 줄여 주기 위해서 무엇인가를 할 것!'이라는 기대 속에 말이다. 1788~1789년의 혹독한 겨울을 지내고 나서 극심한 기근과 물가고 때문에 춘궁기가 시작하는 3~4월에만 100여 건의 식량 폭동이 발생했다. 생계 불안은 영주 부과조와 국세에 대한 불만도 증폭시켰기 때문에, 남부의 프로방스 지방을 중심으로 반봉건 폭동도 20여 건 발생했다. 파리에서는 4월 27일 생탕투안 지구의 노동자와 서민들이 "부자에게 죽음을!", "특권계급에게 죽음을!", "투기꾼에게 죽음을!"이라고 외치며 시청으로 행진했다. 시청 광장에서 왕립 벽지공장 사장인 레베이옹Réveillon의 허수아비를 불태우고 그의 공장과 저택을 공격했다. 진압 과정에서 12명의 병사를 포함해서 수십 명의 사망자와 수백 명의 부상자가 발생했다.

제3신분과 국왕 정부의 대립은 정치적 소요를 부추겼다. 이미 6월 22~23일 밤 베르사유에서 네케르를 지지하는 시위대가 왕궁을 침범했는데, 프랑스 근위대 병사들은 군중을 향해 발포하라는 콩티Conti 공의 명령을 따르지 않았다. 삼부회에 보낼 제3신분 대표를 선출함으로써 그 임무를 다한 파리의 선거인 407명은 6월 28일부터 파리시청에서 비합법적으로 회합하기 시작했고, 오를레앙 공작 소유의 팔레 루아얄Palais Royal에는 반정부 시위대 수천 명이 매일 밤 모여들었다. 6월 29일, 파리 선거인회는 부르주아 민병대를 조직하기로 뜻을 모았고, 이튿날 팔레 루아얄에 집결한 4,000여 명의 군중은 6월 22일 밤 베르사유에서 항명 혐의로 인근 수도원에 투옥되어 있던 근위대 병사 11명을 풀어 주었다. 7월 1일, 파리의 대표단이 국민의회에 나와 국왕에게 이 병사들의 사면을 주청해 달라고 요구했으나, 이틀 뒤 국왕은 파리 대주교를 통해서 "6월 30일 밤……폭력을 사용해서 병사들을 석방한 것은 처벌받아 마땅"하고, "국민의회 역시 수도의 질서 회복을……중요하게 생각할 것"이라면서 받아들이지 않았다.

출판업자 아르디에 따르면,[4] 이미 6월 3일 폭동에 대비하기 위해서 "독일·헝가리 병사들로 편성된, 오스트리아 왕가의 인척이자 왕비의 총애를 받는 에스테라지Estérasi 백작의 연대가 생탕투안 지구에 진주했다. 6월 말 7월 초 사이에 적어도 보병 연대 13개, 기병 연대 3개, 그리고 2개 포병 대대가 파리 주변으로 이동 배치되었는데, 카롱Caron의 추산에 따르면, 브로글리 원수의 지휘 아래 총 2만 명의 병력이 파리 인근에 집결했다. 7월 7일, 독일 기병 연대가 불로뉴 숲에, 스위스 근위대 4개 연대가 파리 시내의 샹드마르스에 배치되었다. 8일에는 프로방스 보병 연대가 생드니에 자리 잡았고, 정오경에는 앵발리드에 포대가 설치되었다. 그날 오후 6시에 국민의회 대표단이 국왕을 찾아가 군대 철수를 요구했다. 7월 9일에도 국민의회는 모든 의원이 기립한 채 절박한 심정으로 국왕에게 병력 철수를 요구하는 성명을 발표했다. 7월 11일, 루이 16세는 병력 집결은 무질서를 방지하고 의회 활동의 자유를 보장하기 위한 것일 뿐이라고 해명했지만, 의심과 우려를 해소하지는 못했다.

정치적 긴장이 최고조에 달한 가운데 극심한 물가고 때문에 입시세octroi*에 대한 불만이 임계점을 넘어 자연발생적으로 폭발하기 시작했다. 7월 9~10일 밤, 몽마르트 입시장벽** 근처에서 자선 작업장의 노동자들이 가택수색 중인 징세 청부업자의 세리들을 몰아냈다. 10일 밤, 파피용에서는 세리들이 돌팔매질을 당했고, 이튿날 아침에는 수백 명의 군중이 곡괭이, 삽, 짱돌을 들고 "제3신분 만세!"를 외치며 생마르탱 입시초소로 몰려가 사무실을 허물어 버렸다. 그날 밤, 생조르주와 트루아프레르의 입시장벽뿐 아니라 시내의 생라자르 거리에 있는 입시세 사무소가 불길에 휩싸였다. 10일 파리 북동쪽에서 시작된 입시장벽 파괴는 12일 오후 파리 전역으로 확산하여 자정 무렵에는 54개 입시장벽 가운데 40개가 파괴되었다.

파리의 소요사태가 격화하는 가운데, 루이 16세는 7월 11일 토요일 국새상서를 통해서 국민의회의 병력 철수 요청에 답하면서 다음과 같이 발표했다. "파리와 베르사유에서 벌어진 무질서와 파렴치한 행위를 모르는 사람은 없다.……수도와 주변 지역의 질서를 회복하고 유지하기 위해서 '왕권에 속한 수단들'을 사용할 필요가 있다. 파리 주변에 병력을 배치한 것도 바로 이 때문이다.……하지만 군 병력의 존재가 여전히 불안을 초래한다면, 짐은 '삼부회'의 요구에 따라 그 병력을 누아용이나 수아송으로 이동시키겠다. 그럴 경우, 짐은 '콩피에뉴에 가 있을 것이고, 의회와의 소통을 유지할' 것이다." 웅성거림 속에 몇몇 의원은, 사실상 병력 철수를 거부하며 국민의회를 조롱한 국왕을 비난하고 공격했다.

수세에 몰렸던 루이 16세가 반격을 결심한 것인가? 사실, 6월 23일 어전회의 이후 궁정 쿠데타에 관한 소문이 나돌았다. "네케르가 자신을 추방하려는 음모를 간파하고 사표를 제출했는데, 베르사유를 떠나지 않는다는 조건으로 수리되었다"는 둥, "콩데Condé 공을 총사령관으로, 콩티 공을 총리로 하는 새로운 내각이 구성되었다"는 둥, '바이아주당 1명의 의원을 체

---

* 도시의 시장에 진입한 상품에 부과되는 간접세.
** 입시세 징수를 위해 설치된 차단 장벽.

포해서 인질로 바스티유에 투옥할 것'이라는 둥, 흉흉한 소문이 끊이지 않았다. 7월 3일, 팔레 루아얄에서는 "귀족들의 암살 기도에 노출된 제3신분 대표들이 구조를 요청했다"고 떠들어 댔고, 파리 주재 작센 대사인 살무르 Salmour 백작은 7월 9일 자 보고서를 작성하면서, 데프레메닐D'Eprémesnil 이 입안한 계획에 따라 "삼부회를 무력으로 해산하고, 네케르와 몇몇 주동적인 의원을 체포해서 반역죄로 처형할 것"이라고 적었다. 7월 10일에는 국왕이 참석한 왕족들의 모임에서 '과격한 조치들'이 토의되었다는 소문이 퍼지는 가운데, 반혁명의 수장으로 여겨지던 브르퇴이Breteuil 남작이 장시간 국왕과 독대했다.

　7월 11일, 병력 철수를 거부한 바로 그날, 국왕은 비밀리에 개각을 단행

[그림 1-3] "카미유 데물랭이 팔레 루아얄에 모인 군중 앞에서 연설하고 있다." 오노레 도미에Honoré Daumier 작, 1850.

했다. 재무총감 네케르를 해임하여 국외로 추방하고, 브르퇴이 남작을 재무참사회 의장 겸 총리로 임명했다. 국새상서 바랑탱은 유임되었지만, 네케르를 지지했던 외무대신 몽모랭Montmorin과 육군대신 퓌세귀르Puységur도 해임되고 라보기용La Vauguyon 공작과 브로글리 원수로 교체되었다. 네케르 해임 소식은 12일 일요일 오전 파리에 알려졌는데, 그에 대한 반응은 격렬했다. 국가 파산에 관한 소문이 돌았고, 투자자들은 항의 표시로 거래소 폐쇄를 결의했다. 곡물 거래 규제를 복원했던 네케르의 해임은 서민들에게는 기근을 의미했고, 그를 개혁의 상징으로 생각했던 반정부 인사들에게는 친위 쿠데타가 시작되었음을 알리는 신호탄이었다. 정오 무렵 데물랭Desmoulin이 팔레 루아얄에 모인 군중에게 무장을 촉구했다. "시민 여러분! 국민은 네케르의 유임을 요구했지만, 그를 내쫓았습니다. 이보다 더 무례하게 여러분을 무시할 수 있습니까? 앞으로 그들은 무슨 짓이라도 할 것입니다. 오늘 밤, 그들은 애국파의 생바르텔르미를* 모의하고, 아마도 실행할 것입니다. 무기를 듭시다! 무기를 듭시다!"

상가와 극장이 문을 닫았고, 오후 내내 군중이 시내를 돌아다니며 구호를 외치고 시위를 벌였다. 네케르와 오를레앙 공작의 흉상을 들고 튈르리 궁 앞에 나타난 시위대를 해산하기 위해서 랑베스크Lambesc 공의 독일 기병 연대가 출동했고, 오후 5시경 루이 15세 광장에서 시위대와 충돌했다. 여러 명의 부상자 가운데 사망자가 발생했다. 경종이 울리는 가운데 사람들이 무기를 찾아다니며 귀족의 저택을 약탈하고 바리케이드를 설치했다. 밤 10시경 스위스 근위대가 샹젤리제로 진입하려다가 시위 군중에 밀려 샹드마르스로 물러나지 않을 수 없었다. 13일 아침까지 밤새 소요가 계속

* 프랑스 종교전쟁 시기 국왕 정부가 파리에 모인 신교도들을 학살한 사건을 지칭하는 것으로, 루이 16세 정부가 애국파를 그처럼 학살할 것이라고 경고하는 것.

되었다. 곳곳에서 입시장벽이 불탔고, 생라자르 수도원과 무기상들이 약
탈당했다. 아침 8시, 파리 선거인회가 시청에 모여 상임위원회를 설치하고
민병대 조직을 결의했다. 위원장에는 상인조합장 플레셀Flesselles이 추대되
었고, 민병대에는 "잘 알려진 시민들"만 소집되었다*. 민병대 창설에 따라
무장의 필요성이 제기되었는데, 오후 5시에 파리시 대표단이 앵발리드에
가서 무기를 요구했다. 국민의회는 개의하자마자 해임된 대신들에게 "존
경과 유감의 뜻"을 표하면서 국왕에게 항의하기 위해 대표단을 파견했다.
또한 대신과 문무 관리들에게 "국민의 권리와 의회의 법령에 반하는 모든
행위에 책임을 져야 한다"라고 경고했다. 이날 프랑스 근위대는 파리에서
철수하라는 명령을 거부함으로써 민중의 편으로 돌아섰다.

7월 14일 아침에도 무기와 탄약을 달라는 요구가 빗발쳤다. 앵발리드 사
령관 송브뢰이Sombreuil 후작의 보고에 따르면, 10시경 7,000~8,000명의
군중이 앵발리드로 몰려가 3만 정 이상의 소총과 대포를 탈취했다. 그 가
운데 적어도 소총 1만 2,000정이 "위험한 사람들"의 수중에 들어갔는데,
이제 탄환과 화약을 찾기 위해서 "바스티유로!"라는 외침이 커졌다. 거의
같은 시각, 파리 선거인회는 바스티유 사령관 로네이 후작에게서 보관 중
인 화약을 넘겨받고 성벽에서 대포를 철수하도록 요청하기 위해서 대표단
을 파견했다. 앵발리드에서 탈취한 소총으로 무장한 시민들이 몰려와 크
게 불어난 군중이 요새 밖에서 초조하게 기다리는 가운데, 11시 30분경 군
중을 향해 대포가 방렬放列되고 요새가 공격받으면 발포할 것이라는 경고
가 나왔다. 이때 인근의 라퀼튀르 지구에서 보낸 두 번째 대표단이 요새 안

* 민병대는 외부의 군사적 위협과 내부의 무정부 상태로부터 수도를 지키기 위해서, 60개 선거구에서
재산과 거주 자격 요건을 갖춘 자를 800명씩 차출했는데, 실업자와 부상자뿐 아니라 임금노동자도
사실상 배제되었다.

으로 들어갔다. 두 번째 대표단의 튀리오Thuriot de la Rozière는 아무 말도 하지 않은 채 지구로 돌아가, 사령관이 항복을 거부했지만 대포를 뒤로 물리고 공격받지 않으면 발포하지 않겠다고 약속했다고 전했다.

혼란이 계속되는 가운데 튀리오가 떠난 지 30분 뒤, 두 사람이 성벽을 기어올라 도개교를 내렸다. 1시 30분경 군중이 요새 안으로 진입하자, 공격이 임박했다고 확신한 로네이는 발포 명령을 내렸다. 격렬한 총격전 끝에 98명이 사망하고 73명이 부상했다. 분노한 시민들이 "반역!"이라고 외치며 요새를 포위하고 피의 복수를 요구했다. 그런데도 시청의 상임위원회는 협상을 포기하지 않았다. 2시와 3시에 세 번째, 네 번째 대표단이 요새 진입을 시도하다가 총격을 받고 물러났다. 3시 30분경 휠랭Hulin이 이끄는 프랑스 근위대가 앵발리드에서 탈취한 대포 5문을 끌고 요새 앞에 나타나자 군중이 다시 바스티유를 공격했다. 5시경 더는 버틸 수 없다고 판단한 로네이 후작은 수비대 병사들에게 위해를 가하지 않는다는 조건으로 항복했다. "도개교가 내려졌고, 바스티유는 함락되었다." 그 와중에 110명의 수비대 병사 가운데 6명이 분노한 시민들에 의해 살해되었다. 사령관

[그림 1-4] 로네이 후작 압송.
수비대 사령관 로네이 후작이
군중에게 사로잡혀 압송되는 중
살해되었다.

로네이는 시청으로 끌려가는 도중에 살해되어 효수되었다. 무기를 배포하지 않으려고 민중을 속인 플레셀도 똑같은 운명을 맞았다.

바스티유 함락의 여파

일화에 따르면, 루이 16세는 바스티유 함락 사실을 이튿날 아침에야 알았다고 한다. 15일 아침 8시 기상 시간에 라로슈푸코리앙쿠르La Rochefoucauld-Liancourt 공작이 파리의 반란을 보고하자, 국왕이 "폭동인가?"라고 물었고, 공작은 "폐하, 폭동이 아니라 혁명입니다!"라고 대답했다는 것이다. 국왕이 7월 14일 일기에 "아무 일도 없었다Rien"라고 기록한 사실과 짝을 이루는 이 이야기는 바스티유 함락을 극화하기 위해서 꾸며 낸 것이다. 일기장의 내용은 그날 사냥에서 아무것도 잡지 못했다는 뜻일 뿐이다. 사실 7월 14일 베르사유 정원을 거닐던 로슈자클랭Rochejacquelein 후작 부인은 근위대 장교인 봉솔Bonsol에게서 "성 안으로 들어가세요. 파리의 민중이 봉기해서 바스티유가 함락되었습니다. 그들이 베르사유로 몰려올 거랍니다"라는 말을 들었다. 그날 국민의회에서 낭독된 편지에 따르면, 국왕은 "파리에서 치안을 재확립하는 데 필요한 모든 조치를 했다.……파리시장과 관리들에게 국민의회와 필요한 조치를 협의하라고, 고위 장교들에게는 새로 조직된 부르주아 방위대를 지원하라고, 샹드마르스 주둔 부대에는 철수하라"고 명령했다.

국왕의 성명은 15일 새벽 2시에 뒤퐁 드 느무르Dupont de Nemours를 통해서 파리시에 전달되었는데, 아침 10시에는 국왕이 경호원도 없이 왕제들을 대동하고 국민의회에 나타나 군 병력 철수를 직접 발표했다. 국왕은 "국민의 대표들을 믿고 찾아온 국가 원수가 이 시국에 국가의 안위를 확보할 수 있도록 도와 달라"고 호소했다. 오후 2시에는 국왕의 요청에 따라 국민의회 대표단이 파리시청을 방문했다. 파리시 상임위원회는 자치정부인 '파리코뮌Commune de Paris'을 수립하고, 바이이를 시장으로, 라파예트를 국민방위대 사령관으로 선출했다. 국민의회는 16일 개의하자마자 내각 총사퇴와 네케르의 복직을 요구했다. 국왕은 그 요구를 수용하여 닷새 전 임명한 내각을 해산하고 네케르를 불러들였고, 브로글리 원수는 국민의회 의장에게 17일부터 파리 인근에 집결한 모든 부대가 원대 복귀할 것이라고 통지했다.

7월 17일, 루이 16세는 반란 지휘부였던 파리시청을 친히 방문했다. 국민회의는 국왕의 요청에 따라 아예 이날 회의를 접고 의원 전원이 국왕의 파리 행차에 동행했다. 오후 3시 파리에 도착한 국왕은 경호원 없이 국민의회 의원들과 파리 부르주아 방위대의 호위를 받으며 시청으로 향했다. 시장 바이이와 라파예트의 영접을 받은 루이 16세는 "앙리 4세에게 바쳐졌던 파리의 열쇠"와 함께 "군주와 인민 사이에 맺어진 장엄하며 영원한 결합"의 상징인 삼색 모장[5]을 증정받았다. 파리를 방문하기 전에 만약의 사태에 대비해서 모든 권한을 동생 프로방스 백작과 왕비에게 맡겼던 루이 16세는 안도하면서, "짐의 인민은 항상 짐의 애정을 기대할 수 있노라"라고 감동적으로 응답했다. 이렇게 루이 16세는 7월 14일 바스티유를 정복한 파리 시민에게 항복했다. 그 덕분에 국왕의 인기는 순식간에 치솟아 올랐고, 군주정도 생존을 보장받았다.

파리는 승리에 환호했지만, 너무나 많은 피를 흘렸다. 르페브르의 표현을 빌리자면, 7월 11일부터 17일까지 꼬박 1주일 동안 극도의 불안과 공포에 떨었던 민중은 국민의 적에 대한 "처벌 의지"로 자신의 분노를 표출했다. 루이 16세는 군대와 함께 파리를 떠나 더 멀리 안전한 곳으로 옮기라는 측근들의 요청에도 불구하고 가족과 함께 베르사유에 남았다. 하지만, 아르투아 백작, 콩데 공, 콩티 공과 같이 불길한 소문에서 거명되었던 왕족들, 브르퇴이, 브로글리 원수, 라보기용 등 소위 '7월 12일의 내각'에 참여했던 대신들, 그리고 부이에Bouillé 후작, 폴리냑Polignac 공작 부처 등 공공연하게 반혁명을 부추겼던 특권계급 인사들은 마치 궁정 쿠데타 음모에 가담한 사실을 자백이라도 하듯이, 바스티유 함락 직후에 국외 망명의 길을 택했다.

그러지 못한 몇몇 인사들은 분노한 민중의 표적이 되었다. 특권계급의 음모와 그들에게 고용된 비적 떼에 관한 소문이 불안을 증폭시키는 가운데, 네케르의 후임으로 재무총감에 임명되었던 풀롱Foullon이 7월 22일 아침 파리시청 앞에 끌려 나와 파리 지사인 그의 사위 소비니Bertier de Sauvigny와 함께 교수형을 당했다. 그들의 시신은 끔찍하게 훼손되었고 결국 그들의 머리는 효수되었다. 국민의회를 해산하기 위해 파리에 집결한 군대에 보급을 책임졌던 그들은 곡물을 투기하면서 민중을 모욕했다는 혐의를 받았기 때문이다. "민중은 곡물이 없으면, 건초를 먹으면 된다"고 말했다는 것이다. 프로벵 인근에서 체포된 브장발Besenval 남작은 운 좋게도 직전에 파리로 귀환한 네케르 덕분에 목숨을 건질 수 있었다. 4월 말 파리의 폭동을 무자비하게 진압했던 그는 파리를 포위하고 시민을 학살하려 했다는 혐의로 기소되었다.

지방은 삼부회 대표들의 서신을 통해서 파리의 상황을 거의 매일 보고받았다. 네케르 해임 소식은 파리에서와 마찬가지로 공포를 불러일으켰고, 바스티유 함락 소식은 물결이 동심원을 그리며 퍼지듯 프랑스 전역에 혁명의 물결이 요동치게 했다. 특히 7월 17일 국왕의 파리 방문은, 그것이 뒤늦게나마 사태의 심각성을 파악한 것이든 기만적 술책으로 위기를 모면하려 한 것이든 간에, 주민들에게 봉기의 정당성에 대한 확신을 심어 주었다. 디종 시민들은 7월 15일 네케르 해임 소식에 봉기하여 총독을 체포하고 귀족과 성직자들을 가택연금했다. 렌느의 주민들은 군 주둔지로 몰려가 사령관을 쫓아냈고, 보르도에서는 특별위원회가 구성되어 시정을 넘겨받았다. 7월 21

일, 스트라스부르에서는 바스티유 함락 소식이 전해지자마자 민중이 시청을 공격해서 시 정부가 붕괴하였고, 인근의 콜마, 브리자흐, 사베른느 등지로 폭동이 급속하게 확산하였다. 닷새 뒤 인근의 농촌 마을 말메르스파흐에서는 이장이 교회 앞에서 방금 도착한 편지 한 통을 낭독했는데, 바스티유 함락에 관한 선언문이 담겨 있었다. 편지 내용을 듣자마자 주민들은 "우리도 파리 시민들이 한 일을 할 수 있다!"라고 소리쳤다. 이렇게 소요가 파리에서 지방 도시로, 지방 도시에서 농촌 마을로 퍼져 나갔다.

결국 8월 4일 밤 국민의회가 '봉건제 완전 폐지'와 각종 특권의 폐지를 선언할 수밖에 없을 정도로, 프랑스 전역은 혁명과 소요의 소용돌이에 휩쓸렸다. 더구나 "대공포Grande peur"가 확산하는 가운데 1789년 7월 14일부터 3주일 동안 700건 이상의 소요와 폭동이 발생함으로써, 파리에서뿐만 아니라 전국적으로 사실상 정부의 기능이 마비되었다. 세금 징수는 중단되었고, 당시의 표현에 따르면, "법원, 군대, 경찰이 더는 존재하지 않게 되었다." "농민들은 곳곳에서 끔찍한 일을 벌였다. 여기저기 모여서 영주의 성城과 수도원을 약탈·방화하고 파괴했다. 그들은 시청, 공증인 사무소, 세무서의 서류들을 불태웠다." 일순간 구체제가 무너졌지만, 사회질서까지 해체되는 것은 막아야 했다. 이제 국민의회를 장악한 부르주아가 그 임무를 맡게 될 것이었다.

파괴된 상징?

바스티유는 7월 15일, 즉 함락된 바로 다음 날부터 해체되기 시작했다. 파리코뮌은 7월 16일 공식적으로 석공 장인이자 사업가인 팔루아Palloy를 그 책임자로 임명했다. 1791년 5월 해체 작업이 완료될 때까지 매일 평균 700

명의 인부가 동원되었고, 매주 1만 리브르의 예산이 투입되었다. 바스티유 해체 작업장은 정치가, 문인, 예술가 등 수많은 방문객을 맞이했고, 해체 과정에서 나온 석재는 다양한 방식으로 재활용되었다. 큰 석재는 파리의 콩코드 다리 건설에 사용되었고, 좀 더 작은 석재들은 가로 60센티미터, 세로 1미터, 높이 40센티미터 크기의 바스티유 축소 모형으로 제작되어 기념품으로 판매되거나 기증되었다. 프랑스 각도에 기증되었던 것 가운데 일부가 현재 카르나발레Carnavalet 등 여러 박물관과 기념관에 전시되어 있다. 그 외에도 담뱃갑, 문진, 현판 등으로 제작되어 판매되었는데, 파리 민중이 획득한 자유를 상징하는 이 기념품들은 "바스티유 정복"이라는 애국적 신화를 만들어 내는 데 한몫했다.

혁명 당시부터 사람들은 바스티유를 전제정의 상징으로 생각했고, 바로 그런 의미에서 바스티유를 파괴해 버렸다. 파리를 방어하는 요새로 건설되었지만, 부르봉 왕가 치세에 오랫동안 국왕의 봉인장封印狀에 의해 체포·구금된 국사범이 투옥되었던 시설이기 때문에, 어찌 보면 그런 해석이 당연해 보인다. 7월 14일 함락될 당시 바스티유의 수감자가 7명에 불과했고, 그나마 루이 15세 암살 미수로 30년째 수감 중인 타베르니Tavernier를 제외하면 가족의 요청으로 수용된 정신병자 2명과 위폐범 4명이 전부였다는 사실, 7월 14일 바로 그날 바스티유로 시민들이 몰려간 것은 자신들을 지키는 데 필요했던 탄환과 화약을 구하기 위함이었고, 시내를 굽어보는 망루의 대포들이 두려웠기 때문이라는 사실도 그 상징성을 훼손하지 못하는 듯하다.

바스티유가 무엇을 상징하고 그 함락이 무엇을 의미하든 간에, 1789년 7월 14일은 그 70주년에 위고Victor Hugo가 읊었던 것처럼, 구체제에서 신음하던 프랑스 백성에게는 "영원한 빛이 희망과 함께 밝아 오는" 해방의 순간이고, "자유가 깨어난" 날이다. 2018년 공개된 영화 〈민중과 그들의 왕Un peuple et son roi〉에서 쉘레Pierre Schoeller 감독은 위고의 시구를 영상으로 재현해 냈다. 바스티유가 해체되면서 수백 년 동안 그 그림자에 가려 있던 한 장인의 집에 찬란한 햇빛이 환하게 내리비칠 때, 그 햇살을 만져 보려는 듯 손을 펼쳐 드는 여주인공 프랑수아즈는 분명 그런 느낌에 순간 넋이 나간 것처럼 멍해진 것이 아닐까?

현재 프랑스를 상징하는 국가 상징물은 모두 다 혁명의 유산이다. 7월 14일 바스티유 함락 기념일이 국경일이 되었고, 7월 17일 루이 16세가 받아 든 삼색모장은 국기國旗가 되었으며, 의용군이 부른 군가軍歌 〈라마르세예즈La Marsailles〉는 국가國歌가 되었다. 물론 혁명 직후 바로 그렇게 된 것은 아니다. 1799년 나폴레옹의 브뤼메르 18일의 쿠데타로 혁명이 막을 내린 후, 제1제정, 부르봉 복고 왕정, 오를레앙가의 7월 왕정, 제2공화정, 나폴레옹 3세의 제2제정, 그리고 다시 제3공화정으로 이어지는 역사의 우여곡절 속에 1789년 혁명이 정파에 상관없이 프랑스인의 마음속에 국민 정체성의 핵심으로 자리 잡기까지는 100년의 세월이 더 필요했다. 1831년 7월 27일 "프랑스인의 왕" 루이 필리프는 바스티유를 허문 자리에 기념탑을 세우고, 1836년 그 꼭대기에 금빛으로 빛나는 자유의 수호신Génie de la Liberté 상像을 올렸지만, 그것은 "영광의 3일", 즉 1830년 7월혁명을 기념하기 위함이었다. 삼색기Tricolore는 7월 왕정 이래 줄곧 국기로 채택되었지만, 1789년 7월 14일은 여전히 1830년 7월혁명과 함께 그 희생자들을 추모하는 대상일 뿐이었다. 7월 14일을 국경일로 기념할 수 있게 된 것은 제3공화정이 들어선 이후였다. 1870년의 패전과 1871년 파리코뮌의 비극 속에 탄생한 제3공화정은 1879년 〈라마르세예즈〉를 국가로 채택하고, 이듬해 7월 14일을 국경일로 지정함으로써 프랑스혁명 이념, 즉 자유·평등·형제애의 토대 위에 공화국의 기틀을 다질 수 있었다. 1889년 혁명 100주년을 기념해 열린 파리국제박람회는 바로 그날의 승리를 경축하는 장엄한 팡파르였다.

02

1792년 8월:
왕정의 몰락, 혁명의 일탈인가 도약인가

김대보

1792년 8월: 프랑스혁명의 분기점

국민의회는 다음과 같이 명령한다. 1. 왕위를 박탈하며, 왕과 그의 가족은
계속 인질 상태로 둔다. 2. 현 내각은 국민의 신뢰를 받지 못하며, 의회는 내
각 교체를 단행할 것이다.[1]

1792년 8월 10일, 프랑스 국회(정확히는 입법의회)는 왕권의 중단을 공식
적으로 선언했다. 1791년 헌법으로 프랑스는 공식적으로 입헌군주제 국가
가 되었고, 루이 16세는 집행권력pouvoir exécutif의 수장이 되었지만, 이러
한 국회의 선언으로 루이 16세는 불가침이라고 규정된 프랑스인의 세습
대표직을 박탈당했다. 구체제 당시 그 자체로 프랑스였던 '프랑스의 왕'이
었다가, 프랑스혁명이 일어나면서 프랑스인을 대표하는 '프랑스인의 왕'
이 된 루이 16세는 이제 그저 평범한 시민일 뿐이었다. 헌법만으로는 국내
및 국외의 적들로 인해 위험에 처한 프랑스를 구할 수 없다고 판단하여 스
스로 궐기한 민중은 이렇게 프랑스혁명사에서 가장 중요한 순간 가운데

[그림 2-1]

〈1792년 8월 10일, 튈르리궁 점령〉. 파리, 마르세유, 브르타뉴 등지에서 모인 민중과 튈르리궁을 지키던 스위스 용병 사이의 무력 충돌을 표현했다.

[그림 2-2]

〈1792년 8월 10일, 공화국의 기초 수립〉. 그림 아래에는 이날 일어난 무력 충돌을 상세히 설명하는 글이 추가되어 있는데, 남성뿐 아니라 여성과 어린이까지 피를 흘려 가면서 왕권을 무너뜨리고 공화국으로 가는 길을 열었다는 내용이다.

하나인 '왕정의 몰락'을 이뤄 냈다.

　현재 1792년 8월 10일이 가지는 의미에 대해 의문을 제기하는 연구자는 거의 없다. 정치적 입장에 따라 호불호는 나뉠 수 있겠지만, 프랑스혁명의 전개 과정에서 중요한 지점이었다는 점에는 이견이 없다. 부르주아들이 원하는 방향으로 흘러가는 정치·사회적 상황을 민중이 직접 개입하여 바꿨다는 점을 부정할 수는 없을 것이다. 물론 이날의 중요성을 인정하면서도 이날이 가져온 결과, 또는 이날 이후에 일어난 일련의 역사적 상황을 부정적인 시각으로 보는 경우도 있다. 예를 들어, 당대인들 가운데 민중들의 정치 개입이 정치적 불안정을 가져온다는 믿음을 가진 사람들은 프랑스를 떠나거나(뒤무리에) 정치계를 일시적으로 등지기도 했고(시에예스)*, 공포정을 청산하고 부르주아들이 중심이 된 공화국(총재정부)을 건설하려고 시도하기도 했다. 그러면서 그들의 생각에 민중의 압력에 굴복하여 혼란스러웠던 시기이자 혁명이 급진화되어 폭력적이었던 시기, 그리고 그 시기를 주도했던 사람들과 절연하기 위한 정치적 수사가 등장하기도 했다.** 오늘날에도 비슷한 생각을 가진 사람들은 왕정의 몰락 이후에 벌어진 혁명의 급진화 및 그 결과로서 공포정을 내세우면서 1792년 8~9월을 혁명이 '일탈'하기 시작한 분기점으로 보기도 한다.

　1792~1794년을 혁명의 '일탈'로 보는 시각에 따르면 1792년 8월 10일은 결국 '공포정'을 잉태한 사건이 일어난 날이었다. 한때 프랑스혁명에 대

---

* 《제3신분이란 무엇인가?》를 쓴 시에예스는 혁명이 급진화되자 정치계를 잠시 떠났고, 1794년 7월에 일어난 테르미도르 쿠데타 이후 "나는 살았다"라는 말을 하면서 돌아왔다.
** 예를 들어, 로베스피에르와 이제 갓 즉위식을 마친 루이 16세 내외가 루이르그랑 고등학교에서 만났다는 일화의 작자인 프로아야르 신부가 대표적이다. 그 밖에도 '로베스피에르의 꼬리'와 같은 표현을 사용하면서 아직도 공포정을 주도했던 사람들의 잔재를 완전히 청산해야 한다는 주장을 펼치는 글이 총재정부 초기에 숱하게 등장하기도 했다.

한 해석을 두고 좌·우 양쪽으로 나뉘어 대립하던 때, 우파였던 수정주의자들은 민중이 헌법적 절차에 따라 선출된 대표들을 거치지 않고 직접 정치에 나섰다는 측면에서 1792년 여름에 벌어진 일련의 사건이 '직접민주주의'가 발현된 순간으로 볼 수 있다고 주장했다. 그러면서 대의제에 따라 질서가 유지되던 이전 상황과 다르게 민중의 직접적인 정치 개입으로 인해 항상 폭력이 발현되는 무질서한 분위기를 만들어 냈다고 보았다. 그렇기 때문에 1792년 여름의 사건을 두고 '혁명의 일탈'이라고 표현한 것이었고, 곧바로 이어지는 시기를 혁명의 어두운 측면으로 그렸다.

그러나 현재 학계는 이러한 수정주의자들의 주장을 학문적인 견해가 아니라 반공 이데올로기에 경도된 정치적 입장 정도로 보기도 한다. 수정주의의 반대편에서, 소르본대학의 프랑스혁명사 강좌 주임이었던 알베르 소불은 국민적 성격을 가진 1792년 8월 10일의 혁명 이후 '수동시민'으로서 정치적 권리를 가지지 못했던 민중이 비로소 국민에 통합되었고, 특권계급 등과 같은 구체제의 잔재를 타파함으로써 정치적 민주주의가 한 단계 도약했다고 평가했다. 이제 연구자들은 이러한 논쟁을 넘어 8월 10일과 9월 22일(공화국 선포) 사이에 공화국이라는 이미지가 프랑스에 어떻게 안착할 수 있었는지에 대한 구체적인 모습을 그려 내고 있다. 많은 연구자의 등장으로 더욱 넓어진 혁명사 연구의 지평 속에서 수정주의자들의 테제는 많은 비판을 받았고, 이를 넘어서는 연구들이 계속 등장하고 있다.

과연 1792년 8월 10일은 공포정의 '전주곡'이었을까? 이에 대해 프랑스혁명사연구소 소장을 지냈고 파리1대학 프랑스혁명사 강좌 주임이었던 마르탱Jean-Clément Martin은 이 질문에 대해 "혁명의 적들을 물리치기 위한 전쟁의 한 에피소드"라면서, "정당한 복수에 수반되는 피할 수 없는 결과였고, 반역에 대해 취할 수 있는 유일한 대응책"이었다고 답했다. 외국의 군대가 '조국'을 끊임없이 위협하고 있고, 이른바 고위층에 있는 사람들이 자신들의 권력을 유지하기 위해 적들과 결탁하고 있다는 혐의를 받으면서 국민의 신뢰를 잃었다면 어떻게 대응해야 할까? 그리고 국민을 대신하여 공적 사무를 담당하고 있는 대표들이 결단을 내리지 못하고 머뭇거리고 있다면?

따라서 이 글에서는 1792년 8월 10일의 사건이 일어나게 된 역사적 배경에도 비교적 많은 비중을 두려고 한다. 프랑스혁명은 왕정을 종식하기 위해 시작된 것이 아니었고, 루이 16세를 처형하면서 완수된 것도 아니었다. 프랑스혁명을 시작한 사람들에게도 왕이 없는 세상은 상상하기 힘든 것이었다. 1791년 6월 21일의 루이 16세의 도주 사건 이후에도 유지되었던 왕정을 직접 공격하기까지 왕정을 둘러싼 사회적 분위기가 어떠한 계기로 어떻게 변해 갔는지 추적한다면 왕정의 몰락을 전후하여 점차 급진화한 프랑스혁명 초기의 흐름을 이해하는 데 큰 도움이 될 것이다.

1792년의 프랑스: 내우외환

돈이 부족하다!

1789년의 혁명은 프랑스왕국의 재정 위기에서 촉발되었다. 18세기 내내 왕정은 재정 부족에 시달렸고, 7년 전쟁과 미국 독립혁명 등 프랑스가 참전한 전쟁은 재정 악화라는 불에 기름을 붓는 격이었다. 국민의회*가 결성된 이후, 국가의 쇄신을 위해 새로운 헌법 제정과 행정질서 개편이 이루어지고 있던 1790~1791년에도 프랑스의 재정 적자는 계속 이어지고 있었

---

* 국민의회는 공식적으로 헌법을 제정한다는 의미를 가진 '헌법 제정 국민의회Assemblée nationale constituante'(제헌의회)라고 의회 속기록에 기록되었고, 1791년 헌법을 제정하고 공포한 이후에는 새로 대표를 뽑아 입법의회Assemblée législative를 구성했다.

다. 구 체제보다 세금 부담이 더 적어야 한다는 강박으로 인해 쉽게 증세를 할 수도 없었고, 더욱이 세무 행정은 정상적으로 작동하지 않고 있었다.

결국 국회는 계속되는 재정 압박 속에서 화폐를 발행하는 선택을 했다. 당시 화폐는 아시냐로, 1791년부터 공식적으로 시중에서 사용되기 시작했다. 1789년에 처음 발행했을 당시에는 국유재산을 담보로 설정하여 발행한 일종의 대출증서(채권)였다. 이러한 아시냐 발행은 앞으로 세금이 정상적으로 징수되리라는 기대 속에서 결정된 것이었다. 그러나 국가 지출 규모 확대와 징세 지연이 겹치면서 국회는 결국 아시냐의 반복적인 발행으로만 돈을 마련할 수 있었고, 그에 따라 프랑스 내 아시냐의 유통량은 크게 증가하게 된다.

결국 이는 심각한 인플레이션을 유발했다. 아시냐의 가치는 계속 하락하여 1791년 하반기에 명목가치의 약 80퍼센트에 불과했고, 1792년에는 더욱 하락하여 여름에 약 60퍼센트 수준에 이르렀다. 같은 해 7월과 8월에 각 지방에서 실제로 거래된 아시냐의 평균가치는 명목가치의 40퍼센트를 조금 넘는 수준이었다. 1792년 초, 설탕과 빵의 품귀 현상과 가격 급등으로 인해 파리뿐만 아니라 지방 여러 곳에서 소요사태가 일어날 정도로 인플레이션은 민중의 삶에 직접적인 영향을 주고 있었고, 사회적인 위기가 고조되고 있었다.

혁명 초기 프랑스에 큰 부담이었던 재정 적자와 인플레이션은 전쟁의 발발 이후 더욱 악화하기 시작했다. 그러나 경제 및 재정 측면에서 전쟁이라는 변수는 오히려 혁명가들에게 모두가 수긍할 수밖에 없는 구실을 주었다. 혁명가들은 전쟁이 끝나고 프랑스에 평화가 찾아온다면 당장 겪고 있는 경제 및 재정 위기가 해결될 것이라고 믿고 싶었고 또 그렇게 믿고 있었다.

국내·외 위기: 적들이 많다!

1792년 4월 20일, 프랑스는 루이 16세의 바람대로 마리 앙투아네트의 오빠인 "보헤미아와 헝가리의 국왕" 프란츠 2세에게 선전포고를 했다. 사실 이 선전포고는 동상이몽의 결과였다. 전쟁을 강력하게 외치는 사람들은 전쟁을 통해 루이 16세가 반역자임을 드러내면서 궁지로 몰아넣을 수 있다고 생각했다. 또한 미국 독립혁명에 참전하기도 했던 라파예트는 사령관이 되어 자신의 권력을 확대하고 명성을 높이려는 의도를 갖고 있었다. 한편, 루이 16세는 제대로 정비되지 않은 프랑스 군대가 오스트리아군에 곧 패배할 것이고, 그렇다면 자신이 다시 과거의 권력을 되찾을 수 있으리라 생각했다.

이렇게 공식적으로 시작된 프랑스혁명기의 전쟁은 입법의회의 개원 직후, 즉 1791년 10월부터 이미 여러 정파 사이의 주요 논쟁 대상이었다. 예를 들어, 자코뱅 클럽의 브리소Jacques Pierre Brissot는 1791년 12월 29일 국회에서 프랑스의 안보, 안전, 공포 등을 모두 해결하기 위해 전쟁이 필요하다고 주장했다. 같은 자코뱅 클럽이지만 로베스피에르는 브리소를 강하게 비판하기도 했다. 군 장교들, 야심가들, 왕실, 구 귀족들 등에게만 좋은 전쟁은 오히려 자유를 위협하고 헌법을 파괴할 수단이 될 것이라는 비판이었다.

이러한 논쟁은 오스트리아가 프랑스를 침공할 수도 있다는 사회적인 불안감 속에서 시작되었다. 루이 16세 일가가 튈르리궁에서 탈출했지만 바렌에서 잡혀 파리로 압송되면서 외국, 특히 오스트리아와 신성로마제국의 분위기가 심상치 않게 바뀌었기 때문이다. 이제 프랑스가 대외 문제에서 취해야 할 정책 방향은 두 가지였다. 프랑스의 자유를 위협하는 외부의 적들에 대해 선제공격을 해야 하는가? 아니면 평화를 추구하면서 국내에 숨어 있는 혁명의 적들을 몰아내어 혁명의 기반을 다지는 데 주력해야 하는가?

　전쟁을 반대하던 로베스피에르는 만약 전쟁이 불가피하더라도 프랑스가 공세적인 위치를 취하면 안 되며, 프랑스가 가장 먼저 상대해야 할 적이 누구인지 잘 판단해야 한다면서 후자를 내세우기도 했다. 또한, 유럽의 여러 국가로 망명한 귀족들이 프랑스혁명의 몰락을 위해 적군의 편에 서서 프랑스로 진군할 것이라는 위기감 역시 전쟁이 필요하다거나 또는 전쟁이 임박했다는 주장을 뒷받침했다.

　1791년 8월 27일, 국외 도주에 실패한 루이 16세의 앞날을 같은 군주로서 '걱정스럽게' 바라보던 신성로마제국의 황제 레오폴트 2세와 프로이센 국왕 프리드리히 빌헬름 2세가 공동으로 발표한 필니츠 선언Déclaration de Pillnitz은 이러한 불안을 싹틔웠다. 루이 16세에게 해를 가한다면 무력을 동원할 수 있다는 이 선언으로 프랑스인들은 혁명이 위협받고 있고, 그에 따라 전쟁이 임박했음을 실감하고 있었다. 이후 1791년 말부터 1792년 초까지 전쟁을 둘러싼 논쟁은 계속 이어졌고, 프랑스인 망명 귀족 집단을 해산하고 더 이상 이들을 받아들이지 말라고 유럽 군주들에게 경고하면서 프랑스는 다른 유럽 내 군주국가들과 대립하게 된다.

　이러한 상황이 결국 선전포고로 이어지게 되면서 전쟁이 시작되었지만, 프랑스는 곧 큰 어려움에 빠지게 된다.

불리한 전황

개전 당시 프랑스는 당장 전쟁을 할 수 있는 준비가 되었다고 볼 수 없었다. 우선, 병력과 함께 군대를 통솔할 수 있는 지휘관도 부족했다. 자원병의 예상 인원은 10만 명이었지만, 개전 당시 이 중 약 30퍼센트만 무장을 한 상태였다. 또한 프랑스혁명 이전부터 근무하고 있던 장교들 가운데 절반 이상이 프랑스를 등지고 외국으로 망명한 상태였다. 또한, 그마저도 남아 있는 장군들의 경우 능력이 부족하거나 정치인에 가까웠다. 예를 들어한 역사가는 당시 프랑스 최고 사령부의 역량 부족을 지적하면서, 미국 독립혁명에 참전하여 명성을 얻은 라파예트는 정치장군에 불과했다고 평가하기도 했다.

결국 승리를 장담하던 프랑스는 개전과 함께 패배하기 시작했다. 병력과 지휘관의 수 문제뿐만 아니라 경험이 있는 지휘관들과 그렇지 못한 국민방위군 출신의 새로운 지휘관들 사이의 불신, 급히 조직된 부대의 병사들에 대한 과거 귀족이었던 지휘관들의 불신 등 여러 요소가 개전 초기에 프랑스가 고전을 면치 못하는 상황을 만들어 냈다. 한 부대에서는 오스트리아군의 습격을 받고 후퇴하면서 지휘관을 살해하기도 했고, 또 다른 부대에서는 당황한 병사들이 적군을 앞에 두고도 아군에게 발포하는 상황이 전개되기도 했다.

프랑스군을 이끄는 한 지휘관이 살해당했다는 소식이 국회에 전해지자, 전쟁부 장관은 군대 규율을 바로 세우기 위해 하극상을 벌인 자들을 사형에 처해야 한다는 강경한 입장을 밝혔다. 아무리 관련 규정이 없더라도 전쟁이 벌어지고 있는 도시와 군 부대 내에서 이러한 일이 다시는 일어나서는 안 된다는 생각에서였다. 그러나 프랑스군이 곤경에 처했다는 소식은 이제 시작일 뿐이었다. 식량 배급을 받지 못하는 사례가 속출했고, 보급이 제대로 되지 않아 병사들 대부분이 굶주림과 피로에 시달리고 있다는 소식이 끊이지 않았다. 더욱이 한 연대 병력이 오스트리아로 투항하는 사건이 벌어지기도 했다. 아무리 국회가 병력 증강을 결정하고 애국 기부금을 받겠다는 조치를 취했어도 프랑스군의 위기는 계속 이어졌고, 급기야 군 지휘부는 오스트리아와 강화하자고 제안하기도 했다.

이렇듯 프랑스에는 전쟁 수행에 장애가 되는 불안 요소가 너무나 많았다. 그리고 불리한 전황과 정치적 불안정과 같이 시시각각 변화하는 상황에 대해 민중의 공포와 분노가 커졌다. 프랑스는 국경을 지키기 힘들었고,

외부로부터의 위기는 현실로 다가오고 있었다. 더욱이 인플레이션은 전쟁의 시작과 함께 더욱 가속화되었고, 그에 따라 민중의 삶은 갈수록 어려워졌다. 생활고에 따른 민중들의 봉기는 1789년부터 1793년 가을까지 이어졌는데, 시간이 지날수록 이러한 봉기에 참여하는 민중은 계속 늘어나 1792년에는 1789년보다 약 10배 늘어난 4만 명이 참여하기도 했다. 이러한 사실은 민중의 삶이 결코 나아지지 않았다는 점을 보여 준다. 이처럼 다양한 요인으로 인해 나타난 사회적 불안과 불만은 점점 더 커졌다. 그리고 사회적 위기의식에 따라 국왕 루이 16세를 향한 사회적 압력도 더욱 강해지기 시작했다.

제2의 혁명: 1792년 여름, 튈르리

1792년 6월 20일, 튈르리Tuileries*

프랑스 내의 소요사태는 계속 늘어났고, 구체제의 귀족들, 망명 귀족들을 비난하는 목소리가 커졌다. 외부의 적들에 맞서는 것도 중요하지만 내부의 적을 처리하는 문제도 소홀히 할 수 없었다. 한 유력 정치인은 오직 루이 16세만을 섬기는 사람들이 프랑스, 프랑스 국민, 그리고 프랑스인의 자유를 희생시키려 하고 있으며 여기에 왕실이 깊숙이 관여했다고 특정 조직을 국회에 고발하기도 했다.

이에 국회는 일련의 조치를 취하기 시작했다. 국왕의 근위병을 해산하고

---

* 튈르리궁은 1871년 파리코뮌 당시 파괴되어 현재 남아 있지 않다. 현재 박물관으로 사용되고 있는 루브르 궁전의 서쪽에 연결되어 있는 건물이었는데, 지금도 튈르리궁이 연결되었던 벽면은 부자연스러운 상태로 남아 있다.

임시로 국민방위군에게 루이 16세의 보호 임무를 맡기기로 했고, 또한 전국적으로 국민방위군을 모집하여 총 2만 명을 파리 주변에 주둔시키겠다고 결정했다. 혁명의 흐름을 저지할 수 있는 불안 요소들을 없애려는 의도였다. 그러나 이러한 국회의 결정이 불러온 것은 정치적 분쟁이었다.

루이 16세는 자신에게 주어진 거부권을 사용하여 근위병 해산을 제외한 나머지 법의 집행을 막았다. 당시 내무부 장관 롤랑Jean-Marie Roland de La Platière은 루이 16세의 거부권 행사는 헌법의 작동을 막는 처사이고, 국내와 국외의 적들이 계획하는 반혁명 음모에 기회를 줄 뿐이라며 거부권을 철회하라고 압박을 가했다. 더 나아가 루이 16세가 이 뜻을 받아들이지 않는다면 민중은 국왕을 각종 음모의 중심에 있는 인물로 볼 것이라고 덧붙였다.

루이 16세는 이러한 롤랑의 압박을 받고 도리어 자신을 압박하던 지롱드파 인물들을 해임하기 시작했다. 6월 13일, 루이 16세가 기존 장관들을 해임하고 자신과 가까운 사람들을 임명했다는 소식이 국회에 전해졌다. 롤랑은 이러한 루이 16세의 행위에 모종의 음모가 있을 것이라고 꾸준히 주장했고, 국회는 이러한 롤랑의 생각에 동조하면서 루이 16세의 장관 해임 결정은 결국 국민의 큰 유감을 불러왔다고 선언했다.

왕실에 대한 여론도 악화되고 있었다. 프랑스 동북부 지역에서 한 정치 클럽은 국회에 편지를 보내 반혁명 분자들이 튈르리궁에 상주하고 있고, 국왕이 혁명의 적들을 보호하고 있다면서 자신의 역할을 다하지 못하는 루이 16세가 왕위에서 내려와야 한다고 강력 비난했다. 이렇듯 개전 이후 루이 16세가 보여 준 태도는 그에 대한 여론이 더욱 악화하는 데 일조했다.

이때, 라파예트가 작성한 편지가 6월 18일 국회에서 낭독되었다. 라파예트는 국왕 루이 16세를 향한 충성과 함께 왕정에 대한 신뢰를 표현했다.

왕권은 불가침이다. 헌법으로 보장받고 있기 때문이다. 왕권은 독립적이다. 이 독립성은 우리의 자유가 가진 원동력 중 하나이기 때문이다. 국왕은 숭배 대상이다. 국왕은 국민적 존엄을 받았기 때문이다. 따라서 국왕은 그 어떤 정파에도 속하지 않은 장관을 선택할 수 있다. 그리고 음모론자들이 있다면 그들은 오직 법이라는 칼날로 인해 소멸할 것이다.[2]

라파예트에 대한 칭찬과 박수 소리가 일부 들렸지만, 의원들은 의심을 거두지 않은 채 이 편지에 귀를 기울이고 있었다. 지롱드파의 한 의원은 라파예트의 편지가 의회에 제출되기 위한 공식적인 절차를 지키지 않았다는 점을 지적하면서 라파예트와 같은 군 장성이 의회에 청원서나 조언을 담은 글을 제출한다면 그들에 대한 경계를 늦추지 말아야 한다고 경고했다. 실제 라파예트의 편지는 정파들의 지배를 끝내고 법에 의한 통치를 확립해야 한다면서 간접적으로 대의제를 공격하고 있으며, 특히 자코뱅을 척결해야 한다는 라파예트 자신의 속마음을 내비쳤다. 이에 대한 대응으로, 로베스피에르는 이 편지가 국회에서 낭독된 바로 그날, '헌법의 벗 협회'에서 라파예트는 프랑스의 적이며, 그가 무너져야 프랑스와 프랑스혁명이 살 수 있다고 라파예트를 강력하게 비판했다. 또한, 다른 정파들보다 더욱 급진적이었던 코르들리에 클럽은 지롱드파의 후원을 받아 6월 20일에 일으킬 민중 궐기대회를 준비하여 루이 16세를 더욱 압박하려고 했다.

6월 20일, 파리 동부의 주민 약 8,000여 명은 저마다 무기를 들고 튈르리궁을 향해 행진했다. 이들은 루이 16세에게 국회의 뜻을 따르라고 요구했지만, 국왕은 이를 거절했다. 그리고 루이 16세는 재발 방지를 위해 이 사건을 조사하도록 국회에 항의서한을 보냈고, 6월 22일에는 6월 20일의 사건과 같은 범죄가 다시는 일어나지 않도록 전국의 모든 행정당국이 국민과 재산의 안전을 지키라는 성명서를 발표했다. 이렇게 루이 16세는 민중의 압력을 범죄로 규정하면서 자신의 헌법적 권리를 절대 포기하지 않을 것이라는 의지를 드러냈다.

민중이 직접 국왕에게 자신들의 요구사항을 관철시키려 한 이 시도는 결국 실패로 돌아갔다. 비록 주권을 가진 민중의 힘을 보여 준 사건이기는 하지만, 자신들의 요구만 전달했을 뿐 아무런 성과 없이 물러섰다는 점에서 분명한 한계를 보여 주었다. 이제 봉기 주동자들을 찾아 처벌해야 한다는 청원서가 2만 명이 넘는 우파 정치인들의 서명을 받아 제출되었다. 물론 파리에 모인 각지의 민중 사이에서 루이 16세의 퇴위를 요구하는 목소리도 여전히 만만치 않았다. 그리고 이 사건을 기회로 삼아 라파예트는 은밀한 계획을 세우고 있었다.

[그림 2-3] 〈1792년 6월 20일 튈르리궁〉. 중앙 우측에 있는 루이 16세 내외에게 파리 시민들이 자신들의 뜻을 밝히고 있다.

"조국이 위험에 처했다!"

6월 25일, 내무부 장관 및 파리시 주요 공직자들은 파리의 질서가 회복되었고, 일부 소규모 집회가 있긴 하지만 무장을 하지 않았기 때문에 걱정할 일이 없다고 보고했다. 그런데 국경을 지키고 있어야 할 라파예트가 6월 28일 국회에 모습을 드러냈다. 사전에 전쟁부 장관의 승인을 받지 않은 일종의 '탈영'이었다. 그러나 국회는 그를 환영했다. 의원들의 동의를 얻어 바로 연단에 오른 라파예트는 6월 20일의 사건에 대한 입장을 밝혔다.

> 나는 국민의회가 튈르리에서 6월 20일에 벌어진 범법행위와 폭력사태의 주동자들을 색출하여 국민에 대한 반역죄로 처벌하고, 주권을 침해하고 시민들에게 폭정을 가하는 집단을 분쇄하길 간청합니다.[3]

라파예트의 발언은 의회에서 환영받은 듯했지만, 그의 의도를 의심하는 의원들은 라파예트가 파리에 온 이유를 조사해야 한다고 밝혔다. 지휘부를 비우고 파리에 온 것이 적법한지 따져야 한다는 등 라파예트에 대한 공격의 강도가 점점 강해졌다. 자신이 지휘하는 군단과 국민방위군의 지원을 받아 상황을 뒤집으려는 계획이었던 라파예트는 자신에 대한 압박이 심해지자 결국 파리를 떠나 자신이 지휘하는 군단으로 급히 돌아갔다.

국내외의 어수선한 분위기 속에서 국회는 7월 5일, 조국이 위기에 처했을 때 취해야 할 조치에 관한 법을 통과시켰다. 국가 안전이 위협받는다면 입법부는 특별한 조치를 취할 수 있으며, "시민들이여, 조국이 위험에 처했다!"라고 선포하고, 이 위기가 끝나면 "시민들이여, 조국은 더 이상 위험하지 않다!"라고 공포하도록 한 이 법은 얼마 지나지 않아 발효되었다.

7월 11일, 국회의장은 조국이 위험에 처했다고 선언했다. 같은 날 로베스피에르는 왕실과 귀족들, 오스트리아 편에 선 장군들 때문에 조국이 위험에 처했다면서 루이 16세를 포함한 국내의 적을 공격했다. 또한 라파예트가 프랑스군의 지휘를 맡고 있는 한 프랑스의 자유가 위태롭다면서 라파예트에 대한 공격 역시 잊지 않았다. 이제 모든 공공기관은 '위험에 처한 조국'을 구하기 위한 비상체제에 돌입했고 국민방위군은 무장하기 시작했다. 7월 22일에 파리에서 조국이 위험에 처했다는 포고문이 공식적으로 대중들에게 선포되자, 곧바로 이어진 징집 명령에 1만 5,000명 이상이 응했다.

7월 25일에 발표되어 8월 1일에 파리에 알려진 브룬스비크Karl Wilhelm Ferdinand von Braunschweig-Wolfenbüttel(브라운슈바이크) 공작의 선언문은 조국이 위기에 처했다는 의식을 더욱 심화시켰다. 사실 이 선언문은 마리 앙투아네트의 요구에 따라 한 망명 귀족이 혁명가들에게 공포를 심어 주기 위해 작성한 것이었다. 프랑스 왕실이 조금이라도 위협을 받는다면 무력을 동원하겠다는 이 선언은 작자가 의도한 공포를 전혀 불러일으키지 못했고, 오히려 왕실과 귀족들이 반역의 길로 갈 것이라는 확신을 민중에게 심어 주었다.

이제 혁명을 지지하는 파와 혁명에 반대하는 파의 대립은 돌이킬 수 없게 되었다. 7월 29일, 로베스피에르는 국왕 및 그의 측근이 국가를 외국에 넘기려 했고, 입법부는 국가를 구하기 위한 노력을 전혀 하지 않았다면서 국왕과 국회 모두를 비난했다. 그리고 왕권의 정지가 아니라 국왕을 완전히 폐위해야 하며, 순수하고 부패하지 않았으며 입법의회와 관련이 없는 시민들로 구성된 새로운 의회가 필요하다고 주장했다. 즉 조국이 위험에 처한 것은 양 권력 모두의 책임이라는 것이었다. 뒤이어 8월 3일, 파리시장은 파리시를 구성하는 48개 구section의 이름으로 루이 16세의 폐위를 요구했다.

……우리에게 이런 왕이 있는 한 자유는 튼튼해지지 않을 것입니다. 그리고

우리는 계속해서 자유롭게 살고 싶습니다. 조국의 위험이 계속되는 상황에서, 아직 우리에게 남은 관용을 발휘하여 우리는 여러분(대표들)께 루이 16세의 권한 정지를 요청했습니다. 그러나 헌법은 이러한 희망을 막아섰습니다. 루이 16세는 끊임없이 헌법을 내세웠습니다. 이제 우리의 차례가 돌아왔고, 우리도 헌법을 원용하겠습니다. 우리는 루이 16세의 폐위를 요구합니다.[4]

8월 4일에는 파리의 모콩세이구section de Mauconseil(파리 중부)가 7월 31일에 통과시킨 결의문이 의회에 전달되었다. 국회가 루이 16세의 폐위뿐만 아니라 '조국'을 구하기 위한 모든 조치를 취해야 한다는 내용이었고, 8월 5일까지 어떻게든 자신들의 요구에 답을 해야 할 것이라고 윽박지르다시피 했다. 국회는 곧바로 루이 16세를 더 이상 프랑스인의 왕으로 인정하지 않는다는 내용이 담긴 파리도道 주민들을 향한 선언문을 발표했지만, 같은 날 국회는 모콩세이구의 결의문을 파기했다. 법의 범위를 벗어나 공공질서와 안전을 해칠 수 있다는 것이 그 이유였다. 상황은 더욱 긴박해져 파리의 각 구는 봉기 움직임을 보였으나 파리시장의 만류로 봉기를 일단 보류하기로 결정했다. 그러나 캥즈뱅구section de Quinze-Vingts(파리 동부)는 8월 9일 밤 11시까지 의회의 결정을 기다린 뒤 일제히 봉기하기로 결정했다.

1792년 8월 10일, 다시 튈르리

국회는 이러한 파리의 심상치 않은 분위기에도 이렇다 할 조치를 취하지 않으면서, 오히려 민중 봉기의 가능성을 최소화하기 위해 흥분을 가라앉히고 법의 테두리 안에서 국회의 결정을 기다리라고만 할 뿐이었다. 결국 8월 9일에서 10일로 넘어가는 밤에 민중이 직접 행동하기 시작했다.

자정이 되면서 경종이 울리고, 그에 따라 파리 시민들이 무장을 한 채 튈르리궁으로 행진했다. 각 구 대표들은 '봉기 코뮌'을 조직하여 시정을 중단

시켰고, 국민방위군의 사령관을 교체했다. 루브르궁과 튈르리궁으로 둘러
싸인 카루젤 광장에는 봉기한 파리 시민들과 함께 각지에서 모인 의용군
연합Fédérés도 있었다. 그사이 튈르리궁을 지키던 국민방위군은 현장을 이
탈했고, 이제 스위스 용병들만 궁을 지키게 되었다. 그사이 아무런 결정을
하지 못하고 있던 국회는 한 의원을 보내 루이 16세와 그의 가족을 회의장
으로 피신시켰다.

봉기한 시위대는 국왕 일행에게 길을 내
준 뒤 궁을 점령하려 했고, 스위스 용병들
은 이에 맞서 시위대를 자극했다. 발포 명
령을 받은 스위스 용병들은 튈르리궁으로
진입하려던 시위대에 사격을 개시했고, 오
전 8시부터 10시경까지 유혈 충돌이 계속

[그림 2-4]
〈1792년 8월 10일, 튈르리궁 포격
과 함락〉. 파리 시민 및 파리에 모
인 각지의 의용군 연합과 튈르리
궁을 지키던 스위스 용병들 사이
에 유혈 충돌이 일어났고, 많은 사
상자가 발생했다.

되었다. 양측을 모두 포함하여 1,000명 이상의 사상자가 발생했다. 국회의 회의장(현재 튈르리 정원과 방돔 광장 사이)에서도 튈르리궁에서 벌어지고 있는 포격 소리가 들렸고, 회의를 참관하고 있던 시민들은 "국민의회 만세! 국민 만세! 자유와 평등 만세!"를 외쳤다. 루이 16세와 그의 가족을 회의장 옆 작은 방에 머물게 한 뒤 이 문제를 놓고 논의하던 의원들은 시위대의 승리가 확실해지고 회의장을 둘러싸고 있는 민중의 압박이 거세지자 결국 민중의 바람을 들어주게 된다. 이제 왕권을 정지시키고 입법의회를 대체하는 '국민공회 Convention nationale'를 구성할 것이라는 내용의 법을 통과시킴으로써 프랑스혁명기의 가장 큰 분절 지점을 만들게 되었다. 이제

[그림 2-5] 〈1792년 8월 10일〉. 파리 민중이 루이 16세의 퇴위를 요구하면서 국회(입법의회) 대표들을 압박하고 있다.

1791년의 헌법이 만든 체제는 생을 마감했다.

제1조. 프랑스 민중은 국민공회를 구성해 주길 바란다. 특별위원회가 내일 이 국민공회 의원들을 선출할 방식과 기간이 명시된 계획을 발표할 것이다. 제2조. 국민공회가 민중 주권과 자유·평등의 지배를 보장하기 위해 취해야 한다고 믿는 조치를 발표하기 전까지 집행권력의 수장이 가진 기능을 일시적으로 정지시킨다.[5]

루이 16세는 가족과 함께 우선 뤽상부르궁으로 가게 되었고, 다음 날 다시 탕플Temple*로 이동했다. 겉으로는 왕가를 보호하기 위해 거처를 옮긴 것이었지만, 사실상 유폐된 것이었다. 또한 의회는 파리 시정을 대체하는 봉기 코뮌을 승인했으며, 국왕이 임명한 장관들을 해임하고 새로운 장관들을 임명했다. 이제 봉기 코뮌은 재산에 따라 선거권을 가진 '능동시민'과 선거권을 갖지 못한 '수동시민'의 구별을 없앴고, 과거 왕정의 잔재를 없애기 시작했다. 그리고 앞으로 구성될 국민공회는 성인 남성들의 보통선거를 거치게 될 것이고, 선거권 제한 연령을 만 25세에서 만 21세로 낮추기로 결정했다.

공화국 프랑스, 그리고 민중

1792년 여름에 벌어진 일련의 사건은 9월 21일에 새 의회인 국민공회가 개원하고 공화정이 시작되면서 일단락되었다. 개전 이래 줄곧 불리하던

---

* 탕플은 현재 남아 있지 않으며, 파리 3구 구청 근처에 과거 탕플이 있었다는 표식만 있을 뿐이다.

전황을 극복하고 발미에서 프랑스 영토로 진입한 오스트리아군에 승리를 거둔 날로부터 이틀 후였다. 그사이, 로베스피에르가 공개적으로 프랑스의 적이라고 규정한 라파예트는 적군의 품으로 도망쳤다. 발미 전투 이후 프랑스는 적군을 국경 밖으로 몰아냈고, 벨기에까지 점령하기도 했다. 잠깐이나마 프랑스는 위기에서 벗어났지만, 내부적으로는 8월 10일 이후 또 다른 유혈사태가 일어났다. 파리 민중은 9월 초에 전선으로 출발하기에 앞서 후환을 없앤다는 명목으로 1,300명이나 되는 수감자들을 학살했다(9월 학살). 또 다른 폭력사태였다.

이렇듯 공화국은 전쟁이 촉발한 왕정의 몰락, 즉 1792년 여름에 벌어진 일련의 폭력사태를 거치면서 탄생했고, 8월 10일은 그중 가장 중요한 단계였다. 물론, 프랑스 제3공화정 당시의 정치인이었던 클레망소Georges Clémenceau처럼 프랑스혁명을 한 '집합체bloc'로 보는 관점은 경계해야 한다. 클레망소의 관점은 1789년의 좋은 혁명과 1792년의 나쁜 혁명이라는 이분법적 구도로 공화국을 공격하는 논리, 즉 프랑스 역사상 처음으로 성립된 공화국은 너무나 많은 피를 흘린 결과였고, 그에 따라 공화국의 탄생은 그 기초부터 나빴으며, 더 많은 피를 흘린 공포정과 그것의 통치수단이었던 혁명재판소는 역사에 다시는 등장해서는 안 될 '악' 그 자체였다는 것에 대한 대응이었다. 클레망소는 1792년의 혁명은 1789년의 혁명을 완벽하게 만들기 위해 필연적으로 일어났어야 했던 것이라고 반박했고, 그에 따라 이 두 혁명을 하나로 묶었던 것이다. 과연 1792년의 혁명과 공화국은 1789년에 시작된 혁명의 필연적인 결과였을까?

1792년의 프랑스 사람들이 공화국을 그 자체로 당연한 것으로 받아들인 것은 아니었다. 루이 16세의 폐위를 주장하는 사람들 가운데에는 왕자에게 왕위를 잇게 해야 한다고 주장하는 사람들도 있었고, 왕의 가족이나 측근을 제외한 다른 사람으로 왕위를 교체해야 한다고 생각하는 사람들도 있었

다. 공화국이 공론장에서 논의 대상이 된 것은 루이 16세의 탈주 사건 이후
였지만, 일부 자코뱅 구성원들 사이에서였다. 공화국이 가능할 것이라고
생각하는 사람은 소수였고, 심지어 국민공회 의원 선거를 하는 유권자들과
대표들 역시 공화국이 된 프랑스를 상상하지 못했다. 이렇듯 공화국은 자
연스럽게 등장한 체제가 아니었다. 8월 10일에 왕권이 정지되었어도 왕정
자체가 폐지된 것은 아니었다. 왕을 폐위한 이후 왕이 차지하고 있던 자리
를 어떻게 대체할 것인가? 이 문제에 대한 치열한 논쟁과 현실 상황을 개선
하기 위한 끊임없는 투쟁 끝에 찾아낸 것이 바로 공화국이었다.

　프랑스의 첫 번째 공화국이 탄생하기까지 가장 큰 역할을 한 주인공은
바로 민중이었다. 1789년 7월 14일에 바스티유를 점령할 때부터 민중은
항상 정치라는 장기판에 존재했다. 이러한 민중이 다시 정치의 전면에 등
장하여 자신들의 운명을 스스로 결정하고, 자신들의 바람을 다른 사람이
아닌 민중 스스로 얻어 내려 했다는 점에서 1792년 8월 10일은 현대적 의
미의 민주주의 측면에서 중요한 전환점이었다. 국민의 대표들은 자신들의
자유를 스스로 지키고 평등을 추구하는 민중의 의지를 외면할 수 없었고,
그 의지에 따를 수밖에 없었다. 이제 프랑스혁명은 새로운 단계에 접어들
었다.

03

1794년 7월:
테르미도르 9일 정변과 로베스피에르의 실각

양희영

테르미도르 정변, 새로운 혁명 또는 혁명의 종결

공화력 2년 테르미도르 9일(1794년 7월 27일) 로베스피에르의 실각은 급작스러운 사건이었다. 이날 국민공회 회의의 첫 발언자로 나선 생쥐스트가 준비해 온 보고서를 읽기 시작하자 동료 의원 탈리앵이 연단에 뛰어올라 그를 밀어냈다. 탈리앵과 뒤를 이어 연단을 차지한 비요바렌은 독재자 로베스피에르를 심판하고 그와 한패인 국민방위대 사령관 앙리오와 혁명재판소장 뒤마를 체포해야 한다고 외쳤다. 뒤를 이어 공안위원회Comité de salut public의 바레르와 보안위원회Comité de sûreté générale의 바디에가 연단에 올라 로베스피에르를 공격했다. 로베스피에르는 수차례 발언을 시도했으나 의장 콜로 데르부아의 제지와 의원들의 "독재자 타도" 외침에 막혀 좌절되었다. 이날 로베스피에르는 동료 산악파 의원들인 생쥐스트, 쿠통, 르바, 동생 오귀스트와 함께 체포되어 이튿날 처형되었다. 로베스피에르파가 포진한 파리코뮌과 국민방위대는 변변한 싸움 한번 해보지도 못했고, 이튿날부터 사흘간 '로베스피에르의 공범' 100여 명이 처형되었다.

테르미도르 9일 국민공회 의장이었던 콜로 데르부아는 이날의 사건은 독재에 대항한 반란이자 조국을 구한 반란이며 역사에 그렇게 기억될 것이라고 주장했다. 이튿날 공안위원 바레르는 양대 위원회(공안위원회와 보안위원회) 이름으로 제출한 보고서에서 1793년 5월 31일 봉기*가 민중의 혁명이라면 '테르미도르 9일'은 국민공회의 혁명이라면서 "자유는 두 혁명 모두를 칭송했다"고 선언했다. 로베스피에르 몰락의 주역인 두 사람에게 '테르미도르 9일'은 과거와의 궁극적 단절이자 새 시대를 여는 새로운 혁명이었다.

그러나 역사가들의 평가는 달랐다. 역사가들은 오랫동안 '테르미도르 9

[그림 3-1] 〈테르미도르 9일 로베스피에르 체포안이 통과된 직후의 국민공회〉, 막스 아다모Max Adamo, 1870, 베를린 구 국립미술관Alte Nationalgalerie. 1870년에 그려진 이 그림에서 화가는 '독재자' 로베스피에르를 앞다퉈 공격하는 국민공회 의원들과 발언권을 잃고 무기력하게 앉아 있는 로베스피에르의 모습을 대비하고 있다.

일'을 혁명의 종결 심지어 혁명에 대한 배신으로 여겼다. 미슐레와 조레스는 모두 테르미도르에서 혁명사 서술을 마무리했다. 이들에게 로베스피에르 처형 이후의 일들은 구체제로의 복귀(미슐레)이거나 부르주아의 타협(조레스)에 불과했다. 역시 테르미도르에서 혁명사 개설서를 마무리했던 마티에는 1929년에 《테르미도르 반동La Réaction thermidorienne》을 출간했다. 그에게 테르미도르 9일에서 1795년 10월 총재정부 수립에 이르는 시기는 일종의 플래시백으로서 정치로부터 다시 대중을 축출하고 왕정주의에 대한 미련을 떨치지 못한 시기이며 축재와 타협에 능한 미래 정치계급이 확립된 시기였다. 마티에의 소르본대학 후계자들인 르페브르와 소불에게도 테르미도르파 국민공회 시기는 1789~1791년으로의 회귀였다. 두 사람에 따르면 테르미도르파 국민공회는 경제적 자유와 재산 제한 선거제를 토대로 부르주아의 지배권을 회복했고 이후 거의 한 세기 동안 프랑스의 정치·경제적 삶에서 민주주의를 제거했다. 따라서 '테르미도르 9일'은 프랑스혁명의 실질적 종결이었다.

이처럼 '반동'의 문을 연 테르미도르 9일의 사건은 이 역사가들이 보기에 필연적인 것이었다. 물론 이날의 사건은 여러 복합적 위기의 산물이었다. 에베르파와 당통파의 처형(각각 1794년 3월과 4월), '대공포'의 문을 연 프레리알 22일(1794년 6월 10일) 법은 공포정치에 대한 염증을 불러일으켰다. 상퀼로트 지도자들에 대한 탄압, 구區 정치 활동의 쇠퇴, 통제경제의 후퇴와 생활고 속에서 민중운동은 혁명정부로부터 멀어졌다. 게다가 파견지에서 잔혹한 폭력을 행사한 공포정치가, 부패한 정치가들이 새로운 숙

---

* 파리 민중이 국민공회를 포위하고 지롱드파 지도자 제명, 반혁명 혐의자 체포, 혁명군 창설, 노약자를 위한 사회적 조치 등을 요구한 봉기. 이 요구가 수용되지 않자 6월 2일 봉기가 재개되었고 국민공회는 지롱드파 의원 29인의 체포를 결정했다.

청을 두려워하며 혁명정부 반대 세력으로 결집했다. 뿐만 아니라 공안위원회와 보안위원회가, 그리고 공안위원회 내에서조차 서로서로 정책과 권한을 두고 반목했다. 소불에 따르면 이런 위기는 산악파 부르주아가 혁명을 지휘하면서 상퀼로트의 동력과 협조에 의지해야 했던 혁명운동 자체의 모순에서 연유했다. 그런 점에서 이 위기의 산물로서 테르미도르 9일의 사건은 필연적으로 일어날 수밖에 없었다는 것이다.

그러나 산악파와 파리 민중운동 간의 괴리, 산악파* 내부의 분열이라는 구조적 모순과 위기가 테르미도르 9일에, 그리고 그날 일어난 바로 그런 방식으로 폭발하도록 일련의 사건을 결정했다고는 볼 수 없다. 일련의 과정과 행위, 우발성과 즉흥성에 좀 더 주목할 필요가 있다. 이 글에서는 바로 그런 의미에서 1794년 봄 당파들의 숙청에서 테르미도르 9일에 이르기까지의 과정을 인물들의 선택과 행위에 집중해 재구성해 보겠다. 그럼으로써 테르미도르 9일 사건의 필연성에 대해서도 재고해 볼 수 있을 것이다.

국민공회는 테르미도르 9일 이후로도 15개월간 존속했다. 총재정부가 수립될 때까지의 이 기간은 흔히 '테르미도르 반동'으로 불려 왔다. 이때 '반동réaction'이라는 단어는 이 시기에 대한 역사가의 판단이나 평가에 앞서 당대에 이미 사용된 역사용어다. 테르미도르 9일의 주역들 혹은 지지자들은 쿠데타 후 짧은 합의 기간을 거쳐 곧 분열했다. 이때 공포정치를 비난하는 데서 더 나아가 공화력 2년 산악파의 정책 자체를 폐기하고자 하는 국민공회 의원들, 즉 정치적 입장을 바꿔 평원파**와 결합한 산악파는 자코뱅으로부터 "반동파réacteur"로, 그들의 정책 및 활동은 "반동"으로 불리기 시

---

* 국민공회의 좌파. 우파인 지롱드파에 맞서 국왕의 처형에 찬성하고 전쟁 수행을 위해 파리 민중과 연대했다.
** 국민공회의 중도파 의원들. 사안에 따라 때로는 산악파를, 때로는 지롱드파를 지지했다.

작했다. 이때 '반동'은 마티에가 정리한 것처럼 "과거로의 복귀, 후퇴"를 의미했고, '반동파'라는 명칭은 '변절'이라는 도덕적 함의를 수반했다.

'테르미도르 반동'은 여전히 테르미도르파 국민공회 시기를 일컫는 일반적 용어로 쓰이지만 근래 역사가들은 이 시기를 부르주아혁명으로의 복귀 혹은 후퇴라는 일관된 특성을 갖는 단일한 시기가 아니라 각각 고유한 특성을 갖는 여러 단계가 연이어 나타난 시기로 보아야 한다고 주장했다. 필자는 이 견해에 동의하면서 이 시기를 시간적 흐름에 따라 검토함으로써 특정 국면과 정책의 성격을 확인할 것이다.

다른 한편 여러 역사가는 '반동'이라는 개념 자체에 의문을 제기하고 테르미도르 시기에서 다른 정치적 의미를 찾아내고자 했다. 이 시기를 반동으로만 보아서는 이 시기의 특수성, 혁명사 전체에서 이 시기의 의미, 나아가 혁명 이후 프랑스 현대사에 남긴 영향력을 제대로 평가할 수 없다는 것이다. 이 글의 뒷부분에서는 이런 주장을 담은 몇몇 연구를 소개할 것이다. 이 연구들을 통해 테르미도르 시기의 정치적 특성과 역사적 의의에 대한 이해를 확장할 수 있을 것이다.

당파의 숙청에서 테르미도르 8일까지

로베스피에르의 몰락은 테르미도르 8일에 시작되었다. 이날 그는 4주 만에 국민공회에 나왔다. 이날 오후 2시경 시작된 그의 연설을 역사가들은 "로베스피에르의 정치적 유언", "프랑스 정치사의 가장 긴 자살 연설"이라 부른다. 이 연설에서 로베스피에르는 자신을 자유의 노예이며 공화국의 살아 있는 순교자, 범죄의 적이자 희생자로 자칭하면서 국민공회 안에 공공의 자유를 위협하는 음모가 존재하며 보안위원회와 그 사무국들, 공안위원회 위원들이 그 주역이라고 주장했다. 애국파와 조국을 파멸시키려는 이 동맹에 맞서 배신자를 처벌하고 두 위원회를 정화해야 하며, 국민공회의 권위 아래 정부를 결속시켜야 한다고 그는 주장했다. 이 긴 고발장에서 그가 직접 거론한 이름은 보안위원 아마르와 재무위원 캉봉 등 몇 명에 불과했지만 공안위원 비요바렌, 바레르, 카르노, 보안위원 바디에는 로베스피에르가 자신들을 겨냥하고 있음을 알 수 있었다.

연설 후 국민공회 의원들의 반응은 혼란 자체였다. 연설문의 인쇄와 배포를 둘러싸고 요란한 의견 충돌이 이어졌고 로베스피에르에 대한 공개적 비난이 쏟아졌다. 로베스피에르가 연설에서 '사기꾼'이라고 지칭한 캉봉은 '단 한 사람,' 곧 로베스피에르가 국민공회의 의지를 마비시켰다고 비난했고, 비요바렌은 "침묵함으로써 야심가의 범죄에 공범이 되느니 나의 시체를 그의 옥좌에 바치겠다"고 외쳤다. 파니스와 샤를리에는 로베스피에르에게 그가 배신자로 지목한 이들이 누구인지 밝히라고 요구했지만 로베스피에르는 답하지 않았다.

산악파 의원 르바쇠르의 회고록에 따르면 이날 로베스피에르는 1793년 5월 31일 이래 처음으로 궁지에 몰렸다. 그러나 이날 회의는 로베스피에르의 반대파가 아직은 일치하여 그의 몰락을 준비하고 있던 것은 아님을 보여 준다. 특히 공안위원회의 동료 비요바렌과 콜로 데르부아가 로베스피에르를 공격하기로 결심을 굳힌 계기는 그날 밤 자코뱅 클럽의 회의였던 것으로 보인다. 로베스피에르는 이 회의에서 국민공회에서의 연설을 되풀이하여 열렬한 환호를 받았다. 반면 비요바렌과 콜로 데르부아의 발언 요청은 거부되었고, 두 사람은 "기요틴으로!"라는 청중의 외침과 위협 속에 회의장에서 쫓겨났다. 다음 날인 테르미도르 9일 콜로 데르부아는 국민공회 의장의 권한으로 로베스피에르의 발언을 제지했고, 비요바렌은 생쥐스트를 밀어낸 탈리앵의 뒤를 이어 연단을 차지하고 독재자 로베스피에르를 고발했다.

테르미도르 8일 국민공회 회의는 산악파 사이의 싸움이었다. 테르미도르 9일 역시 산악파의 작품이었다. 역사가 프랑수아즈 브뤼넬에 따르면 테르미도르 9일 로베스피에르와 그 "공범들"을 공격한 의원은 모두 35명이었는데 그중 33명이 산악파였다.[1] 테르미도르 9일이 산악파 내부의 사건이라면 공화력 2년 제르미날에 벌어진 당파들의 숙청(1794년 3월 24일 에베르파 처형, 1794년 4월 5일 당통파 처형) 이후 산악파 내에서 무슨 일이 있었던 것일까?

당파들의 숙청, 특히 동료 의원들인 당통, 카미유 데물랭, 들라크루아, 에로 드 세셸, 필리포의 처형은 국민공회 의원들 사이에 서로에 대한 의심과 두려움을 격화시켰다. 그 의심과 두려움은 무엇보다 숙청을 주도한 로베스피에르와 공안위원회를 향했다. 당파 숙청 과정에서 로베스피에르와 비요바렌은 보안위원회 보고서가 부실하다고 질책하고 보완을 요구했으며 당파들에 관한 최종 보고서를 생쥐스트가 도맡게 함으로써 보안위원회를 자극했다. 두 위원회의 반목에서 결정적인 것은 공안위원회 안에 자체 '경찰국'을 두게 한 제르미날 27일(4월 16일) 자 법이었다. 경찰국 창설은 보안위원회의 치안권에 대한 위협이자 보안위원회에 대한 불신을 드러낸 것이었다.

약 두 달 후 '대공포정치'의 문을 연 프레리알 22일(6월 10일) 법에 대한 논의는 산악파 내에 결정적 분열을 초래했다. 혁명재판소의 사법 절차를 간소화하여 증인 신문, 피고의 변호와 항소권을 폐지한 이 법은 정적을 제거하려는 공안위원회의 도구가 되리라는 두려움을 불러일으켰다. 일부 의원들의 맹렬한 반대에도 불구하고 로베스피에르는 법안을 만장일치로 가결할 것을 요구했고 법안은 몇 분 만에 토론 없이 채택되었다. 게다가 (공안위원회가 아니라) 국민공회만이 의원들에 대한 기소를 결정하고 그들을 재판에 회부할 수 있다는 내용의 전문前文은 쿠통의 맹렬한 반대에 부딪혀 철회되었고 로베스피에르는 쿠통을 지지하면서 다시 당파를 선악으로 구분하고 음모가들을 고발했다. "국민공회 안에는 오직 두 개의 당파, 즉 좋은 사람들과 사악한 사람들, 애국파와 위선적인 반혁명 세력만이 있을 뿐입니다." 의원들이 음모가의 이름을 대라고 요구했으나 그는 필요할 때 그렇게 하겠다고 답했다.

르바쇠르와 바레르는 회고록에서 이날 로베스피에르는 정말로 위협적인 독재자의 모습이었다고 술회했다. 특히 이날 이후 공안위의 지휘를 받는 경찰이 숙청자 목록을 작성하기 시작했다. 바레르는 공안위원들이 돌려 본 목록에 18명의 의원이 있었다고 회고했는데, 이들은 주로 파견지에서 저지른 과도한 폭력적 탄압과 부패 혐의로 로베스피에르의 분노를 산 국민공회 파견의원들이었다. 보르도(이하 모두 파견지)의 탈리앵, 리옹의 푸셰와 뒤부아크랑세, 마르세유와 툴롱의 프레롱과 바라스, 코트도르도道와 오트손도의 베르나르 드 생트는 공안위원회에 의해 소환되었거나 해명을 위해 자진해 파리로 귀환한 상태였다. 4월 5일 파리에 도착한 푸셰는 8일 아침 자신을 변호하러 자코뱅 클럽으로 가기 전 로베스피에르를 방문했으나 그를 맞은 것은 "죽음의 홀을 든 자의 침묵"이었다. 그보다 먼저 파리로 올라온 탈리앵과 프레롱 역시 냉대를 당했다.

로베스피에르와 보안위원회의 갈등을 격화시키고 로베스피에르를 다른 의원들로부터 더욱 고립시킨 것은 종교 문제였다. 프레리알 20일(6월 8일) 최고존재l'Être Suprême 축제는 혁명 프랑스와 기독교의 관계라는 문제를 다시 제기했다. 이 축제는 로베스피에르가 제안하여 채택된 플로레알 18일(5월 7일) 법에 따라 거행되었다. 이 법은 "프랑스 국민은 최고존재의 존재와 영혼의 불멸을 인정한다"고 선포하고 최고존재 축제 계획안을 화가이자 국민공회 의원 다비드에게 맡겼다. 로베스피에르는 프레리알 16일(6월 4일) 국민공회 의장에 선출되어 20일 축제를 주재했다.

플로레알 18일 법은 최고존재와 영혼의 불멸성을 인정함으로써 상퀼로트와 일부 파견의원들이 주도한 무신론과 비기독교화운동을 배격했다. 이 법에 따르면 무신론자들은 침묵해야 하는 덕성 없는 인간들이었는데 푸셰가 바로 그런 인물로서 그는 지나가는 공동묘지 묘비석들에 "죽음은 영원한 잠"이라고 새겨 넣었다. 역사가 마틴 라이언즈는 종교 문제가 산악파 내에서 로베스피에르를 반대하는 구실 정도가 아니라 핵심이라고 강조했다.[2] 그에 따르면 보안위원 바디에와 아마르는 최고존재 축제가 가톨릭에 대한 유화정책의 일환으로서 국민공회 내 우파의 지지를 얻기 위한 것이라고 의심했다. 나아가 그들이 보기에 로베스피에르의 태도는 교회 세력의 반혁명 활동을 부추기는 것으로 특히 소요가 끊이지 않는 프랑스 남부에 매우 위험한 신호를 주는 것이었다.

프레리알 20일(6월 8일) 최고존재 축제에서 행렬의 선두에 선 로베스피에르는 마치 대사제나 새로운 교황처럼 보였다. 그의 이런 모습은 맹렬한 반교권론자였던 공안위원회 동료 비요바렌이나 콜로 데르부아뿐 아니라 수많은 의원에게 충격을 주었다. 몇몇 의원은 그날 행렬을 따라가며 로베스피에르를 모욕했다. 국민공회 의원 앙투안 보도의 회고록에 따르면 자신과 로베스피에르 사이에 서 있던 티리옹*, 뤼앙, 몽토가 행렬 내내 로베스피에르를 욕했고 특히 옛 당통파 르쿠앵트르는 스무 번도 넘게 로베스피에르를 독재자, 폭군이라고 부르며 죽이겠다고 다짐했다. 보도의 말이 사실이라면 그가 들은 욕설과 위협을 로베스피에르 역시 들었을 것이다.

6월 내내 국민공회와 양대 위원회에서 개인들 사이의 대립이 격화되었다. 프레리알 27일(6월 15일) 국민공회에서 바디에는 공화국 전복을 꿈꾸는 '성모'의 음모를 고발했다. 신의 어머니라 자초하는 여성 광신도 카트린 테

---

* 1793년 9월 말 파견지인 사르트도에서 라플레슈 콜레주 교회에 안치된 앙리 4세의 심장을 꺼내 불태운 인물.

오가 세계를 구할 메시아의 도래를 예언했고 많은 이들이 이를 추종한다는 것이었다. 바디에는 카트린 테오가 말한 메시아가 로베스피에르라고 암시했다. 이틀 후 자코뱅 클럽은 바디에의 보고서를 지방에 배포하기로 결정했고, 로베스피에르는 열흘 후(6월 27일) 자코뱅 클럽에서 카트린 테오 사건의 배후에 에베르파가 있다고 지목했다. 에베르파가 카트린 테오를 이용해 자신과 최고존재 예배를 조롱하고 비기독교화운동을 재개하려 한다는 것이었다.

　로베스피에르가 에베르파를 다시 지목한 것은 의원들 사이에 새로운 숙청이 임박했다는 의심을 더욱 부추겼다. 이 의심은 다른 사건과도 결부되었다. 메시도르 7일(6월 25일), 군대에 파견된 생쥐스트를 대신해 경찰국을 통솔하고 있던 로베스피에르는 사기행위로 고발된 일부 구區혁명위원회 위원들을 체포하게 했다. 비요바렌은 이것이 상퀼로트에 대한 마지막 공격이라고 보고 공안위원회에서 분노를 터뜨렸다. 나흘 후 플뢰뤼스Fleurus 승리(6월 26일)* 소식을 듣고 돌아온 생쥐스트가 참석한 양대 위원회 회의에서 비요바렌과 콜로 데르부아는 로베스피에르를 독재자라고 비난했다. 이후 로베스피에르는 더는 공안위원회에 참석하지 않았다. 갈등이 고조되는 와중에 화해 시도도 있었다. 테르미도르 4일(7월 22일) 양대 위원회 공동회의에서 방토즈Ventôse 법 시행을 위한 4개 위원회 창설이 결정되었다. 방토즈 법은 혐의자의 재산을 몰수하여 빈민에게 분배한다는 것으로 에베르파와 당통파 숙청 전에 통과된 후 시행이 미뤄진 것이었다. 테르미도르 4일의 이 결정은 이 급진적 법의 시행을 놓고 분열했던 공안위 내 급진파와 바레르, 카르노, 랭데 등의 보수파가 합의에 도달했음을 의미했다. 같

---

* 프랑스 북부군은 1794년 6월 26일 벨기에 도시 플뢰뤼스에서 대불동맹군에 승리해 벨기에에 입성했다. 생쥐스트는 6월 6일부터 '파견의원'으로 북부군에 파견되어 있었다.

은 날 생쥐스트는 비요바렌과 콜로 데르부아의 요구를 받아들여 그가 작성할 공화국 체제에 관한 보고서에서 최고존재와 영혼의 불멸에 관해 언급하지 않기로 했다.

나아가 생쥐스트는 로베스피에르가 없을 때 카르노의 뜻대로 4개 포병 중대를 파리에서 철수하는 데에도 동의했다. 생쥐스트와 카르노는 오래전부터 군사적 문제를 두고 대립했다. 카르노는 1793년 정복 전쟁을 지지하고 플랑드르 병합과 네덜란드 원정을 제안한 반면 생쥐스트는 상브르 Sambre강에서의 엄격한 방어 전술을 주장했다. 플뢰뤼스의 승리 후 카르노의 권력은 강화되었다. 카르노는 시민군을 직업군으로 전환시키고자 했고 이는 로베스피에르, 생쥐스트, 비요바렌의 견해와 대척점에 있는 것이었다. 파리 국민방위대 소속 포병 중대의 이동은 만약의 상황에서 로베스피에르를 지원할 수 있는 병력을 약화시키는 조치로서, 자코뱅이 카르노의 술책이라고 비난하던 것이었다. 따라서 카르노의 안에 대한 동의는 중대한 타협이었다. 6일 쿠통은 자코뱅 클럽에서 양대 위원회를 칭송하며 위원들 사이에 결코 원칙에 대한 대립은 없다고 주장했다. 이튿날 바레르는 국민공회 보고에서 로베스피에르를 열렬히 칭송한 후 당파들의 부활을 경고하면서 위원회들은 통일되어 있다고 확언했다. 그러나 테르미도르 8일 로베스피에르는 이 모든 화해와 타협의 기대를 뒤엎고 자신의 좌우를 모두 적으로 돌리는 마지막 연설을 시작했다.

테르미도르 9일

테르미도르 9일 오후 의회 상황은 곧 파리 시민들에게 전해졌다. 로베스피에르파인 파리시장 플뢰리오레스코와 '국민의 대리인agent national(파리코뮌 감찰관)' 파이양은 시의회 의원들에게 출신 구로 돌아가 경종을 울리게 했다. 6시경 구민회의들이 소집되어 구 대표를 시청에 파견했다. 48개 구 가운데 16개 구만이 국민방위대를 시청 앞 그레브 광장으로 파견했다. 수도에 머물던 30개 포병 중대 중 17개가 이들에 합류했다. 체포된 의원들(로베스피에르 형제, 쿠통, 생쥐스트, 르바)은 탈출하여 시청으로 피신했다. 국민공회는 반역 의원들에 대한 법의 보호를 철회하고 마르세유에서의 가혹한 탄압행위 때문에 프레롱과 함께 파리로 소환되어 있던 국민공회 의원 바라스에게 군대를 규합할 책임을 맡겼다. 온건한 구민들이 바라스의 군대에 가담했다. 이런 소식이 시청 앞에 모여 있던 국민방위대와 포병들에게 전해지자 달리 명령도, 보급도 받지 못했던 그들은 하나둘 그레브 광장

[그림 3-2] 〈테르미도르 10일 새벽 그레브 광장에 도착한 레오나르 부르동의 군대〉, 샤를 모네Charles Monnet, 1799, 프랑스국립도서관. 국민공회 의원 레오나르 부르동이 시청에 피신한 로베스피에르파를 체포하기 위해 국민공회와 국민방위대를 이끌고 시청 앞 그레브 광장에 도착한 모습(왼쪽). 시청 2층에서 뛰어내리는 오귀스탱 로베스피에르의 모습이 작게 그려져 있다.

을 떠났다. 9일 저녁 10시경 그레브 광장에는 3,000명의 상퀼로트 투사가 모였으나 네 시간 후 레오나르 부르동—맹렬한 비기독교화운동 지지자로서 에베르와 가까웠던—이 국민공회를 지지하는 국민방위대를 이끌고 시청으로 진격했을 때 광장은 이미 텅 비어 있었다.

병력이 시청으로 진입하자 오귀스탱 로베스피에르는 창밖으로 몸을 던졌고 쿠통은 계단 아래로 추락하여 둘 다 중상을 입었다. 르바는 스스로 총을 쏘아 자살했고 로베스피에르 역시 권총으로 자살을 시도했으나 턱을 심하게 다치는 데 그쳤다. 테르미도르 10일 저녁 로베스피에르 형제, 쿠통, 생쥐스트, 플뢰리오레스코, 파이양, 혁명재판소장 뒤마, 국민방위대 사령관 앙리오, 파리코뮌 관리 아홉 명, 구민회의 투사 세 명 등 22명이 처형되었다.

테르미도르 9일 저녁 시청 앞에 모였던 국민방위대와 포병들은 끝내 국민공회로 진격하지 않았다. 역사가들은 이를 한편으로는 로베스피에르파의 주저와 합법주의 탓으로, 다른 한편으로는 파리 민중의 정치적 무관심과 수동성 탓으로 돌려왔다. 역사가 콜린 존스는 최근의 연구에서 이런 주장을 반박했다.[3] 그는 테르미도르 9~10일 밤 약 40개 구민회의가 국민공회와 의견을 주고받았고 시청 앞에 모였던 이들보다 훨씬 더 많은 이들이 로베스피에르파의 독재 음모를 사실로 믿고 국민공회를 지키기 위해 밤을 지새웠다고 주장했다. 또 구민회의에서 국민공회에 보낸 보고서들은 판에 박힌 반복적 표현들이 많았으나 그럼에도 맹목적 복종과 반사적 대응을 넘어선 다양한 시각을 보여 주며 테르미도르 9일의 사건을 스스로의 것으로 여겨 자축했다고도 주장했다. 존스에 따르면 테르미도르 9일 직후에는 국민공회 역시 이날의 사건이 국민공회와 민중 공동의 것임을 인정했다. 그러나 이후 1년간 우경화가 가속화되면서 국민공회는 테르미도르 9일로부터 민중과 산악파를 지워 버리고 이날의 혁명을 독차지했다는 것이다.

테르미도르 9일을 민중 봉기 중 하나—"민중 봉기들 사이의 신데렐라"
—로 보아야 한다는 존스의 주장은 더 세밀한 검토가 필요하지만, 의회 내
정변의 주인공이 무엇보다 산악파라는 것은 이제 일반적인 견해이다. 보
안위원회의 아마르, 바디에, 불랑, 엘리 라코스트, 공안위원회의 비요바
렌, 콜로 데르부아, 카르노, 바레르, 전날의 잔혹한 과격 공포정치가들인
푸셰, 탈리앵, 프레롱, 바라스, 로베르Rovère, 옛 당통파인 르쿠앵트르, 튀
리오, 르장드르, 쿠르투아, 부르동 드 루아즈 등 산악파의 다양한 분파가
로베스피에르의 몰락에 힘을 보탰다. 이들은 모두 국왕 처형에 찬성표를
던진 이들이자 지롱드파 숙청으로 이어진 1793년 5월 31일·6월 2일 봉기
의 지지자들이었지만 1794년 봄부터 여러 이유로 로베스피에르, 쿠통, 생
쥐스트와 대립했다. 다양한 분파 혹은 인물들의 갈등과 경쟁은 한 걸음 한
걸음 파국을 향해 나아갔지만 그럼에도 테르미도르 4~6일의 상황은 정치
적 타협과 협상이 가능했음을 보여 준다.

　그러나 결국 로베스피에르는 8일의 연설을 통해 '적들'을 궁지로 몰아넣
었고, 그의 독재를 두려워하고 혐오하던 이들은 새로운 숙청의 희생물이
되느니 먼저 칼을 휘두르는 편을 선택했다. 이 선택은 계획된 음모의 산물
이 아니라 즉흥적인 것이었음에도 거기에 이르는 과정이 필연적인 것으로
보인다면 그것은 소불이 말하는 '혁명운동의 모순', 즉 상퀼로트*에 기댄
부르주아혁명의 한계 때문이 아니라 에베르파와 당통파의 경우처럼 폭력
을 통한 당파의 제거가 이 시기 혁명'정치'의 실제이자 강박으로 자리 잡았
기 때문이라 할 것이다.

* Sans-culottes. 프랑스혁명기의 민중peuple을 지칭하는 말로 소규모 작업장이나 상점을 소유한 이들로
부터 아무것도 소유하지 못한 무산자들까지 다양한 집단을 포함한다. 혁명군대와 혁명재판소 설치 등
반혁명 세력 타도를 위한 단호한 조치들, 공정가격제 등 통제경제를 국민공회에 요구했다.

테르미도르파 국민공회: 공포정치가들의 '공포정치 벗어나기'

테르미도르 10일, 국민공회는 "정의justice가 의사 일정에 올랐다"고 선포함으로써 탈공포정치의 길로 들어섰다. 문제는 테르미도르 9일의 주역들 자신이 공포정치의 주역이거나 조력자라는 점이었다. 공안위원회와 보안위원회 위원들은 공포정치를 공화력 2년 전체가 아니라 프레리알 22일 법 이후의 탄압으로 최소화하고 그 책임을 이미 처형된 이들에게 돌리는 방식으로 이 문제를 우회하고자 했다. 이들은 공화력 2년 봄의 노선을 유지하되 자신들의 통제 아래 두고자 했고 이미 테르미도르 9~10일 밤 로베스피에르가 왕이 되려 했다는 소문을 파리 구민회의에 퍼뜨림으로써 어제까지만 해도 민중 주권의 수호자로 칭송받던 그의 숙청에 대해 민중을 설득하려고 했다.

공포정치가의 오명에서 벗어나기 위한 다른 방법은 테르미도르 이후 국민공회에서 가장 주목받는 인물이 된 탈리앵이 제시하였다. 프뤽티도르 11일(8월 28일) 국민공회에서 탈리앵은 한 달 전 바레르가 사용한 "공포정치 체제système de la Terreur"라는 표현을 되풀이하면서 공포정치를 두려움에 기초한 '권력체제'로 정의했다. 그는 바로 이 "공포정치 체제"가 사람들의 지각을 마비시켜 성찰과 비판을 불가능하게 했으며, 따라서 의원들은 이 체제의 폭력, 범죄, 폭정과 무관할 뿐 아니라 오히려 그 희생자라고 주장했다. 그러면서 탈리앵은 공포정치의 책임을 그 수장 개인에게 떠넘겼다. 이 체제의 수장은 물론 로베스피에르이며 그 공범 중 일부는 그와 함께 죽었지만 다른 일부는 아직 살아 있었다. 따라서 국민공회의 생존자들은 이 공범들의 공범이 아님을 입증해야 했다. 결국 이런 논리는 공포정치의 방법과 구호를 다시 활용해서라도 그 공범들의 가면을 벗겨야 한다는 결론에 도달할 것이었다.

그러나 공포정치에 대한 책임 추궁이 희생양 찾기로 귀결되기 전, 즉 테르미도르 9일 이후 약 한 달은 평화와 결속에 대한 희망과 복수에 대한 열망이 공존한 시기였다. 테르미도르파는 앞선 시기에 자행된 탄압의 책임자를 찾아내면서도 사회적·정치적 평화를 회복하는 한편 자신들의 책임은 최소화하고자 했다. 옛 당통파 르장드르, 튀리오 같은 소수의 사람은 과거를 베일로 덮고 뒤돌아보지 말자고, 그러지 않으면 혁명을 영원히 끝내지 못할 것이라고 주장했다. 반면 르쿠앵트르는 테르미도르 9일로부터 약 한 달 후인 8월 29일 양대 위원회의 위원 7인, 즉 비요바렌, 콜로 데르부아, 바레르, 아마르, 바디에, 불랑, 다비드를 로베스피에르와 같은 '중죄인grands coupables'으로 기소해야 한다고 주장했다. 국민공회는 이 주장을 받아들이지 않았지만 결국 복수가 망각을 압도할 것이었다.

　무엇보다 테르미도르 직후 진행된 제도와 기구의 변화는 곧 주도권을 바꿔 놓았다. 테르미도르 11일 국민공회는 탈리앵의 제안에 따라 양대 위원회 위원 4분의 1을 매달 교체하기로 결정했다. 그에 따라 탈리앵과 튀리오가 공안위원회에 들어갔고, 보안위원회에서는 3인의 로베스피에르파, 즉 다비드, 자고, 라비콩트리—이들은 아마도 두려움 때문에 테르미도르 9일 국민공회에 참석하지 않았다—가 르장드르와 메를랭 드 티옹빌로 교체되었다. 테르미도르 14일(8월 1일)에는 프레리알 22일 법이 폐기되었고 며칠 후에는 혁명재판소가 재조직되어 배심원단이 바뀌고 변론이 가능해졌으며 혁명재판소 검사 푸키에탱빌은 구속되었다. 파리 48개 구는 12개 군arrondissement으로 묶여 4개 구가 하나의 혁명위원회를 갖게 되었다. 보안위원회가 지명하는 이 혁명위원회는 곧 '신사들honnêtes gens'의 지배를 받게 되었다. 테르미도르 10~12일 코뮌 관리 91명이 처형되고 40명이 투옥됨으로써 회복하기 어려운 타격을 입은 파리코뮌은 자율권을 잃고 국민공회의 직접적 감시 아래 놓였다. 반면 테르미도르 전에 체포되어 감옥에 있던 이들은 석방되기 시작했다.

1794년 9월 말~10월 초면 두 달 전 바레르의 호언이나 청원서들의 칭송을 비웃듯 '산악파'는 더 이상 자랑스러운 명칭도, 통일성의 중심도 아니었다.* 자코뱅, 즉 공화력 2년의 원리를 고수하는 국민공회 의원들은 경멸조로 "산정파山頂派Crêtois"라고 불렸다. 그나마 이들 중 이탈자가 늘었지만 이후 "마지막 산악파"로 불릴 이들은 1794년 말에서 1795년 봄의 경험을 통해 민중과의 연대, 공화력 1년(1793) 헌법의 원리를 고수하며 산악파로서 일종의 사후적 정체성을 강화할 것이었다. 반면 우경화한 공포정치가와 온건파는 캉바세레스, 티보도, 시에예스, 부아시 당글라, 메를랭 드 두에 등 다수를 이루는 평원파와 함께 공화력 2년의 원리로부터 벗어나고자 했고 곧 반대파로부터 반동파로 불리게 되었다.

주저와 모색의 시기를 거쳐 공화력 3년 브뤼메르(1794년 10월 하순~11월 중순)부터 산악파와 자코뱅에 대한 본격적인 공격이 시작되었다. 이 시기 전에 이미 민중협회의 집단적 청원, 결연 및 통신을 금지함으로써 상퀼로트를 무력화하는 작업이 시작되었지만 브뤼메르 들어 옛 공포정치가들인 프레롱과 탈리앵이 조직한 '청년행동대' 혹은 '귀공자단Jeunesse dorée'의 공세가 더욱 거칠어졌다. 이들이 수차례 자코뱅 클럽에 난입한 후 국민공회는 이 클럽을 폐쇄했고 옛 구민회의의 상퀼로트 투사 약 200명을 재판에 회부하여 정치적 권리를 박탈했다.

브뤼메르 다음 달인 프리메르는 여러모로 보아 반동이 심화되는 전환점이었다. 1793년 12월 낭트에서 벌어진 익사溺死형의 책임자인 파견의원 카리에가 귀공자단의 공세 결과 프리메르 3일(11월 23일) 기소되어 26일(12월

---

* 테르미도르 9일 직후 독재자 당파를 응징한 "용감한 산악파"의 빛나고 순수한 덕성을 칭송하는 지방의 청원서들이 국민공회에 쇄도했다. 또한 바레르는 신성한 산악파가 모든 당파에 대해 승리했으며 혁명정부는 정화되어 더 강화되었다고 자축했다.

16일) 처형되었다. 옛 공포정치가들이 테르미도르파로 변신해 공포정치 청산을 주도하는 상황에서 카리에는 그들 자신으로부터 국민의 시선을 돌리기 위한 희생양이었다. 또한 카리에 재판 기간 수많은 팸플릿을 통해 폭로된 지방에서의 잔인한 탄압상은 파리 시민에게 앞선 시기의 공포를 상기시킴으로써 "공포정치 체제"에 대한 공격을 정당화하는 역할을 했다.

프리메르 18일(12월 8일)에는 1793년 5월 31일·6월 2일 사건에 항의했다는 이유로 체포되었던 지롱드파 73인의 복귀가 결정되었다. 이들의 정치적 성향은 동질적이지 않았지만 랑쥐네와 몇몇 인물들은 '로베스피에르의 잔당', '흡혈귀들'에 대한 처벌을 요구하는 귀공자단, '멋쟁이들' 같은 우파 행동대와 한편이 되어 정의의 이름으로 복수를 요구했다. 산악파의 상징적 인물들인 양대 위원회의 4인방 비요바렌, 콜로 데르부아, 바레르, 바디에에 대한 공세가 재개되어 니보즈 7일(12월 27일) 이들의 범죄 사실을 조사하기 위한 '21인 위원회'가 돌아온 지롱드파 살라댕을 위원장으로 하여 구성되었다. 이들에 대한 조사가 두 달간 이어지자 귀공자단은 더 신속한 '정의'를 요구하며 직접 행동에 나섰다. 귀공자단은 자코뱅이 모이는 카페를 약탈하고 극장으로 쳐들어가 자코뱅파 배우를 위협했다. 조국의 순교자로 칭송받던 소년 병사 조제프 바라와 조제프 비알라의 유해가 팡테옹에서 쫓겨났고, 1794년 9월 21일 팡테옹의 미라보 자리로 이전되었던 마라의 유해는 플뤼비오즈 20일(1795년 2월 8일) 이장되었다. 방토즈 12일(3월 2일) 국민공회는 4인방의 체포를 결정했다.

이처럼 테르미도르 이후의 정치에서 두 가지 양상이 결합했다. 하나는 정의의 실현이라는 구호 아래 조직된 공포정치 책임자들의 재판, 다른 하나는 거리에서 난무한 반자코뱅 보복과 폭력으로서 이 두 가지가 뒤섞이며 서로를 강화했다. 이 둘은 마지막 민중 봉기라 할 공화력 3년 제르미날과 프레리알 봉기 실패 후의 탄압 속에서 정점을 이루었다.

그렇다고 반혁명은 아닌?

1794~1795년 겨울은 18세기의 가장 혹독한 겨울 중 하나였다. 센강이 얼어붙었고 파리에서는 식량과 장작을 구하기 어려웠다. 통제경제 폐지는 대도시 민중을 구체제 시기 최악의 빈곤에 필적할 만한 상황으로 몰아넣었다. 민중의 자살은 전례 없는 수치를 기록했고 1789년 이래 처음으로 수도에서 아사자와 동사자가 발생했다. 민중의 빈곤은 새로운 권력자들의 과시적 향락과 대비되어 더욱 절망적인 분노를 유발했고 이는 파리 민중의 마지막 전투를 촉발했다.

방토즈 말(3월 중순)부터 제르미날 12일(1795년 4월 1일)까지 파리 민중은 수차례 국민공회로 몰려가 민중의 사회적 권리를 담고 있는 '1793년 헌법'의 실시, 선거에 의한 파리시 자치기구 구성, 민중협회 복원, 기근에 대한 구제책 마련을 요구했다. 국민공회는 제르미날 1일(3월 21일)의 소요를 구실삼아 국민공회로 몰려와 국민의 대표를 위협하는 이들에게 사형을 선고할 수 있게 한 '치안법'을 제정했다. 제르미날 12일 봉기를 진압한 후에는 '4인방'의 기아나 유형을 결정했다. 이날부터 16일까지 18명의 산악파 의원이 체포되었고, 플로레알 17일(5월 6일) 푸키에탱빌과 옛 혁명재판소 배심원 14명이 한 달 반의 재판 끝에 사형을 선고받았다. 이때 체포된 의원 중에는 옛 보안위원 아마르, 옛 재무위원 캉봉, 심지어 테르미도르 9일 국민방위대를 이끌고 로베스피에르를 체포한 레오나르 부르동, 그리고 테르미도르 9일로부터 약 한 달 후 양대 위원회 7인의 기소를 요구했던 르쿠앵트르도 있었다.

끝날 줄 모르는 기근을 자연재난이 아닌 사회적 음모로 여긴 파리 민중은 프레리알 1일(5월 20일) 다시 봉기했다. 이날 오후 파리 동부 구역 민중 여성들과 국민방위대가 국민공회에 침입했고, 의원 장 베르트랑 페로를

프레롱으로 착각하여 살해한 후 머리를 창끝에 매달았다. 밤늦게 고급주
택가인 파리 서부 구역 국민방위대가 의사당에 진입해 폭도들을 쫓아냈
고, 파리 민중은 이튿날 다시 봉기를 시도했으나 실패했다. 당장 탄압이
시작되었다. 프레리알 4일 국민공회가 설치한 군사재판소는 봉기 가담자
36명에게 사형을 선고했다. 이후 열흘간 2,500명의 자코뱅, 상퀼로트 투사
들이 체포되어 무장해제되었고 프레리알 28일 국민방위대가 재조직되어
노동자와 가난한 시민이 국민방위대에서 추방되었다. 이제 민중은 다시
정치에서 배제되어 무지하고 폭력적인 소요분자, 야만적이고 원초적인 떼
거리로 여겨질 것이었다.

　봉기 후 탄압은 마지막 산악파를 제거할 기회가 되었다. 프레리알(5월 20

[그림 3-3] 〈공화력 3년 프레리알 1일의 봉기〉, 샤를 모네, 1796, 프랑스국립도서관. 1795년 5월 20일
국민공회에 침입한 파리 민중. 시위대의 일부가 살해된 국민공회 의원 페로의 머리를 창끝에 꽂아 의장
부아시 당글라에게 들이밀고 있다.

일~6월 18일)에 산악파 의원 43명이 체포되었는데 그중 륄은 프레리알 10
일(5월 29일)에, 모르는 15일(6월 3일)에 스스로 목숨을 끊었다. 프레리알 1
일 봉기에서 민중과 협상해 그들의 요구를 국민공회에서 법령화하고자 했
던 6명의 의원, 이른바 '프레리알의 순교자들'은 프레리알 28일(6월 16일)
군사재판소에서 사형을 선고받았다. 이들은 숨겨 온 칼로 서로를 찔러 뒤
크누아, 구종, 롬은 즉사했고, 부르보트, 뒤루아, 수브라니는 중상을 입었
다. 부상당한 이들은 끝내 기요틴에서 처형되었다. 공화력 2년의 한 축이었
던 민중의 축출은 마지막 산악파 숙청과 동시에 진행되었다. 프레리알 봉
기 실패 후 지방에서는 백색공포가 격화되었다. 리옹, 마르세유, 툴롱 등 망
명자들이 귀환한 프랑스 남동부 일대에서 플로레알과 프레리알 내내 예수

[그림 3-4] 〈1795년의 백색공
포〉, 익명, 1796~1797, 프랑
스국립도서관. 지방에서 공화
파를 학살하는 반혁명 행동대
"정의와 인류의 벗".

단, 태양단과 같은 청년 행동대가 수감되어 있던 정치범들을 학살했다.

백색공포와 함께 왕당파의 위협이 되살아났다. 1795년 6월 루이 16세의 아들 루이 샤를이 사망하자 이탈리아에 망명 중이던 프로방스 백작이 루이 18세의 칭호를 택하고 프랑스 내에서 반란을 선동했다. 메시도르 9일(6월 27일) 영국 정부와 결탁한 왕당파가 4,500명의 망명자와 프랑스인 포로로 구성된 군대를 이끌고 브르타뉴의 남쪽 해안 키브롱에 상륙했다. 그해 4월 국민공회와 평화협정을 맺은 올빼미파가 다시 무장을 시작하여 이들 1만 5,000명이 키브롱에 상륙한 왕당파를 맞이했다. 프랑스 군대는 공격에 나서서 8,000명을 포로로 잡고 군사법정을 조직해 망명자 700여 명에게 사형을 선고했다. 국민공회의 주저를 물리치고 이들 전원의 처형을 명령한 것은 '반동파' 파견의원 탈리앵이었다.

이처럼 1795년 여름으로 들어서면서 부활한 왕당파가 자코뱅보다 더 위협적인 적수가 되었다. 이제 국민공회는 공포정치로 돌아가지도, 왕당파에 굴복하지도 않는, 지속적이고 일관된 체제를 수립할 정치적 기획이 필요했다. 이 기획은 공화력 3년의 헌법, 3분의 2법, 일반사면으로 구체화되었다.

평원파 부아시 당글라와 복귀한 지롱드파 도누가 기초한 공화력 3년 헌법은 공화력 1년 헌법과는 전혀 다른 원리에 기초했다. 보통선거는 포기되어 시민, 즉 직접세를 내는 21세 이상 남성이 지역에 따라 150~200일분의 급료에 해당하는 수입을 갖는 사람들 중에 '선거인'을 선출하고 약 3만 명에 해당하는 이 선거인들이 도청소재지에 모여 국회의원을 선출했다. 국민공회 같은 강력한 단일 의회에 대한 두려움으로 인해 의회는 오백인회의와 원로원으로 나뉘었다. 행정권은 오백인회의가 제시한 명단 중 원로원이 선출하는 5명의 총재에게 속했다.

공화력 3년 헌법의 정신은 메시도르 5일(1795년 6월 23일) 부아시 당글라가 헌법 초안을 의회에 제출하면서 한 연설에 명료하게 드러난다. 그는 소유권의 보장과 시민적 평등을 강조한 후 이렇게 말했다. "우리는 가장 우수한 이들의 지배를 받아야 합니다. 가장 우수한 이들이란 교육을 가장 많이 받고 법의 유지에 가장 많은 관심을 가진 이들입니다. 이런 사람들은 ……재산을 가지고 있기 때문에 그 재산이 속해 있는 지방, 그 재산을 보호하는 법, 그 재산을 유지해 주는 공공질서 등에 애착을 가지고 있는 사람들 중에서 발견할 수 있습니다. 이들은 그런 재산과 여유 덕분에 교육을 받아 조국의 운명을 결정할 법이 갖는 장단점을 현명하고 올바르게 토론하기에 적합한 사람들입니다.……유산자가 지배하는 나라에서는 사회질서가 유지되나 무산자가 지배하는 나라는 자연상태에 놓일 것입니다."

새 헌법이 통과된 8월 22일 국민공회는 '3분의 2 법'을 의결했다. 이 법은 새로운 입법부 의원 중 3분의 2를 국민공회 의원 중에서 선출해야 한다는 것이었다. 제르미날과 프레리알 봉기 후 체포된 의원들은 이 3분의 2에서 제외되었다. 이 법은 일차적으로 인기 없는 본인들의 권력을 연장하는 한편 선동을 강화하던 왕당파의 의회 진출을 막고 동시에 산악파 역시 배제하기 위한 것이었다. 마지막으로 국민공회는 브뤼메르 4일(1795년 10월 26일) 해산 직전 일반사면을 발표했다. 이 법은 "순수하게 혁명과 관련된 행위"로 기소된 모든 사람의 사면을 선포했으나 실제로는 '3분의 2 법'에서 제외되거나 백색공포 기간에 기소 혹은 체포되어 피선거권을 잃은 산악파 국민공회 의원들, 그리고 직전 발발한 방데미에르 왕당파 봉기(10월 5일) 관련자, 거부파 성직자, 망명자를 모두 제외함으로써 국민공회 생존자들의 안전한 정치적 미래를 보장했다.

'반동'의 재해석

매우 오랫동안 테르미도르파 국민공회 시기는 총재정부를 거쳐 통령정부
와 제정으로 귀결될 혁명의 하강 국면으로 간주되었다. 이 시기는 혁명의
정점인 공화력 2년에서 추락하여 과거를 되밟아 필연적으로 혼란과 독재
로 귀결되었다고 여겨진 만큼 역사가들의 주목과 적극적 평가를 받지 못
했다. 그러나 사회경제적 혹은 계급적 측면보다 정치사적 변화에 주목함
으로써 이 시기를 새롭게 평가하려는 시도도 있었다. 이 시도들은 앞에서
서술한 테르미도르 시기 탈공포정치, 자코뱅과 왕당파에 맞선 테르미도르
파의 이중 전선戰線, 그리고 새 헌법 제정이 갖는 의미들을 재해석할 수 있
게 해준다.

　프랑수아즈 브뤼넬은 테르미도르 시기를 부르주아 지배로의 복귀라고
본 선배 역사가들의 관점을 계승하고 이 시기의 중심에 맹렬한 반동의 단
계가 있었다고 인정하면서도 테르미도르 시기를 단순한 '반동'으로 축소
할 수는 없다고 주장했다.[4] 무엇보다 브뤼넬은 공화력 3년 헌법의 제정을
"의회 쿠데타"라고 보았다. 국민공회는 공화력 1년 헌법을 재가한 국민투
표를 무시하고 새로운 헌법을 제정함으로써 이후 1799년 나폴레옹 보나파
르트의 브뤼메르 쿠데타에서 1958년 드골의 복귀와 개헌에 이르는 여러
예의 선조가 되었다는 것이다. 동시에 내용적으로 공화력 3년 헌법은 공화
력 1년 헌법이 보장한 사회적 권리인 부조권, 교육권, 봉기권, 행복권을 폐
지했을 뿐 아니라 1791년의 재산 제한 선거제로 돌아가되 납세점 이하 시
민은 더 이상 '수동시민'으로도 인정하지 않았다. 특히 헌법의 서문인 '인
간의 권리와 의무 선언'에서 "인간의 소멸할 수 없는 자연권"에 대한 언급
을 지워 버림으로써 1789년의 해방적 보편주의마저 포기했다. 이런 이유
로 브뤼넬은 1795년은 총재정부와 제국의 안정화를 준비한 독창적인 정치

적 '창조물'이며 그저 '반동'이 아니라 혁명의 종결이고 심지어 혁명의 부정이었다고 주장했다.

나아가 브뤼넬에 따르면 테르미도르파는 혁명정부를 도구화함으로써 시민사회와 국가의 분리, 국가의 자율성, 정치계급의 등장을 준비했다. 이 정치계급에 의해 권력의 기술, 정치 기술technique politique은 이 기술의 원천 중 하나였던 이데올로기와 분리되었고 정치는 경제질서의 보증인이 되었다. 이데올로기와 분리된 정치 기술, 정치계급의 탄생이라는 점에서 테르미도르 시기는 19세기 부르주아 국가의 출발점이 되었고 바로 이 점이 테르미도르 시기가 제헌의회 시기, 공포정치 시기와 구분되는, 프랑스사에서 갖는 진정한 의미라는 것이다.

폴란드의 철학자이자 역사가 브로니스와프 바츠코는 브뤼넬보다 훨씬 긍정적인 방향에서 테르미도르 시기를 반동으로 축소할 수 없다고 주장했다.[5] 그에 따르면 테르미도르파가 원한 것은 "공포정치에서 벗어나기"로서 그것은 로베스피에르도 아니고 왕도 아닌, 공포정치도 아니고 군주정도 아닌 "좁고 위태로운" 길을 통해 혁명을 마무리하는 것이었다. 테르미도르 9일은 이 길의 출발점이었고 공화력 3년 헌법은 그 종착점이었다. 그에 따르면 공화력 3년 헌법의 목적은 자유주의적 대의제 공화국의 원리와 제도를 확립함으로써 공화국을 보존하면서도 공포정치로의 복귀 가능성을 차단하는 것이었다. 결과적으로 이 헌법은 공포정치에 대한 반동이자 테르미도르의 귀결로서 사실상의 불평등과 권리의 평등을, 국민주권과 계몽 엘리트의 권력을 결합함으로써 프랑스판 자유주의를 수립했다는 것이다.

그러나 바츠코에 따르면 공포정치에서 벗어나 혁명을 마무리한다는 테르미도르파의 야심은 그들 자신의 문제와 그들이 만들어 낸 헌법의 한계로 인해 실현될 수 없었다. 첫째, 공화력 3년 헌법은 기껏해야 권력의 조화와 주권 행사라는 측면에서 정치 공간을 사고했을 뿐 정치 공간이 필연적으로 상반되고 갈등하는 정치 성향들에 의해 분열할 수 있다는 사고에 이르지 못했다. 즉 여전히 혁명의 통일성 신화에 갇혀 다원주의를 인정할 수 없었고 다원주의가 기능하는 메커니즘을 만들어 낼 수 없었다. 이런 그의 설명은 뒤이은 총재정부 시기에 선거마다 달라지는 공론과 권력 집단 사이의 조정이 정상적 정치 메커니즘이 아닌 쿠데타에 의해서만 이루어질 수 있었다는 점에서 타당성을 얻는다. 둘째, 테르미도르파, 즉 한때 독재와 공포정치의 인물들이었던 어제의 산악파는 적들을 제거한 바로 그날부터 공포정치의 경험에서 습득한 음모와 루머의 정치학을 활용했다. 테르미도르 9~10일 밤 파리에 퍼진, 로베스피에르가 왕이 되려 했다는 소문의 진원지가 바로 그들이었다. 바츠코에 따르면 테르미도르파는 경험을 통해 배운 것을 이전보다 더 두려움 없이, 더 냉소적으로 활용했다.

이처럼 바츠코는 의지와 실천이 일치할 수 없었던 매우 특별한 시기로서의 테르미도르 시기 혁명가들의 정치 경험을 구체적으로 추적했다. 그에 따르면 테르미도르파는 여전히 혁명의 논리인 통일성을 내세워 정적의 추방과 탄압이라는 정치적 무기를 휘둘렀고 그런 점에서 혁명기 테르미도르 9일은 혁명기 정치행위의 속성을 거의 변화시키지 못했다. 근래 몇몇 역사가들은 이 두 번째 측면에 더욱 주목했다.

역사가 메트 하더는 로베스피에르의 몰락은 당대인들에게 극적인 사건이었지만 혁명사의 중대한 전환점도, 공포정치와 반동 사이의 엄격한 구분선도 아니라고 주장했다.[6] 오히려 혁명가들 사이의, 또는 혁명가들에 대한 폭력 행사란 점에서 중요한 연속성을 갖는다는 것이다. 1793년 3월과 공화력 2년 테르미도르 8일(1794년 7월 26일) 사이에 국민공회 의원 144명이 숙청되었는데, 테르미도르파 국민공회 시기에는 생존 의원의 10분의 1인 81명이 숙청되었다(테르미도르 정변 다음 날 처형된 로베스피에르파를 제외한 수치). 테르미도르파 국민공회는 숙청을 정당화하기 위해 지방의 청원서를 구실삼거나 인기 없는 의원을 추방하여 대중의 비위를 맞추었고 대부분의 의원에게 변론 기회를 주지 않았다. 나아가 공포정치 시기와 동일하게 국민공회의 느린 숙청이 소요를 불러온다고 주장하면서 법적 절차를 경시하고 재판 없는 처형을 주장했다. 제르미날 봉기와 프레리알 봉기 후의 대대적 숙청은 국민의 대표체로서 국민공회의 힘과 권위를 회복해야 하며 심지어 그러기 위해서는 괴물들, 불순분자들, 국민공회의 명예를 더럽히는 자들에게 "공포를 불러일으켜야 한다"는 논리로 진행되었다. 하더에 따르면 테르미도르파 국민공회는 공화력 2년과 똑같은 숙청의 충동에 사로잡혀 제2의 공포정치를 경험했다. 그 숙청은 자코뱅 이데올로기 탓도, 혁명이 처한 상황 탓도 아니었으며, 테르미도르파가 주장한 공포정치의 청산, 즉 이행기 정의에 대한 갈망 때문도 아니었다. 의회 숙청은 1789년 이래 시간을 두고 발전한 혁명정치의 일부이자 가장 지배적이고 파괴적인 특징 중 하나였다.

또한 하더에 따르면 공포정치 시기 숙청은 정부를 혼란에 빠뜨리는 예외적인 사건으로 여겨진 반면 테르미도르 시기 숙청은 일상적 관례로 여겨졌고 아마도 그 때문에 그 희생자들의 운명은 혁명사 서술에서 대부분 주목받지 못했다. 하더가 보기에 바로 이런 측면이 혁명사에서 의미가 있는 것으로서, 테르미도르 시기에 관례화한 숙청은 총재정부의 공화력 5년 프뤽티도르 18일의 쿠데타(1797년 9월 4일)에 따른 의원 53명의 체포, 공화력 6년 플로레알 22일의 쿠데타(1798년 5월 11일)와 의원 127명의 숙청으로 이어졌고 1799년 보나파르트의 의회 해산은 오래 이어진 숙청의 종착점이었다.

이들 세 역사가는 테르미도르 시기의 정치행위에 주목하고 그 중심에 있는 혁명가들의 새로운 속성을 강조했다. 브뤼넬이 경제, 사회, 이데올로기로부터 상대적 자율성을 갖는 정치, 정치계급의 탄생을 강조했다면 바츠코 역시, 살아남은 국민공회 의원의 80퍼센트가 국민공회 해산 이후에도 본업에 복귀하지 않고 정계에 남았고 그중 65퍼센트가 보나파르트를 위해 일했음을 들어 이 시기에 체제 변동을 넘어 국가를 위해 일하는 공직자로서의 혁명가라는 새로운 사회적 인간 유형이 등장했다고 보았다.

피에르 세르나는 이들의 주장에서 더 나아가 테르미도르 시기의 "변절자들"을 혁명사의 주인공이자 세르나 자신이 프랑스 정치문화의 핵심이라고 상정한 '중도'정치의 선조로 승격시켰다.[7] 세르나는 2005년 출간한 저서 《변절자들의 공화국》에서 혁명기와 19세기 정치적 변절의 역사를 재구성하면서 정치적 변절과 타협을 윤리적 판단의 대상이 아닌 위기의 시대에 나타난 정상적 정치 현상으로 설명하고자 했다. 세르나에 따르면 프랑스사에서 정치적 변절이 가장 극적으로 나타난 시기는 제정, 1차 복고 왕정, 백일천하, 2차 복고 왕정이 단기간에 이어진 1814~1816년이었다. 정치적으로 극히 불안정한 시기이자 동시에 정치적 기회의 공간이기도 했던 이 시기에 몇 차례 편을 바꾼 엘리트 관료층은 중도와 중용의 수사를 내세워 국가의 수호자이자 봉사자로서 자신들의 지속적 정당성을 구축했다. 당대 풍자언론은 이 변절자들의 중도주의가 테르미도르파 공화국에서 기원한다고 비난했는데, 세르나의 시각에서 보자면 이 "변절자들"은 테르미도르 반동이라는 거대한 양심의 시련을 이미 통과한 이들이었다. 따라서 이들에게 중요한 것은 특정 군주에 대한 충성이나 변절이 아니라 왕정이건 제정이건 그 조건 아래서 가능한 자유주의적 정부를 꾸려 가는 것이었다. 그런 의미에서 세르나가 보기에 이들은 기회주의자라기보다 나름의 신념에 따른 정치 프로그램을 제시한 이들이었다.

그런 점에서 세르나에게 테르미도르의 역사는 현대 프랑스의 탄생을 알리는 한 세대의 역사였다. 1792년 여름 국민공회 선거에서 선출된 의원들 다수가 수차례 숙청에서 살아남은 후 '3분의 2 법' 덕에 1797년까지 의회에 남아 있었다. 이들은 공화력 1년과 3년 헌법 제정에 참여했고 총재정부 아래서 요직을 차지하고 통령정부를 거쳐 제정기까지 그 자리에 있으면서 혁명의 유산을 중심으로 중앙집권화한 행정모델의 토대를 마련했다. 세르나가 이 세대의 대표적 인물로 제시하는 레알*이나 공화력 2년 공안위원회 위원으로서 총재정부 시기 5인의 총재 중 하나가 된 카르노가 테르미도르 시기 이래 주장한 것은 강력한 행정부의 수립이었다. 그들에 따르면 이 강력한 행정부만이 늘 분열하고 대립하는 정치판 밖에서 독자적으로 행동함으로써 국가의 연속성을 유지할 수 있었다. 그리고 이런 테르미도르파의 이상을 토대로 총재정부 시기에 '극중도 공화국République de l'extrême centre'이 탄생했다. 이 극중도 공화국은 행정권을 통한 공적 질서 확립을 지상명령으로 삼았으므로 이 공화국 아래서는 좌우 양극단을 제거한다는 명분하에 국가폭력을 행사할 위험이 상존했다. 이런 위험성은 반복적 쿠데타와 직후의 탄압으로 표출되었다. 이 극중도 공화국의 인물들은 이 공화국을 표상할 강력한 인물, 공적 질서의 구원자를 희구했고 브뤼메르 18일 이후 보나파르트 아래 결집했다. 세르나에 따르면 국가에 대한 봉사가 정치 그 자체가 되어 유력자 사회를 방어하는 프랑스 역사의 독특한 차원은 혁명기, 그중에서도 테르미도르 시기에 배태되어 제국에서 완성되었다.

이처럼 세르나가 재구성한 변절자들의 역사에서 테르미도르 시기는 19세기를 넘어 현대 프랑스 정치사의 모태가 된다. 세르나는 좌우 정파의 끊임없는 대립이 프랑스 정치의 고질적 문제라는 일반적 인식과 달리 좌우파

* 레알Pierre-François Réal(1757~1834)은 혁명재판소 검사였으나 관용파로 몰려 투옥되었다가 로베스피에르 몰락 후 언론인으로 활동을 재개했다. 통령정부와 제정기에는 푸세 다음가는 경찰의 2인자이자 제국 백작이 되었다. 부르봉가가 돌아오자 루이 18세에게 합류했다가 백일천하가 실패한 후 조제프 보나파르트와 함께 망명했다.

간의 민주주의적 논쟁을 불가능하게 만드는 중도정치, 나아가 공화국을 구원할 유일한 인물 속에서 구현되는 극중도 프랑스에 대한 신념이 프랑스 5공화국까지 이어지는 프랑스 정치문화의 핵심이라고 보았다. 그리고 이 정치문화의 뿌리는 총재정부를 지나 테르미도르에 닿아 있다는 것이다.

앞의 연구들은 저마다의 관점에서 테르미도르 시기를 설명하지만 몇 가지 공통점이 있다. 우선 이들 연구는 테르미도르 시기를 혁명사 전체의 연속성 안에서 이해하되 후퇴와 반동을 넘어선 이 시기만의 독자적 위치를 강조하고 그것이 혁명 이래 프랑스 현대사에서 갖는 의미를 추적한다. 다른 한편 이 연구들은 사회구조와 계급이 아니라 격변기 정치적 행위자로서 혁명가들의 경험을 강조한다. 예컨대 바츠코는 상퀼로트에게 빼앗긴 자신의 혁명을 회수하고자 하는 계급적 이익의 화신으로서의 테르미도르파가 아니라, 공포정치에서 벗어나기 위해 끊임없이 공포정치의 말과 행동으로 되돌아가는 역설적 정치 집단으로서의 테르미도르파를 강조한다. 그들의 실패 역시 그들을 포위한 정치 환경과 그 속에서 그들이 선택한 정치행위, 넓은 의미에서 "테르미도르의 경험"을 통해 설명한다. 세르나에 이르러 테르미도르 시기는 훨씬 더 흥미롭고 역동적인 정치 실험실로 대두한다. 그에 따라 '테르미도르 반동'은 격변기 인간 군상의 고뇌, 선택, 행위를 관찰하고 주체로서의 인간과 그를 둘러싼 정치 환경, 체제, 문화 사이의 상호관계를 분석할 수 있게 해줄 프랑스 정치사의 열쇠를 쥔 시기가 되었다. 그리고 테르미도르파의 '변절'은 끊임없이 판이 뒤바뀌는 혁명기 정치적 위기에 대한 대응의 산물로서, 바츠코가 테르미도르파의 실패—다원주의를 사고하지 못하고 그 메커니즘을 만들어 내지 못했다는—로 보았던 것은 세르나에게 있어 프랑스 정치문화를 설명할 테르미도르파의 창조물—이데올로기적 대립을 초월하는 '중도'의 정치—이 되었다. 무엇보다 이들 연구는 테르미도르 9일과 테르미도르 반동이 여전히 그 의미가 확정되지 않은 사건으로서 끊임없이 다시 쓰일 수 있음을, 그리고 프랑스 현대사를 새롭게 인식할 실마리가 될 수 있음을 입증하고 있다.

04

1799년 11월 :
브뤼메르 18일 정변과 나폴레옹의 등장

김민철

총재정부와 브뤼메르 18일 정변

1799년 11월 9일, 공화력 브뤼메르brumaire(안개 달) 18일 밤, 나폴레옹 보나파르트 장군은 군사 정변을 일으켰다. 세계사에서 가장 유명한 쿠데타 중 하나인 이 사건으로 인해, 프랑스혁명으로 수립된 제1공화국의 두 번째 헌정체제인 공화력 3년 헌법(1795)과 총재정부Directoire가 붕괴했으며 현대 프랑스에 지대한 영향을 끼친 장군의 통치가 시작되었다. 프랑스혁명기 유럽에서 유명한 계몽사상가이자 반혁명 인사였던 말레 뒤 팡Jacques Mallet du Pan의 표현을 빌리면, 브뤼메르 정변은 프랑스혁명기에 빈번했던 여타 전복적 상황들과 질적으로 "완전히 다른 것"이었으며 1789년 이후 "최초로 군사적 요소가 문민권력을 제압한" 사건이었다. 이후 스스로 제1통령에서 종신 통령이 되고, 나아가 프랑스 제1제정의 황제에 즉위한 보나파르트는 15년 치세 동안 숱한 업적을 쌓은 대왕이라는 평가와 자신의 야욕을 채우기 위해 젊은 생명 수백만 명을 죽음으로 내몬 전쟁광이라는 평가 사이에 여전히 갇혀 있다.

이러한 브뤼메르 정변의 배경으로 가장 자주 거론되는 것은 총재정부의 무능과 불안정이다. 1794년 7월, 테르미도르 9일 사건 이후, 급진 산악파 Montagnards가 제거된 정치적 지형에서 재산 제한 선거권과 양원제를 규정한 공화력 3년 헌법이 제정되었고, 그 헌법에 기초해서 소유권 보장과 공화국의 안정을 기조로 삼는 총재정부가 1795년 11월에 출범했다. 이 체제는 랑츠Th. Lentz의 진단에 따르면 잘못 만든 헌법이 초래한 궁지에 몰려 선거 개입·조작과 친위쿠데타를 반복하다가 4년 만에 "정치적 파산"에 이르렀다. 랑츠의 관점에서 보면, 총재정부는 "공포정치la Terreur"에 대한 반동이자 두려움에 기초하여 급조된 정권이었으며, 경제정책, 헌법의 정교함, 민주성을 모두 결여한 이 허약한 정부는 프랑스에 맞서 동맹을 결성한 유럽 군주정들과의 전쟁에서 결정적 승리를 거두지도 못한 채 극심한 정치적 분열에 갇혀 우왕좌왕하다가 결국 보나파르트에게 권력을 내주었다. 이러한 평가와 같은 맥락에서, 게니페P. Gueniffey는 총재정부가 적시에 적절한 결정을 내리지 못했고 헌법을 자주 무시했기에 애초에 공화력 3년의 헌법이 추구했던 안정과 균형을 확보하는 데 실패했다고 진단했다. 그가 볼 때 총재정부의 지도자들은 "공화국을 구하려고" 시도했으나 그들의 노력은 결국 친위쿠데타들로 이어져, 헌법의 권위를 약화시켰으며 공화국의 "몰락을 재촉"했다.

이처럼 총재정부를 극도로 무능하고 불안정한 정권으로 묘사하고 그 근원을 공화력 3년 헌법의 부실함에서 찾는 관점은 브뤼메르 정변을 주도한 세력이 당대에 내놓았던 주장과 크게 다르지 않다. 일례로 총재정부 초기인 1795년 12월에 프랑스 학사원의 일원이 되었으며 당대 의철학의 대가로 인정받은 카바니스P. J. G. Cabanis는 1799년 이전까지 제1공화정의 정치 실험이 국가라는 '신체corps'에 병적 경련을 일으켰다고 평가했다. 그는 공화력 8년의 헌법 제정과 통령정부 수립을 통해 프랑스가 드디어 "무지한 계급"과 "하층민"의 영향에서 벗어나 "진정한 자유"를 확립할 수 있게 되었다는 기대를 내비쳤다. 당시 영향력 있는 공화파 신문 《철학순보La Décade philosophique》 편집진에 속했으며 19세기에 정치경제학의 대가 반열에 오르게 될 세Jean-Baptiste Say도 카바니스의 이런 입장에 공개적으로 찬동했다. 여기에 정변을 준비하고 주도했던 정치인과 문인, 특히 시에예스, 탈레랑, 뢰드레P.-L. Rœderer의 명성을 고려하면 19세기 이래 프랑스인들이 총재정부에 내린 부정적 평가의 원천을 확인할 수 있다.

　그러나 최근 프랑스혁명사 연구 지형은 이런 해석을 온전히 받아들이기 힘들 만큼 크게 바뀌었다. 역사가들은 보나파르트 정권이 만들어 낸 단편적·부정적 총재정부상을 극복하고 제1공화정의 역사에서 가장 긴 기간을 차지하는 이 정권의 성격을 재평가해야 한다고 주장하기 시작했다. 세르나, 게노Bernard Gainot, 리브시James Livesey 등의 연구자들은 총재정부기 혁명가들이 구체제 왕정과 공포정치를 모두 피할 방편을 치열하게 모색하였다는 사실에 주목했다. 1970년 월로치Isser Woloch의 총재정부기 "신新자코뱅" 연구와 함께 이런 재평가 움직임이 처음 등장하였고, 1990년대부터는 연구자들이 총재정부가 지닌 역동성과 잠재력을 역설하기 시작했다. 21세기 들어 다양한 연구자들이 총재정부기 경제정책과 전쟁 및 외교의 관계나 자매공화국 문제에 주목하기 시작했다. 또한 정치사상사 분야에서는 당시 위태로워 보이던 공화국의 문필가들에게 역사서술, 도덕철학, 헌정론, 정치경제학, 국제관계가 상호 긴밀하게 엮인 문제로 인식되었다는 점이 강조되었다. 새로운 연구들은 총재정부기가 중앙정부와 지방의 관계, 엘리트와 민중의 관계, 선거제도와 같은 쟁점들이 상업의 시대에 위태로운 신생 공화국의 건국 및 번영이라는 맥락에서 고민되고 (때로는 공개적으로, 때로는 비밀리에) 실험되던 시기였음을 밝혀 냈다.

　이처럼 새로운 연구 덕분에 역사가들은 가장 왼쪽의 바뵈프François-

Noël Babeuf와 1796년 "평등파 음모Conjuration des Égaux" 집단에서부터 '민주파démocrates'와 '보수공화파républicains conservateurs'를 거쳐 가장 오른쪽의 복고적 왕당파에 이르기까지 총재정부 시기 프랑스의 정치적 스펙트럼을 더 명확하게 그릴 수 있게 되었다. 이 스펙트럼을 고려하면서 통령정부 시기로 시선을 옮기면, 총재정부의 몰락과 통령정부의 수립 과정을 오직 한 집단만의 입장, 즉 보수공화파의 입장에서만 평가하는 것이 역사적 이해를 편협하게 만들 것이라는 점을 쉽사리 알 수 있다.

총재정부기부터 보수공화파는 인민이 무지몽매하여 정치적 결정에 긴밀하게 참여할 자격을 갖추지 못했음을 일관되게 주장했다. 당대 정치권

[그림 4-1] 〈공화력 4년 브뤼메르 30일, 정복을 갖춰 입은 총재단의 접견〉, 피에르-가브리엘 베르토 작.

력의 주류를 이루던 그들은 "민주정"에 대한 오랜 공포를 그대로 답습하였고, 인민의 정치 참여가 자유의 붕괴와 군사정권의 도래로 이어질 것이라고 믿었다. 부아시 당글라F.-A. de Boissy d'Anglas는 프랑스가 재산을 소유한 "최고의 인력에 의해 통치되어야 한다"는 언명으로 유명해졌다. 그는 인민이 "잘못된 선택"을 할 개연성이 높으므로 민주정과 같은 "무정부적 헌정"을 결단코 피해야 한다고 주장했다. 쿠르투아E.-B. Courtois는 자기 일에 충실한, 근면 성실한 "좋은" 인민을 위한 정치를 펼쳐야 하며, "혁명적 폭풍"에 쉽게 휩쓸리는 "나쁜" 인민에게서 프랑스를 지켜야 한다고 주장했다. 네케르Jacques Necker도 총재정부기에 발표한 혁명에 대한 논평에서 다수 인민이 정치권력을 쥐면 '절대적 평등'을 향한 잘못된 열정을 제어하지 못하고 폭정을 초래하게 된다고 주장했다. 미술품 약탈 문제에 관한 논쟁에서 중요한 역할을 하여 후대 미술사가들의 관심을 불러일으킨 카트르메르Quatremère de Quincy는 자코뱅과 상퀼로트의 '광장의 민주주의'가 계몽된 자들이 토의하고 결정하는 '차분한 대의정부'와 서로 충돌하는 관계에 있으며, 고대 로마 시절도 아니고 소국도 아닌 근대 상업 대국을 다스리는 총재정부는 단호하게 민주주의를 멀리하고 대의정부의 길을 가야 한다고 주장했다. 불레Antoine Boulay de la Meurthe도 '민주공화국' 개념에 대립하는 개념으로서 명시적으로 '대의공화국'을 내세웠다.

이처럼 민중정치를 혐오했던 보수공화파는 경제적 불평등을 승인하고 받아들일 필요가 있다고 믿었다. 시에예스도 예외가 아니었다. 그는 개인의 노력에 따라 발생한 불평등은 바람직하고 정당하므로 사회가 그것을 경감시키려고 노력해서는 안 된다고 주장했다. 따라서 사회는 그러한 불평등을 용인하고, 나아가 개개인이 근면 성실한 노력을 통해 불평등한 구조 내에서 더 높은 곳으로 가기 위해 노력하게끔 만들 필요가 있다는 것이었다. 이것은 총재정부기 보수공화파 사이에서 광범위하게 공유되던 관점이었고, 여러 소책자와 의회 논쟁에서 드러나듯 그들에게 '평등'이라는 단어는 자코뱅을 연상시키는 '괴물'로서 비난의 대상이 되었다. 그리고 그들은 총재정부가 평등을 추구했던 자코뱅의 '민주적' 유산과 단호하게 결별하지 못하는 상황을 갑갑하게 여겨 시에예스와 보나파르트의 권위주의를 지지하게 된 것이다. 그들이 볼 때 혁명은 확실하게 마무리될 때가 되었고, 공화력 8년의 헌법과 통령정부의 임무는 1789년의 혁명이 초래한 "불행한 불안정"에 종지부를 찍는 것, 즉 "상업을 끝장내고 산업을 파괴하고 농업을 고갈시킨" 혁명적 폭풍을 멈추게 만드는 것이었다.

반대로 민주파는 재산을 보유한 엘리트의 통치가 특별히 정당하지도 유용하지도 않다고 생각했다. 민주파는 '평등'이 곧 민주적 습속을 형성하고 실질적 자유를 보장하는 문제에 직결된다고 인식했기에 보수공화파의 반대편에 섰다. 앙토넬Pierre-Antoine Antonelle과 르펠티에Félix Le Peletier와 같은 지도급 민주파 인사들은 "권리의 평등"을 강조하고, 고대나 중세가 아닌 18세기 시점에서는 완전한 경제적 평등이 불가능하다고 역설했다. 이로써 그들은 상업의 시대에 걸맞은 근대적 공화주의자로서 자신들을 '평등파'와 구별하고 새로운 대의민주주의 기획을 제안했다. 민주파가 보기에 사적 소유권을 폐지하는 것은 아름답지만 비현실적인, 꿈같은 이야기였다. 그러나 또한 그들은 극심한 경제적 불평등이 존재하는 한 권리의 실질적 평등이나 진정한 법적 평등이 실현되기 어렵다고 지적함으로써 보수공화파와 대립각을 세웠다. 민주파는 고삐 풀린 상업공화국에서 부자가 점차 더 부유해지는 동안 민중의 빈곤이 날로 심해진다면 정치체가 자유를 지켜 낼 수 없을 것이라는 절박한 의식을 표명했고, 이런 문제의식을 바탕으로 보통선거, 간접세 폐지, 평등한 무상교육 체계 수립과 같은 수단을 통해 총재정부를 "민주적으로" 개혁하려는 청사진을 갖고 있었다. 따라서 그들은 총재정부가 그나마 품고 있던 작은 평등의 불씨를 말소하고 불평등을 공화국의 확고한 토대로 삼으려고 시도하는 보수공화파 또는 브뤼메르 정변 주도 세력의 입장에 공감하지 못했고, 혁명의 "민주적" 유산을 철저하게 거부하는 시에예스와 보나파르트의 새로운 정권을 인정하기 어려웠다.

이처럼 브뤼메르 18일 이전에 보수공화파가 독점하지 못하는 치열한 논쟁의 지평이 존재했고, 그것은 현실 정치의 권력 투쟁에서도 마찬가지였다. 즉 민주파는 무시할 만한 극소수파가 아니었으며, 제1공화정의 향방에 지대한 영향을 끼친 세력이었다. 1799년 여름, 프레리알prairial 30일의 정변으로 급진공화파가 의회를 지도하게 되자 보수공화파는 "자코뱅 부활"의 망령을 심각하게 두려워하게 되었다. 시에예스는 바로 이런 상황에서 7월 20일에 푸셰를 경찰장관으로 임명하여 급진공화파의 회합 장소를 폐쇄하고 언론을 통제하도록 지시했고, 장막 뒤에서 보나파르트와 함께 정변을 모의했던 것이다. 1799년 여름, 민주파는 어쩌면 "패배보다 더 끔찍한 일시적 승리"를 거두었고, 그 결과 단기적으로 혁명의 무대 전면에서 퇴장당하는 운명에 처하게 된 것인지도 모른다. 1799년 말 총재정부 붕괴 이후의 관점이 아니라 그해 여름의 관점에서 보면 총재정부의 몰락은 예정되어 있던 기정사실이 아니었고, 브뤼메르 정변으로 인한 군사정권 수립도 결코 당연한 수순이 아니었다. 오히려 1799년은 민주파를 포함하는 광범위한 급진공화파가 총선에서 큰 성과를 거두면서 보수공화파를 위협한 해였다. 보수공화파뿐 아니라 민주파의 관점도 고려한다면, 브뤼메르 18일을 마땅히 도래했어야 할 역사적 사건, 혹은 당대인 누구나가 공감하고 지지했을 법한 예견된 사건으로 간주하는 것은 시대착오적이고 목적론적 해석이라 할 수 있다. 이제 브뤼메르 18~19일의 사건 전개를 살펴보고, 그에 대한 당대의 엇갈린 기대와 반응을 확인해 보자.

브뤼메르 정변의 준비와 실행

정변 주도자들이 그것을 모의하고 실행한 과정을 살펴보자. 총재정부 수립 후 3년 반이 지난 1799년 5월 16일, 시에예스는 총재 5인으로 구성된 행정부 최고기구인 집행총재단의 일원으로 임명되었다. 이로써 민주파에 비교적 우호적이었던 급진공화파 2인과 보수공화파 3인으로 이루어진 총재단이 형성되었다. 대표적인 보수공화파 정치인이자 사상가였던 시에예스는 1789년 프랑스혁명의 포문을 열었던《제3신분이란 무엇인가?》의 저자로서 유럽 전역에 알려진 유명인이었기에, 총재단에서 독보적인 입지를 차지했다. 그는 종종 우울감을 못 이기는 성격이었지만, 활기를 되찾을 때에는 누구보다도 열정적으로 업무를 추진했다. 그는 그런 간헐적 열정으로 1799년 초여름부터 민주파의 회합 장소를 폐쇄하는 일에 착수했고, 자신이 오래전부터 실패한 헌법으로 간주했던 공화력 3년 헌법을 자신이 고안한 새로운 헌정질서로 바꿀 방도를 물색했다. 공화력 3년 헌법은 개헌을 발의하고 최소 9년이 지나야 본격적인 개헌 절차에 착수할 수 있도록 규정했고, 이는 사실상 개헌을 막는 조항이었다. 시에예스는 이 조항을 뛰어넘어 헌법을 무력화하고 기존 정부 설계를 폐기하여 새로운 헌법을 만들기 위해 군사력을 사용하기로 결심했고, 그를 추종하던 뢰드레와 불레 등 여러 보수공화파 정치인들이 초기 단계부터 이 모의에 가담했다.

시에예스가 선택한 장군은 누구였는가? 여럿이 물망에 올랐으나, 결국 민주파에 가까웠던 주르당Jean-Baptiste Jourdan을 제외하고 주베르Barthélemy Joubert가 낙점되었다. 그는 시에예스의 제안을 수락했지만 1799년 8월 15일 노비 전투에서 전사함으로써 시에예스의 "검"이 되지 못했다. 이어서 시에예스는 모로Jean Victor Moreau를 골랐는데, 그는 망설이던 끝에 자기 대신 나폴레옹 보나파르트를 추천했다. "패배를 모르는 젊은 영웅"이라고도 불리던 보나파르트는 10월에 이집트 원정에서 돌아와 자신의 정치적 미래를 구상하고 있었다. 당시 그는 자코뱅과 그들이 상징하게 된 "무질서"를 전적으로 배제하고 군사력을 사용해서 공화국을 안정적 "질서"의 토대 위에 올려놓아야 한다는 입장을 견지했고, 이에 따라 그는 결국 보수공화파와 손을 잡았다. 보나파르트의 인기와 정치적 무게를 알아본 시에예스는 그가 새로운 체제에서 너무 큰 권력을 원할 위험을 감지했으나 더 나은 대안을 찾지 못하고 보나파르트와 접촉했다. 한편 보나파르트는 시에예스가 비현실적으로 원대하고 섬세한 "체계"를 세우려 드는 지식인에 불과하다고 생각하여 싫어했지만, 이미 시에예스 편에 서기로 결심한 탈레랑과 불레가 설득하자 모의 가담을 약속했다.

　지도급 인사들이 정해지자 구체적인 정변 계획이 시작되었고, 의원 수십 명이 한 집에 모여 논의할 만큼 공공연하게 모의가 진행되었다. 군대의 협력을 확보할 방법이 집중적으로 논의되었는데, 매우 중요하게 부각된 것은 군사 정변에 맞서 파리 민중의 혁명적 준동이 되살아날 가능성, 그리고 민주파에 가까운 장군들인 주르당, 오주로Ch.-P. Augereau, 베르나도트Jean Bernadotte가 정변에 어떻게 반응할지를 예측하기 어렵다는 문제였다. 그래서 파리에 있는 국회를 서쪽 근교 생클루로 신속하게 이전시키는 것이 정변의 첫 단계가 되어야 한다는 합의가 이루어졌다. 공화력 3년 헌법은 파리에서 심각한 민중 소요가 발생해 국가의 안위를 해칠 경우 일시적으로 도청 소재지를 파리 바깥으로 옮길 수 있는 권한을 총재정부 양원 중 상원에 해당하는 원로원에 부여했는데, 이 조항을 활용하자는 것이었다.

　브뤼메르 18일, 즉 1799년 11월 9일 아침 8시, 정변 주모자들은 원로원 내부에서 활동을 개시했다. 원로원은 파리에 "무질서를 획책하는 음모가 존재한다"는 정변 세력의 주장을 받아들여, 양원을 모두 생클루로 이전하는 결의안을 가결하고 보나파르트를 파리 및 근교 부대의 사령관으로 임명했다. 총재 5인 중 시에예스와 그의 편인 뒤코Roger Ducos는 계획대로 사임했으며, 술수에 능하고 권력욕이 강하기로 유명했던 보수공화파 바라스 Paul Barras는 협박에 굴복하여 탈레랑이 건네준 사임장에 서명했다. 민주파에 가까운 총재 2인, 고이에L.-J. Gohier와 물랭J.-F. Moulin은 사임을 거부했으나 모로 장군의 감시하에 사실상 감금되어 정변의 진행을 막을 수 없었다. 정오가 되자, 하원인 오백인회는 내부에서 민주파 의원들의 저항을 누르고 생클루로의 이전을 승인했다. 오후에는 파리 각지에 병력이 배치되었고, 시내에는 "정부와 보나파르트가 공화국을 수호할 것이므로 시민들은 동요할 필요가 없다"는 방이 나붙었다. 정변 주모자들은 민주파와 민중 세력의 반격을 염려하면서 잠들었다. 보나파르트는 권총 2자루를 곁에 두고 잤다.

다음 날, 주모자들은 의회 양원을 상대로 개헌의 필요성을 설득하는 작업에 나섰다. 보나파르트는 군대를 상대로 "공화국은 잘못 통치되고 있다"고 선언했으며, 정오가 조금 지나 생클루에 도착했다. 오후 2시경, 오백인회와 원로원 모두에서 보나파르트와 그의 동생 뤼시앵Lucien Bonaparte이 다른 장군들을 이끌고서 의원들을 설득하려고 시도했고, 이에 민주파 의원들은 "독재자는 물러가라"고 외치며 격렬하게 저항했다. 4시가 지나 오백인회 내부에서는 보나파르트를 "법의 보호 바깥에 두어야 한다"는 외침이 나오기 시작했고, 의기소침해진 형을 대신하여 뤼시앵이 오백인회 의원 자격으로 의회 수비대를 적극 설득하여 마침내 오백인회를 무력으로 제압했다. 뮈라Joachim Murat 장군은 "저놈들을 모두 끌어내라!"고 외치며 부대를 이끌었다. 원로원의 소요도 잦아들었고, 정변에 우호적인 의원들과 군대에 의해 붙잡혀 온 의원들은 7시경 새로운 헌법 제정을 위해 양원에 각 1개씩 총 2개의 위원회를 설치했으며, 이를 지도할 책임기구로 보나파르트, 시에예스, 뒤코 3인으로 구성된 임시 집행위원회를 신설했다.

이리하여 정변은 2일 만에 성공을 거두었으나 그 과정은 순탄치 않았다. 전반적으로 준비가 엉성했으며, 정변은 뤼시앵 보나파르트의 기지 덕분에 겨우 성공할 수 있었다. 이로써 뤼시앵은 형을 신뢰하기로 결정하고 오랜 동료들인 민주파를 배신했는데, 이때 그가 형 나폴레옹에게 걸었던 기대, 즉 혁명의 민주적 유산을 보존한 채 공화국의 안정화를 꾀하리라는 기대는 훗날 무너지게 되지만 그것은 브뤼메르 18~19일의 시점에서는 그가 미리 헤아릴 수 없는 것이었다.

브뤼메르 20일, 즉 11월 11일이 밝아 오자 파리는 안정을 되찾은 것처럼 보였다. 오후, 오페라에서는 "구원자" 보나파르트를 찬미하는 목소리가 들

[그림 4-2] 〈생클루에서 브뤼메르 18일 쿠데타를 벌이는 나폴레옹 보나파르트〉, 프랑수아 부쇼 작.

렸고, 전쟁과 내전을 모두 끝내고 평화를 이룩하기 위해 새로이 통령정부 Consulat가 수립될 것이라는 벽보가 붙었다. 보나파르트가 "어떤 정파에도 속하지 않으며" 오로지 "모든 선량한 프랑스인을 단결시켜" 자유를 향해 전진하리라는 홍보물이 나돌았다. 민주파 인사 34명이 자코뱅으로 규정되어 추방되었고, 19명이 감금되었다. 이틀 뒤에는 새로이 내무장관에 임명된 라플라스Pierre-Simon Laplace가 정변은 왕당파가 기뻐할 일이 아니라고 선언했다. 이로써 좌우 모두를 상대로 선을 그은 신정권은 11월 24일 주요 은행가들에게서 300만 프랑의 대부를 확보했다. 이처럼 통령정부는 "자코뱅도 왕당파도 아닌" 보나파르트의 이미지를 내세워 유산자들의 지지를 확보하는 동시에, 개헌에 착수했다.

공화력 8년 헌법과 통령정부

시에예스는 1795년 공화력 3년의 헌법 제정 논쟁에서 몇 가지 새로운 제안들을 내놓았고, 그중 다수를 1799년 공화력 8년의 헌법에 반영하려고 시도했다. 그 과정에서 보나파르트가 주도권을 빼앗아 자신의 뜻을 관철시켰기에 헌법은 시에예스의 뜻대로만 작성되지는 않았으나, 그럼에도 시에예스의 사상은 적지 않게 반영되었다. 그는 경제적 분업을 찬미했고, "능력"에 따른 불평등을 적극적으로 승인했으며, 상향식 투표제보다는 '점진승급제'를 통해 경제적 능력과 지적 능력을 통합적으로 파악하고 반영하는 '능력의 계서제'를 만들자고 주장했다.

이 점진승급제 구상은 각 지역의 책임 있는 회합에서 그곳의 명사들의 명단을 작성하는 데서 출발했다. 여기서 추려 낸 2차 명단, 또 그것에서 추려 낸 3차 명단이 차례로 작성되고, 결과적으로 전국 단위의 명사 명단이 작성될 것이었다. 그리하여 여러 층위의 명사 명단이 완성되면, 직책의 경중에 따라 선택된 특정 층위의 명단에서 그 직책을 맡을 인사를 고르고 임명하는 것이 시에예스의 기획이었다. 공화력 8년 헌법은 코뮌 단위의 명사목록 60만 명, 도 단위의 목록 6만 명, 전국 단위의 목록 6,000명을 작성하도록 규정했다. 애초에 시에예스의 기획에서는 하급 직책을 선택하고 임명할 권한이 상급 직책 또는 상급 명단에 주어졌는데, 그중 최상위에 '대선거인'이 놓였다. 그는 대선거인에게 이처럼 무게 있는 인사권을 맡기되 정치권력은 부여하지 않을 의도로 이 구상을 내놓았고, 이 구상을 실현하는 것이 그가 정변을 계획한 중요한 이유 중 하나였다. 그는 이것이 제대로 실행된다면 "정치적 자유를 시민적 자유로 대체할" 수 있게 될 것이며, 재산으로 표현된 능력과 지적 능력을 모두 아우르는 명사 목록이 전국적으로 작성되어 프랑스의 미래를 지도할 정치 집단이 계몽과 사회경제적 토대위에서 형성될 것이라고 기대했다. 그러나 현실은 그의 뜻대로 돌아가지 않았다. 공화력 8년 헌법은 결국 대선거인 대신 왕에 버금가는 권한을 보유한 '제1통령'직을 만들어 보나파르트에게 주었던 것이다.

1799년 12월 1일, 보나파르트는 시에예스가 제시한 대선거인을 포함하는 신헌법 초안을 거부하고, 자신이 확고하게 실질적 권력을 독점하게 되도록 헌법안을 고칠 것을 오백인회의 보수공화파 의원 도누Pierre Claude François Daunou에게 지시했다. 도누는 공화력 3년 헌법의 주요 작성자 중하나였는데, 1799년에도 그가 작성한 초안이 양원의 제헌위원회 승인을 받아 '공화력 8년 헌법'이 되었다. 이로써 수립된 통령정부는 모든 장관, 대사, 공무원 임명권을 독점하고 법안을 제출할 권한을 갖는 제1통령에 보나파르트를, 그리고 그의 결정에 대해 회의록에 "이견을 기록할" 권한만을 갖는 제2통령과 제3통령에 각각 캉바세레스Jean-Jacques-Régis de Cambacérès와 르브룅Charles-François Lebrun을 임명했다. 캉바세레스는 법에 밝은 보수

공화파이자 루이 16세의 처형에 찬성표를 던졌던 인물로서 공화파를 안심
시킬 인물로 채택되었고, '공포정치' 시기인 1793년 9월과 1794년 6월에
체포된 전력이 있는 부르봉파 르브룅은 혁명 이전 구체제 프랑스의 지도
급 인사들에 대한 유화책의 상징으로 선택되었다.

입법부는 3개로 나뉘어, 100명으로 구성되며 토의는 할 수 있지만 표결
은 할 수 없는 호민원, 300명으로 구성되며 표결은 할 수 있지만 토의는 할
수 없는 입법원, 종신의원 60명으로 구성되며 개헌권을 갖는 원로원이 설
치되었다. 시에예스, 뒤코, 캉바세레스, 르브룅이 보나파르트의 동의를 얻
어 원로원 의원들을 임명했고, 이렇게 구성된 원로원이 전국 명사 명단에
서 호민원과 입법원의 의원이 될 사람들을 골랐다. 즉 보나파르트는 사실
상 입법부 3원의 구성원을 선택할 수 있게 되었다. 거수기에 불과한 보조
통령 2명과 보조의원 수백 명을 거느리는 제1통령 보나파르트는 명실상부
한 절대권력자가 된 것이다.

결산: 엇갈린 평가

12월 15일, 새 헌법이 공포되었고 24일부터 시행되었다. 이듬해인 1800년
2월 7일, 국민투표에서 유권자 20퍼센트의 찬성표로 헌법이 비준되었으나
정부는 수치를 조작해서 유권자의 40퍼센트가 비준한 것으로 발표했다.
"분열을 방지"하고 여론을 통제하기 위해 대단히 엄격한 출판물 검열정책
이 시행되었으며, 신문도 정부의 검열과 강제 폐간에 노출되었다. 이 때문
에 페인Thomas Paine의 도움으로 미국으로 피신한 본빌 부인Madame
Bonneville은 훗날 이 시기를 회고하면서 "프랑스에서 공공정신은 종말을
맞았고 진정한 공화주의자들은 끝없는 박해에 시달렸다"고 말했다.

이런 상황에서 1800년에 주로 출판된 정치 책자들은 대개 보나파르트와 새 헌법에 대한 예찬을 담았다. 이 찬가들은 종종 통령정부의 후원을 받아 작성된 시와 산문으로서, 그 수가 적지 않았다. 부셰Gilles Boucher, 장 샤스 Jean Chas, 질베르Nicolas-Pierre Gilbert, 피고Charles-Antoine-Guillaume Pigault, 바레르Bertrand Barère와 같은 예찬론자들이 내놓은 천편일률적인 논지는 바로 보나파르트가 유럽에 평화를 가져올 "천재적인 영웅"이라는 것, 그리고 그러한 영웅이 공화력 8년의 "탁월한 헌법"을 국민에게 선사함으로써 내치에서도 "빛나는 업적"을 세웠다는 것, 따라서 이제 혁명은 "진정으로 종결"되었으며 프랑스는 "영광스러운 평화"의 후광 아래서 나날이 발전하리라는 것이었다. 예찬론자들은 보나파르트 덕분에 프랑스가 드디어 "단단한 토대 위에 설 수 있게 되었고, 상업과 산업을 파괴한 불안정성으로부터 벗어날 수 있게 되었으며, 영국의 제해권에 맞서 상업의 권리와 바다의 자유를 확보할 전망을 가질 수 있게 되었다"고 단언했다. 이런 인식을 바탕으로, 한때 쾌양파 입법의원이었던 라크르텔P.-L. Lacretelle은 "구원자이자 승리자인……시에예스와 보나파르트에게……경의를 표한다"고 선언했다.

특히 퐁탄Louis de Fontanes은 보나파르트가 크롬웰, 몽크, 카이사르와 유사하다는 주장을 반박하는 글을 썼는데, 퐁탄에 따르면 크롬웰은 장군이라기보다는 수완 좋은 장교에 불과했고, 그의 군사적 재능은 자신의 조국에 해로운 형태로만 발휘되었으며, 그가 "세계를 쇄신하기 위해 별도로 점지된 날에 태어나는" 위대한 정복자의 면모를 전혀 갖추지 못했다고 주장했다. 크롬웰이 가장 먼저 행한 일 중 하나는 바로 "학문의 요람인 케임브리지와 옥스퍼드를 유린한" 것이었는데, "어찌 그런 사람을 보나파르트와 같은 선에" 둘 수 있겠는가? 퐁탄에 따르면 크롬웰이 한심한 신학 논쟁이나 일삼던 나이에 보나파르트는 이미 유명했고, 이 코르시카의 영웅은 이

제 프랑스 앞에 닥친 위험이 다시 극심해지자 조국을 구하기 위해 되돌아
온 것이었다. 또 퐁탄은 카이사르는 찬탈자인 동시에 민중의 호민관이었
으며, 그와 달리 보나파르트는 적법한 집정관이라는 주장도 내놓았다. 익
명의 저자들이 줄이어 낯 뜨거운 소책자들을 출판했고, "프랑스를 구한"
젊은 장군의 "고결한 용기"에 대한 찬양이 도처에 울려 퍼졌다.

그렇다면 민주파의 반응은 어떠했을까? 1799년 여름과 초가을, 시에예
스, 뢰드레, 보나파르트를 위시한 보수공화파 정변 세력이 음모의 비밀을
지키는 데에는 한계가 있었으며, 민주파는 마치 정변을 암시하듯 시에예
스가 "아우구스투스처럼 막강한 권력을" 쥐게 되면 "국가의 외적·내적 안
위가" 위협받을 것이라는 우려를 표명했다.[1] 그러나 민주파는 의회에서의
격렬한 저항에도 불구하고 결국 브뤼메르 정변을 막지 못했다. 이후 민주
파는 여러 갈래로 나뉘었는데, 상당수는 앙토넬처럼 고향으로 "은퇴"하여
조용한 삶을 살면서 때로 지하운동에 자금을 대는 길을 선택했다. 소수는
보나파르트가 수립한 군사정부의 권위주의에 좌절하여 자살하거나, 반대
로 숨어서 "민주헌법"을 작성하다 발각되어 총살당하기도 했다.[2]

정변 직후 보나파르트의 신정권에 합류한 민주파 인사는 고작 2명이었
는데, 그중 하나인 프랑세 드 낭트Antoine Français de Nantes는 국무원Conseil
d'État의 일원이 되었고 훗날 레지옹 도뇌르 훈장까지 받게 된다. 그는 엄
격한 검열을 행사하는 군사정권 치하에서 문인들을 보호하는 데 자신의
힘을 활용했으며, 19세기 초 여러 프랑스 작가들이 그에게 감사를 표했다.
그러나 1825년에 이르러 그는 나폴레옹의 "영광"과 "승리"를 위해 수십만
명이 희생되었다며 한탄하게 된다.

또 다른 하나는 쥘리앵Marc-Antoine Jullien이었다. 그는 한때 로베스피에
르의 총아였으며, 총재정부기에는 경찰부에서 근무하였고 바뵈프 음모에
가담했다는 의심을 받았으며 보나파르트의 이탈리아 방면군, 이집트 방면

군, 그리고 다시 급진공화파 장군 샹피오네J.-É. Championnet의 이탈리아 방면군에서 복무하면서 1799년 1월 나폴리공화국 건국에도 깊이 관여하였다. 통령정부 초기에 그는 보나파르트에게 혁명의 민주적 기치를 계승하라고 조언했으나 보나파르트는 그것이 비현실적이라고 생각했다. 이 대화는 쥘리앵의 대역인 A와 보나파르트의 대역인 B의 대화록 형식으로 출간되었는데, 그것이 바로《프랑스의 현 상황과 새 정부의 설계에 관한 정치적 대화》였다. 이 글은 브뤼메르 정변과 통령정부를 바라보는 민주파 정치인의 기대와 염려를 보여 주는 동시에 보나파르트의 고민과 목표도 간접적으로 보여 준다는 의미가 있다.

《대화》에서 쥘리앵은 프랑스의 동맹국들과 자매공화국들이 억압받고 약탈당하는 상황을 끝내서 적국들이 프랑스를 더 이상 비방할 수 없게 만들어야 한다고 주장했고, 정부의 파산을 피하고 혁명이 수립한 자유를 보존하기 위해서는 왕당파와 망명 귀족의 [거짓] 증언들에 휘둘리지 말고 공화정의 가치를 이어받아야 한다고 장군에게 조언했다. 그러나 보나파르트는 오히려 "프랑스를 거대한 위험으로부터 구해 낸……테르미도르 9일 이전의 공안위원회를 제외하면 지난 10년 동안 프랑스에는 어떠한 정부도 존재한 적이 없다"고 평가하면서, "무질서 속에서 사라질" 위험에 처한 프랑스에 당장 필요한 것은 민주주의가 아니라 실효적인 정부라고 대답했다. 장군은 현 시국이 "권력을 집중시키는……일종의 독재를 강력하게 필요로 한다"고 주장했으며, 조언자 또한 "공화국의 힘이 소진된 현 상태에서…… 정부의 몰락은 공화국의 소멸로 이어질" 것이라고 진단했다. 이처럼 "브뤼메르의 혁명이 프랑스의 마지막 혁명이 되어야 한다"는 데 장군과 조언자가 모두 동의했으나, 《대화》의 보나파르트는 여전히 쥘리앵보다 민주주의에 회의적·적대적인 상태로 남았다. 다만 둘 모두 현 시점의 프랑스인들이 아직 "정부를 민주화하기에" 적합한 문화와 관습을 갖추지 못했으며 극심한 부패와 혼란을 통제하기 위해서 일정 정도 "정부를 과두화할" 필요가 있다는 데, 그리고 "10년이나 20년 뒤에는" 어쩌면 프랑스인들이 진정한 공화국의 법률들에 걸맞은 덕성을 갖추게 될지도 모르겠으나 당장은 앞날의 전망이 어둡다는 데 동의했다.[3]

이처럼 쥘리앵은 총재정부기 민주파 특유의 미래 전망을 고수하면서도 통령정부기 보나파르트와 보수파의 관점을 이해하는 입장에 섰고, 새로운 정부에 대한 지지와 비판을 오가며 레지옹 도뇌르 훈장을 받기에 이른다. 그러나 그는 시간이 흐름에 따라 비판적 관점을 더 강하게 표명하기 시작했고, 1813년에는 나폴레옹 황제의 야망과 독재를 질타하며 그를 폐위해야 한다고 유럽 열강의 군주들에게 조언하는 글을 썼다가 경찰의 눈을 피해 종이를 정원에 숨기기도 했다. 그 글이 훗날 황제가 쫓겨난 뒤 1815년에 출판된 《유럽의 보존자 Le Conservateur de l'Europe》였다. 총재정부의 한계를 절감하면서도 그것을 극복할 손쉬운 해답이 보이지 않는 상황에 처한 민주파 혁명가의 고뇌를 엿볼 수 있다.

각 정파의 입장에서 결산을 내려 보자. 민주파는 정권에 참여하여 실망하게 된 소수를 제외하고 대부분 통령정부 출범 직후 죽임을 당하거나, 망명을 떠나거나, 민중교육과 비밀운동으로 방향을 틀었다.[4] 보수공화파 중에서는 뢰드레가 정책 심의자문기구인 국무원에 들어갔으며 정변 주역들의 신뢰를 업은 캉바세레스가 제국의 제2인자로서 내치에 깊이 관여하고 민법전을 편찬했다. 그러나 궁극적으로 새로운 국가기구를 설계하는 과정에서 자신의 의지를 관철한 것은 보나파르트였지, 보수공화파 문인-정치인들이 아니었다. 비록 보수공화파 인사들이 새로운 정권에서 관료국가 건설에 중요한 역할을 했지만, 국가의 정책 향방을 결정하는 권한은 사실상 보나파르트가 쥐었으며 캉바세레스도 그의 선전부 장관 역할을 충실히 수행해야만 했다. 정변 직후 시에예스는 보나파르트에 밀려나 실질적 권력을 상실하고 꿈을 접어야 했다. 결국 그는 사실상 절필한 뒤 침묵과 순응의 대가로 제정 시기를 부유하지만 무기력하게 보냈고, 루이 18세의 부르봉 왕가가 돌아온 뒤에는 벨기에로 망명을 떠나야 했다. 시에예스는 자신의 '칼'을 물색하다가 보나파르트를 골랐다고 생각했겠지만, 결국은 보나파르트가 시에예스를 활용한 셈이다. 19세기가 시작되던 순간, 브뤼메르 정변과 새로운 군사공화국을 맞이한 혁명가들은 각자 무거운 선택의 기로에 놓였던 것이다.

보나파르트의 통령정부는 비록 억압적인 군사정권이었지만 1790년대 혁명가들이 이루고자 했던 목표들 중 특히 행정적 효율화와 합리화를 프

[그림 4-3] 〈1799년 11월 10일, 파리 인근 생클루에서 평등의 익살극에 종지부를 찍는 보나파르트〉, 제임스 길레이 작.

랑스에 뿌리내리게 했다는 긍정적 평가를 받기도 한다. 그러나 다른 관점에서 보면 그러한 성과의 공은 오히려 혁명 초기부터 꾸준히 제도적 합리화와 효율화를 추구했던 중·하급 행정가들에게 돌리는 것이 더 타당할 수도 있다. 혁명가들의 실험으로서 총재정부와 통령정부의 공과를 역사적으로 평가하는 작업은 여전히 현재진행형이지만, 적어도 장기적인 회고적 관점에서 통령정부 시기가 나폴레옹 치세에서 출발해 19세기를 거쳐 20세기 프랑스로까지 이어지는 중도-엘리트-기술관료의 통치체제의 기초를 마련했다고 평가할 수 있다.

그러나 자신들의 미래를 알 수 없었던 당대인들의 시점으로 돌아가서 보면, 브뤼메르 정변은 보나파르트와 그 장성들을 제외한 어느 정파에게도 만족스러운 "혁명의 종결"을 제공하지 못했으며, 군사정권의 대두와 전 유럽 차원의 확전을 예고한 비극적 사건이라고 평가할 수 있을 것이다. 이를 두고 1800년의 한 관찰자는 정변이 10년 동안의 혁명적 실험이 실패했다는 선고이자 그것이 "카이사르에게 자리를 내어 준" 비극이라고 평가하기도 했다. 공화력 8년 헌법 시행 2주 뒤 새로 호민원에 임명된 젊은 보수공화파 콩스탕Benjamin Constant이 통령정부를 "예속과 침묵의 체제"라고 비판하면서 마음속에 어떤 좌절감을 품었을지 헤아려야 한다.

보나파르트 정권에서 이러한 비판의 목소리는 수용될 여지가 없었다. 콩스탕은 2년 뒤 호민원에서 축출되었다. 민주파 총재 고이에가 훗날 복고왕정 치하에서 씁쓸하게 회고했듯이, 정변의 주역들 반대편에서 보면 통령정부는 승자들의 주장처럼 "이른바 공화주의적 혼돈"에 종지부를 찍고 새로운 질서를 가져다준 것이 아니라 단지 "통령정부의 진정한 혼돈"을 낳았을 뿐이었다. 그리고 그 기원에는 "위선으로 획책했고 야심으로 채택하여 총검으로 수행한 음모"가, 즉 1799년 11월 9일과 10일의 정변이 있었다. 고이에는 한탄했다. "이미 보나파르트가 거사를 마치고 새 정부를 꾸

리고 군대와 인민에게 자신이 새로운 권력자임을 선포한 마당에, 군대가
장군을 박수로 맞이하는데, 무슨 수로 인민이 새 헌법을 거부할 수 있었겠
는가?"

05

1815년 6월:
워털루 전투, 나폴레옹제국의 황혼 서사시

이용재

'독수리의 추락', "워털루! 워털루! 워털루! 음울한 평원!"

나폴레옹 영웅신화의 대미를 화려하게 장식한 것은 바로 그가 패배한 마지막 전투이다. 워털루 전투는 한 시대의 전환점, 빅토르 위고의 표현을 빌자면, '세계의 면모가 바뀌는 순간'이기도 했다. 나폴레옹의 제국이 무너지고 부르봉 왕정이 복고되었으며, 유럽에는 오랜 전쟁이 끝나고 평화시대가 온 대신에 구질서에 입각한 굳건한 왕조체제가 들어섰다. 영국뿐만아니라 프로이센, 네덜란드 등이 가담한 워털루 전투는 영국이 지난 세월영원한 적성국 프랑스를 마침내 꺾은 승리의 순간이기도 했다. 영국에서워털루는 새 시대에 번영하는 위대한 영국의 상징이 된 반면, 프랑스는 워털루가 남긴 앙금과 상처를 달래야 했다.

　몰락한 황제는 저 멀리 세인트헬레나섬에 유폐되어 파란만장한 일생을마감했다. 하지만 황제가 사라진 지 얼마 지나지 않아 황제의 인기가 되살아나고 저잣거리 여기저기에서 "황제가 대군을 이끌고 돌아온다"는 뜬소문이 나돌았다. 황제의 치적에 대한 평가가 찬양과 비난의 양극단을 오가는 가운데, 황제의 마지막 장면, 워털루가 새삼 국민의 기억 속에 소환되었다. 황제가 사라진 후에도 '만약 나폴레옹이 워털루에서 승리했다면……'이라는 이른바 대체역사 또는 가상역사uchronie가 유행하며 호사가들의 흥미를 돋우었다. 황제 추종자들뿐만 아니라 적어도 일부 프랑스인들은 '황제가 승리했다면'이라는 가상현실 속에서 패배의 아쉬움을 달랬을 것이다.

정치 정세의 변화와 진영 논리에 따라 제국의 치적에 대한 평가가 달라지고, 불세출의 영웅 나폴레옹의 공과와 명암에 대해서는 여전히 찬반양론이 팽팽하다. 하지만 제국의 서사시를 마무리하는 워털루 평원에 선 황제는 여전히 "승리보다 값진 패배"의 아우라로 빛나고 있다. 적어도 워털루라는 기억 공간에서는 패자도 승지 못지않은 명예를 누리는 듯하다. 사정이 이렇다 보니 프랑스인의 집단기억에서 워털루 전투는 조금씩 이해 불가능한 어떤 숙명, 패배의 책임을 구명하거나 승패를 나누는 일 자체가 부질없는 그 무엇으로 채색되어 간 듯하다. 다시 빅토르 위고의 표현을 빌리자면, 워털루 전투는 정작 프랑스인들에게 하나의 수수께끼로 남은 것이다.

그렇다면 '워털루'를 어떻게 보아야 할 것인가? 전투의 실상은 과연 무엇인가? 워털루 전투에 대해 동시대 프랑스인은 어떻게 기억하고 있으며, 군사사 전문가를 비롯한 역사가들은 어떻게 평가하는가? 여기서 궁극적으로 패배 후 반세기 동안 워털루의 이미지가 프랑스인들의 상상 세계에서 어떻게 변주되어 왔는지를 살펴보고자 한다. 이를 위해 우선 1815년 6월 '역사의 현장'을 찾아보자.

백일천하, '독수리 날다'

1815년 3월 1일, 유배지 엘바섬을 탈출한 옛 황제는 "황제 만세!"를 외치는 병사들과 군중에 둘러싸인 채 파리로 진군해 다시 권좌에 올라섰다. 돌아온 황제의 마지막 승부, '백일천하Cent-Jours'가 열광과 혼란, 우려와 증오의 한복판에서 막을 올렸다. 6월 1일, 제국의 부활을 알리는 성대한 축제 마당에 로마 황제의 예복을 입고 등장한 황제는 운집한 군중 앞에서 '조국 프랑스의 영광, 명예, 행복'을 부르짖으며 제국의 부활을 다짐했다. 하지만 화려한 겉치레 행사의 뒤꼍에는 다가오는 전쟁의 먹구름에 대한 우려와 두려움이 짙게 깔려 있었다.

　황제는 사실 되찾은 제국의 운명이 다가올 전쟁의 성패에 달려 있음을 잘 알고 있었다. 나폴레옹을 꺾은 동맹국들은 1814년 9월부터 오스트리아

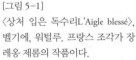

[그림 5-1]
〈상처 입은 독수리L'Aigle blessé〉,
벨기에, 워털루. 프랑스 조각가 장
레옹 제롬의 작품이다.
상처 입고 날개 꺾인 독수리가 깃
발을 움켜잡고 날아오르려 한다.
1904년 프랑스 정부는 벨기에와
협의해 워털루 전투를 기념하는
독수리상을 세웠다. 기단에 '1815
년 6월 18일 위대한 군대의 용사
들에게'라고 적혀 있다.

빈에서 회의를 열고 새로운 국제질서를 모색했다. 나폴레옹의 '귀환'이라는 돌발사태를 만난 동맹국들은 "유럽의 무법자, 평화의 파괴자" 나폴레옹을 규탄하는 성명을 발표하고 전쟁 준비에 들어갔다. 5월 15일 동맹국들은 프랑스에 전쟁을 공식 선포하고 군대를 집결시키기 시작했다. 겉잡아 무려 70만 대군이 프랑스로 쳐들어 올 채비를 마쳤다.[1] 나폴레옹은 물론 병력 증강에 박차를 가했다. 서두르면 그해 말까지 80만 병력을 무장시킬 수 있다는 것이 황제의 설익은 계산이었다. 하지만 국경 너머에서 동맹군이 몰려들기 시작한 6월 초 수도권과 국경 지역에 배치되어 실전 태세를 갖춘 프랑스군은 22만 정도에 지나지 않았다. 그렇다면 22만 프랑스군이 70만 동맹군의 공세를 막아 낼 수 있을까?

여기서 나폴레옹은 과감한 선제공격을 선택했다. 그것은 군사적인 동시에 정치적인 판단이었다. 러시아군과 오스트리아군이 합세해 프랑스로 쳐들어 오기 전에 벨기에에서 영국군과 프로이센군을 격파해 동맹군의 기선을 제압한다는 것이었다. 벨기에에서 프랑스군이 승리하는 것만으로 영국에서는 정권이 교체되고 강화를 제의하지 않을 수 없을 것이며, 영국의 지원을 얻지 못할 오스트리아는 화평을 간청하게 될 것이고, 네덜란드에서는 민중 봉기가 일어나 친프랑스 정권이 들어설 수 있으며, 패배한 프로이센군은 라인강 너머로 멀찌감치 후퇴하게 되리라는 예상이었다.

1815년 6월 12일 새벽, 황제가 탄 마차는 파리를 떠나 북쪽으로 내달렸다. 총사령관 나폴레옹의 지휘 아래 12만 프랑스군은 국경을 넘어 뫼즈강을 건너 단 사흘 만에 샤를루아까지 진격했다. 6월 14일, 복고 왕정을 지지한 왕당파 부르몽 장군이 황제를 배신하고 이탈해 프로이센군으로 넘어가는 돌발 사건이 벌어졌다. 그럼에도 황제는 이날이 1800년 마렝고에서, 1807년 프리틀란트에서 대승을 거둔 날이라고 일깨우면서 "승리냐 죽음이냐를 결정할 순간이 왔다"라며 병사들에게 출정 명령을 내렸다. '벨기에 전역'(6월 15~20일)의 막이 올랐다. 나폴레옹이 이끈 12만 2,000 프랑스군이 21만 5,000 동맹군(영국—네덜란드 연합군 9만 9,000명+프로이센군 11만 6,000명)에 맞서는 형국이었다.

워털루, 역사의 현장

카트르브라와 리니 사이

6월 16일, 프랑스군은 세 갈래로 전진했다. 좌익을 맡은 미셸 네Michel Ney 원수가 3개 군단을 이끌고 브뤼셀로 향하는 요충지 카트르브라 방면으로, 우익을 맡은 에마뉘엘 그루시Emmanuel Grouchy 원수의 군단은 오른쪽 리니 방면으로 진격하고, 나폴레옹은 제국 근위대와 1개 군단을 이끌고 가운데 뒤처져 포진했다. 그날 늦은 오후, 네 원수가 카트르브라에서 영국—네덜란드 연합군과 교전할 때, 나폴레옹과 그루시는 리니에서 프로이센군을 공격했다. 겨우 7마일(11킬로미터) 정도 떨어진 카트르브라와 리니에서 동시에 전투가 벌어진 것이다.

카트르브라를 장악하라는 임무를 받은 네 원수는 레유 장군의 2군단 병력을 이끌고 출격했다. 하지만 지나치게 신중한 레유 장군이 접전을 미루는 사이 오전 11시경 카트르브라에 도착한 웰링턴 장군은 저 멀리 리니 전장이 내려다보이는 풍차에서 프로이센 총사령관 블뤼허von Blücher 장군을 만나 연합작전을 다짐받았다. 오후 2시 뒤늦게 공격이 개시되었지만 영국군 보병 사단과 기마 포대가 연달아 증원되면서 전세는 백중세를 이루었다. 5시경 네 원수는 성급하게 켈레르만의 기병 연대를 출격시켰으나 영국군의 포화와 밀집 보병의 공격에 처참하게 쓰러졌다. 6시경 웰링턴이 대규모 반격을 개시하자 프랑스군은 수세에 몰렸다. 한나절 접전에서 프랑스군 사상자 4,000명, 동맹군 사상자 4,800명을 기록한 카트르브라 전투는 승패를 나누기 힘든 무승부로 끝났다.

리니에서도 2시경 전투가 시작되었다. 나폴레옹은 프로이센군에 선제공격을 가하고 큰 타격을 입혔으나 결정적인 승기를 잡지 못했다. 나폴레옹은 카트르브라에서 출격 대비 중인 네 원수 휘하 드루에 데를롱 장군의 예비군단을 불러들여 프로이센군에 최후의 일격을 가하기로 결정했다. 카트르브라로 향하던 데를롱 군단은 황제의 전령을 받고 급하게 리니 쪽으로 방향을 바꾸었다. 그러자 네 원수는 황제의 전령을 무시하고 데를롱에게 다시 부대를 되돌리라는 명령을 보냈으며, 데를롱은 다시 카트르브라로 향했다. 결국 2만 2,000 프랑스군 정예부대가 전투에 가담하지도 못한 채 두 전장 사이를 오가며 하루를 허비한 꼴이 되었다. "리니에서든 카트르브라에서든 데를롱 군단이 개입했다면 전투는 결판날 수 있었을 것이다."[2] 이것은 군사사에 기록될 만한, 아군 부대 간의 소통 부재가 낳은 어처구니없는 실책이었다.

그럼에도 나폴레옹은 블뤼허에게 결정적인 타격을 안길 수 있었다. 어둠이 깔릴 무렵, 제국 근위기병대가 엄청난 포격의 지원을 받으며 돌격을 감행했다. 나폴레옹군은 1만 2,000명 사상자를 낸 반면, 프로이센군은 1만 6,000명의 사상자를 냈고 탈영병도 9,000명에 달했다. 프랑스군이 가까스로 승리를 거둔 셈이다. 부상당한 블뤼허를 대신해 지휘권을 잡은 참모장 그나이제나우 장군은 병력을 수습해 후퇴를 결정했다. 하지만 나폴레옹의 예측을 완전히 뒤엎고 프로이센군의 퇴각로는 병참선을 따라 나무르를 거쳐 리에주로 향하는 동쪽이 아니라 북쪽 와브르 방향이었다. 이렇게 뜻밖의 북쪽으로의 퇴각은 훗날 웰링턴이 회고했듯이 "세기의 결정적인 순간"이었다. 다음 날 와브르에 재집결한 프로이센군은 그 이튿날 워털루 방향으로 진격해서 결정적인 순간에 영국−네덜란드군과 결합할 수 있었던 것

[그림 5-2] 〈벨기에 전역〉. 프랑스군은 카트르브라에서 영국군을, 리니에서 프로이센군을 격파한 후 워털루 방면으로 향했다.

이다.

　워털루 결전을 하루 앞둔 6월 17일은 아마도 전략의 달인 나폴레옹이 오판과 실책을 거듭한 날로 기록될 것이다. 프랑스군은 동이 트자마자 리니에서 퇴각하는 프로이센군을 추격해서 결판을 낼 수도 있었고 카트르브라에서 영국군을 계속 몰아붙일 수도 있었다. 하지만 지칠 대로 지친 황제는 오전 8시에 일어나 상황을 점검하고 측근 장성들과 이런저런 논의를 하면서 한참 시간을 보냈다. 정오 무렵에야 나폴레옹은 그루시 원수에게 병력 3만 3,000명과 대포 96문의 대규모 군대를 이끌고 프로이센군을 추격하게 했다. 하지만 그루시는 15시간 앞서서 퇴각한 프로이센군의 퇴각 방향을 알 수 없었고 따라잡을 수 없었다. 더구나 카트르브라에서 네 원수는 황제로부터 어떤 명령도 받지 못하자 오전 내내 영국군을 공격하지 않고 머뭇거렸다. 오후 1시쯤에야 황제는 네 원수와 합류했지만, 웰링턴은 이미 폭우를 무릅쓰고 부대를 이동시켜 오후 6시쯤 워털루에서 남쪽으로 몇 마일 떨어져 있는 몽생장 고원에 진을 쳤다. 추격해서 승부를 벌이기에는 이미 날이 저물어 나폴레옹은 남쪽 아래 라벨알리앙스 근처 농가에 야전사령부를 차렸다. 오전에 시간을 허비한 탓에 전투는 다음 날로 미뤄졌던 것이다.

　17일에서 18일로 넘어가는 밤사이에 내린 뜻밖의 폭우는 나폴레옹에게 불리한 결과를 낳았다. 프랑스군이든 영국군이든 폭우 속에서 행군해야 했으며 축축한 야영지에서 비에 젖은 채 밤을 지새워야 했다. 18일 오전 8시쯤 겨우 비는 그쳤으나 땅은 진창이었다. 근위대 포병사령관 드루오 장군은 황제에게 포대작전을 제대로 펼치기 위해서는 땅이 더 굳기를 기다려야 한다고 진언했다. 무거운 대포를 진창이 된 비탈 위로 끌어올리는 것도 문제지만 진창에 박힌 포탄은 살상 효과도 줄어든다는 것이다. 옳은 판단인가? 황제는 공격 개시를 늦추었으며 또 귀중한 시간을 허비했다. 4시간여 늦은 개전은 엄청난 결과를 낳았다. 프로이센군이 전쟁터에 들이닥치기 전에 영국군을 격파할 기회를 놓쳐 버린 것이다.

워털루, 전투의 재구성

웰링턴은 미리 정찰을 통해 몽생장 고원이 갖는 방어의 이점을 잘 파악하고 있었다. 폭 3마일에 길이 1.5마일에 불과한 고원은 동쪽과 서쪽의 끝자락에는 촌락이 이어지고 농장 건물들이 늘어서 있었으며, 북쪽 뒤편으로는 수아뉴 숲이 넓게 퍼져 있었고, 남쪽으로 비탈져 방어하기에 유리했다. 이러한 지형에서는 나폴레옹의 전법 중 하나인 측면기동을 통한 기습공격 전술을 구사하기 힘들었을 것이다. 고원 안쪽 길목에 있는 우구몽과 라에생트라는 커다란 두 돌집농장이 프랑스군의 공격을 차단하는 전초기지 구실을 하고 있음에도, 정면공격으로 승패를 가리는 것이 나폴레옹에게 남은 유일한 선택이었을 것이다. 적군의 중앙부를 돌파하여 몽생장 고원의 비탈을 차지하고 북쪽으로 진격해서 브뤼셀로 이어지는 길목을 장악해서 승부를 짓는다는 것이다. 결국 전투는 기동전이 아니라 정면공격에 의한 피비린내 나는 소모전이 되었으며 그만큼 양측 모두 엄청난 희생을 치를 수밖에 없었다.

첫 번째 국면

오전 11시 30분, 제2군단의 대포가 불을 뿜는 가운데 제롬 사단이 고원의 왼쪽에 있는 우구몽을 공격하면서 전투가 시작되었다. 엉뚱하게도 제롬은 대포로 농장 돌담을 타격하지 않고 직접 보병을 이끌고 백병전을 벌이면서 많은 희생자를 냈다. 우구몽 쟁탈전은 온종일 계속되었으며, 겨우 영국 연합군 2,600명이 프랑스군 1만 3,000여 명을 묶어 둔 것으로 추산된다. 우구몽 공략은 프랑스군의 전술적 실패를 대표한다.

　나폴레옹은 1시 무렵에 대포 80문으로 영국 연합군의 중앙을 포격하라고 명령했다. 이어서 1시 30분쯤 데를롱 장군이 이끄는 제1군단의 3개 사단 1만 6,000 병력이 밀집 대형을 이루며 웰링턴군의 좌중앙으로 돌진했다. 프랑스군은 추풍낙엽처럼 쓰러지면서도 전진했으나, 영국군 최정예 보병 제5사단과의 교전 끝에 큰 타격을 입었으며 이어서 브리티시 용기병 연대, 유니언 여단 등 기병대의 공격을 받고 밀려나기 시작했다. 웰링턴은 기병대의 40퍼센트를 잃었으나 일단 근거지 방어에 성공했고, 라에생트를 겨냥한 프랑스군의 첫 번째 공격도 실패로 끝났다. 양측은 부대를 추스르며 잠시 소강 상태에 들어갔다.

　하지만 이미 오후 1시 30분경에 뷜로 장군이 이끄는 프로이센 제4군단

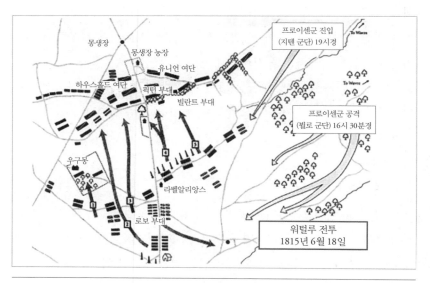

[그림 5-3] 〈워털루 전투〉. 프랑스군과 영국 연합군의 처절한 사투가 벌어졌지만 오후 늦게 프로이센군의 진격으로 승부가 결정되었다.

이 몽생장 고원의 동쪽 아래에 위치한 한적한 마을 플랑스누아 인근에 나타나는 징후가 포착되었다. 프로이센군 선발부대가 그루시의 추격을 따돌리고 웰링턴군과 합류하기 위해 들이닥친 것이다. 황제는 성급히 그루시 원수에게 즉시 자신과 합류하라는 전령을 보내는 한편(전령 중 하나는 오후 6시 넘어서야 그루시에게 전달되었다), 프로이센군을 차단하기 위해 로보 Lobau 장군의 제6군단 병력을 플랑스누아 방면으로 파견했다.

두 번째 국면

오후 3시 무렵, 프로이센의 이른 출현을 우려한 나폴레옹은 공격을 서둘렀다. 네 원수는 재집결한 1군단 중 2개 사단의 병력을 차출해 우구몽과 라에생트로 돌격을 감행했지만 이내 격퇴당했다. 이때 4시쯤 네 원수는 몇몇 영국군 대대와 부상병 호송대가 몽생장 뒤편으로 이동하는 것을 보았다. 웰링턴의 병력 이동을 영국 연합군의 전면적인 퇴각으로 오인한 네 원수는 즉시 기병대 전체에 대대적인 공격 명령을 내렸다. 네 원수의 오판에 따른 성급한 기병 돌격에 놀랐지만 황제는 이미 벌어진 사태를 수습하기 위해 근위대 기병사단을 추가로 투입할 수밖에 없었다.

결국 고원의 우중간, 우구몽과 라에생트 사이 600미터 전선에서 약 1시간 동안 무려 1만 명에 달하는 프랑스 기병이 흥분에 싸인 채 소용돌이 속으로 뛰어들었다. 웰링턴군은 서둘러 방어진을 구축하고 프랑스 기병대의 돌격에 맞섰다. 5시 30분 무렵에야 마침내 레유 군단의 보병 8,000명이 기병을 지원하기 위해 도착했다. 하지만 이렇게 프랑스군의 두 번째 공세 역시 별 성과를 거두지 못했다. 일진일퇴 속에 양측 모두 사상자만 늘렸다.

오후 4시 무렵, 플랑스누아 인근에 속속 집결한 뷜로 장군의 프로이센군 3만 병력이 이를 막아선 로보의 군단 1만 병력을 공격하기 시작했다. 프로이센군을 차단하기 위해 나폴레옹은 근위대 사단을 더 보내야 했다. 이렇게 적어도 프랑스군 중 1만 5,000 병력이 프로이센군을 방어하기 위해 떨어져 나간 셈이다. 결국 몽생장 고원에서 오전에는 나폴레옹군이 웰링턴군에 비해 병력과 포대에서 우세했지만 오후부터 열세로 돌아선 것이다.

세 번째 국면

오후 6시 30분, 세 번째 공세에 돌입한 프랑스군은 가운데 길목에 자리한 라에생트에 맹공을 퍼부었다. 마침내 라에생트를 점령하여 간선도로를 장악하게 되자 웰링턴군의 중앙부가 활짝 열렸다. 승기를 잡았다고 생각한 네 원수는 황제에게 병력을 요청했다. 하지만 여전히 프로이센군의 등장에 신경이 쏠린 황제는 증원 병력 투입을 망설였다. 하지만 영국 연합군도 병력이 남아 있지 않았으므로 여기서 프랑스군이 총공세를 펼쳤다면 전세는 프랑스 쪽으로 기울었을 것이다. 어둠이 깔리기 시작한 하늘은 촌음을 다투었다.[3] 7시, 나폴레옹은 뒤늦게 남아 있는 제국 근위대 용사들—9개 대대 5,000 병력—에게 총공격 명령을 내렸다. 마지막 도박을 한 것이다. 제국 근위대가 군악대의 승리 행진곡에 맞추어 총검을 앞세우고 전진하는 모습은 제국의 영광을 재현하는 듯했다. 그러나 "황제 만세!"를 외치며 불속으로 뛰어든 용사들은 세 차례 공격 모두 철통 같은 영국 수비대의 일제 사격에 쓰러졌다. 불패신화를 자랑하던 제국 근위대마저 후퇴하기 시작했다.

더구나 어두워질 무렵 프로이센군 지텐 장군이 제1군단 병력을 이끌고 웰링턴군의 좌익 먼발치 파플로트 근방에 나타나기 시작했다. 황제는 어렴풋이 드러나는 병사들이 프로이센군이 아니라 아군 그루시 부대라고 뻔한 거짓말로 병사들의 사기를 진작하려 했다. 하지만 포탄이 프랑스군 쪽에 떨어지고 적군이라는 사실이 분명해지자 병사들은 공황 상태에 빠져버틸 힘을 잃었다. 프로이센군의 진입을 확인한 웰링턴은 몽생장 능선에

[그림 5-4] 〈워털루의 나폴레옹〉, 동판화, 오귀스트 라페 작, 1829.

[그림 5-5] 〈워털루 전투〉, 채색목판화, 펠르랭 공방 작, 1835.

올라가 두 손을 흔들며 총공격 신호를 보냈다. 영국 연합군은 급류처럼 쏟아져 나왔으며, 혼란에 빠진 프랑스군은 동쪽에서 밀려오는 프로이센군을 피해 남쪽으로 달아나야 했다. 추격에 나선 프로이센 기병대가 밤새도록 살육전을 벌였다. 황제는 어둠 속에서 겨우 말에 올라타 도피했다. 늦은 밤 10시, 웰링턴과 블뤼허, 승리한 두 장군은 어제까지 나폴레옹군의 전초기지 구실을 했던 라벨알리앙스에서 만나 굳게 악수를 나누었다. 몽생장의 '하루'가 이렇게 저물었다.[4]

워털루 전투는 나폴레옹 전쟁 중에서 1812년 9월 러시아 원정 당시 보로디노 전투 이후 가장 희생이 큰 전투였다. 워털루에서 프랑스군 사상자는 2만 9,000명이었고 수천여 명이 포로로 붙잡혔다. 영국 연합군의 사상자는 1만 6,000명이었고 프로이센군 사상자는 6,000명 정도였다. 그것은 쌍방 모두 엄청난 희생을 치른 '살육전'이었으며 마지막 순간에 동맹군이 승기를 잡은 박빙의 승부였다. 웰링턴은 승자의 영광을 한몸에 안았지만 블뤼허의 프로이센군이 개입하지 않았으면 승리하지 못했을 것이다. 나폴레옹이 저지른 가장 큰 실수가 바로 프로이센군의 개입을 막지 못한 것이다. 워털루는 웰링턴의 승리이기에 앞서 나폴레옹의 패배였다.

워털루 논란: 패배 원인 찾기

프랑스군이 퇴각하는 중에 황제의 명의로 작성된 〈군사공보〉가 6월 21일자 관보 《르 모니퇴르》에 실렸다. "프랑스군에 영광스러운, 하지만 아주 치명적인 몽생장 전투의 결말은 이러했다"라고 황제는 직접 국민에게 전투의 전말을 전했다. 하지만 보고문은 프랑스군의 '패배'라는 명시적인 표현을 애써 피하고 프랑스군이 수적 열세에도 불구하고 영국-프로이센 동맹군에 맞서 선전했다고 내세우는 자기 변론에 가까웠다.

사실 워털루 전투의 '이야기'를 처음으로 쓴 이는 바로 황제 자신이었다. 세인트헬레나섬에 유배당한 황제는 혁명·제국·전쟁으로 이어진 파란만장한 세월을 돌이켜보며 회고록을 작성하는 데 남은 열정을 바쳤다. 황제는 방대한 자료를 뒤적이며 영욕으로 가득 찬 자신의 '업적'을 낱낱이 구술했으며, 가스파르 구르고 장군, 몽톨롱 후작, 베르트랑 장군, 라스 카즈 백작 등 황제와 유배생활을 함께한 동반자들은 저마다 황제의 '기억'을 두툼하게 기록했다. 이렇게 만들어진 이른바 '나폴레옹 회고록'은 여러 갈래로 세상에 선을 보였다.

중복되고 상충되는 내용을 담고 있는 이들 회고록은 편집과 판본을 달리하면서 거듭 출판되었다. 1818년 구르고 장군은 황제의 회고담을 정리해 자신의 명의로 《1815년 전역》을 출판했다.[5] 이어서 1820년 좀 더 상세한 증언을 담은 《1815년 프랑스 역사를 위한 회고록》이 구르고와 몽톨롱의 공동편집으로 출판되었다.[6] 1823년 라스 카즈 백작이 황제의 파란만장한 삶을 기록한 '불후의' 대작 《세인트헬레나의 비망록》을 출판했다.[7] 황제는 자신이 구술한 이들 회고록에서 제국의 마지막 승부, 워털루 전투의 전말에 대해 작전 계획부터 책임 소재까지 상세한 평가를 내놓았다. 워털루 전투 1주년 날에 황제는 그날을 회상한다.

정말 이해할 수 없는 날!……믿기지 않는 불운의 중첩!……그루시!……네!……데를롱!……배신인가? 그저 불행인가?……아~! 불쌍한 프랑스!……성공한 바로 그때에 모든 것을 잃었다.……

이상한 전투, 나는 일주일도 안 된 기간에 세 번씩이나 프랑스의 확실한 승리가 내 손에서 빠져나가는 것을 보았다. 배신자의 탈영이 없었더라면, 나는 개전 즉시 적을 섬멸했을 것이다. 나의 좌익이 제 몫을 했다면, 나는 리니

에서 적을 타도했을 것이다. 나의 우익이 실패하지 않았다면, 나는 워털루
에서 또 적을 타도했을 것이다.[8]

황제에 따르면 프랑스군의 기동과 전투력은 완벽했으며 작전도 승리를
보장했다. 반면에 카트르브라와 리니에서 보듯, 프로이센군 블뤼허나 영
국 연합군 웰링턴은 실책을 남발하는 무능한 지휘관으로, 두 부대의 연합
에 의한 병력의 우세에 의존했을 뿐 별다른 작전도 펼치지 못했다. 그렇다
면 프랑스는 왜 패배했는가? 여기서 황제는 패배의 책임을 함께 전투의 일
익을 맡았던 휘하 지휘관들에게 돌린다. 회고록에서 황제는 워털루를 회
상할 때마다, 전투를 망쳐 버린 장성들의 배신과 무능을 질타했다. 전투
하루 전날 프로이센군으로 넘어간 배신자 부르몽 장군은 물론이고, 다른
지휘관들을 직접 거론하며 결정적인 국면에서 그들이 저지른 실책들을 낱
낱이 들춰냈다.

1850년까지 4만 부 이상 팔리는 공전의 기록을 세운 《세인트헬레나의
비망록》은 1830년대 유럽 전역을 휩쓴 낭만주의의 물결을 타고 젊은 세대
에게 사라진 황제에 대한 흠모의 열정과 영웅시대의 향수를 북돋웠다. 《세
인트헬레나의 비망록》이 선풍적인 인기를 끌면서, 이와 동시에 워털루 전
투는 새삼 일반 독자들의 화젯거리가 되었으며 심지어 군사학과 전쟁론의
주요 주제로 논구되기에 이르렀다. 회고담 또는 증언록이 잇따르면서 급
기야 전투에 일익을 맡던 장성들 사이에 책임 논쟁이 벌어지고 전쟁사
가와 군사학자들은 전문가의 시선으로 전투를 복기했다.

패배의 책임은 그루시 원수에게 있는가? "내 우익에서, 그루시의 상상을
초월한 기동은 내게 확실한 승리를 보장하기는커녕 나를 실패하게 만들고
프랑스를 구렁텅이에 빠트렸다."[9] 회고록에서 황제가 특히 그루시의 무능
과 실책을 거듭 질타한 만큼, 황제의 몰락을 아쉬워하는 대중독자의 차가

운 시선은 우선 그루시에게 쏠렸다. 패배의 장본인이라는 오명에 맞서 그루시는 감히 황제의 주장을 정면으로 반박할 처지는 아니었지만 일련의 저술을 통해 전투를 복기하며 자기 변론에 나섰다. 그는 구르고 장군의 명의로 출판된 황제의 회고록 《1815년 전역》이 나오자마자 이를 논박하는 《1815년 전역의 고찰》(1818, 1819)을 출판했다. 그는 측근 장성들의 증언과 관련 문서들을 동원해 자신이 워털루 쪽으로 방향을 돌리지 않고 프로이센군을 쫓아 북쪽으로 전진한 것은 그만큼 황제의 명령을 충실히 따랐기 때문이라며 황제의 '책임 전가'를 비판했다.

그루시의 항변은 언론지상에서 당시 전투에 일익을 맡았던 장군들의 찬반 공방으로 비화되었다. 뒤뤼트(제1군단 사단장), 귀요(근위중기병 사단장), 로니아(근위대 공병사령관) 등 참전 장성들은 전투를 복기하며 황제의 전술적 실책을 조심스럽게 증언했다. 그러자 그루시에게 프로이센군 추적을 단념하고 워털루로 합류하자고 건의했던 참모장 제라르 장군이 나서 무능한 지휘관 그루시에 대한 비판을 보탰다.

복고 왕정이 무너지고 7월 왕정이 들어선 후 그루시는 후작으로 복권되고 조국을 지킨 장군으로서의 명예를 되찾았지만, 무능과 오판으로 황제를 파멸시켰다는 주홍글씨가 늘 그를 따라다녔다. 그는 워털루 패배 문제가 정치권과 여론의 일각에서 오르내릴 때마다 "내 탓이 아니다"란 자기 변론서를 여러 차례 써내야 했다. 결국 황제의 질책성 '평가'에 견주어 그루시의 '공과'를 논구하는 것이 워털루 전투 연구의 주요 주제 중 하나가 되어버렸다.

그루시의 저술과 이에 따른 논박은 워털루 전투에 대한 관심을 새삼 북돋 웠으며 군사전문가들의 시선을 사로잡았다. 당대 최고의 전략사상가로 명성을 날리던 카를 폰 클라우제비츠와 앙투안앙리 조미니가 마침내 워털루로 눈을 돌렸다. 청년 장교 클라우제비츠는 1806년 10월 예나─아우에르슈타트 전투에 참전해서 '위대한 군대'의 가공할 파괴력을 몸소 겪었다. 사후에 출판된 불후의 대작 《전쟁론》(1832~1834)은 바로 '전쟁의 신' 나폴레옹의 전쟁에 대한 분석을 토대로 한 것이다. 1815년 6월 클라우제비츠 대령은 프로이센 제3군단 사령관 틸만 장군의 참모장으로 참전해서 리니와 와브르에서 프랑스군에 맞서 싸웠다. 그가 《프랑스 1815년 전역》(1835)을 쓴 것은 웰링턴을 승리의 주역으로 부각시키는 영국 측의 일방적인 주장에 맞서 프로이센군이 바라본 전투의 전말을 소개하려는 의도이기도 했다.

클라우제비츠는 워털루 전투를, 프랑스 제2군단의 우구몽 공격(11시~), 제1군단 보병의 중앙부 돌격(14시~), 프로이센군의 등장(16시~), 프랑스 제국 근위대의 공격과 후퇴(19시~) 등 4단계로 나누고, 프로이센군의 등장으로 전투가 결정적인 고비를 맞았다고 분석한다. 적어도 1만 5,000 프랑스군이 프로이센군을 저지하기 위해 빠져나가면서, 병력 우세의 웰링턴군이 열세의 프랑스군과 맞서게 되고 전세가 역전되었다는 것이다. 프로이센군이 판세를 뒤집는 결정적 역할을 한 셈이다. 여기서 클라우제비츠는 나폴레옹에게 화살을 돌린다. 나폴레옹의 가장 큰 실책은 프로이센군이 워털루에 진입하리라고는 전혀 예상하지 못했으며 뒤늦은 대응으로 영국군과 프로이센군의 합류를 제대로 막아 내지 못한 데 있다는 것이다. 클라우제비츠는 승리의 요인을 프로이센군에게서, 패배의 요인을 나폴레옹에게서 찾고자 했다.

스위스 출신 조미니는 나폴레옹에게 발탁되어 네 원수 휘하에서 복무하면서 유럽 전장을 누비며 전략가로 명성을 쌓았다. 1813년 러시아로 넘어간 조미니는 알렉산드르 1세의 군사고문이 되었으며 워털루 전투를 직접 보지는 못했다. 하지만 《전쟁술 개요》(1838)에서 나폴레옹의 전술을 예리하게 해부한 조미니는 마지막으로 《1815년 전역에 대한 군사적·정치적 개요》(1846) 집필에 집중했다. 워털루 전황을 분석한 후 조미니는 나폴레옹 패배의 원인으로 궂은 날씨와 늦은 개전, 프랑스 보병사단의 서툰 공격, 영국군의 불굴의 저항과 웰링턴의 지도력, 프로이센군의 늦지 않은 합류 등 네 가지를 꼽았다. 이 중에서 프로이센군의 가담은 나폴레옹군 패배의 가장 중요한 원인이었다. 조미니는 전투 결과를 결정한 것은 영국군의 전력과 전략의 우세가 아니라 프랑스군의 실책과 특히 프로이센군의 가담이었다고 결론 짓는다.

클라우제비츠와 조미니의 분석은 나폴레옹 신화의 자기장에서 벗어나 전투의 실상을 개방적으로 들여다볼 수 있는 여지를 마련해 주었다. 여기에 아돌프 샤라스가 쓴 《1815년 전역의 역사》(1857)는 워털루 전쟁사에 이정표를 찍었다. 조미니의 통찰을 이어받은 육군 장교 샤라스는 군대 아카이브를 뒤지고 참전 병사들의 증언과 회고를 모았으며 특히 영국과 프로이센 측의 자료를 충분히 활용해서 모범적인 전쟁사 교본을 집필했다. 샤라스는 웰링턴과 블뤼허의 흔들리지 않는 동맹 전술에 미치지 못하는 나폴레옹의 연이은 실책을 부각했다. 가장 큰 실수는 바로 프로이센군의 개입을 막지 못한 것이다. 샤라스의 주장에 따르면, 웰링턴의 탁월한 군사적 기량 덕에 동맹군이 승리했다기보다는 나폴레옹이 여러 실책을 범해 프랑스가 패했다고 보아야 할 것이다. 샤라스의 '성공'은 왕정에서 공화정으로, 다시 제정으로 정치 정세의 격변이 거듭되고 워털루 참전 용사들이 하나둘씩 세상을 뜨면서 사건을 보다 객관적으로 분석할 수 있는 여유가 주어졌다는 의미일 것이다.

워털루: 기억의 장소

국민 정서 속의 워털루

돌아온 복고 왕정은 몰락한 제국보다 인기가 없었다. 국민은 전쟁의 종식과 독재자의 몰락을 반긴 만큼, 구체제로의 회귀를 두려워하고 적성국 영국에의 패배와 약소국으로의 전락을 아쉬워했다. 복고 왕정 극우왕당파의 득세에 염증을 느낀 대중은 어느새 유배당한 황제를 그리며 지나간 영웅 시대를 아쉬워했다. 퇴역군인, 행상인, 농민들 가운데 남아 있는 옛 황제에 대한 충성과 연민이 다시 살아나기 시작한 것이다.

황제의 '신화'는 당국의 감시와 검열에도 불구하고 젊은 세대를 뒤흔들었으며, 여기에 워털루의 '전설'이 흥미를 더했다. 낭만파 시인 들라비뉴C. Delavigne가 유배당한 황제와 화형당한 잔다르크를 함께 노래한 《메세니엔》(1818)은 2만 부가 팔릴 정도로 큰 인기를 누렸다. 그는 추모시 〈워털루 전투〉에서 "영광의 날에 죽는 기쁨"을 되뇌며, 사라진 병사들을 애도했다. 여기에 샹송가수 에밀 드브로Emile Debraux가 노래한 〈몽생장〉(1818)과 으젠 프라델Eugène Pradel이 노래한 〈전투〉(1822)도 대중의 마음속에 워털루의 상처를 새삼 일깨웠다.

황제가 숨을 거두고 황제가 남긴 회고록들이 출판되면서, 황제에 대한 연민의 정은 더욱 깊어졌다. 여기에 영원한 적성국 영국에 맞서 민족 감정과 조국애가 더해지면서 음유시인들은 워털루에서 산화한 황제를 다시 찾았다. 민중시인 베랑제Béranger는 〈워털루 전투의 송가〉(1825)를 노래하며 패배의 아쉬움을 달랬으며 〈인민의 추억〉(1827)을 노래하며 사라진 황제를 추모했다. 음유시인 네르발Nerval은 〈나폴레옹과 프랑스 용사〉(1826)에서 워털루를 찾아 민족의 엘레지를 노래했다.

복고 왕정이 반동정책과 실정을 거듭할수록 나폴레옹의 인기는 더 높아졌다. 자유주의 시인 바르텔르미A. Barthélemy와 메리J. Méry의 장편 서사시 〈워털루〉(1829)는 프로이센군이 진입하기 직전, 프랑스가 승리를 바라볼 수 있었던 순간에서 끝을 맺었다. "얼마나 놀라운 광경인가! 보라, 멋진 전투를! 영국군이 제국 근위대의 공격에 비틀거린다." 워털루는 민족 간 대결의 장소이며 복수를 다짐하는 장소이다. "서로 얼굴을 마주 본다. 서로 몸을 부딪친다. 여기서 두 앙숙 중 누가 죽을지 결판내자."

황제의 일화를 담은 연작소설로 유명해진 대중작가 프레데릭 술리에 Frédéric Soulié는 《워털루의 고아 소녀》(1835)에서 역경을 딛고 다시 일어서는 프랑스의 이미지를 만들어 냈다. 제국 근위대 흉갑기병 아버지와 종군 상인 어머니 사이에서 태어난 루이즈는 워털루 전란 속에 양친이 모두 죽고 영국군에 의해 납치된다. 루이즈는 고난과 설움 속에서도 불한당 영국인에 맞서 가족의 명예를 지키고 싸운다. 술리에의 단편은 이후 연극과 노래 등 수많은 모작을 낳으면서 나라 사랑의 민족 감정을 북돋는 데 한몫했다. 패전의 장소 워털루는 민족 수난의 장소이자 설욕을 외치는 민족 웅비의 장소가 된 것이다. 적어도 일반 대중의 정서에서 워털루는 민족의 정기를 회복하는 성스러운 터전의 면모를 지녔다.

'워털루'는 19세기 사실주의 문학의 대가 스탕달(앙리 벨)을 만나 영웅의 전설이 깃들어 있는 보금자리이자 삶의 원기를 회복하는 원천이 된다. 나폴레옹을 흠모한 젊은 기병 소위 스탕달은 황제를 따라 알프스를 넘고 러시아 평원을 달렸지만 황제가 몰락한 1814년, 군문을 떠났다. 불후의

[그림 5-6] 《워털루의 고아 소녀》 초판본 표지, 프레데릭 술리에 작, 1835.

출세작 《적과 흑》(1830)에서 주인공 쥘리앙 소렐은 난세의 영웅 보나파르트를 영원한 우상으로 섬기며 은밀하게 출세의 야망을 불태운다. 《파르마의 수도원》(1839)은 이탈리아를 배경으로 야망에 불타는 젊은이 파브리스 델 동고의 사랑과 모험을 그린 스탕달의 대표작이다. 나폴레옹을 숭배한 17세 청년 파브리스는 엘바섬을 탈출한 황제의 군대에 합류하기 위해 본능적으로 워털루 전쟁터로 향한다. 감격의 눈물을 흘리며 전투에 참전하지만 총을 잡아본 적도 없는 파브리스는 피와 살이 튀는 살육의 현장을 보고 전쟁의 이상과 현실 사이에서 몸부림친다. 나폴레옹이 몰락한 후 밀라노로 돌아온 파브리스는 비루한 야욕으로 가득 찬 세월 속에 사랑과 욕망을 불태우지만, 열망과 좌절을 겪을 때마다 워털루 전투의 영상이 그의 뇌리를 맴돈다. 말년에 성직자가 된 파브리스는 "죽기 전에 워털루 전쟁터에 다시 가볼 수 있으려나"라고 되뇐다.

　전문역사가의 딱딱한 분석에서 벗어나 전쟁의 실상을 문학적으로 그려낸 스탕달의 '워털루'는 그 생생한 전투 장면 묘사만으로도 독자들의 이목을 끌기에 충분했다. 스탕달의 섬세한 필치로 그려낸 워털루는 희망과 좌절이 교차하는 공간이었으며 무언가 설명하기 힘들지만 꿈과 욕망이 뒤섞인 몽상의 시간이었다. 워털루를 놓고 승자와 패자를 가리고 승패의 요인을 따지는 것은 인간 삶의 드넓은 지평에서 생각할 때 부질없는 일일 것이다. 스탕달은 워털루를 꿈과 야망을 좇는 세대가 마음 한편에 간직한 청춘의 한 조각으로 만들어 버렸다. 워털루는 파브리스를 비롯한 야망을 가진 젊은 세대에게 인생의 다음 단계로 나아가기 위한 일종의 '통과의례'인 셈이었다.

'영광스러운 패배', 빅토르 위고의 '워털루'

'워털루'는 마침내 대문호 빅토르 위고를 만나 《레미제라블》(1862)의 일부가 되었다. 위고와 '나폴레옹'의 만남은 애증의 교차로를 넘나들었다. 초기작 〈부오나파르테Buonaparte〉(1822)에서 폭군 황제를 비난하며 복고 왕정에 대한 충정을 감추지 않았던 보수파 문인 위고는 〈전승기념탑에 보내는 송가Ode à la Colonne〉(1827)를 계기로 한걸음씩 나폴레옹 숭배의 물결에 몸을 실었다. 1848년, 혁명으로 공화국이 탄생하자 위고는 공화파 정치인이 되었으나 1851년 황제의 조카, 루이 나폴레옹이 쿠데타를 일으키고 철권통치를 감행하자 망명길에 올라야 했다. 벨기에 망명 중에 위고는 루이의 학정을 고발하면서(《꼬마 나폴레옹Napoléon le Petit》, 1852) '삼촌'에게 죗값을 묻기도 했다(《속죄L'Expiation〉, 1852). "눈이 내렸다. 정복은 패배로 끝났다.……/ 등 뒤로 불타는 모스크바를 남겨 둔 채……/ 워털루! 워털루! 워털루! 음울한 평원!……/ 오, 워털루! 나는 멈춰 서서 눈물을 흘린다.……" 이렇게 위고는 장편 서사시 〈속죄〉에서 모스크바에서부터 워털루까지 이어지는 황제의 몰락의 길을 노래했다.

오랜 기간 집필된 《레미제라블》에는 중심 줄거리 사이에 19세기 상반기 프랑스 사회의 격랑을 보여 주는 여러 에피소드들이 들어 있다. 저자는 뒤늦게 마지막 편집 때 단편 분량의 〈워털루〉를 집어넣었다(제2부 〈코제트〉, 제1장 〈워털루〉). 〈워털루〉를 쓰면서 저자는 전문전쟁사가 샤라스와 조미니의 책을 참조했으며 전투 장면을 눈에 보듯 그려 내기 위해 두 달간 직접 워털루에 머물기도 했다.

위고는 전지적 작가 시점에서 인물과 상황을 바라보면서 이야기를 끌고 간다. 시대의 사명을 떠맡은 역사의 주역들이 불굴의 용맹과 죽음의 공포 속에서 명멸한 워털루의 처절한 '하루'가 드라마처럼 펼쳐진다. 위고는 대뜸 워털루 전투는 하나의 수수께끼라고 말한다. 그것은 승리한 웰링턴과 블뤼허에게도, 패배한 나폴레옹에게도 마찬가지로 이해하기 힘든 것이었다. "초인간적인 필연성의 자국을 지닌 이 사건에서 인간의 몫은 아무것도 없다." 전날 밤의 폭우, 우구몽의 뚫리지 않는 돌벽, 능선 아래 가려진 구렁텅이, 프로이센군의 예상밖의 후퇴 방향, 황제의 전령을 받지 못한 그루시 등등 이 모든 우연이 합쳐져 어떤 필연적인 결과를 만들어 낸 것이다. 나폴레옹의 승리는 가능했을까? 위고가 볼 때 동맹군의 승리나 나폴레옹의 패배는 역사의 숙명이었으며 하늘의 뜻이었다. "보나파르트가 워털루의 승리자가 되는 것, 그것은 더 이상 19세기의 법칙에 들어맞는 것이 아니었다." 시대가 변했으며 원대한 포부의 인간도 물러날 때가 되었다. "나폴레옹은 허무 속에서 고발당했으며 그의 추락은 결정되어 있었다."

"워털루란 무엇인가?" 위고의 세계관 속에서 워털루는 인간의 의지 위에 있는 어떤 섭리의 작용이었다. 그것은 '운명의 장난'이었으며, "승리가 아니라 하나의 요행, 유럽이 따낸 요행이며 프랑스가 값을 치른 요행"일 따름이었다. 워털루는 역설적으로 이중의 역사적 운명을 지녔다. 워털루 이후 혁명의 물결을 차단하는 데 성공한 유럽의 왕조들은 신성동맹을 맺

[그림 5-7] 〈워털루 전장에 선 나폴레옹〉, 빅토르 위고의 《레미제라블》(제2부 제1장 〈워털루〉)에 실린 삽화(V. Hugo, Les Misérables, Paris, Editions Hugues, 1879).

었으며 구질서로의 복귀를 서둘렀다. 하지만 혁명의 결실을 대 놓고 거역하기 힘든 복고 왕정은 헌법을 제정하고 일정한 자유를 약속하며 한걸음 물러서지 않을 수 없었다. 프랑스의 패배는 유럽의 낡은 구질서를 활짝 드러내 줌으로써 오히려 구체제의 해체와 자유의 승리를 가져오는 데 기여한 셈이다. 워털루 평원을 지나며 프랑스는 역사의 제 몫을 다했다. 워털루는 프랑스가 자유와 공화국으로 나아가기 위해 거쳐야만 한 시련이었으며 워털루의 용사들은 프랑스의 '순교자'이다. 그것은 승리에 버금가는 패배요 정신상의 승리였다. 이렇게 워털루는 위고의 필치에 힘입어 프랑스인의 자부심 속에 '영광스러운 패배'로 거듭났다.

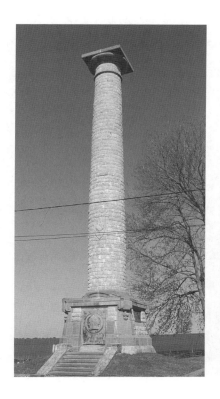

[그림 5-8] 〈빅토르 위고 탑〉. 벨기에에 망명 중이던 빅토르 위고는 1860년 5월 워털루에 두 달간 머무르며 〈워털루〉를 써서 《레미제라블》에 넣었다. 1911년 벨기에 당국은 위고의 방문 50주년을 기념해서 워털루 전장에 기념탑을 세웠다.

워털루, '패자에게 영광을'

워털루는 너무나도 큰 충격이었으며, 프랑스인들은 패배의 상처가 채 아물기도 전에 워털루를 되돌아보아야 했다. 워털루의 기억을 새삼 일깨운 것은 사실 황제 자신이었다. 황제가 회상록에 남긴 워털루의 기억과 휘하 지휘관들에 대한 공과 평가를 두고 참전 장군들 사이에 논박이 벌어졌으며, 여기에 참전 용사들의 증언과 회고가 잇따르면서 워털루는 전쟁사의 관심 주제 중 하나로 떠올랐다. 워털루 전투의 전개 과정, 승패 요인, 전략 평가 등을 담은 수많은 기록이 남겨졌고 다양한 연구가 이루어졌다. 군사사가들의 전문적인 분석을 통해 워털루는 비탄과 유감의 감성적 평가나 자국 중심의 주관적 평가에서 벗어나 조금씩 제 모습을 찾아갈 수 있었다.

하지만 워털루는 국민 대중의 상상 세계에 여전히 치유될 수 없는 상처요 아쉬움으로 남았다. 시인과 예술가들은 워털루의 '추억'을 노래하면서 패배의 앙금을 되씹었으며, 때로 조국애를 일깨우며 반영 감정을 부채질하기도 했다. 워털루는 작가들의 붓을 따라 민족 고난의 장소이자, 민족

[그림 5-9] 〈워털루 전투〉, 윌리엄 새들러 2세 작, 1815년 6월.

정기를 회복하는 쉼터가 되었으며, 야망을 불태우는 청년세대가 거쳐야
할 통과의례가 되었다. 마침내 워털루는 빅토르 위고의 《레미제라블》에서
세계사의 명운을 결정한 섭리의 땅이 되었다. 나폴레옹은 패했지만 그것
은 인간의 한계를 뛰어넘는 운명의 계시이며, 여기서 프랑스는 역사의 제
몫을 다한 것이다. "인간은 졌지만 이름은 더 커졌다." 위고는 황제에게서
패배자의 멍에를 벗겨 냈다.

　이렇게 워털루는 패전 후 여러 세대를 거치면서 프랑스인의 국민 정서
속에서 '영광스러운 패배'로 거듭났다.[10] 그것은 영광의 상처였으며 프랑
스는 패배를 통해 갱생과 부활의 힘을 얻었다는 것이다. 그것은 정신적 승
리였다.[11] 프랑스는 졌지만 명예를 잃지 않았다. '패배 속에 빛나는 명예'
는 일종의 자기 위로인 동시에 미래에 대한 다짐이기도 했다. 이 점에서 워
털루는 향후 프랑스가 국민 정서에 호소하며 패전의 아픔을 달래는 특유
의 추모문화를 만들어 내는 첫 계기였다고 할 수 있을 것이다. 어쩌면 나폴
레옹은 이미 유배지 세인트헬레나에서 '워털루'를 순국 용사를 기리는 조
국의 전당으로 만들어 놓았는지도 모르겠다. '패자에게 영광을Gloria Victis!'

　이상한 패배, 가장 끔찍한 재앙이었지만 패자의 영광은 상처를 입지 않았으
　며 승자의 영광은 빛나지 않았다. 패자의 기억은 그 역경을 이겨 내고 살아
　남을 것이나, 승자의 기억은 아마도 그 승리감 속에 파묻혀 사라질 것이
　다!……[12]

2 낭만주의의 물결, 혁명과 반동의 세월

06

1830년 2월:
빅토르 위고의 〈에르나니〉, 낭만주의의 승리

이은영

〈에르나니〉와 '에르나니 전투'

1830년 2월 25일 저녁, 파리의 테아트르프랑세Théâtre-Français 극장은 빅토르 위고의 작품 〈에르나니Hernani〉의 첫 공연을 보러 온 관객들로 가득 찼다. 이 작품은 통상 이 고전주의의 전당에서 공연되던 고전 연극이 아니었다. 17세기 이후 프랑스 연극계를 지배했던 고전 연극에 정면으로 도전하는 낭만주의 작품이었다. 이 도전 소식은 파리에 이미 널리 알려져 있었다. 관객석에는 대결을 준비한 두 진영이 막이 오르기를 기다리고 있었다. 한쪽은 위고의 작품을 응원하러 온 낭만주의 지지자들이었고, 반대쪽은 소란을 피워 공연을 중단시키기 위해 결집한 고전주의 지지자들이었다. 파리의 시선은 이날 밤 극장의 무대 못지않게 관객석에 집중되었다. 이 두 세력의 힘겨루기 결과에 연극 〈에르나니〉의 성패는 물론 고전주의에 도전하는 낭만주의의 운명도 달려 있었다.

첫 공연에서 벌어진 두 진영의 '전투'에서 승리는 낭만주의에 돌아갔다. 〈에르나니〉 반대파가 공연 중 무대를 향해 보낸 야유는 지지자들의 박수와

응원에 재빠르게 묻혔고, 마지막 막이 내려질 때 찬사의 박수갈채가 압도
적이었다. 이 낭만파와 고전파가 관객석에서 벌인 대결은 6월 공연이 종료
될 때까지 매회 계속되었으며 싸움의 양상은 더욱 치열해졌다. 고전주의
지지자들의 조롱과 난동에 낭만주의 진영은 무대를 향한 박수와 환호로
대항했고, 둘 간에는 고성의 언쟁은 물론 물리적인 충돌까지 벌어졌다. 총
36회의 공연 내내 무대 위에서보다 더 극적인 장면이 관객석에서 연출되
었다. 이 대결의 최종 승리는 낭만주의가 거뒀다. 〈에르나니〉 공연을 중단
시키려고 했던 고전파의 노력은 수포로 돌아가고 공연은 예정된 일정을
소화했다. 파리 연극계의 논쟁과 논란의 중심이 된 〈에르나니〉를 보기 위
해 관객들은 더욱 몰려들어 거의 매 공연이 만석을 기록하며 흥행에서도

[그림 6-1] 1830년 2월 25일 〈에르나니〉 첫 공연 시작 전. 관
객석 왼쪽의 낭만주의 지지자들과 오른쪽의 고전주의 지지자
들이 대치 중이다.

[그림 6-2] 첫 공연의 '에르나니 전투'를 풍자한 그림. 공연을 환호하는 관객과 비난하는 관객, 고전주의 관객을 공격하는 낭만주의 관객들이 묘사되었다.

성공했다. 〈에르나니〉의 성공으로 낭만주의 연극은 이제 자신의 관객을 확보했음을 증명했다.

1830년의 〈에르나니〉 공연과 '에르나니 전투Bataille d'Hernani'라고 불리는 낭만파와 고전파 관객들 간에 벌어진 이 대결은 낭만주의 역사에서 가장 중요한 사건 중 하나다. 〈에르나니〉 성공을 시작으로 향후 20여 년간 낭만주의는 지배적인 문예사조가 되었고 낭만주의 연극은 전성기를 구가하게 되었다. 또한 〈에르나니〉의 작가이자 이 '전투'를 이끌고 승리를 견인했던 위고는 낭만주의의 수장으로 확고한 위상을 가지게 되었다. 분명 〈에르나니〉는 프랑스 문학을 만든 사건이었다.

그러나 연극 〈에르나니〉를 문학적인 측면에서만 접근해서는, 이 작품이 지닌 모호한 예술적 가치에 비해 이 공연이 거둔 성공의 규모나 관객석에서 벌어진 격렬했던 갈등을 이해하기 어렵다. 〈에르나니〉는 프랑스 최초의 낭만주의 문학작품도 아니었으며 최초의 낭만주의 연극도 아니었기 때문

이다. 게다가 1830년, 지지자들이 관객석에서 열광적으로 이 작품을 응원
했던 것과 달리 당대의 낭만주의 비평계에서는 〈에르나니〉의 작품성을 호
의적으로 평가하지 않았다. 이후의 문학비평가들도 이 작품을 낭만주의의
걸작으로 평가하지 않았다. 그렇다면 16세기 스페인의 젊은 귀족 에르나
니의 사랑과 비극적인 운명을 그린 이 작품이 1830년 봄 관객들을 열광케
하며 대립시켰던 이유는 무엇일까? 이 대결의 치열함과 갈등의 구도는 두
문학 학파 간의 문학적·미학적 충돌을 넘어 복고 왕정(1814~1830)의 정치
적인 구도와 연계해 이해해야 한다.

　나폴레옹 몰락 후 부르봉 왕가의 루이 18세와 샤를 10세가 통치했던 복
고 왕정은 군주제와 프랑스혁명의 유산이 혼재하면서 둘 간의 긴장이 지
속되던 시기였다. 구체제의 질서로 돌아가고자 하는 과격왕당파와 자유를
확대하고자 하는 자유주의자들이 사회의 다양한 층위에서 지속적으로 격
돌했다. 가장 직접적으로는 의회와 신문을 통해 갈등이 표출되었지만 문
학 역시 작품과 예술관을 통해서 직간접적으로 이념적 대결 구도에 얽혀
있었다.

　위고를 비롯한 낭만파는 1820년부터 1830년 〈에르나니〉의 공연 전까지
자신들의 문학적 성장과 발전을 당대의 정치적 사건이나 이념과 접목해
이루어 나갔다. 특히 위고는 이 10년 동안 재능 있고 유명한 낭만주의 작
가로 성장하는 동시에 과격왕당파적 경향에서 자유주의적 성향으로 변모
했다. 그는 〈에르나니〉 공연 전야에 고전파와 문학적 갈등을 벌임과 동시
에 과격왕당파와 정치적 대립 상태에 있었다. 이러한 배경으로 인해 〈에르
나니〉의 관객석에서 일어난 대결은 즉흥적으로 일어났던 우발적인 충돌이
아니라 사전에 준비되고 예고까지 된 '전투'였다. 또한 4개월여에 걸쳐 일
어난 집요하고 치열한 싸움이 되었다. 한마디로 연극 〈에르나니〉와 '에르
나니 전투'는 복고 왕정 말기의 정치적인 갈등이 낭만주의와 고전주의의

대립과 교차하며 문화적인 차원에서 표출된 문화사적 사건이었다.

낭만주의와 정치(1820~1827)

프랑스에서 낭만주의는 17세기 이후 프랑스의 지배적인 문예사조였던 고전주의에 대한 거부를 표방하며 1820년부터 급성장했다. 미의 이상을 고전고대에 둔 고전주의는 이성과 조화를 강조하면서 그 원칙에 따라 규정된 창작 규칙을 엄격하게 준수하고 모방할 것을 요구했다. 연극에서는 주제로 고전고대를 선호했고, 비극/희극 장르 구별이 엄격했으며, 삼 단일성의 규칙을 따라야 했다.* 반면 낭만파는 이러한 엄격한 규범에서 벗어난 자유로운 창작을 열망했으며 개인의 감정을 표현하고자 했고 주제도 고전고대의 영웅들에서 탈피하고자 했다. 그러나 이러한 반고전주의 입장을 가졌음에도 낭만주의 문인들은 1820년대 대부분 복고 왕정의 정치적 구도에 섞여 분열되어 있었고 그로 인해 통일된 세력의 형태로 고전주의에 도전하지 못했다.

　복고 왕정의 정치지형은 크게 두 축으로 나뉘었다. 우파에는 과격왕당파가 프랑스혁명 전의 구체제로 복귀를 희망하며 반혁명 노선을 펼쳤다. 복원된 부르봉 왕조를 뒷받침했던 이들은 왕보다도 더 왕당파였고, 가톨릭의 시민사회 재장악을 지향했다. 좌파에는 자유주의자들이 있었다. 구체제에 적대적인 반교권주의자들이자 1789년에 표방된 혁명의 이상을 실현하려 했던 이들에게 무엇보다 사상·신앙·표현·언론의 자유는 수호되거나

---

* 삼 단일성 규칙은 장소, 시간, 행동의 단일성이다. 즉 이야기가 진행되는 장소는 한 곳이어야 하며, 시간도 최대 24시간을 넘어서는 안 되며, 이야기의 플롯은 한 가지여야 한다.

회복되어야 할 중요한 가치였다.

낭만파 내부 역시 과격왕당파와 자유주의자 구도로 분열되었다. 1820년대 전반기 동안 더 큰 세력이었던 과격왕당파 작가들은 신실한 기독교도임을 표방했고, 역사에서는 중세를 숭배했다. 고전주의에 대한 이들의 반대는 고대 그리스-로마 정신에 대한 반대를 의미했다. 이들은 고전고대 정신에 기반한 18세기의 합리주의와 반교권적 지성주의가 고전주의 문학의 무미건조함을 낳은 것으로 보았다. 이러한 배경하에 이들은 정치적으로 부르봉 왕조를 지지하면서 왕가와 관련된 작품을 생산하여 정권의 공식적인 예술을 담당했다. 1820년 부르봉 왕가의 계승자였던 베리 공작이 암살당하자 우파 낭만주의자들은 이를 앞다투어 애도했다. 이어 예견하지 못했던 베리 공작의 유복자 보르도 공작의 출생에 낭만파의 대표 시인 라마르틴은 "기적의 아이"라고 칭송하며 부르봉 왕가의 혈통이 다시 이어진 것을 축하했다. 이 표현은 곧 다른 우파 낭만주의자들에게도 차용되었다.

당대 지배권력의 문학적 협력자였던 이 우파 낭만주의자들은 소모임과 기관지를 통해 자신들의 문학적 지향과 정치적 신념을 결합하고 결집력을 높였다. 낭만주의 기관지인《라 뮈즈 프랑세즈La Muse française》는 자신의 정체성을 가톨릭이자 왕당파로 표방했고, 그에 걸맞게 과격왕당파 정치인이며 프랑스 낭만주의 선구자인 샤토브리앙을 자신들의 영웅으로 추앙했다. 또 다른 낭만주의 선구자인 노디에는 아스널 도서관에서 우파 문인들을 위한 살롱을 열었다. 이 기관지와 아스널의 문학 살롱을 통해 우파 낭만주의 작가들, 특히 젊은 작가들은 친분을 나누고 교류하며 작품을 발표했다.

빅토르 위고 역시 문인 활동의 초기에 적극적으로 부르봉 왕조를 지지하며 우파 낭만주의자들과 교류했다. 그의 아버지는 제정의 군인으로 보나파르트주의자였지만, 위고는 왕당파인 어머니와 가톨릭 교육의 절대적 영향을 받으며 성장했다. 그의 문학적인 소양과 왕당파 성향의 결합은 프랑스혁명 때 파괴된 후 1818년에 복원된 앙리 4세의 조각상에 대한 송가로 공식화되었다. 위고는 이 송가로 백일장에 입상했다. 그는 1822년 출판한 첫 시집(《송가 및 기타 시Odes et poésies diverses》)에 이 입상작을 비롯하여 베리 공작의 죽음과 보르도 공작의 출생과 세례 등 부르봉 왕가에 대한 송가들을 함께 실었다. 시집 서문에는 자신의 굳건한 가톨릭 신앙과 부르봉 왕조에 대한 지지를 피력했다. 20세의 이 젊은 시인은 이 시집 덕분에 루이 18세 정부로부터 거액의 연금을 받게 되었다. 위고는 또한 1820년부터 샤토브리앙, 라마르틴 그리고 반혁명 신학자인 라므네와 친분을 맺었다. 그는 《라 뮈즈 프랑세즈》의 창간 멤버였고, 아스널 살롱에도 참여했다. 1820년대 전반기를 거치면서 위고는 재능 있는 문인이자 부르봉 왕가의 공식적인 작가로서 우파 낭만주의자들 가운데 가장 중요한 문인 가운데 하나로 성장했다.

위고를 비롯한 우파 낭만주의 작가들과 부르봉 왕가의 유대는 루이 18세를 이어 샤를 10세가 즉위한 해에 절정을 맞았다. 샤를 10세는 위고를 자신의 대관식에 초대하여 헌사를 쓰도록 요청했다. 1825년에 거행된 대관식은 프랑스혁명의 유산을 완전히 부정하고 왕권 강화와 프랑스의 재기독교화를 지향하는 새 왕의 목표를 드러내면서 구체제 대관식의 절차를 매우 충실하게 재현했다. 위고는 왕권과 교회의 결합을 장엄하게 예찬한 송가 〈샤를 10세의 대관식Le sacre de Charles dix〉을 지었고 샤를 10세는 이에 흡족하여 특별판본 수백 부를 인쇄하게 했다. 같은 해 왕은 위고에게 왕권과 교권에 대한 헌신을 치하하며 레지옹 도뇌르 훈장을 수여했다.

그러나 바로 이러한 절정의 순간인 1824~1825년에 보수 낭만파와 부르봉 왕조의 유대관계가 균열하기 시작했다. 샤를 10세의 즉위 후 세력을 강화한 과격왕당파들은 구체제 귀족의 이권과 교회의 패권을 노골적으로 복원했다. 이러한 반동은 보수적인 낭만주의 작가들도 과격왕당파에서 점차 이탈하게 만들었다. 이탈의 더 중요한 원인은 우파 낭만주의 문인들이 문학계와 정치권에서 공격을 당했기 때문이었다. 1824년 친정권적인 아카데미 프랑세즈에서 낭만주의에 대한 공개적이고 신랄한 비판이 있었다. 같은 해 정치권에서는 외무부 장관이었던 샤토브리앙이 과격왕당파 총리 빌렐에 의해 해임되어 정부와 대립하기 시작했다. 이 '낭만파의 영웅'을 추종하던 젊은 낭만주의 문인들 역시 결정적으로 반정부파로 돌아서게 되었다. 위고 역시 서서히 온건한 자유주의적 경향으로 변화했다.

한편, 1820년대 초부터 자유주의적 성향의 낭만주의 문인들 역시 문학 살롱에서 결집했고 1824년에는 신문 《르 글로브Le Globe》를 통해 세를 확장하면서 우파 낭만주의에 필적하기 시작했다. 《르 글로브》는 온건파부터 급진파까지 모인 범자유주의 신문으로 낭만파 기관지임을 표방했다. 이들은 낭만주의를 통해 "예술의 7월 14일"*을 실현할 것을 선언했다. 낭만주의를 통해 정치적 혁명을 완수하는 문학적 혁명을 이룰 것을 결의했다.

이렇게 양립하던 좌우 낭만주의 문인들은 1827년을 거치면서 위고의 통솔하에 함께 모였다. 위고는 1827년 제정의 옛 장군들이 정부의 리셉션에서 공개적으로 모욕당한 것을 비판한 송가를 출판한 것을 계기로 《르 글로브》와 반정부파라는 입장을 공유하면서 가까워졌다. 우파 낭만주의 문인들의 아스널 살롱을 대신해서 1827년부터 위고의 집에서 낭만파 모임인 세나클Cénacle이 조직되었다. 위고의 살롱에는 전부터 위고를 따르던 문인들과 더불어 《르 글로브》의 문인들, 더 나아가 음악가와 예술가도 참여해 전 분야에 걸친 젊은 낭만주의자들의 집합소가 되었다. 서로를 비난하던 낭만주의자들이 이제 위고를 중심으로 모여 작품을 발표하고 토론을 벌였다.

---

* 프랑스혁명의 중요 사건인 파리 민중의 바스티유 습격이 일어났던 1789년 7월 14일을 가리킨다. 이 사건은 프랑스혁명의 첫 민중 봉기로 구체제의 종말을 상징한다.

　낭만주의 내부의 정치적 화해와 더불어 1827년에 일어난 또 하나의 중요한 사건은 위고가 희곡《크롬웰*Cromwell*》의 서문에 낭만주의 선언문을 발표함으로써 낭만파의 공통된 미학적 교두보를 마련한 것이었다. 그는 고전 연극이 강제하는 모든 규칙과 제약을 공개적으로 비판하며 고전 미학의 우위성을 부정하고 새 시대에 맞는 새로운 형태의 연극, 즉 낭만주의 연극의 원칙을 공표했다. 그는 고전주의의 삼 단일성의 규칙에서 벗어나는 것은 물론이고 비극과 희극의 엄격한 장르 구별로 인해 섞어서는 안 되는 대립되는 요소들, 즉 아름다움과 추함, 숭고미와 그로테스크, 비극성과 희극성, 즐거운 것과 혐오스러운 것을 한 무대에 올려 인간과 삶의 사실적이고 복합적인 측면들을 그려 내야 하는 소명을 낭만주의 연극에 부여했다.[1]

　이 선언문은 예술적 차원에서 고전 연극의 권위에 대항함을 표방한 것과 동시에 정치적인 차원에서 위고가 과격왕당파와 가톨릭의 권위에서 완전히 벗어났음을 공식화한 것이었다. 그는 이 선언문에서 현재 "정치적 앙시앵 레짐(구체제)과 같은 문학적 앙시앵 레짐이 존재"하며 "지난 세기가 새로운 세기를 거의 모든 점에서 짓누른다"고 시대를 진단하며 예술의 자유를 억압하는 고전주의와 구체제 특권층의 이익을 회복시켜 주고 있는 과격왕당파를 함께 묶어 비판했다.

　이렇게 1827년 자유주의 낭만파의 선두에 서게 된 위고는 고전 예술의 규범에서 벗어난 예술의 자유를 주창하며 자신의 휘하에 통합된 젊은 낭만주의자들을 이끌게 되었다. 낭만주의자들은 오랜 분열 끝에 이념적 동질성과 미학적 중심축을 갖춘 세력을 형성했다. 위고의 지휘하에 낭만파는 고전주의에 대항하는 낭만주의의 투쟁이자 예술에서의 억압에 대항하는 자유주의적 투쟁을 벌일 준비를 갖추게 되었다.

극장의 정치

낭만주의 선언문 이후 위고가 자신의 연극이론을 구현하여 공연을 준비했던 작품은 〈마리옹 드 로름Marion De Lorme〉(1829)이었다. 그러나 이 작품의 공연은 정부의 사전검열에 따라 불허되었다. 루이 13세 시대의 실존 매춘부 마리옹 드 로름이 주인공인 이 작품에서 루이 13세는 마리옹 드 로름과 광대에 휘둘리는 왕이자 재상 리슐리외보다 정치적 권위가 약한 인물로 그려졌다. 검열관의 눈에 이러한 루이 13세의 형상은 군주제에 대한 공격일 뿐만 아니라 그 후손인 현 군주 샤를 10세에 대한 비판으로 부르봉 왕조의 이미지를 훼손하는 의도가 명백해 보였다.

복고 왕정 정부는 극장의 정치적인 기능을 알고 있었기 때문에 제정시대로부터 물려받은 검열제도로 극장을 관리했다. 텍스트 사전검열과 경시청장의 지휘하에 공연 감시를 하는 사후검열을 시행했다. 공공질서에 혼란을 준다고 판단되는 경우 극장 문을 닫게 하거나 무거운 벌금을 매겼다. 그러나 이 시기 사전검열로 금지 조치까지 내려진 작품은 총 20편에 불과했다. 대부분의 검열은 작가에게 수정을 요구하는 방식으로 타협적으로 이루어졌다.

〈마리옹 드 로름〉 공연 금지라는 가혹한 조처는 왕의 표상에 대해 특히 민감했던 복고 왕정 정부의 특성을 잘 보여 준다. 이 시기 연극에서 왕은 허약한 모습으로 재현되는 것이 엄격하게 금지되었고 반드시 신성한 존재로 그려져야 했다. 프랑스혁명과 나폴레옹 시대를 거치면서 약 25여 년간 단절되었던 군주제가 복원되었고, 더구나 부르봉 왕가의 통치가 절대적인 당위성을 더 이상 갖지 못하게 된 시대에 왕의 이미지에 대한 통제는 부르봉 왕가가 자신의 권위와 정통성을 회복하려는 시도의 일환이었다.

〈마리옹 드 로름〉에 대한 정부의 대응이 엄격했던 또 하나의 이유는 당시 복고 왕정 말기의 극장이 이미 정권 비판 장소로 적극적으로 이용되었기 때문이다. 복고 왕정 동안 여론을 반영하는 역할을 담당했던 의회와 신문은 각각 재산 제한 선거제와 정치적 상황에 따른 신문 통제로 인해 여론 대변 제도로서 뚜렷한 한계가 있었다. 바로 극장에서 대중은 연극을 매개로 자신의 정치적 의견을 표출하곤 했다. 그런데 극장의 정치적 이용은 샤를 10세가 즉위한 후 과격왕당파가 적극적으로 반동적인 정책들—교권 회복, 망명 귀족의 이권 회복, 신문의 자유 제한 등—을 도모하면서 더욱 활발해졌다. 대표적으로 종교적 위선을 풍자하는 반교권주의 작품인 몰리에르의 〈타르튀프Tartuffe〉는 부르봉 왕가와 가톨릭교회를 비판하는 무대가 되었다. 이 연극과 관련된 소요에 대한 공식적인 기록만 40여 건이 넘었고 연극이 금지되었을 때 대중은 공연 재개를 요구하는 시위를 벌였다. 극장에서 반정부 여론이 강하게 표출되는 것을 의식한 정부는 위고의 연극 역시 정부 비판의 장소로 활용될 것을 우려했다. 특히 내무부 장관이 위고의 〈마리옹 드 로름〉을 프랑스혁명의 전조 중의 하나로 간주되었던 연극 〈피가로의 결혼Mariage de Figaro〉*과 비교한 점은 위고의 작품이 체제 자체에 대한 위험이 될 수 있다고 생각했음을 보여 준다.

　1827년 이후 이미 자유주의 쪽에 서게 된 위고는 〈마리옹 드 로름〉 공연 금지와 이를 둘러싼 논란을 거치면서 정부와의 불화와 대립각을 보다 첨예하게 세웠다. 위고는 공연 금지 결정을 철회시키기 위해 샤를 10세와 개인 면담을 했지만 결정은 번복되지 않았다. 문인 위고의 재능을 높이 평가하고 있던 샤를 10세는 공연 불가에 대한 보상으로 참사원과 행정부 내에 각각 직위 하나씩을 제안했다. 더불어 기존 2,000프랑의 연금에 4,000프랑의

---

* 구 체제 말기 귀족의 특권을 비판하며 사회 불평등을 다룬 이유로 4년간 공연이 금지되었다가, 결국 대중의 요구로 1784년 극장에서 정식으로 공연된 보마르셰의 작품이다.

추가연금을 제안했다. 그러나 위고는 이 모든 제안을 받아들이지 않았다.

검열에 의한 공연 금지와 위고의 보상 거부는 자유주의 신문들에 의해 대서특필되었다. 이 신문들에서 위고는 과격왕당파 내각이 자행하는 검열의 '순교자'이자 물질적 이익에 초연한 영웅으로 그려졌다. 《르 글로브》는 이 금지 조치를 정부가 사상의 자유에 대해 벌이고 있는 전쟁으로 규정하고 "문학적 쿠데타"라 비판했다.[2] 반면 정부의 검열을 비판하고 위고를 영웅시하는 자유주의 신문들에 대항해 과격왕당파 기관지 《가제트 드 프랑스*Gazette de France*》는 6,000프랑의 연금 제안 자체가 거짓이라고 반박하며 거액의 보상금을 거부한 위고의 '영웅적' 행위 자체를 부정했다. 이에 다시 자유주의 신문들이 증거를 제시하며 논전을 벌이면서 정부의 검열 조치에 대한 논란이 지속되었다.

〈마리옹 드 로름〉 후속작으로 집필한 〈에르나니〉는 전작의 금지와 신문 간의 논전으로 인해 과격왕당파 정권과 불화하는 작가이자 자유를 억압하는 검열에 희생당한 작가의 작품으로 문학적인 측면에서뿐만 아니라 정치적인 측면에서도 다시 주목받는 작품이 될 수밖에 없었다.

내무부의 기본 입장은 〈에르나니〉 역시 공연을 금지하는 쪽이었다. 검열위원회는 원색적으로 위고의 작품을 비난했다. 문학적으로는 이 작품이 저속하고 조잡하며 모든 고전주의의 규칙과 관례에서 벗어난 최악의 결과를 보여 준다고 평가했다. 도덕적·정치적 면에서는 예를 들어 작품에 나오는 왕이 스페인의 왕이긴 하지만 군주가 무뢰한처럼 행동해서 왕가의 이미지를 손상한 점, 귀족 여성이 성적으로 자유분방해서 상류층 여성의 이미지를 손상한 점을 비판했다. 검열관들에게 〈에르나니〉의 낭만주의는 한마디로 인간 정신의 타락이었다. 그러나 정부는 언론의 비판과 재논란을 피하고자 몇 부분의 수정을 요구한 후 결국 공연을 허락했다. 정부는 자신이 직접 이 연극을 막는 대신, 관객들에 의해 이 연극이 중단되어 실패하길 기대했다.

복고 왕정의 파리 관객들은 관객으로서 자신의 권리를 적극적으로 행사하는 이들로, 자신의 요구를 관철하기 위해 빈번하게 소란을 피우고 시위를 벌였다. 이미 19세기 초 〈에르나니〉 이전의 낭만주의 연극들 상당수가 고전주의 관객들의 소동으로 공연이 중단되는 실패를 겪었다. 관객의 난동으로 인한 공연 중단이 이렇게 낭만주의 연극사에 있었지만, 위고의 〈에르나니〉 공연에 대한 방해에는 문학적 대립뿐만 아니라 정치적 대결이 함께 작동했다.

과격왕당파 진영 전반에는 위고를 변절자로 간주하여 깊은 적대심이 있었다. 정부에서는 위고의 작품 자체에 대한 반감과 함께 전작의 공연 금지 대가로 왕이 제안한 호의를 거절했던 위고를 괘씸하게 여겼다. 급기야 정부의 검열위원회는 원고 보안 유지정책을 어기고 〈에르나니〉에서 문제가 있다고 판단한 대사 100여 개를 유출해 〈에르나니〉 훼방꾼들이 어느 부분을 방해하고 야유를 할지 미리 준비하게 했다.[3] 이 정치적인 적들에 이 연극의 실패를 고대하는 고전주의 작가들과 고전주의 지지자들이 합류했다. 고전주의 작가들은 낭만주의 연극이 자신들의 명성을 가리고 많은 관객을 모을 수 있다는 점을 우려했다. 더구나 이 공연으로 인해 자신들의 공연이 뒤로 밀리게 되자 〈에르나니〉를 실패하게 함으로써 복수하고 낭만파 전체의 사기를 떨어뜨리려 했다. 이렇게 〈에르나니〉 전야 자유주의적 성향의 낭만파 문인 위고에 대항해 보수적인 정치 집단과 문학 집단이 한편에 섰다.

위고는 〈에르나니〉에 적대적인 문학적·정치적 관객들이 공연을 방해할 것을 예상했다. 그는 낭만주의의 적들에게 대항할 자신의 지지자를 조직했다. 테오필 고티에, 네르발, 발작, 뒤마, 베를리오즈 등 위고의 살롱인 세나클의 젊은 낭만주의 작가들, 음악가들, 예술가들과 더불어 그들이 동원한 낭만주의 지지자들이 '낭만주의 군대'를 구성했다. 첫 공연에서 이들은

500석의 자리를 차지할 예정이었다.

 이와 함께 위고는 〈에르나니〉의 첫 공연 직전에 연극 〈에르나니〉와 관객석에서 벌어질 '전투'가 문학적이면서 동시에 정치적인 의미가 있음을 선포했다.[4] 그에게 낭만주의는 자유주의의 예술적 표현이며 "문학의 89"였다. 즉 예술의 갱신은 자유를 통해 이루어지며, 이 자유는 "1789년의 거대한 사회운동"을 통해 획득된 자유와 동일한 것이었다. 결국 위고에게 이 싸움은 "고전주의자이든 왕정주의자이든 모든 종류의 과격파"에 대한 투쟁으로 그는 이 투쟁의 승리로 프랑스혁명이 가져다준 자유가 필연적으로 문학의 자유를 통해 완성될 것을 희망했다.

 〈에르나니〉의 공연 전야 이 연극의 찬반 전선에는 이렇게 정치적인 대립과 문학적인 갈등이 중첩되었다. 정치적 자유를 내포한 문학적 자유를 지지하는 낭만주의자들은 〈에르나니〉의 지지를 위해, 전통적인 문학 규범을 지지하는 고전주의자들과 정치적 보수주의자들은 〈에르나니〉를 야유하고 공연을 훼방하기 위해 〈에르나니〉의 관객석에서 대결할 준비를 갖췄다.

'에르나니 전투', 두 세계의 대결

1830년 2월 25일 첫 무대의 막이 올랐다. 5막으로 구성된 〈에르나니〉는 1519년 스페인을 배경으로 한다. 귀족이지만 추방당해 비적이 된 젊은 주인공 에르나니는 도냐 솔과 사랑하는 사이다. 하지만 그녀는 삼촌 돈 뤼 고메즈와 정혼했으며 스페인의 왕 돈 카를로스의 구애를 받고 있었다. 에르나니는 돈 카를로스의 아버지가 자신의 아버지를 죽였기 때문에 왕에게 복수를 다짐하고 있었다. 그런데 왕이 도냐 솔을 납치하자, 에르나니는 돈 뤼 고메즈의 용인하에 왕을 죽이고 도냐 솔을 구출하려 한다. 대신 에르나니는 성공할 경우 돈 뤼 고메즈에게 자신의 목숨을 내놓을 것을 약속한다. 한편 돈 카를로스는 신성로마제국의 황제로 선출되자 자신의 암살 음모자 에르나니를 용서하고 에르나니와 도냐 솔의 결혼도 허락한다. 그러나 결혼식 날 돈 뤼 고메즈가 에르나니에게 죽음의 약속을 지킬 것을 요구하자 에르나니와 도냐 솔은 음독자살하고 돈 뤼 고메즈 역시 자결한다.

젊은 귀족 에르나니의 사랑과 비극적 운명을 다룬 이 연극의 첫 공연이 진행되는 동안 관객석은 비난의 소리와 박수가 엇갈렸다. 1막과 2막에서 야유가 있었지만 낭만주의 지지자들의 환호에 제압당했다. 3막과 4막에서는 소동으로 극이 더 빈번하게 중단되었다. 하지만 〈에르나니〉 지지자들의 박수 소리가 고전주의자들의 불만의 소리를 뒤덮었다. 마지막 5막이 끝날 때 고전주의자들은 침묵했고, 격한 박수 속에 막이 내렸다. 이 첫 공연의 승리는 〈에르나니〉 지지자들에게 돌아갔다. 첫 공연을 중단시켜 〈에르나니〉를 공연 프로그램에서 제거하려고 했던 반에르나니파들은 실패했다.

그러나 이후의 공연들에서 대결은 더 치열했다. 더욱 거세지는 반대파의

[그림 6-3] 〈에르나니〉 공연에서 에르나니의 죽음.
도냐 솔이 자살한 에르나니를 품에 안고 돈 뤼 고메즈를 원망하고 있다.

비난에 그에 대항하는 600여 명의 학생들이 낭만주의 지원군으로 새롭게 충원되었다. 어떤 공연에서는 관객석에서 주먹질이 오가 경찰이 개입했고 어떤 공연에서는 공연이 거의 불가능할 정도로 반대파들이 모든 대사에 야유를 보냈다. 3월 공연들에서는 공연당 평균 148번 중단되었다.

〈에르나니〉가 야유받았던 측면은 고전 연극의 틀에서 벗어난 자유로운 형식과 스타일이었다. 〈에르나니〉는 1827년 위고가 낭만주의 선언문에서 제시했던 고전 연극의 틀을 벗어나 예술가의 자유를 구현한 연극이었다. 〈에르나니〉에서는 연극이 한 장소에서만 진행되어야 하는 장소의 단일성을 위반해 다섯 장소가 배경이 되었고, 최대 24시간을 넘어서는 안 되는 시간의 단일성을 어겨 약 7개월의 시간이 극중에서 흘렀다. 플롯의 단일성을 어기며 두 개의 이야기인 사랑 이야기와 정치 이야기를 섞었다. 5막에서 에르나니와 도냐 솔이 함께 독약을 나눠 먹기 직전의 비극적이고 장엄한 상황에서 에르나니가 연인에게 한 대사—"나한테 불평하지 마, 너의 몫이 있어"—는 웃음을 유발하여 비극성에 희극성을 섞는 것을 금지한 고전주의의 금기를 위반했다. 폭력적이고 유혈이 낭자한 죽음의 장면 역시 관객에게 충격적인 장면 제시를 금하는 고전 연극의 규칙을 어겼다. 고전 연극에서는 사용되지 않는 매우 일상적인 용어인 "첩", "침실" 등의 어휘와 "비적"과 같은 저급하다고 간주되는 단어가 야유를 받았다. 거기다 극중에 갑작스럽게 등장하는 인물들의 긴 독백에서 보수적 관객들은 1793년 자코뱅의 웅변을 연상하며 공포감을 느끼기도 했다.

이러한 〈에르나니〉의 형식과 스타일에 거부감을 보이는 관객 심리의 이면에는 더 근본적인 불안감이 존재했다. 낭만주의 연극이 기존에 존재하던 예술의 위계를 무너뜨릴 것에 대한 두려움이었다. 당시 파리의 극장은 고전 연극을 공연하고 부르주아 관객을 대상으로 한 테아트르프랑세와 같은 공립 극장들과 대중을 대상으로 주로 오락적인 장르들—멜로드라마,

서커스, 무언극 등—을 공연하는 2급의 사설 극장들로 분화되어 있었다. 특히 멜로드라마는 대중이 사랑했던 장르로 형식적인 면에서 완전히 자유로웠고, 살인과 강간 등 자극적이고 강렬한 이야기를 다루었다. 그러나 이것이 대중을 대상으로 한 대중극장에서 공연되는 한, 엘리트들에게는 큰 문제가 없었다. 오히려 사회적 위계와 연계된 문화적 위계를 영속적으로 보장해 줄 수 있었다. 그러나 문제는 위고의 〈에르나니〉에서 보이는 파격성이 고전 비극에 멜로드라마가 섞인 것처럼 보였다는 데 있었다. 테아트르프랑세라는 엘리트들을 위한 고전주의의 '성당'에 대중극장의 미학이 침투한 상황은 이들에게 문화적 위계가 무너짐으로써 함께 사회적 위계가 흔들리는 것처럼 느껴졌다.

고전 연극 규범의 파괴가 기존 위계질서에 대한 도전으로 느껴졌던 또 하나의 측면은 고전 비극의 인물이 가지는 언어적 품위가 〈에르나니〉에서는 깨졌기 때문이었다. 고전 연극에서 인물들은 자신의 지위에 맞는 언어를 사용해야 했다. 이는 사회적인 지위와 언어적인 지위가 부합한다고 상정되었기 때문이다. 그런데 이 연극에서 왕과 귀족은 일상적이고 범속한 표현을 사용하여 고전주의 관객을 불쾌하게 만들었다. 예를 들어, 2막의 "자정입니까?Est-il minuit?—곧 자정입니다Minuit bientôt"라는 왕과 영주 간의 대화는 격렬한 야유를 받았다. 고전 연극에서는 "곧 자정입니다"라는 표현 대신 "시각이 곧 그 마지막 지점에 도달할 것입니다L'heure atteindra bientôt sa dernière demeure"와 같은 고상하고 완곡하며 장식적인 표현을 사용했을 터였다. 왕과 귀족으로 하여금 이렇게 범속한 표현을 사용하게 하는 것은 정치적인 도발이었다. 이는 하층계급과 상층계급의 차이를 없애버리는 것이고, 사회의 피라미드 상층에 있는 이들의 위엄성을 없애는 것이었다. 문학적·정치적으로 보수적인 이들과 과격왕당파에게 이러한 일련의 예술적인 위반과 파괴는 무대 위에서 재현된 혁명의 무질서와 혼란을 뜻했다.

반면, 〈에르나니〉를 지지한 낭만주의 진영은 이 기존의 규범을 깨며 자유롭고 과감한 형식적 도전을 하는 것 자체에 매료되었다. 젊은 낭만주의 문인이자 위고의 추종자 고티에가 "충격적인 아름다움"이라고 표현한 〈에르나니〉의 멜로드라마적 요소는 이들에게 오히려 독창적이었다. 그러나 〈에르나니〉 반대파들의 미학적 비난이 기존 위계질서를 위협하는 사회 전복에 대한 두려움과 연계되었듯이, 〈에르나니〉 지지자들의 찬사 역시 단순한 미학적 취향 이상의 것이었다.

관객석에서 낭만주의 측 '군대'를 구성했던 이들 상당수는 훗날 '낭만주의 세대', 보다 정확하게는 '1830년의 낭만주의 세대'라고 불리게 될, 복고왕정기의 정치적·사회적 질서에 불만을 가진 학생들을 비롯한 젊은이들이었다. 이들은 18세기 말에서 19세기 초에 태어나 나폴레옹의 무용담과 전설을 들으며 자랐으며 과거 영광의 시대가 가 버리고 혁명의 이상이 왕정복고에 의해 묻힌 것에 실망한 청년들이었다. 사회적으로는 흔히 부르주아 출신들로 고등학교나 대학에서 공부한 높은 교육수준에도 불구하고 기성세대가 수립한 질서에서 자신의 사회적 자리를 찾지 못하고 있었다.

야심차지만 좌절감을 느끼고 있던 이 젊은이들은 부르봉 왕조의 정치에 역시 실망했다. 연령과 재산에 따른 제한 선거제로 인해 '노인정치' 시대로 불렸던 복고 왕정기는 젊은이들이 정치적 표현을 할 수 있는 길을 원천적으로 막고 있었다. 선거권은 30세 이상의 300프랑 납세자, 피선거권은 40세 이상의 1,000프랑 이상의 납세자에 한정되었다. 당시 선거권자는 10만 명, 피선거권자는 1만 5,000명이었다. 1827년 인구의 9분의 1에 불과했던 57세 이상이 정치권에서는 절반 이상의 자리를 차지하고 있었다. 당대인들은 젊은이와 노인 간의 간극이 정치 영역과 사회 영역에서 모두 점점 커지고 있으며 이 둘 간의 갈등이 일어나고 있음을 보아야 했다. 복고 왕정

말기 과격왕당파 내각의 반동적인 정책에 학생들을 비롯한 대부분의 젊은 이는 점점 더 강하게 저항했다. 저항을 적극적으로 표현하지 않았던 젊은 낭만주의자들도 대부분 복고 왕정 말기에는 과격왕당파와 완전히 결별하거나 적어도 어느 정도 거리를 두고 있었다.

이 젊은이들은 '에르나니 전투'의 적 진영에서 바로 자신들의 정치적·사회적 적인 기득권층과 기성세대를 만났다. 그들은 연극을 제지하러 관객석에 모인 고전주의자들을 "대머리"와 "늙다리"로 멸시하여 부르며 자신들의 불신과 증오를 표현했다. 열성적인 낭만주의 관객의 일원이었던 젊은 고티에가 항상 지저분하고 덥수룩한 머리에 우스꽝스럽고 기괴한 붉은 조끼를 입고 테아트르프랑세 극장에 왔던 것은 단순한 유희가 아니었다. 이 극장의 주 고객인 나이 든 부르주아들이 깔끔한 면도와 검은 야회복을 착용하여 이 극장의 에티켓을 준수하는 것에 대항하려는 의도적인 규범 위반이었다.

우리는 이 낭만주의 관객들이 고전주의 규범에 반란을 일으키고 과감한 형식을 취한 위고의 〈에르나니〉를 왜 적극적으로 옹호했는지 이해할 수 있다. 〈에르나니〉의 자유로움과 파격성은 젊은 낭만주의자들이 가진 연장자 세대에 대한 불만과 기존 정치질서와 규범에 대한 불신과 저항감을 무대를 통해서 실행하고 형체를 부여한 것이었다. 고전주의자들에게 예술적 거부감을 주고, 현 사회질서의 수혜자들에게 질서 전복의 위기감을 주며, 과격왕당파에게 혁명의 혼란을 상기시키는 〈에르나니〉의 파격적인 자유로움은 젊은 낭만주의자들에게는 자신들의 반란을 대리하는 것으로, 〈에르나니〉의 성공은 자신들의 승리였다. 그리고 이 승리를 위해 지지자들은 관객석에서 전투를 수행했다. 한 낭만주의 예술가는 3월 3일 공연의 관객석에서 나이 든 고전주의 관객들을 향해 프랑스혁명의 공포정치를 환기하듯이 "대머리들을 단두대로!"라고 소리쳤다.[5] 〈에르나니〉의 낭만주의자들은 자신들의 투쟁 대상이 예술의 자유를 제압하려는 고전주의와 함께, 이와 결합된 기성세대가 유지하고 있는 사회질서이며, 동시에 반동적인 정치임을 알고 있었다. 훗날 고티에가 회고했듯이 이 에르나니 전투에서 맞붙은 두 집단은 "진심으로 서로를 증오하는" "두 체제, 두 당, 두 군대, 두 문명"이었다.[6]

낭만주의의 승리

1830년 봄의 〈에르나니〉는 19세기 전반 고전 미학의 옹호자와 낭만주의자들의 싸움에서 중요한 단계였다. 두 집단이 정면 대결한 〈에르나니〉 공연에서 낭만주의가 승리한 것을 시작으로 낭만주의는 프랑스 연극에서 지배적인 사조가 되었고, 보다 일반적으로는 낭만주의가 문예사조로 전성기를 맞이했다. 그러나 앞서 제시되었듯이 〈에르나니〉를 둘러싼 대립은 문학 갈등을 넘어 상이한 예술관이라는 외피 아래 보다 심원한 정치적·사회적 질서와 모델에 대한 이견과 갈등이 표출된 것이었다.

1830년 6월 22일까지 매회 많은 관객을 동원하며 공연을 이어 간 〈에르나니〉는 잠시 휴지기를 가진 후 7월 말에 공연 재개가 예정되었다. 그러나 7월혁명의 발발로 공연은 재개되지 못했고 8월과 9월에야 몇 회 공연되었다. 1830년 봄과는 달리 이 연극은 더 이상 논쟁이나 갈등과 같은 열정을 불러일으키지 못했다. 분명 낭만주의 연극이 더 이상 도전적인 것이 아니라 주요 사조로 인정되었기 때문이었다. 그러나 무엇보다 '에르나니 전투'의 문학적·정치적 쟁점이었던 자유의 쟁취 문제가 혁명으로 새로운 정치체제가 수립되면서 시사적 가치를 잃어버렸기 때문이었다.

극장에서 '에르나니 전투'가 벌어지고 있던 1830년 봄 샤를 10세와 과격

[그림 6-4] 낭만파의 수장으로 선봉에 있는 빅토르 위고와 그를 따르는 낭만주의자들을 그린 풍자화 (1842년 작). 위고의 뒤에 테오필 고티에, 그림의 한 가운데 키 큰 알렉상드르 뒤마, 뒤마 뒤 모자를 쓴 발자크, 맨 뒤에서 두 번째 신사모를 쓰고 흰옷을 입은 조르주 상드가 보인다.

왕당파 내각이 자유주의자들이 다수 의석을 차지하고 있던 의회와 대립하고 있었다. 7월 26일 샤를 10세는 왕권 강화와 공적인 자유 제한을 내용으로 하는 칙령을 선포하며 절대왕정으로 돌아가려는 쿠데타를 시도했다. 파리에서는 자유를 기치로 이 칙령에 항거하는 봉기가 27, 28, 29일에 일어나 부르봉 왕조를 무너뜨렸다. 이 7월혁명으로 자유주의자들이 지지한 오를레앙공 루이 필리프가 새로운 군주로 옹립되어 7월 왕정이 수립되었다. 새 왕은 집권 초기 선거권을 확대하고, 연극 검열을 폐지하고 신문의 자유를 보장하는 등 자유주의를 프랑스 사회에 자리 잡게 했다. 회고적으로 볼 때 위고가 〈에르나니〉를 준비하면서 주창했던 자유는 마치 7월혁명의 예언처럼, '에르나니 전투'는 7월혁명의 예행연습처럼, 그리고 자유를 주창했던 낭만파가 고전파에 대해 거둔 승리는 혁명의 성공과 복고 왕정의 몰락을 선제적으로 보여 준 것처럼 보인다.

07
1830년 7월:
'영광의 3일', 혁명이 부활하다

양희영

홀대당한 혁명?

1830년 7월 27~29일 파리를 뒤덮은 바리케이드는 프랑스가 여전히 혁명의 진앙지임을 유럽에 알렸다. '영광의 3일'로 일컬어질 이날들은 프랑스 낭만주의 화가 들라크루아의 그림 〈민중을 이끄는 자유의 여신La Liberté guidant le peuple〉에 의해 프랑스사의 불멸의 순간이 되었다. 낡고 더러워진 옷이 흘러내린 것도 아랑곳없이 한 손에는 총검을, 다른 한 손에는 삼색기를 치켜든 강인한 자유의 여신과 그의 발치에 쓰러져 있는 처참한 시신들은 이날들의 투쟁이 얼마나 치열하고 처절했는지를 보여 준다. 이 혁명의 결과 1814년에 수립된 복고 왕정이 무너졌고 대혁명기 루이 16세의 처형에 찬성 투표했던 오를레앙 공작 '평등공' 필리프의 아들 루이 필리프Louis-Philippe d'Orléans가 왕좌에 올랐을 뿐 아니라 혁명의 물결이 프랑스를 넘어 다시금 유럽 전역을 휩쓸었다. 그럼에도 프랑스사에서 1830년 7월혁명은 1789 ~1799년의 대혁명이나 1848년 2월혁명에 비해 "덜 중요한" 혁명으로 밀려났고 1830년은 나폴레옹제정의 붕괴와 제2공화국 수립 사이에 끼인 1815

~1848년의 입헌군주정이라는 역사적 블록의 하위 구분선 정도로 간주되어 왔다. 들라크루아의 대작 속에 혁명의 표상으로 박제된 7월혁명이 이후의 기억과 역사서술에서 이처럼 '홀대'당한 이유는 무엇일까?

이미 당대에 혁명의 수혜자들인 오를레앙파가 자신들을 권좌에 올려 준 사건의 혁명적 성격을 부정했다. 이들이 보기에 1830년의 주요 문제는 의회 다수파와 대립하는 행정부를 고집한 시대착오적 국왕 샤를 10세 그 자신이었다. 7월혁명은 그로 인한 의회 내 교착 상태의 산물로서 1831년 3월

[그림 7-1] 〈민중을 이끄는 자유의 여신La Liberté guidant le peuple〉, 외젠 들라크루아, 1830, 루브르박물관. '영광의 3일'의 치열한 전투를 형상화한 이 그림은 1831년 오를레앙 왕정 내무부가 구입하여 뤽상부르궁 왕립미술관에 전시했다. 그러나 이 그림이 민중 봉기를 부추길까 우려한 정부는 이듬해 그림을 보존고로 옮겼고 그림은 1855년 국제박람회에서 잠시 공개되었다가 1874년 최종적으로 루브르로 이전되어 상설 전시되기 시작했다.

총리가 된 은행가 페리에Casimir Périer에 따르면 혁명은 없었고 단지 국가수반 개인이 바뀌었을 뿐이다. 오를레앙 공작을 새로운 왕으로 추대한 티에르Adolphe Thiers와 기조François Guizot는 혁명 후 줄곧 자신들은 혁명을 원한 적이 없으며 오히려 혁명정신에 맞서 질서를 옹호해 왔다고 주장했다.

반면 혁명의 패자인 정통 왕조파 또는 복고 왕정파에게 1830년 7월은 단순한 정치적 대립을 넘어 프랑스사의 전환점이었다. 프랑스를 또 다른 7월, 즉 1789년 7월로 되돌린 것으로서 이 전환점을 돌면 1793년으로 이어질 것이었다. 이들에 따르면 1789년 이래 귀족을 쓰러뜨리고 권력을 잡으려 혈안이 된 부르주아가 혁명의 주범으로서 부르주아는 자신들의 사회적 권력을 공고히 하기 위해 '영광의 3일'에 민중계급을 이용했다가 혁명이 끝난 후 이들을 거주지인 교외 지역(포부르faubourg)으로 돌려보냈다.

이 점에서 정통 왕조파의 분석은 당대 공화파, 사회주의자들의 견해와 일치한다. 이들에 따르면 부르주아는 7월혁명 이전 이미 지배적이었고 혁명을 통해 지배를 공고히 한 이후에는 자신들의 이익을 지키기 위해 변화에 저항했다. 사회주의자 루이 블랑이나 피에르 르루가 보기에 오를레앙 왕정은 이기적인 부르주아 체제, 부르주아 군주정이었고 마르크스가 보기에 이 왕정은 단순히 벼락부자 부르주아가 권력을 찬탈한 정치적 결과물이었다. 1830년대의 공화파 의원이자 사회주의자 에티엔 카베는 7월혁명은 일차적으로 수공업자의 반란이었으나 부르주아, 자유주의자 엘리트에게 "날치기당한 혁명révolution escamotée"이라고 주장했다.

이런 시각은 이후 여러 역사가에 의해 공유되었다. 장 루이 보리에 따르면 "7월 말의 아름다운 사흘간 석공, 자물쇠공, 재단공, 기계공들은 자유를 위해 싸운다고 믿었지만 사실 앙쟁 광산의 주식이 1815년 1,000프랑에서 1834년 15만 프랑이 되도록 만들기 위해 싸운 것"이었다.[1] 파멜라 필빔과 데이비드 핑크니는 '영광의 3일'의 주역은 수공업자들이었지만 계급 대립이 7월혁명의 동력은 아니었으며 혁명 전후의 지배자들은 같은 사회계층 출신, 즉 부르주아들로서 다만 이념과 경력이 다를 뿐이었다고 보았다.[2]

이 역사가들과 당대인들의 주장대로 7월혁명이 부르주아 지배를 공고히 했을 뿐 지배계급이나 사회체제를 바꾸지 못했다면 1830년 7월의 의의는 무엇일까? 역사가 모리스 아귈롱은 1830년이 프랑스사에서 과소평가되고 있다고 주장하고 7월혁명은 1789년으로의 복귀로서, 1789년 혁명의 본질적 요소인 자유·정치적 자유·사상의 자유, 그것의 불가결한 요소로서 국가의 세속화·언론의 자유를 강화했다고 강조했다. 나아가 그는 이 자유가 제한적이나마 선거인단 피라미드의 기층을 넓힌 선거법 개정, 노동계급의 대두, 노동운동 및 사회주의의 성장이라는 정치적·사회적 요인들과 결합하게 된 정황에 주목하고, 그런 점에서 7월혁명은 지배계급, 사회체제를 바꾸지 못했어도 돌이킬 수 없는, 장기적 사회 변화의 출발점이 되었다고 주장했다.[3]

이 글에서는 체제 변화에 실패한 혁명, 부르주아 국가 수립에 그친 혁명이라는 평가에 갇히지 않되 앞에 서술한 당대 여러 정치 세력의 주장과 역사가들의 평가를 기억하면서 7월혁명의 시작과 진행, 결과를 좀 더 세밀히 살펴본다. 혁명의 배경과 발단, 국왕과 의회의 대립이 민중혁명으로 변모하는 과정, 이 혁명이 부르주아가 주도하는 왕조 교체로 마무리되는 과정 자체에 주목함으로써 이 혁명이 프랑스사에서 무엇을 의미하는지, 어떤 가능성을 내포했고 무엇을 성취했는지 좀 더 분명히 이해할 수 있을 것이다.

1830년 7월 25일의 칙령: 샤를 10세의 쿠데타

1830년 7월혁명은 의회를 해산하고 언론을 무력화하는 국왕의 쿠데타로부터 시작되었다.* 복고 왕정의 두 번째 국왕 샤를 10세는 7월 25일 4개의 칙령에 서명했다. 첫 번째 칙령은 검열을 재도입하고 신문과 팸플릿에 대한 허가제를 도입했다. 두 번째 칙령은 막 선출되어 아직 소집도 되지 않은 하원을 해산했다. 세 번째 칙령은 428명인 하원의원을 258명으로 줄이고 토지세 외에 다른 직접세, 특히 산업 재산에 대한 과세인 영업세patente를 선거권을 위한 납세점 계산에서 배제함으로써 수많은 기업가와 상인들의 선거권을 박탈했다. 네 번째 칙령은 새로운 선거를 9월 6일과 13일에 실시한다고 예고했다. 칙령 공포와 동시에 국왕은 파리 인근에 군대를 배치했다.

7월 26일 《르 모니퇴르》 지에 실린 이 칙령들은 많은 이들에게 충격을 주었지만 또 다른 이들에게는 이미 예견된 것이기도 했다. 바스티유 함락 직후인 1789년 7월 16일 31세의 나이에 망명길에 올라 1814년 56세가 되어 프랑스로 돌아온 아르투아 백작, 즉 미래의 샤를 10세는 형 루이 18세의 치세기(1814~1824)에 과격왕당파 '윌트라ultras'의 수장으로서 형보다 더 완강하게 보수적 망명 귀족의 정신을 대표한 인물이었다. 1824년 즉위한 후 그가 대관식에서 되살린 구체제 시기 국왕의 환자 치유 의식, 루이 16세를 떠올리는 사냥에 대한 열정, 국왕 포고령에서 '시민' 대신 '신민sujets'이라는 단어의 사용, 엄격한 궁정 예절, 과시적 신앙행위는 반대파가 보기에 그의 시대착오적 정신을 입증하는 것이었다. 게다가 1825년 통과된 신성모독 처벌법(성물을 훔친 이를 강제 노동 심지어는 사형에 처하는 법), 혁명기

---

* 17~18세기 프랑스에서 '쿠데타coup d'État'는 "국가의 이익에 유용한 돌발 조치"라는 의미로 사용되었고 이 돌발 조치의 주체는 국왕이었다. 더 근대적 의미의 쿠데타는 1851년 12월 2일 대통령 루이 나폴레옹 보나파르트의 쿠데타처럼 체제 내에서 이미 중요한 권력을 쥐고 있는 인물, 아니면 공화력 8년 브뤼메르 18일(1799년 11월 9일) 나폴레옹 보나파르트의 쿠데타처럼 체제 내에 힘 있는 공모자를 가진 사람에 의한 힘의 행사를 의미한다. 1830년 7월 25일 국왕의 4개 칙령 반포는 자신의 권력 강화를 위해 비합법적 조치들을 사용했다는 점에서 전형적 쿠데타이며 당시에 그렇게 지칭되었다.

에 재산을 몰수당한 이들에게 보상해 주는 '망명자의 10억 프랑법'은 반대파가 보기에 구체제로 돌아가려는 국왕의 의지를 입증하는 것이었다. 1827년 4월 29일 국민방위대Garde nationale* 사열 중 "내각 타도!", "성직자 타도!", "빌렐 타도!", "헌장 만세!"의 외침이 들려오자 샤를 10세는 국민방위대를 즉각 해체함으로써 이들을 반대 진영에 합류시켰다. 이런 과정에서 성향이 전혀 다른 이들이 국왕에 맞선 일종의 동맹을 형성했다.

1827년 11월 17일과 24일의 선거에서 야당이 의석의 약 60퍼센트를 차지하자 국왕은 어쩔 수 없이 충신 빌렐 백작을 해임하고 온건파 마르티냑 자작을 내각 수반에 임명했다가 다시 이듬해 염두에 두고 있던 폴리냑 공을 그 자리에 임명했다. 폴리냑은 대혁명 전 왕비 마리 앙투아네트와 아르투아 백작, 즉 미래의 샤를 10세의 총애를 받았던 폴리냑 공작 부인의 아들로서 자유주의 야당이 보기에 샤를 10세가 시도하는 반동의 상징적 인물이었다. 당시의 한 신문은 폴리냑 내각을 "코블렌츠Koblenz, 워털루, 1815년"으로 요약했는데 이는 이 내각이 대혁명기의 망명 귀족, 워털루에서 대불동맹 편에서 싸운 이들, 1815년 백색테러의 주역들을 대표한다는 것을 의미했다.** 이 시기, 즉 1829년 가을부터 자유주의 언론은 폴리냑과 샤를 10세가 의회 다수파를 축출하고 절대군주정을 회복하기 위해 강권 행사, 즉 쿠데타를 준비하고 있다고 의심했다.

이런 의심은 1830년 3월 2일 의회 회기 첫날 국왕의 연설에 의해 더 강화되었다. 이날 연설에서 국왕은 국왕 대권에는 어떤 통제나 한계도 없으며 복고 왕정의 헌법인 헌장Charte은 군주의 증여나 양보에 불과하고 따라서 국왕 대권을 대체할 수도 제한할 수도 없다고 밝혔다.[4]*** 또한 국왕은 정부에 대한 중상과 술책들을 비난하고 "국왕은 법률 집행과 국가 안전에 필요한 명령과 칙령을 제정한다"고 규정한 헌장 14조에 의지할 수 있다고 암시했다.**** 이는 샤를 10세와 폴리냑이 이 조항을 내세워 의회의 속박

을 받지 않고 칙령을 통해 통치하려 한다는 것을 의미했다. 이에 대해 하원
은 곧 봉답문奉答文을 작성했다. 의원 221명이 서명한 이 봉답문에서 의원
들은 국민이 공익을 위한 논의에 참여하는 것은 헌장이 인정한 권리라고
주장하고 정부가 국정의 불가결한 조건인 국민 대표, 의회와의 항시적 협
력을 거부하고 있다고 비난했다.

샤를 10세는 이에 아랑곳없이 5월 16일 칙령으로 의회를 해산하고 6월
24일과 7월 3일 선거를 치른다고 공포했다. 의회 해산과 새로운 선거를 염
두에 두고 폴리냑은 지사들과 시장들을 믿을 만한 인물들로 교체했고 국왕
은 국내의 반대와 영국과의 외교적 긴장을 무시하고 알제리의 수도 알제
Alger 원정을 밀어붙였다. 프랑스군은 5월 25~27일 툴롱을 출발해 7월 5일
맹렬한 포격 끝에 알제를 함락했다. 그러나 이 소식은 선거가 끝난 7월 9일
파리에 전해짐으로써 선거에 아무런 영향도 미치지 못했고 여당 신문과 주
교들의 전폭적인 지원에도 불구하고 과격왕당파는 다시 선거에서 대패했다.

---

* 대혁명기에 창설된 부르주아 민병대로서 이 시기에 국민방위대원들은 대부분 납세점을 충족하
지 못해 투표권이 없었다.

** 생마르크 지라르댕이 《토론일보Le Journal des débats》에서 "코블렌츠, 워털루, 1815년"이란 표현
으로 지목한 이들은 각의 의장이자 외무대신 폴리냑, 육군대신 부르몽 백작, 내무대신 라부르도
네 백작 삼인방이었다. 폴리냑은 어머니와 함께 바스티유 함락 직후 망명했다가 복고 왕정기에
돌아왔고 부르몽은 제국 군대의 원수로서 엘바섬에서 탈출한 나폴레옹에게 합류했다가 워털루
전투 사흘 전 탈영했다. 라부르도네는 1815년 '유례없는 의회Chambre introuvable'의 의원으로서
2차 백색공포를 강력하게 지지한 인물이었다.

*** 복고 왕정의 헌법으로 1814년 국왕 루이 18세가 그의 "신민"에게 "하사한octroyé" 헌장은 구
체제의 원리와 혁명의 원리를 화해시킨 것이었다. 헌장은 국왕에게 행정권, 사법권, 입법권의 일
부를 보장하면서 동시에 매우 제한된 선거인단이 하원을 선출하게 했고 가톨릭에 국교의 지위를
부여하면서도 혁명기에 몰수한 교회 재산과 망명자 재산의 매각 효력을 보장했다

**** 헌장 14조 전체는 다음과 같다. "국왕은 국가의 최고 수장이며 육군과 해군을 지휘하고 전
쟁을 선포하고 평화·동맹·통상 조약을 체결하고 모든 행정직을 임명하며 법률 집행과 국가 안
전에 필요한 명령과 칙령을 제정할 수 있다."

　이처럼 국왕과 야당 사이의 긴장은 1830년 3월에서 7월 사이에 최고조에 이르렀다. 이 시기 자유주의 언론은 정기구독자인 부르주아를 넘어 다양한 계층에 강력한 영향력을 행사했다. 1815년에 창간된《입헌Le Constitutionnel》외에도 1820년대에 창간된《르 글로브Le Globe》,《르 피가로Le Figaro》,《지방 트리뷴La Tribune des départements》,《시대Le Temps》,《상업일보Journal du commerce》, 1830년 창간된《국민Le National》등이 샤를 10세 정부를 맹렬하게 공격했다. 1824년 자유주의자 폴 프랑수아 뒤부아와 (미래의) 사회주의자 피에르 르루가 창간한《르 글로브》는 혁명이 아닌 방법으로 사회를 재조직하고자 하는 젊은 자유주의 엘리트들을 대표했다. 1830년 1월 자유주의자 국회의원인 은행가 라피트Jacques Laffite의 지원을 받아 창간된《국민》은 가장 영향력 있고 전투적인 신문이었다. 이 신문의 편집인들인 티에르, 미녜Mignet, 카렐Carrel을 포함한 젊은 자유주의자들은 1688년 영국 명예혁명을 모델로 진정한 입헌체제 수립을 열망했다. 이들에 따르면 "부르봉 가를 헌장 안에 가두고 문을 잠그면 그들은 당장 창문으로 뛰어내릴 것이다." 그러므로 구체제와 혁명의 화해라는 헌장의 원리를 용인할 수 없어 창문으로 뛰어내릴 부르봉 가를 대신할 새로운 왕조가 필요했다.

　정부는 선거 패배의 원인을 이들 언론 탓으로 돌렸다. 폴리냑은 7월 25일 국왕에게 바치는 보고서에서 야당 신문들이 권력에 대한 불신과 적대감을 선동하고 혼란과 내전의 씨앗을 뿌리고 있다고 비난했다. 이에 따라 이날 국왕이 서명한 첫 번째 칙령은 검열과 사전허가를 도입해 언론의 자유를 정지했고, 언론인들은 국왕의 4개 칙령에 가장 먼저 공개적으로 대응할 것이었다.

'영광의 3일,' 두 번째 7월혁명

7월 26일

샤를 10세의 네 칙령은 26일 월요일《르 모니퇴르》지를 통해 공표되었다. 오전 11시경 바로Odilon Barrot를 포함한 법률가와 언론인 10여 명이 국회의원 뒤팽André Dupin의 집에, 다른 일부 국회의원들은 페리에와 라보르드 Alexandre de Laborde의 집에 모였다. 이들 모임에서 칙령에 대한 항의문을 발표하자는 제안이 나왔으나 실행에 옮기지 못했다. 이들은 칙령이 불법이고 언론인들은 불복종할 권리와 의무가 있다고 뜻을 모았으나 행동 방침을 정하지 못했다. 선거 직후라 의원들은 대부분 자신들의 지역구에 있었고 파리와 인근 지역 의원들은 국왕과 군대에 어떻게 대응해야 할지 주저했다. 파리 민중의 무장 저항 가능성에 대한 두려움도 이들의 행동을 제한했다.

처음 공개적으로 칙령에 저항한 이들은 언론인들이었다. 야당 신문 편집인들은《국민》지 사무실에 모였다. 이 신문은 이날 평화적 저항의 일환으로 납세 거부를 촉구하는 특별판을 발행했지만 사무실에 모인 대부분의 언론인은 야당 언론 전체의 즉각적이고 일치된 항의를 원했다. 결국《국민》지의 발행인 티에르가 항의문 작성을 맡았고 파리의 11개 신문을 대표하는 44인의 언론인이 서명했다. 이 항의문은 헌장에 의거해 언론과 선거에 관한 법적 제도는 오직 왕권과 의회의 합의에 의해서만 수정될 수 있다고 주장하고 의원들에게 각료들의 법률 침해에 대한 저항에 동참하라고 촉구했다. 항의문은 헌장의 권위를 내세웠고 결코 반란을 호소하지 않았다.*

파리 민중은 26일 오후까지 평온해 보였다. 가장 먼저 반응한 이들은 엘리트 노동자인 식자공들이었다. 전통적으로 휴일이었던 이날 파리 성문 밖 술집에 모인 식자공들은 국왕의 칙령으로 생계에 위협을 느꼈고 다른 직종 노동자들에게 항의에 합류하라고 촉구했다. 그러나 저녁까지 도시 안은 평온했고 민중은 정치적 갈등에 무관심하리라는 내각의 진단을 확인해 주는 듯했다. 저녁 8시가 넘어 첫 충돌이 나타났다. 경찰이 팔레 루아얄의 회랑에 입주한 인쇄소의 인쇄기를 압류하러 오자 이에 항의하는 인파가 모여들었고 인파는 리볼리 가, 방돔 광장, 인근 거리로 이동했다. 노동자와 학생이 뒤섞인 군중은 "헌장 만세!", "폴리냐 타도!", "내각 타도!"를 외치며 외무부 청사와 폴리냐의 저택을 포위했고 폴리냐가 탄 마차에 돌을 던졌다. 칙령이 안긴 분노와 혼란 속에서 다양한 집단들이 항의를 모색했지만 이들을 이끌 지도부도, 지침도 존재하지 않았다.

7월 27일

'영광의 3일'의 첫날인 27일 오후까지도 여전히 파리는 반란이나 혁명의 분위기는 아니었다.** 전날 언론인들은 결의에 찬 항의문을 작성했지만 야당 신문들은 일사불란하게 행동하지 못했다. 《국민》, 《르 글로브》, 《시대》, 《상업일보》만이 항의문을 담은 신문을 발행했다. 《입헌》과 《토론일보》는 발행을 포기했고 《지방 트리뷴》의 인쇄업자들은 인쇄기가 파괴될까

---

* 27일 《국민》, 《르 글로브》, 《상업일보》, 《시대》에 실린 이 항의문은 다음의 내용을 담고 있다. "우리는 법률이 침해당하고 쿠데타가 일어날 것이라고 여섯 달 전부터 빈번히 예고해 왔다.……《르 모니퇴르》는 결국 이 기억할 만한 칙령을 공표했고 이 칙령은 법률에 대한 가장 노골적인 침해이다. 그러므로 법적 제도는 중단되었고 힘의 제도가 시작되었다. 우리가 처한 상황에서 복종은 더 이상 의무가 아니다. 가장 먼저 복종해야 하는 이들은 언론인들이다. 그러므로 이들은 가장 먼저 권위에 저항하는 본보기를 보여야 한다. 왜냐하면 이 권위는 법적 성격을 버렸기 때문이다."

** 거리 항의에 대한 다른 증언도 있다. 캐나다 주재 신임 영국대사의 부인으로 이날 아침 파리에 도착한 레이디 에일머Lady Aylmer는 생탕투안 포부르를 지나다 거리에 모인 수많은 인파와 모퉁이에 배치된 병사들을 보고 마부에게 무슨 일인지를 물었다. 마부는 "마담, 혁명입니다"라고 대답했다.[5]

두려워 인쇄를 거부했다. 인쇄공들은 아침 일찍 거리를 돌아다니며 다른 노동자들에게 항의에 합류해 달라고 설득했다. 점점 늘어난 군중은 칙령을 무시하고 신문을 자유롭게 발행·배포하고 있던 팔레 루아얄로 모여들었고 일부는 언론인들의 항의문을 큰 소리로 읽었다. 경찰청장 망쟁Mangin은 신문 발행인들을 체포하고 신문의 배포를 막기 위해 경찰과 헌병대를 파견했다. 이들과 군중 사이에 충돌이 일어나자 팔레 루아얄 회랑의 상점들은 문을 닫기 시작했다. 오후 1시경 경찰은 팔레 루아얄 정원의 철문을 닫고 군중을 몰아냈다. 군중은 인근 도로로 흩어졌고 팔레 루아얄 광장과 생토노레 가에 가장 많은 수가 모였다. 이곳의 상점주들은 서둘러 상점 문을 닫았고 점원들은 시위대에 합류했다. 오후 3시경 기마 헌병대와 국왕 근위대가 출동해 팔레 루아얄 광장을 점령했다.

같은 시간 30여 명의 의원들은 카시미르 페리에의 집에 모였다. 센에와즈도에서 선출된 베라르Simon Bérard는 공식 항의문 발표를 제안했지만 의원들 대부분은 행동에 나서기를 원하지 않았다. 이들은 민중 저항이 확대되는 것을 원하지 않았고 여전히 조정이 가능하리라 믿었다. "질서와 부의 인간" 페리에는 민중의 지배 아래 놓이는 것을 원하지 않았다. 페리에는 의원들의 공개적 의사 표현에 반대했고 그를 지지한 기조가 항의문 작성 책임을 맡았다. 다음 날 제출되어 73인의 의원이 서명할 이 항의문은 칙령의 내용을 비판하면서도 국왕을 비난하지 않고 반란행위에 참여하는 것 역시 거부하는 모호한 내용의 문서였다. 의원들이 떠난 직후 이날 《국민》 지 사무실에 다시 모였던 언론인들을 대표해 티에르와 레뮈자Charles de Rémusat가 페리에의 집으로 와 선거인들과 국회의원들의 공동 저항을 제안했을 때 페리에는 법과 도덕적 저항에 따른 행동만이 유일하게 할 수 있는 일이라 못 박았다. 저녁 8시경 40~50명의 의원, 선거인, 언론인이 다시 모였으나 실질적 결론을 내리지 못했다. 정치인들과 거리 사이의 간극은 커졌다. 오후 4시경 국왕 근위대가 군중을 향해 발포해 생로슈 교회 인근 시위대에서 첫 사망자가 나왔다. 사람들은 희생자들의 시신을 들것에 싣고 "복수!"와 "무장!"을 외치며 거리를 순회했다.

국왕의 명령으로 질서유지 임무를 맡은 마르몽 장군은 오후 5시경 국왕 근위대, 스위스 연대, 기마 헌병대를 마들렌 광장과 카퓌생 대로, 몽마르트르 가와 생드니 문 사이, 바스티유 광장, 방돔 광장, 퐁뇌프, 카루젤 광장, 루이 15세 광장에 배치했다. 이날 저녁 7월혁명의 상징이자 19세기 프랑스와 유럽 혁명의 상징이 될 바리케이드가 센강 좌안 테아트르프랑세 Théâtre-Français 극장 주변에 세워졌다. 도로에서 뜯어낸 포석, 수레, 통, 인

[그림 7-2] 〈시청 함락: 아르콜 다리〉, 아메데 부르주아Amédée Bourgeois 작, 1831, 베르사유미술관. 시위대가 시테섬과 센강 우안을 연결하는 아르콜 다리를 건너 시청을 공격하고 있다. 7월 28일 시위대의 시청 함락과 시청 지붕에 걸린 삼색기는 대혁명이 시작된 1789년 7월로의 복귀를 상징했다.

근 작업장에서 가져온 건축 자재로 쌓은 바리케이드는 옛 파리의 구불구불한 도로망을 십분 활용했다. 군대는 바리케이드를 파괴하고 시위대를 해산했지만 어둠이 내리면서 시위는 더 격렬해졌다. 리볼리 가와 리슐리외 가에서 국왕 근위대는 돌이 날아오는 건물의 창문을 향해 총격을 퍼부었다. 더욱 늘어난 시위대는 거리의 가로등을 깨뜨리고 무기 상점을 약탈하고 근위대 초소에 불을 질렀다. 바리케이드 위에 삼색기가 꽂혔고 소수의 공화파와 보나파르트파가 거리 투쟁을 지휘했다. 밤 10시 반경 시위대 일부가 피로에 지쳐 집으로 돌아가고 도심의 거리가 비워지자 마르몽은 군대를 병영으로 복귀시켰다. 그는 생클루에서 평소처럼 일상을 보내고 있던 왕에게 시위대는 흩어졌고 수도에 질서와 평온이 회복되었다고 보고했다. 왕은 병력 증강을 권유하는 측근에게 파리의 무질서는 그저 "연기를 피우는 짚불"에 불과하다고 장담했다.

7월 28일

둘째 날 시위와 폭동은 격화되어 반란이 되었다. 시위대의 수는 더 늘었고 다양한 사회계층이 합류했으며 전투는 더 격렬해졌다. 부르봉 가를 상징하는 백색기와 왕실 문양은 파괴되거나 지워졌고 수시로 경종이 울리고 바리케이드가 파리를 뒤덮었다. 마르몽은 전날과는 전혀 다른 새 보고문을 써야 했다. "더는 폭동이 아니라 혁명입니다. 평화를 회복하기 위한 방법을 당장 결정하셔야 합니다. 아직은 왕권의 명예를 구할 수 있습니다. 아마도 내일이면 너무 늦을 것입니다."

7월 28일 파리에는 1848년 6월이나 1871년 파리코뮌의 거대한 바리케이드가 아니라 작고 조잡한 바리케이드들이 촘촘히 이어졌다. 센강 좌안에서는 라탱 구역에, 우안에서는 포부르 생드니와 포부르 생마르탱 , 포부르 생탕투안, 생토노레가街와 팔레 루아얄에서 시청에 이르는 지역에 전투가 집중되었다. 여러 곳에서 시위대가 군대를 쫓아냈고 몇 곳에서는 병사들이 포도주를 주며 환대하는 주민들에 합류했다. 오전 11시 시위대는 시청을 점령하고 지붕에 삼색기를 꽂았다.

마르몽은 믈링Melun, 프로뱅Provins, 퐁텐블로 등 파리에서 가장 가까운 지역 주둔군을 불러들였다. 국왕은 폴리냑의 권유에 따라 파리에 계엄령을 선포하는 칙령에 서명했다. 곧장 라피트, 라파예트, 제라르 장군, 오드리 드 퓌라보Audry de Puyraveau 등 주요 자유주의 인사가 소요사태의 주범으로 지목되어 체포 영장이 발부되었다. 교전이 확대되고 사망자가 증가했다. 바리케이드를 세운 대로에 인접한 골목길들이 반란군의 요새가 되었다. 파리의 노동자, 수공업자, 상인들의 지역인 생드니 문과 생마르탱 문이 특히 강력한 저항의 중심이 되었다. 생탕투안 거리에서 맹렬한 전투가 벌어져 양측에서 수많은 희생자가 나왔다. 병원은 부상자로 넘쳐났고 교회를 포함한 곳곳에 천막 야전병원이 세워져 병사들과 반란군을 구별 없이 치료했다. 사망자가 늘고 무더위에 시신이 부패하자 전투가 벌어진 곳에 웅덩이를 파고 매장해야 했다. 루브르궁 옆, 이노상 시장, 샹드마르스 등 공동묘지는 월계관으로 장식된 십자가와 삼색기로 표시되었다. 이곳의 시신들은 1840년 바스티유 광장 7월혁명 기념비 아래로 이장된다.

오후 들어서도 도처에서 격렬한 전투가 벌어졌고 좁은 골목길들도 바리케이드로 뒤덮였다. 점점 더 많은 병사가 반란에 합류했다. 삼색기가 도처에 꽂혀 펄럭였고 "헌장 만세!", "폴리냑 타도!"뿐 아니라 "국왕 타도!", "부르봉 타도!", 심지어 "황제 만세!", "공화국 만세!"의 구호가 울려 퍼졌다. 노트르담은 거대한 삼색기로 장식되어 왕이 있는 생클루에서도 보일 정도였다.

거리의 전쟁에 벽들의 전쟁이 가세했다. 수많은 격문, 포스터, 선언문이 나붙었다. 그럼에도 많은 이가 결국 국왕 군대가 승리하리라 예상했다. 자유주의자 의원들과 언론인들에게 군주제적 해결책 이외의 다른 해결책은 결단코 피해야 할 것이었다. 정오에 의원들이 오드리 드 퓌라보의 집에서 회합했을 때 대혁명기 '두 세계의 영웅' 라파예트와 프랑스은행 총재 출신의 자유주의자 국회의원 라피트가 처음으로 의원들의 회합에 참석했다. 회합에 모인 이들은 파리의 유혈을 끝내기 위해 마르몽의 협력을 구하기로 결정하고 대표단을 구성했다. 오후 2시 반경 페리에와 라피트를 포함한 의원 대표들은 튈르리궁에서 마르몽을 만나 휴전, 칙령 철회, 내각 해임을 요구했다. 의원들의 요구를 전해 들은 샤를 10세는 반란군의 항복을 요구하며 어떤 양보도 거부했다. 대표들의 보고를 듣기 위해 베라르의 집에 다시 모인 20~30명의 의원들은 여전히 분열되어 있었고 이들의 지침을 요청하러 찾아온 투사들에게 아무 답도 주지 못했다. 라피트가 보기에 국왕의 냉정한 거부는 선전포고와 다름없었다. 그들에게는 새로운 왕이 필요했다. 라피트는 중재자들을 통해 신중하게 은신해 있던 오를레앙 공작과 접촉하기 시작했다.

7월 29일

28일과 29일 사이의 밤, 민중은 기세를 몰아 쉼 없이 도로의 포석을 뜯어냈고 29일 날이 밝았을 때 파리에는 6,000개의 바리케이드가 세워졌다. 7월 말의 무더위 속에서 보급품과 물 부족, 피로에 지친 병사들이 진압에 환멸을 느끼고 이탈했다. 반면 전날의 승리로 그때까지 주저하던 이들이 두려움을 떨치고 반란군에 가담했다. 시청 주변을 제외하고는 여전히 "헌장 만세!"가 우세했다. 시청은 '애국파patriotes', 즉 1789년의 가치와 삼색기를 지지하는 이들, 공화파, 보나파르트파의 집결지가 되었고 "공화국 만세!", "나폴레옹 2세 만세!"가 울려 퍼졌다.

오전에 대주교 관저와 법원 건물이 약탈당해 가구, 서류, 사제복, 법복이 센강에 던져졌다. 병사들의 계속된 이탈로 진압군 병력은 크게 감소했고 루브르궁과 튈르리궁은 격렬한 전투 끝에 반란군 수중에 들어갔다. 카베냐, 주베르, 토마, 바스티드, 기나르, 블랑키, 아라고 등 젊은 공화파 투사들이 루브르궁 함락을 이끌었고 그곳에 삼색기를 꽂았다. 다양한 계층의 반란군이 루브르궁의 방들로 흩어졌고 왕정의 상징과 왕의 초상화가 훼손되었다. 이날 왕궁의 함락은 1792년 8월 10일 튈르리궁 함락을 연상시켰지만 그때와는 달리 궁을 지키던 스위스 연대 병사들에 대한 가혹행위나 과도한 파괴행위는 벌어지지 않았다. 이를 두고 샤토브리앙은 회고록에서 "풍속의 변화가 뚜렷했다"고 평가했다. 센강 좌안에서는 부르봉궁이 반란군에게 점령되었고 사관학교가 약탈당했다. 정오경 마르몽의 군대는 파리를 떠나 생클루로 물러났다. 튈르리궁과 루브르궁 함락으로 반란은 마무리되고 평온이 찾아왔지만 저녁에 국왕 근위대가 지방 병력과 합세하여 불로뉴 숲에서 반격을 준비하고 있다는 소문이 돌았다. 파리 시민들은 새 바리케이드를 쌓고 어둠을 틈탄 기습에 대비해 창문에 등을 밝혔다.

사흘간의 전투로 인한 사상자 수는 정확히 제시하기 어렵다. 라파예트 부관이었던 사랑Bernard Sarrans에 따르면 시위대 중 사상자는 약 6,000명으로 그중 1,000~1,200명이 사망한 반면 군대 내 사상자 수는 정확히 알 수 없다. 혁명 후 정부는 희생자들에게 보상금을 지급하기 위한 국민보상위원회Commission de Récompenses nationales를 조직했는데 역사가 핑크니에 따르면 이 위원회 명부에 기록된 사망자는 504명, 부상자는 1,327명이다. 사망자 중 인적 사항이 남아 있는 211명, 부상자 1,327명, 보상을 받은 다른 반란군 중 일용노동자나 하인은 300명이 안 되었고 85명은 중간계급, 약 1,000명은 수공업자와 숙련공이었다.* 이를 토대로 핑크니와 필빔은

---

* 이 중 대목, 소목, 고급가구 세공인이 126명, 석공이 118명, 제화공이 94명, 자물쇠공이 57명, 보석세공인이 31명, 식자공이 28명, 재단공이 27명이었다.

영광의 3일의 주역은 수공업자들이라고 주장했다.

군대가 물러난 후 파리의 벽들에는 임시정부 구성을 요구하는 선언문, 신문, 소형 인쇄물들이 등장했다. '임시정부'라는 표현은 반란 참여자들에게 혁명이 일어났고 이제 모든 선택이 가능하다는 것을 의미했다. 정오경 약 30명의 의원이 라피트의 집에 모여 전날의 논의를 계속했다. 라파예트는 1789년에 그랬듯 국민방위대 사령관직을 받아들였고 의원들은 기조의 요구에 따라 수도 방어, 식량 공급, 안전을 책임질 임시 시정위원회 Commission municipale를 구성하기로 결정했다.

이날 오전 두 명의 상원의원이 국왕을 알현하고 혁명에 의해 군주정이 위기에 처했으며 전투를 끝내야 할 때라고 설득했다. 샤를 10세는 여전히 버텼다. "내가 나의 형처럼 죄수 호송마차에 오르는 일은 없을 것이다. 나는 한 발자국도 물러서지 않을 것이다." 국왕은 절망적인 파리 상황을 전해 들은 후 오후 4시가 되어서야 칙령 철회와 폴리냑의 해임을 받아들였다. 왕은 다음의 말로 자신의 패배를 인정했다. "나는 1792년 나의 불행한 형이 처했던 상황에 놓여 있다. 내가 그보다 나은 것이라곤 그저 그만큼 오래 고통받지는 않았다는 것이다. 사흘이면 군주정은 완전히 끝날 것이다. 군주의 종말 역시 동일할 것이다."

왕조 교체: 민중혁명에 오를레앙 가를 접붙이다

칙령 철회와 폴리냑 해임 소식이 전해진 후 상황의 키를 쥔 인물은 자크 라피트였다. 그는 왕조를 교체함으로써 절대주의로의 복귀와 공화국의 회귀 모두를 피하고 진정한 입헌체제를 수립하고자 했다. 이는 그의 재정적 지원을 받아 창간된《국민》지의 젊은 편집진인 티에르, 미녜, 카렐 같은 이들의 목표이기도 했다. 라피트는 민중의 항의를 통제하고자 하는 부르주아를 안심시키는 인물이자 젊은 언론인들의 신뢰를 받는 인물로서 반란군이 승리한 29일 밤 시간을 벌고 오를레앙 공작을 설득하는 일에 몰두했다. 거리의 혁명은 끝났고 거래와 담합으로 점철된 궁정혁명이 시작되었다.

30일 아침 라피트가 발의하고 티에르가 작성한 오를레앙파의 선언문이 파리의 벽들을 뒤덮고 《국민》과 《르 쿠리에》를 통해 발표되었다. "샤를 10세는 이제 파리로 돌아올 수 없다. 그로 인해 인민이 피를 흘렸다. 공화국은 우리를 끔찍한 분열에 빠뜨리고 유럽과 불화하게 만들 것이다." 선언문은 문장마다 오를레앙 공작의 이름을 새겨 넣어 그가 혁명의 대의에 헌신한 왕족으로서 전장에서 삼색기를 들었던 인물이며 지금도 유일하게 그럴 수 있는 인물이라고 추켜세우고 그가 '프랑스 인민'으로부터 왕관을 받을 것이라고 주장했다.

공화파의 들끓는 분노와 압력을 우려한 의원들은 먼저 오를레앙 공작에게 왕국 대리관직lieutenance-générale du royaume을 부여하는 데 합의했다. 친척인 샤를 10세에 대한 충성을 줄곧 공언해 온 공작은 31일 왕국 대리관직을 받아들이고 가문의 소유인 팔레 루아얄을 출발해 시청으로 향했다. 시청에서는 공화파의 희망 라파예트가 그를 기다리고 있었다. 오를레앙파의 선언문이 발표된 후 격분한 공화파는 라파예트에게 공화정 수립을 요구했다. 라파예트는 늘 공화제를 지지한다고 공언해 왔으나 공화국을 무정부 상태, 내전과 동일시하는 정적들에 둘러싸여 아직 공화국의 때는 아니라고 물러섰다. 그의 타협책은 국민주권의 이름으로 세워지고 "공화국의 제도로 둘러싸인 인민의 왕좌"였고 이 왕좌의 주인은 "1789년의 젊은 공화파, 발미와 제마프의 병사, 스위스의 교사이며 아메리카 여행자"인 오를레앙 공작이었다. 그의 이름 아래 국민주권의 원리를 행사하고 국민방위대를 재건하고 언론의 자유를 회복할 수 있을 것이었다. 시청으로 몰려든 민중은 공작을 향해 "부르봉 가 타도!", "오를레앙 공작 타도!", "공화국 만세!", "나폴레옹 만세!"를 외쳤다. 그러나 라파예트와 공작이 대형 삼색기가 휘날리는 시청 발코니에서 극적인 몸짓으로 포옹하자 결국 "오를레앙 공작 만세!"란 환호가 터져나왔다.

[그림 7-3] 〈1830년 7월 31일 왕국 대리관에 지명된 후 팔레 루아얄을 나와 시청으로 향하는 오를레앙 공작 루이 필리프〉, 오라스 베르네 Horace Vernet 작, 1832, 베르사유성.

오를레앙 공작 루이 필리프(1773~1850)는 누구인가? 그는 대혁명기 삼부회 귀족 신분 대표이자 국민공회 의원으로서 1793년 1월 사촌 루이 16세의 사형에 찬성 투표한 루이 필리프(1747~1793), 일명 '평등공' 필리프의 아들이었다. 그는 1789년 혁명의 새로운 정신을 열정적으로 받

아들였고 아버지보다 먼저 자코뱅 클럽에 가입했으며 1791년 군 경력을 시작해 1792년 가을 여단장으로서 발미와 제마프 전투를 승리로 이끄는 데 기여했다. 그러나 1793년 3월 네르빈덴 전투에서 패배한 뒤무리에 장군이 오스트리아군으로 넘어가자 국민공회의 처벌을 피하기 위해 그를 따라 망명했다. 그의 가족은 반혁명 혐의자가 되어 파리에서 추방되었고 아버지 '평등공' 필리프는 11월 6일 기요틴에서 처형되었다. 유럽 어디에서도 받아 주기 어려운 거추장스러운 존재가 된 루이 필리프는 유럽과 아메리카를 떠돌다 1814년 루이 18세의 즉위 소식을 듣고 파리로 돌아왔다.

그러나 루이 필리프는 대담하게도 나폴레옹의 백일천하 때 런던에 머물며 유럽 열강에 스스로 왕위 후보자임을 자처했고 이로 인해 루이 18세의 미움을 사 귀국하지 못하다가 1817년에야 가족과 상봉할 수 있었다. 7월혁명이 일어났을 때 그는 혁명기에 잃었던 재산을 완전히 복구하고 의원들을 포함해 강력하고 광범위한 인맥을 형성한 상태였다. 자유주의자와 공화파를 포함해 온갖 성향의 인물들, 7월혁명에서 결정적 역할을 할 라피트는 물론이고 탈레랑, 라파예트, 콩스탕, 파스키예, 드카즈, 푸아 장군 등 정계 거물들, 은행가, 사업가, 변호사, 예술가들이 팔레 루아얄에서 열리는 그의 화려하고 인심 좋은 연회에 드나들었다. 게다가 복수의 남성 후계자를 포함한 건강하고 인기 있는 8명의 자녀들은 앞선 두 부르봉 국왕과 비교될 뿐 아니라 물질적 풍요와 든든한 인맥을 넘어서는 성공의 표지였다. 또한 아들들을 앙리 4세 콜레주에 보내는 현대적인 면모는 부르주아의 호응을 얻었으며 이러한 여러 긍정적 요인이 결합해 그의 정치적 자산이 되었다.

　그가 왕국 대리관이 된 직후 오를레앙파 안에서 열띤 논쟁이 일어났다. 오를레앙 공작은 "부르봉이기 때문에" 통치해야 하는가, 아니면 "부르봉이지만" 통치해야 하는가? 전자의 지지자들에게 공작은 무엇보다 선왕들의 계승자이자 퇴위하는 군주의 가장 가까운 친족으로서 오랜 왕조의 정식 후계자로 여겨져야 했다. 이런 시각에서는 과거의 유산이 정당성의 토대였으며 헌장을 수정하되 수정은 매우 제한적이어야 했다. 이들에게 영광의 3일은 혁명이 아니라 국왕 쿠데타에 대한 합법적 저항이었다. 반면 후자의 지지자들에게 중요한 것은 새 체제를 세우는 것이고 공포될 헌법은 단순히 헌장의 수정이 아니라 새 헌법이어야 했다. 이들은 국민주권의 매개자로서 의회의 권한을 확대하고 군주의 권한은 그만큼 축소하며 나아가 선거권을

[그림 7-4] 〈7월혁명 기념비 Colonne de Juillet〉, 50.5m, 바스티유 광장, 1836~1840. 기단에 "1830년 7월 27~29일 기념비적인 날에 자유를 지키기 위해 무장하고 싸운 프랑스 시민들에게 영광을"이라 적혀 있다.

확대할 것을 희망했다. 따라서 "부르봉이기 때문에"의 지지자들과 "부르봉이지만"의 지지자들은 헌장 수정 과정에서 각각 좀 더 보수적인 '저항 résistance파'와 더 많은 변화를 원하는 '운동mouvement파'로 대립했다.

8월 5일에 시작된 헌장 개정은 이틀 만인 7일 표결에 부쳐졌다. 이 짧은 기간에 급진적 자유주의자 시몽 베라르와 저항파인 기조, 브로이 공작, 뒤팽의 손길을 거친 최종 수정안은 '저항'과 '운동'의 목소리를 결합해 옛 질서에 새 질서를 접목했다. 국왕이 "신민"에게 헌법을 "하사"한다는 내용을 담은 헌장 서문은 폐지되었다. 군주는 이제 프랑스의 왕이 아니라 "프랑스인들의 왕"으로 지칭되었다. 이것은 국민이 왕을 만들었으며 그러므로 물러나게 할 수도 있음을 암시했다. 삼색기가 돌아왔고 가톨릭은 국교가 아니라 "프랑스인 대다수가 고백하는" 종교가 되었으며(6조) 검열은 완전히 폐지되었다(7조). 14조는 13조로 옮겨졌고 마지막 문장은 삭제되어 비상시국을 핑계로 국왕이 입법권을 독점하는 것은 불가능해졌고 의회도 법의 발의권을 갖게 되었다. 선거 연령은 30세에서 25세로, 피선거 연령은 40세에서 30세로 낮아졌고, 선거인 납세점은 이후 채택될 선거법에 의해 300프랑에서 200프랑으로 내려갔다. 그에 따라 선거인 수는 9만 명에서 16만 6,000명으로 늘었다.

헌장 개정 논의가 진행되는 며칠간 공화파는 개정의 폭과 내용을 둘러싼 거래에 맹렬히 반대하고 주로 학생들, 젊은 상공업자와 언론인들을 중심으로 시위대를 조직했다. 그러나 왕국 대리관은 국민주권의 명시, 개정된 헌장에 대한 국민의 재가 등 공화파의 요구에 응하지 않고 개정 헌장을 받아들였다. 그는 8월 9일 "신의 은총과 국민의 의지에 의한 프랑스인들의 왕, 루이 필리프 1세"로 즉위하면서 "오직 법에 의해서만 그리고 법에 따라서만" 통치하겠다고 선서했다. 루이 필리프 1세의 즉위식은 종교적 색채가 결합되지 않은 일종의 세속 대관식으로서 국민대표체의 장소인 부르봉궁에서 거행되었다. 새 왕은 제정기에 추방되었던 〈라마르세예즈La Marseillaise〉가 울려 퍼지는 가운데 군중의 갈채를 받으며 부르봉궁을 나섰다.

부활한 혁명, 다시 유럽 혁명으로

1830년 7월혁명은 구체제로의 복귀를 시도하고 절대적 국왕 대권을 요구하는 샤를 10세에 대한 하원의 항의로부터 시작되었다. 자유주의자가 지배하는 의회와의 협력을 거부하고 과격왕당파 내각을 고집하던 샤를 10세는 1830년 5월 칙령으로 의회를 해산하고 새 선거를 실시한 후 다시 자유주의자들이 승리하자 7월 25일 4개의 칙령을 발표해 새 의회를 해산하고 언론을 무력화하고 선거권을 축소했다. 샤를 10세와 내각 수반 폴리냑, 과격왕당파 대신들은 자유주의자들의 항의와 파리 민중의 무장 저항에 결코 양보하지 않았다. 이들에게 후퇴란 루이 16세가 개혁을 허용하고 삼색 모표帽標를 받아들던 1789년으로 돌아가는 것이었고 이 회귀는 곧장 1793년, 즉 국왕 처형의 길을 여는 것이었다.

  샤를 10세의 절대권력 요구에 맞선 야당 의원들과 자유주의 언론은 줄곧 왕이 쿠데타를 준비하고 있다고 의심했다. 이 의심이 현실로 드러난 후 이들은 수차례 회합하여 대응을 모색했고 자유주의자 언론인들의 항의문 발표는 27일 국왕 쿠데타에 대한 민중의 저항을 촉발했다. 그러나 이 항의문은 반란을 호소하지 않았고 야당 의원들은 민중혁명의 격랑에 휩쓸릴까 두려워 마지막까지 투쟁에 나서지 못했다. 이들 중 일부는 '영광의 3일' 이전부터 왕조 교체를 염두에 두었으나 이것은 1789년 혁명이 아니라 민중혁명을 수반하지 않는 영국의 '명예혁명'을 모델로 한 것이었다. '자유'의 혁명으로서 1789년으로의 복귀를 고려한다 해도 그 복귀는 복고 왕정, 제정, 공화국과 공포정을 거슬러 올라가 1789년의 '현명한 군주정'을 회복한 후 혁명을 '종결'하는 것을 의미했다. 자유주의자들 역시 정통 왕조파와 마찬가지로 1789년의 재현이 1792년과 1793년, 공화국과 공포정으로 이어질 것을 두려워했다. 대혁명기 '평등공' 필리프의 아들 오를레앙 공작을 통한 신속한 왕조 교체는 이런 두려움 없이 1789년으로 돌아갈 수 있는 해결책이었다.

이 왕조 교체를 가능하게 한 것은 파리의 수공업자, 소상점주, 노동자, 사무원, 점원, 학생들의 무장 저항, '영광의 3일'이었다. 칙령이 발표된 26일 종일 평온했던 파리 민중은 이날 저녁과 다음 날 오전 인쇄기 압류와 신문 발행인 체포 등 경찰의 언론 탄압을 목격하면서 시위에 나섰고 27일 오후 경찰의 발포로 첫 사망자가 나온 후 바리케이드를 세우고 무장 투쟁을 시작했다. 28일에 시위는 반란으로 격화되었고 백색기와 왕실 문양이 파괴되었으며 진압을 위해 투입된 병사들이 반란군에 합류하면서 대혁명의 전통인 '형제화fraternisation'가 부활했다. 오전 11시 반란군의 시청 점령과 그곳에 내걸린 삼색기는 1789년 7월로의 복귀를 상징했다. 이날 오후가 되면서 "국왕 타도!", "공화국 만세!"의 외침이 들려왔다.

'영광의 3일'간 민중의 시위와 항의는 진압 병력과 충돌하면서 반란으로 전화했다. 그 누구로부터의 지침도, 조직도, 지휘자도 갖지 못했던 이 거리 투쟁의 과정에서 오랫동안 잊힌 것으로 보였던, 그러나 정통 왕조파와 미래의 오를레앙파 모두가 두려워한 민중혁명, 곧 바스티유를 함락한 그 1789년 혁명이 되살아났다.

절대적 국왕 대권 요구에 항의한 자유주의자들과 '영광의 3일'에 무기를 들었던 민중 모두에게 1830년의 혁명은 무엇보다 '자유'의 혁명이었다. 당대의 시인들은 혁명으로 되찾은 자유, "마음의 소원, 영혼의 외침"인 자유를 칭송했다.[6] 이들의 기대에 부응하듯 1830년 혁명은 언론의 자유, 사상의 자유, 결사의 자유에 비약적 발전을 가져왔다. 그러나 이런 발전은 1834년 리옹 견직물 노동자 봉기, 1835년 루이 필리프 시해 시도에 뒤이은 일련의 가혹한 탄압 조치들로 인해 갑작스럽게 중단되었다. 그럼에도 혁명 직후 4~5년간 공화파 신문과 정치협회들은 놀랄 만큼 성장했고 1830년 '영광의 3일' 동안 시위대를 지휘했으면서도 정권을 얻기 위해 경쟁할 만한 지도자와 조직을 갖지 못했던 공화파는 경제위기와 민중의 불만을 양분삼아 영향력을 확대했다. 7월혁명 직후 '민중의 벗 협회Société des amis du peuple'와 '인권협회Société des droits de l'homme et du citoyen'가 창설되어 후자의 회원 수는 1833년 파리에서만 3,000명에 달했다.[7] 1834~1835년의 탄압 조치들로 인해 이들 협회는 지하로 숨어들었으나 장기적인 시각에서 볼 때 탄압은 이들의 영향력을 억제하지 못했다.

7월 왕정의 보수적인 선거법은 민중에 대한 두려움의 산물이었다. 개정 헌장이 선거 연령을 낮춘 후 1831년 4월 19일 자 선거법은 납세점을 300프랑에서 200프랑으로 인하했다. 선거인 수를 16만 6,000명으로 늘린 이 개정은 보수적 오를레앙파인 '저항파'의 승리였다. 필빔에 따르면 영국에서는 1832년 선거법 개정 후 1,000명 중 32명이 투표할 수 있었던 반면 같은 시기 프랑스에서는 1,000명 중 5명이 투표할 수 있었다. 7월 왕정은 선거권 확대 요구를 완강하게 거부하다 1847년에야 납세점을 100프랑으로 인하했다. 7월 왕정기 수공업자와 노동자들은 투표권을 얻지 못했지만 노동 현장에서 적극적으로 조직화했다. 직인조합과 상호부조조합을 포함한 다양한 형태의 결사가 증가했고 리옹의 견직물 노동자 봉기 같은 투쟁이 폭발했다. 노동자들은 서로 연대하여 청원, 파업, 기계 파괴 등의 행동에 나섰고 사회주의운동과 결합했다. 그런 점에서 아귈롱에 따르면 1830년은 프랑스 노동운동사의 출발점이라 해도 과언이 아니다.

'영광의 3일' 직후 오를레앙파는 아직은 미약했던 공화파, 보나파르트파의 목소리를 잠재우면서 왕조 교체를 통해 1789년 혁명의 오래된 미래를 차단하고자 했다. 이런 희망은 잠시 성공한 듯했으나 1830년 7월 다시 분출한 혁명적 경험의 동력을 소멸시킬 수는 없었음을 7월 왕정의 경험이 입증한다고 할 수 있다. 1848년 2월혁명의 승자들은 바로 그런 이유에서 7월 혁명의 투사들을 기리는 바스티유 광장 7월혁명 기념비 앞에서 공화국 수립을 선포함으로써 자신들이 7월혁명의 계승자임을 자임했다.

되살아난 혁명의 동력은 유럽 혁명을 통해서도 입증되었다. 7월혁명의 소식은 빈체제하의 유럽으로 퍼져 나가 국민적, 자유주의적 해방을 위한 투쟁을 자극하거나 경제위기, 임금 하락, 기계 도입에 대항하는 민중 투쟁을 고취했다.[8] 브뤼셀에서는 8월 25일 프랑스인 음악가 오베르Daniel François-Esprit Auber가 작곡한 애국주의적 오페라가 상연된 후 네덜란드에 대한 반란이 시작되었다. 벨기에인들은 "브뤼셀의 4일"로 불리는 9월 23~26일의 전투 끝에 네덜란드군을 쫓아내고 10월 4일 독립을 선포했다. 독일 국가들, 특히 브라운슈바이크, 작센왕국, 하노버, 헤센에서도 8월과 9월 봉기가 이어져 브라운슈바이크 공작은 성이 약탈당하고 불에 탄 후 권력을 동생에게 넘겨주었고 작센에서는 거리의 압력으로 개혁이 시작되어 1년 후 새 헌법을 제정했다. 스위스 대부분의 칸톤에서도 사회적 소요가 일어나 인민회의가 소집되고 청원서 작성이 이어져 강도 높은 입헌적 개혁이 이뤄졌다.

반면 폴란드와 이탈리아에서 반란과 혁명은 실패로 돌아갔다. 러시아의 지배 아래 있던 바르샤바에서는 11월 29일 저녁 반란이 시작되어 12월 3일 러시아군을 쫓아내고 임시정부를 세웠다. 그러나 러시아의 반격이 시작되었고 아홉 달 반의 전투 끝에 바르샤바는 1831년 9월 중순 항복했다. 1831년 2월부터는 이탈리아 중부에서 혁명이 시작되었다. 볼로냐, 모데나, 페라라, 페루지아, 안코나에서는 반란이 성공해 지배자를 축출하고 대표들이 볼로냐에 모여 반란도시 연합정부를 구성했다. 그러나 오스트리아 군이 진군해 옛 질서를 회복함으로써 이탈리아 혁명은 3월 말 끝났다.

혁명과 반란이 발발한 지역에서는 삼색기가 게양되고 파리가 본보기로 칭송되었으며 일부에서는 해방 투쟁에 대한 프랑스군의 지원을 기대했다. 벨기에, 폴란드, 이탈리아, 독일, 러시아 망명자들이 '영광의 3일'에 함께 싸웠고 이후 몇 달간 파리에서는 이들의 조국을 지원하는 기금이 조성되거나 자발적 위원회가 조직되었다. 유럽 군주국들의 우려와 반감 속에 태어난 루이 필리프의 7월 왕정은 폴란드 망명자 6,000명을 받아들이는 것 외에 어떤 반란도 지원하지 않았다. 그러나 '프랑스혁명'의 쌍생아와도 같은 '유럽 혁명'은 1848년 2월혁명을 통해 7월혁명의 기억과 함께 다시 현실로 되살아날 것이었다.

08
1848년 2월:
2월혁명과 두 개의 공화국

권윤경

혁명과 바리케이드의 시대

1848년 2월, 프랑스는 1789년 대혁명과 1830년 7월혁명에 이어 세 번째 혁명을 맞았다. 7월혁명이 부르봉 복고 왕정을 몰아냈다면, 2월혁명은 7월혁명으로 수립된 루이 필리프 왕의 입헌군주정을 쓰러뜨렸다. 1847년 여름부터 선거권 확대를 요구하는 '연회banquet'가 전국적으로 벌어지면서 7월 왕정의 위기에 불을 지폈다. 1848년 초부터 왕정이 연회를 금지하자 2월 22일부터 이에 반대하는 시위가 벌어져 반란으로 번졌다. 24일까지 이어진 바리케이드 전투 끝에 왕은 퇴위했고, 파리의 정계와 언론계에서 급조한 인사들이 파리 민중의 압박 속에 임시정부를 구성하고 대혁명 이후 두 번째 공화정, 제2공화정을 선포했다. 그러나 "1848년의 정신"이라고 불린 유토피아적 이상과 열정의 순간은 얼마 가지 않았다. 제2공화정은 4개월 후 벌어진 노동자들의 6월 봉기를 유혈 진압하며 보수적인 유산자의 공화국으로 변모했다.

대혁명 이후 계속된 혁명의 전통은 이렇게 2월혁명에서 예기치 못하게 공화국을 탄생시킨 후 6월 봉기에서 유혈 반동을 통해 조기 종결을 맞았다. 왜 2월의 바리케이드에서 함께 공화국을 탄생시킨 사람들은 6월에 또 다른 바리케이드를 사이에 두고 그토록 많은 피를 흘려야 했을까? 이를 이해하기 위해 인민주권의 상징으로 찬양된 2월의 바리케이드와 무정부주의와 공산주의의 상징으로 낙인찍힌 6월의 바리케이드, 그리고 그사이 새로운 사회를 향한 희망과 열정에 넘쳤던 "파리의 봄"에 벌어진 일을 함께 살펴보고자 한다.

 이때만 해도 공화국은 단순히 정치체제가 아니라 혁명과 해방의 기획이기도 했다. 사회경제적 인과론이나 포괄적인 계급 분석만으로는 이해하기 힘든 그해 봄의 역동적이고 불확실한 상황을 들여다보되, 이미 잘 알려진 엘리트의 관점이 아니라 바리케이드 위에서 공화국을 만들고 또 자신들이 만든 공화국과 싸우다 죽어 간 파리 민중의 경험에 초점을 맞춰 2월과 6월의 "나날들"을 재조명하는 것이 이 글의 목표다.

[그림 8-1] 〈1848년 2월 25일 시청 앞에서 삼색기 대신 적기赤旗를 국기로 삼자는 노동자들의 요구를 거부하는 라마르틴〉, 앙리펠릭스 필리포토 작, 1848.

이를 위해 파리의 특수한 공간성을 강조할 필요가 있다. 수도에 권력이 집중되었기 때문에 대혁명 이후 파리는 프랑스 근대정치의 모터나 마찬가지였다. 특히 1848년의 위기는 대도시의 위기가 새로운 '사회 문제'와 결합한 결과였다. 파리의 재개발 사업은 제2제국 때 오스만이 파리를 대대적으로 갈아엎기 이전부터 이미 시작되었다. 파리와 지방을 잇는 철도역 대부분은 7월 왕정 동안 건설되었고, 좁은 골목길을 밀어서 도시를 종횡으로 연결하는 대로와 세련된 근대적 소비의 장소들이 생겨났다.

그러나 이와 함께 심각한 도시 문제가 생겨났다. 19세기 전반 파리 인구는 절반 가까이 늘어 2월혁명 직전에는 드디어 100만을 넘어섰고, 증가한 인구 대부분은 일자리를 찾아온 이주민이었다. 18세기 후반부터 진행된 도시의 지역별 계급 분화가 심화하면서 이주노동자들은 파리 동부와 북부의 노동자 지구에 몰려들었고 집세는 날로 치솟았다. 예컨대 바스티유 광장 동쪽의 포부르 생탕투안Faubourg Saint-Antoine과 파리 동남부의 포부르 생마르셀Faubourg Saint-Marcel은 대표적인 노동자 밀집 구역이자 바리케이드의 단골 무대인 "반란 포부르"였다. '포부르'는 예전에는 교외를 의미했지만, 파리의 시 경계선이 확장하면서 일찍부터 파리로 편입되었다. 1840년대 중반부터 시작된 경제위기는 이곳 노동자 지구에 가장 큰 타격을 입혔다.

19세기 혁명과 반란의 상징이 된 파리의 바리케이드 역시 대도시의 산물이었다. 노동자 구역의 복잡한 골목들 사이로 바리케이드가 서고, 이로부터 파리 중심부, 예컨대 왕이 있는 튈르리궁, 의회가 있는 부르봉궁, 파리시청과 같은 권력의 장소로 바리케이드 전투가 확장되는 것이 19세기 혁명의 낯익은 모습이었다. 바리케이드는 근대 초부터 파리의 역사에 자주 출몰했지만, 오랜 침묵을 거쳐 1795년 5월 포부르 생탕투안의 봉기에서 부활한 후 1820년대부터 본격적으로 파리 거리를 수놓았다. 1830년 7

월혁명에서 승리를 거둔 바리케이드의 전사들은 이후 1832년, 1834년, 1839년 봉기의 패배를 거쳐 2월혁명에 이르렀다.

따라서 파리 민중은 바리케이드 위에서 정치 교육을 받았다고 해도 과언이 아니었다. 2월혁명을 목격한 이들은 바리케이드를 만드는 파리 민중의 능숙함에 경악했다. 파리에 살던 독일의 문인 하이네는 바리케이드가 "마치 마법처럼 땅에서 솟아난다"면서, 파리 민중은 "혁명의 엔지니어로서 타고난 기술을 가지고 있다"고 평했다. 혁명의 그날 토크빌을 가장 놀라게 한 것은 사람들이 별다른 혼란 없이 마치 근면한 숙련공처럼 조용히 바리케이드를 만드는 모습이었다.[1]

1830년대부터 시가전에 대포가 본격적으로 사용되면서 1848년이면 바리케이드의 전술적 효과는 감소했지만, 사회문화적 중요성은 더 증가했다. 바리케이드를 통해 사람들은 평소와 매우 다른 경험을 하게 된다. 그들은 그 속에서 세상을 바꿀 수 있다는 가능성에 충만한 열정적인 연대의 시간을 보내며 삽시간에 새로운 정체성을 덧입었다. 사실 바리케이드의 진짜 목표는 주변 이웃이었다. 어느 편에 서야 할지 주저하던 사람들은 바리케이드 작업에 동참하며 자연스럽게 반란에 참여하게 되었고, 높이 솟은 바리케이드가 내뿜는 혁명적 권위와 활력은 사람들을 끌어들이는 효과가 있었다. 바리케이드 재료를 찾느라 거리의 온갖 구조물―가로등, 가로수, 벤치, 초소―을 뽑아내고, 거리를 뒤엎어 포석을 걷어 내고, 화려한 건물의 건설 현장에서 자재를 옮겨 오고, 각 가정의 집기를 내오는 과정 자체가 권력과 자본에 도전하고 연대하는 행위였다. 바리케이드는 함께 지내는 이웃 사람들 사이에 뿌리박은 연대의 끈을 혁명의 도구로 전환함으로써 아래로부터의 동원을 쉽게 만들었다.

파리의 거리는 동시에 지난 혁명과 봉기의 기억이 축적된 공간이었고, 이 때문에 바리케이드 건축과 전투는 일종의 혁명 의례와 같은 성격을 갖게 되었다. 7월혁명과 2월혁명 때 절반 이상의 바리케이드는 정확히 같은 장소에 세워졌다. 가장 중요한 것은 1789년 대혁명의 전통과 1830년의 "배반당한" 혁명의 기억이었다. 파리 민중은 대혁명 때 상퀼로트가 승리했던 것, 그리고 7월혁명 직후 지배층이 또 다른 군주정으로 혁명의 불꽃을 조기 진화해 버린 것을 잊지 않았다. 2월혁명 때 직접 바리케이드를 쌓았던 사상가이자 정치가 프루동Pierre-Joseph Proudhon은 "역사 이야기에 중독된 우리는 거기에 휩쓸려 8월 10일(1792), 7월 29일(1830)에 기초한 리허설에 참여했다. 부지불식간에 우리는 모두 연극의 등장인물이 되었다"라고 회상했다.*[2]

그러나 지난 혁명을 통해 '교육'받은 것은 파리 민중만이 아니었다. 봉기를 진압하는 군사 기술과 노동자들의 결집을 막는 새로운 도시 계획 역시 함께 발전했다. 7월 왕정 동안 잦아진 도시 내 봉기를 제압하고자 정부와 군대는 "반反도시 게릴라" 전략을 고심했다. 또 다른 변수는 1830년 이후 계속된 알제리 정복 전쟁이었다. "아프리카군"이라 불리던 알제리 정복군 출신의 장교들은 정부가 꺼낼 수 있는 가장 강력한 패였다. 2월혁명 당시 진압군 사령관으로 지명되었던 뷔조Thomas Robert Bugeaud는 물론 그 휘하의 장군 대부분이 알제리 원정군 출신이었다. 제2공화정 수립 후에도 아프리카군의 카베냑Eugene Cavaignac이 전쟁부 장관이 되었고, 다른 '아프리카' 장군들 역시 군의 요직에 남았다. 이들이 알제리 전쟁에서 사용한 초토화 전술을 파리에 적용한 것은 아니었지만, 민간인과 전투원을 구별하지 않는 싸움에 익숙한 이들의 식민지 전쟁 경험은 파리 시가전에도 간접적으로 영향을 미쳤다.

---

* 1792년 8월 10일은 파리 민중이 튈르리궁을 습격하여 왕정을 정지시킨 사건을 말한다.

1848년 2월혁명과 "승리의 바리케이드"

2월혁명을 일으킨 도화선은 선거권 문제였다. 일정 수준 이상의 세금을 납부하는 시민에게만 투표권을 부여하는 선거제하에서 유권자는 인구의 약 1퍼센트 미만에 불과했고, 수상 기조François Guizot는 계속되는 선거권 확대 요구를 무시했다. 그러나 1840년대에 벌어진 사회경제적 위기는 7월 왕정의 정치적 위기에 사회적 성격을 부여했다. 이때의 위기는 최후의 구체제적 경제위기, 즉 흉작으로 인한 생계위기가 산업혁명으로 인한 새로운 산업적·금융적 위기와 만난 결과였다. 1845년부터 전 유럽적으로 흉작과 감자병이 겹치면서 곡가가 급상승하여 곳곳에서 식량 폭동이 벌어졌고, 프랑스에서는 1847년 초반 곡가가 이전의 2배를 찍었다. 여기에 7월 왕정이 철도와 건설에 과잉투자한 결과 생겨난 금융과 재정위기가 겹쳤다.

경제위기는 파리 인구의 다수를 차지한 소생산자와 노동자를 직격했다. 당시 파리의 제조업은 거대한 도시 인구를 겨냥한 소비 물품—음식, 피복, 가구—과 전통적인 사치품 생산에 집중되었고, 기계화의 영향은 미미했다. 2월혁명 직전 파리의 생산시설 중 절반 이상이 1~2인으로 구성된 작업장이었다. 하지만 이 시기의 자본주의는 기술 혁신 대신 공정을 일련의 단순 작업으로 쪼개는 분업화와 이에 따른 저임금을 바탕으로 성장했다. 건설업에서는 노동자들이 가장 증오하던 '하청'이 기승을 부렸고, 의류업과 사치품 제조업에서도 기존의 주문형 완제품 생산체제가 해체되고 제작공정이 쪼개졌다. 이에 따라 파리 경제의 등뼈였던 숙련공들은 직업적 가치와 자부심을 잃게 되었고, 평균임금은 갈수록 떨어지고 실업률이 급격히 높아졌다. 이에 따라 정권은 물론 7월 왕정의 총아였던 금융가와 대부르주아에 대한 반감도 늘어났다.

이러한 배경 속에 노동자들 사이에 정치적 급진주의가 전파되었고, 공화국은 군주정과 대비되어 점차 급진적인 의미를 얻게 되었다. 1830년대부터 참정권이 완전해지려면 노동권이 함께 보장되어야 한다는 사상이 본격적으로 힘을 얻었고, 초기 사회주의자들은 노동에 새로운 해방적 의미를 부여했다. 1840년대에 부상한 '조합주의association'는 구체제적 동업조합의 부활이 아니라 경쟁과 하청을 극복하고 생산에 공동으로 참여하는 평등한 노동자들의 사회를 만들기 위한 기획이었다. 1848년 1월 29일 토크빌은 의회에서 "우리는 지금 화산 위에서 잠자고 있다"라고 말했다. 노동계급의 사회적 열망이 정치화하면서 사회혁명의 조짐이 나타나고 있음을 경고한 것이었다.

선거법 개혁은 의회 내 개혁주의 왕당파로부터 자유주의자와 공화파에 이르기까지 다양한 집단을 모으는 대의가 되었다. 의회 바깥에서는 자유주의 신문《국민》과 공화파 신문《개혁》을 비롯한 언론, 그리고 7월 왕정의 탄압으로 지하로 숨은 비밀클럽들이 호응했다. 개혁파는 집회 금지법을 피해 선거법 개혁운동을 확산시키고자 1847년 7월부터 전국적으로 연회를 개최했다. 개혁주의 왕당파가 주도한 파리의 연회는 처음에는 매우 온건했으나 겨울부터 공화주의자들이 적극 참여하면서 급진적 목소리가 높아짐에 따라 정부의 우려도 커졌다.

1848년 2월 12일 선거법 개혁안이 또 거부되자 의회의 개혁파와 파리 언론은 22일에 파리 중심부에서 대형 연회를 계획했다. 21일 정부가 다시 연회 금지령을 내리자 온건파는 연회를 포기했지만, 학생들과 파리 민중은 금지령을 모르거나 무시한 채 22일 아침부터 대규모 행진을 시작했다. 이렇게 누구도 계획하거나 예상하지 못한 채 2월혁명이 시작되었다. "기조는 물러나라!"라는 함성과 함께 사람들이 거리로 쏟아져 나왔고, 노동자 구역에 바리케이드가 서기 시작했다. 정부는 정규군과 함께 국민방위대를

소집하여 소요를 진압하고자 했다. 대혁명 때 시민 민병대로 창설된 국민
방위대는 복고 왕정 때 해산되었다가 7월 왕정 때 유산계급만 복무할 수
있는 형태로 재건되었다. 루이 필리프는 그들이 자신을 지지하리라 굳게
믿었다.

23일 아침, 군대가 시내에 집결하기 시작했고 국민방위대 소집령이 울
려 퍼졌다. 그러나 국민방위대는 자신들에게 이익이 될 선거권 확대에 호
의적이었고 정권에 대한 충성심도 그다지 없었기에 소집령에 적극적으로
응하지 않았다. 이에 충격을 받은 왕은 마침내 기조를 해임했고, 이 소식
이 퍼지자 거리는 축제 분위기로 바뀌었다. 그날 저녁 파리 사람들은 건물
마다 불을 밝혀 축하했고, 일군의 시위대는 붉은 깃발을 앞세우고 기조가
머물던 외무부 건물로 행진했다.

여기서 시위가 반란으로 변하는 결정적 사건이 벌어졌다. 외무부 건물로
다가가려는 군중과 막으려는 경비대가 밀고 당기는 사이 한 군인이 실수
로 발포했다. 공황에 빠진 군대는 일제 사격을 가했고, 그 결과 50명 이상
의 시민이 사망했다. 시위대는 수레에 시체를 싣고 카퓌신느 대로를 따라
"시신의 행렬"을 벌이며 사람들을 잠에서 깨웠다. 이 소식에 새로 임명된
수상은 하루도 못 가 사임해 버렸고, 왕은 시위대를 강경 진압하자는 뷔조
장군의 주장 앞에 망설였다. 그사이 반란의 기운은 파리 전역으로 퍼졌다.

24일은 그야말로 바리케이드의 날이었다. 아침부터 파리에 바리케이드
가 가득 차면서 대부분의 구청이 점거되었다. 2월혁명 때 세워진 1,500여
개의 바리케이드 중 대부분이 이날 지어졌다. 바리케이드 설치 지역과 시
위대의 행진 경로를 보면 바리케이드가 북쪽과 동쪽의 노동자 지구, 그리
고 학생과 노동자가 섞여 살던 라탱 지구에 주로 설치되었고, 여기서 출발
한 시위대가 파리 중심부에 있는 국가권력의 거점들로 나아갔음을 확인할
수 있다. 혁명 후 파리 경찰청장으로 임명된 급진공화파 코시디에르Marc

Caussidière는 이날 바리케이드 작업을 이렇게 회고했다.

> 반란 작업은 침묵 속에 어떤 군사력의 방해도 없이 엄청난 기세로 진행되었다. 강 대로에서 바스티유까지, 생드니 문에서 센강까지, 파리는 바리케이드 건설 현장이었다. 반란에 가담한 사람들은 다음 날 무장하기 전에는 작업장의 연장을 가지고 거리로 나왔다. 안타깝도다! 그들은 대로의 아름다운 가로수를 쓰러뜨렸고, 유서 깊은 건물의 문, 가스등, 분수, 막사, 그리고 군대의 행진을 막을 수 있는 건 뭐든지 뜯어냈다. 거리에 나선 사람들은 건축 현장에서 들보, 벽돌, 판자, 수레 등 자재를 날라 왔다. 그리고 이 모두를 거대한 자갈 벽 속으로 밀어 넣어 합쳤다.……곧 파수꾼들이 바리케이드를 점거하고 지켰다. 일군의 남자들이 모닥불을 둘러싸고 웅크려 앉아 탄알을 녹이며 조용히 담배를 피우는 모습도 볼 수 있었다. 갈아엎어 놓은 거대한 도시 한가운데 펼쳐진 이 기이한 야영장에서 그곳에 자유를 심을 수 있도록.[3]

같은 날 아침 뷔조는 왕의 명령에 따라 파리 중심부에서 군대를 철수시켰다. 국민방위대가 미적지근한 태도를 보이는 가운데 시위대가 점차 승기를 잡았다. 시청이 이미 점거되었고 시위대가 튈르리궁으로 향하기 시작했다는 소식이 들리자, 왕은 루이 16세의 전철을 밟지 않고자 왕궁 수비대를 사열하러 갔다. 그러나 병사들조차 "개혁 만세"를 외치는 것을 들은 왕은 크게 낙심한 채 궁으로 돌아와 퇴위를 준비했다. 그리하여 시위대가 혁명을 선포하기도 전에 왕은 이미 체념해 버리는 이상한 사태가 발생했다. 왕은 죽은 장남의 열 살짜리 아들인 파리 백작에게 양위하고 오를레앙 공작 부인이 모후로 섭정하는 조건으로 퇴위 조서를 발표한 후 바로 영국으로 망명을 떠났다. 왕이 사라진 튈르리궁에 진입한 시위대는 궁의 집기를 부수고 왕좌를 바스티유 광장에 끌고 와 불태웠다. 이렇게 2월혁명은 7

월혁명의 "영광의 3일"보다 더 순식간에 끝났다. 실제 반란이 시작되고 왕이 퇴위를 선언하기까지 48시간도 채 걸리지 않았다. 사망자는 1830년보다 적어서 50명의 정규군과 22명의 파리 방위대, 그리고 289명의 파리 민중이 희생되었다.

왕이 퇴위한 후 공화국이 선포되기까지 폭풍처럼 벌어진 일들은 지난 혁명의 기억과 파리 민중의 압박 속에서 진행되었다. 승리를 예감한 시위대는 7월혁명 때 또 다른 군주정에 혁명을 "날치기"당한 일을 상기하며 경계심을 높였다. 거리에 붙은 한 벽보는 "시민들! 그대들의 영웅적 행동으로 다시 한번 전제정은 궁지에 빠졌다. 그러나 그대들은 1789년 7월 14일, 1792년 8월 10일, 1830년 7월 29일에도 승리했고, 매번 승리의 열매를 빼앗겼다.······이 전례들이 마침내 교훈이 되기를!"이라 외쳤다.[4]

이에 따라 시위대는 7월혁명이 재연되지 않도록 감시하고자 의회로 향했다. 24일 오후 의회는 의원들, 남은 왕가 사람들, 그리고 수많은 시위대로 가득 찼다. 오를레앙 공작 부인의 섭정을 선포하려던 왕당파의 시도는 공화국을 외치는 시위대의 격렬한 반대로 실패했다. 군중의 외침에 떠밀린 의원 라마르틴은 《국민》과 《개혁》 사무실에 모인 혁명위원회가 급조한 명부에 기초하여 7명의 임시정부 예비 명단을 발표했다.

군주정의 부활을 막은 시위대는 의원들을 압박해 의회를 떠나 시청으로 향했다. 시청과 그 앞의 그레브 광장은 바리케이드 전투의 투사와 부상자로 가득했고, 그 후 며칠 동안 공화국은 파리 민중의 감시 속에서 탄생했다. 군중을 뚫고 시청에 겨우 들어간 임시정부 예비 대표단은 사무실 하나를 비워 본부로 삼았다. 각종 대표단과 시위대가 계속 문을 두드리고 접견을 요구해서 가구로 문을 막아야 할 지경이었다. 그 과정에서 더 급진적인 인사들이 임시정부에 합류할 것을 요구하면서 결국 임시정부 대표단은 의회 내 야당을 구성했던 라마르틴을 비롯한 6인의 의원, 《국민》과 《개혁》을 대표하는 2인의 언론인, 사회주의자인 블랑Louis Blanc, 그리고 "노동자 알베르" 11인으로 결정되었다.* 왕당파와 극좌 양쪽을 배제한 임시정부의 인적 구성은 다양한 혁명 세력 간의 타협을 보여 준다. 시청을 메운 민중의 압박과 환호 속에 결국 임시정부는 공화국 수립을 선포했다. 노동자들은 7월 왕정이 썼던 혁명의 삼색기 대신 붉은 깃발을 국기로 삼자고 요구했으나 라마르틴이 시청 앞으로 나가 설득한 끝에 삼색기는 공화국의 국기로 남았다.

그 후 임시정부는 임기 내내 시청에 머물렀고, 이후 며칠 동안 급진적 법령들이 파리 민중의 직접적 압박 속에서 통과되었다. 혁명의 충격 효과를 가장 잘 보여 주는 일화는 노동권의 탄생이다. 25일 아침, 마르슈Marche라는 노동자가 이끄는 노동자 대표단이 임시정부 사무실에 들어왔다. "한 남자가 손에 총을 든 채 들어왔다. 얼굴은 창백하게 일그러졌고, 입술은 분노로 떨렸다. 그는 대담하게 회의 책상까지 바로 걸어 들어와 소총 끝으로 마루를 치며 그레브 광장을 가리켰다." 라마르틴이 그를 달래려 하자 마르슈는 "시詩는 그만. 민중은 더 이상 원치 않소. 민중이 주인이고, 그들은 당신들이 지체없이 노동권을 법령화하기를 명령하오"라고 말했다.[5] 이에 임시정부는 노동권과 노동자들의 조합 결사권을 보장하는 법령을 바로 통과시켰고, 그 후 며칠 사이 하청이 금지되고 노동 시간이 단축되었다. 26일에는 공포정치의 부활을 막고자 정치범에 대한 사형이 철폐되었고, 3월 5일에는 마침내 유럽 역사상 처음으로 성인 남성 보통선거법이 통과되었다.**

이때 거리를 메운 시위대의 사회적 구성을 보면 98.9퍼센트가 남자였고,

---

* 기계공이자 비밀클럽 지도자였던 알베르(본명은 Alexandre Martin)는 노동자들에 대한 유화적 제스처를 표현하고자 특별히 그의 별칭이었던 "노동자 알베르"로 호명되었다.
** '보편선거suffrage universel'라고 표현되었으나 실상 여성은 배제되었다.

평균 나이는 35.3세였으며, 파리 토박이는 30퍼센트 이하였다. 직종별로 보면 가구업, 직물업, 건설업, 금속과 기계업, 귀금속 세공업, 인쇄업 등에 종사하는 숙련공과 직인들이 많았다. 공간별로 보면 3분의 1 이상이 거주 지역에서 3구역 이내의 바리케이드에 참여한 것으로 나타나 이웃의 연결 망이 중요했음을 알 수 있다. 그러나 기록상 잘 드러나지 않는다고 해서 혁 명과 봉기가 남성의 전유물은 아니었다. 무장한 전사의 대부분은 남성이 라도 바리케이드는 동네 주민과 가족 공동의 작업이었고, 그 속에서 여성 들은 다양한 역할을 맡았음이 속속 밝혀지고 있다.

제2공화정과 "파리의 봄"

이렇게 인민주권에 근거한 공화국이 선포되었지만, 그 의미는 서로 다르 게 이해되었다. 프랑스의 정치 엘리트, 지방 명사층, 유산계급은 충격과 체념 속에 혁명을 받아들였을 뿐 공화국에 대한 의혹과 경계를 풀지 않았 다. 제1공화정을 상징하는 로베스피에르와 단두대의 유령은 그들을 계속 괴롭혔다. 임시정부의 주류파였던 온건공화파가 원한 것은 이들을 안심시 키고 보통선거권과 대의제 의회로 제도화된 공화국을 안정시키는 것이었 다. 라마르틴은 3월 18일 선포한 포고문에서 공화국은 인민의 영웅적 행 위로 이미 수립되었으며, 보통선거권이 모든 시민의 법적 평등을 달성했 으므로 "프랑스에 더 이상 프롤레타리아는 없다"고 선언했다. 그에 따르면 이제 혁명은 끝났으므로 시민의 가장 신성한 권리는 거리에 나서는 것이 아니라 투표권이었다.

반대로 급진공화파와 사회주의자, 그리고 파리의 다수 노동자에게 공화 국 수립은 시작일 뿐이었다. 그들은 임시정부가 혁명을 계속 진행하여 적극적 사회개혁을 실천하는 이른바 "민주적·사회적 공화국"을 실현하기를 원했다. 임시정부가 봉기한 인민의 상징인 바리케이드 위에서 수립되었다는 사실은 새 정부가 가진 정당성의 근원인 동시에 정부의 대표성이 취약함을 뜻하기도 했다. 혁명 후 파리 민중은 자신들이야말로 인민주권의 직접적 대표로서 임시정부가 혁명을 잘 수행할 수 있도록 감시할 자격이 있다고 생각했다.

공화국에 대한 엇갈리는 기대 속에서 이후 사건에 결정적 영향을 미칠 조직들이 생겨났다. 먼저 국민방위대는 2월혁명을 통해 대혁명의 전통을 되살려 부르주아 민병대에서 인민의 무장권을 체현한 인민의 대표로 변모했다. 2월 29일 이후 재편성된 국민방위대는 재산 제한 없이 모든 시민에게 개방되었으며, 전투 분과에 따라 조직되었던 군제 역시 이제 거주 구역에 따라 재편되어 자기가 사는 곳을 방위하게 되었다. 무기와 군복 역시 예전처럼 시민들이 각자 마련하는 것이 아니라 정부가 무상으로 제공하기로 했다. 그 결과 도시 노동자에게 국민방위대가 개방되었다. 파리의 국민방위대 인원은 1848년 1월 5만~6만 명에서 3월 18일 등록 결과 19만 명으로 증가했고, 6월에는 23만 명까지 늘어났다.

동시에 임시정부는 2월 25일 바리케이드에서 싸운 전사 중 평균 18~20세 사이의 젊은 남성 노동자 1만 5,000명을 모아 새로운 치안대인 기동방위대garde mobile를 창설했다. 이들은 일종의 예비군인 국민방위대와 달리 병영에 따로 거주하면서 정규군 지휘관의 명령에 따라 엄격한 훈련을 받았다. 경제적 불황의 시대에 기동방위대는 점차 안정적인 주거와 월급을 제공하는 정권에 충성하게 되었고, 이들은 6월 봉기 진압에서 핵심 역할을 맡게 될 터였다.

파리 노동자들이 임시정부에 가한 압박과 그 한계를 잘 보여 주는 또 다른 기관은 '노동자를 위한 정부위원회'였다. 이들은 상원이 있던 뤽상부르궁에서 회합했기 때문에 '뤽상부르위원회'라고 불렀다. 2월 28일 노동자들이 시청으로 몰려와 노동부 창설을 요구했으나 임시정부의 반대에 부딪힌 끝에 결국 절충안으로 나온 것이 블랑과 알베르가 주관하는 뤽상부르위원회였다. 직종별로 3명가량의 대표를 보내서 노동자 300~400명이 전체 회의에 참여했다. 뤽상부르위원회는 노동자의 조건을 향상한다는 임무를 떠맡았지만 사실 실권은 거의 없는 모호한 조직이었다. 하지만 노동자들은 이를 국가를 중심으로 한 노동체제 재조직과 노동계 전체의 조합화를 논의하는 구심점으로 삼고자 했으며, 위원회는 이후 선거에서 노동자들의 정치 세력화를 위한 매개체가 되었다.

2월 26일 임시정부는 노동권을 보장하기 위한 또 하나의 기관으로서 국민작업장을 설립했다. 블랑은 국가가 주관하는 노동자의 생산조합으로서 사회작업장을 기획했지만, 임시정부가 만든 것은 자선을 제공하는 예전의 구휼작업장과 크게 다르지 않았다. 국민작업장의 총괄감독관이 된 26세의 엔지니어 토마Émile Thomas는 군대식으로 작업팀을 조직하고 각자 지휘관을 뽑도록 했으며, 제복과 각 부대의 깃발도 부여했다. 하지만 경제 불황 때문에 파리의 실업자는 너무 많았고, 이들을 위한 공공노동 일감은 부족했다. 여기에 국민작업장 설립 소식을 듣고 지방 사람들이 일자리를 찾아 파리로 모여들어 상황은 더 심각해졌다. 3월 15일에 1만 4,000명이었던 국민작업장 등록 인원이 6월 15일에는 12만 명에 가까워졌고, 그 외에도 등록을 거부당한 5만 명이 파리에 남아 있었다. 일감이 부족하니 배당받은 몇 시간을 일한 후 대기하는 모습이 일반적이었고, 이 때문에 외부에는 놀면서 국가 예산을 축낸다는 인상을 주었다. 반면 국민작업장의 노동자들은 일자리가 아니라 일용직 공공노동이 주어지는 것이 불만이었고, 일당 역시 최저생계비에 한참 못 미쳤다. 남성 노동자의 하위 경쟁자로 인식되었던 여성 노동자의 상황은 더욱 나빴다.

제2공화정이 언론과 결사의 자유를 보장한 후 파리에는 신문과 클럽 활동이 폭증했다. 이때 10만 명이 각종 클럽의 정규 회원이었고, 200개 신문이 창간되었다. 그중 가장 급진적이고 규모가 큰 클럽은 블랑키L. A. Blanqui의 '중앙공화주의협회'와 바르베스Armand Barbès의 '혁명클럽'이었다. 파리 클럽들은 자신들도 인민의 뜻을 대표하여 직접 임시정부의 행보에 개입할 권리가 있다고 주장했다. 3월 26일 설립된 '클럽들의 클럽'은 클럽에 주로 참가했던 부르주아에 더해 노동자 조합과 국민방위대 대표들까지 아울렀다.

임시정부가 지향한 대의제 공화국과 파리의 클럽과 노동자들이 꿈꾼 민주적·사회적 공화국 사이의 갈등은 3월 중순부터 표면화되어 파리의 거리는 여러 차례의 시위로 끓어올랐다. 3월 16일에는 예전의 부르주아 국민방위대 수만 명이 무장한 채 시청으로 행진해 국민방위대를 노동계급에 개방하는 것에 항의했다. 이에 클럽과 노동자들은 바로 다음 날인 3월 17일 대항 시위를 조직했다. 조합별로 조직된 20만 명의 노동자들이 무기 없이 시청으로 행진해 혁명 후 다시 파리로 들어왔던 군대를 철수시키고 국민방위대 장교 선거와 제헌의회 선거를 연기할 것을 요구했다. 그들은 지금의 후보자는 모두 지역 명사나 반혁명 인사이고 노동자들은 선거인 등록이 어렵기 때문에 공화주의가 확산될 때까지 시간이 더 필요하다고 주장했다. 임시정부는 이들의 요구에 따라 군대를 파리 바깥으로 철수시키고 두 선거를 몇 주씩 연기했다. 2월혁명을 만들어 냈던 파리 민중의 힘은 아직 건재한 듯 보였다.

그러나 4월 5일 치러진 국민방위대 장교 선거에서 노동자들은 참패했다. 인맥을 잘 다져 놓은 부르주아들이 유리한 고지를 선점했고, 노동자들은 생업과 선거운동을 병행하기 힘들었다. 제헌의회 선거가 다가오자 파리 노동자들은 더욱 초조해졌다. 바리케이드에서 태어난 임시정부는 노동자들의 요구에 응해 사회개혁을 시행할 압박을 느꼈지만, 농민이 유권자의 절대다수인 보통선거에서 태어날 제헌의회는 과연 어떠할까? 노동자들은 4월 16일 샹드마르스 광장에 모여 다시 시청으로 행진했다. 그러나 3월과 달리 분위기는 싸늘했다. 시청을 에워싼 국민방위대는 "공산주의자는 물러가라!"라고 외쳤고, 예전과 달리 임시정부와 접견도 하지 못했다. 전날 블랑키가 의회 내 급진공화파와 함께 쿠데타를 계획하고 있다는 루머가 퍼진 것이 원인 중 하나였다. 시위 직후 임시정부는 클럽을 강하게 탄압했다. 2주 만에 클럽의 절반 가까이가 사라졌고, 5월 15일 이후에는 남은 클럽의 절반이 또 사라졌다. 온건공화파는 클럽이 이제 정치적 역할을 버리고 자유로운 의견 교환의 장이라는 본연의 임무로 돌아가야 한다고 주장했다.

4월 23일에 열린 제헌의회 선거는 공화국이 여전히 프랑스인 대부분에게 낯설고 심지어 두려운 것임을 입증했다. 공화국을 마지못해 받아들인 교회, 지방 명사층, 유산계급은 임시정부의 유화적 태도에 이미 자신감을 회복했다. 그 결과 제헌의회는 7월 왕정의 의회와 크게 다르지 않게 유산자, 지방 명사층, 옛 의원들이 지배했다. 의원 구성을 대략 보자면 약 500명이 온건공화파, 급진공화파는 100명 이하, 오를레앙파가 200명, 부르봉 왕가를 지지하는 정통 왕당파가 100명이었다. 노동자들은 심지어 파리에서도 패배했다. 파리를 포함한 센느도 34석 중 뤽상부르위원회가 지지한 인물들이 차지한 의석은 6석에 불과했다.

5월 4일, 마침내 제헌의회가 출범했다. 의회가 공화국 수립을 재차 선포하고 시청을 떠나 부르봉궁으로 복귀한 것은 파리 민중에게 2월혁명의 정통성을 부정하는 것으로 비쳤다. 행정부 역할을 하게 된 5인의 집행위원회에서 블랑과 알베르는 배제되었다. 투표권자의 수가 900만 명 이상으로 늘어난 가운데 83퍼센트의 투표율을 보인 제헌의회 선거는 사상 초유의 사건이었다. 바리케이드 위에 세워진 임시정부에 비해 제헌의회는 보통선 거로 체화된 인민주권의 대표로서 우월한 권위를 확보한 듯 보였다. 온건 공화파와 보수파 언론은 질서 있는 선거 과정을 찬양하며 이제 "소총에서 투표함으로", 즉 무장한 시민권에서 투표권을 행사하는 시민권으로 이행 할 때라고 강조했다. 하지만 실상 많은 선거가 부정부패, 명사층과 교회의 압박, 직간접적 폭력으로 얼룩졌다. 특히 루앙에서 벌어진 4월 학살은 6월 봉기의 예고편이었다. 4월 선거 직후 결과에 항의하는 시위대에 국민방위 대가 돌격하고 대포가 동원된 끝에 수십 명이 사망했다.

선거에 대한 실망과 루앙 학살은 그때 한참 파리 클럽을 달구던 폴란드 문제와 결합하여 5월 15일 시위로 터져 나왔다. 1848년 봄에 폴란드에서 일어난 봉기가 프로이센군에게 잔인하게 진압당하자, 파리 클럽에서는 형 제애의 이름으로 프랑스가 개입해야 한다는 여론이 일었다. 5월 15일 아 침, 남은 클럽을 중심으로 한 일군의 비무장 시위대가 폴란드 원조를 요구 하는 청원서를 직접 전달하러 의사당 안으로 들어갔다. 의회는 마침 민중 이 직접 의회에 진입하는 행동을 불법화하고자 논의 중이었고, 분노한 의 원들과 흥분한 시위대가 섞여 의사당은 혼란의 도가니가 되었다. 상황이 예기치 못하게 악화된 끝에 시위대 일부는 의회 해산을 선포하고 시청으 로 행진한 끝에 새로운 정부를 선포했다.

그러나 그날 저녁 기동방위대와 국민방위대는 의회와 시청을 재점거한 후 시위대뿐만 아니라 시위에 참여하지 않은 대부분의 급진공화파 의원과 클럽 요인들까지 130여 명을 체포했다. 6월 7일에 급히 통과된 집회 금지 법은 7월 왕정 때보다 더 강력하게 집회를 탄압했다. 이로써 시위대가 직 접 인민의 뜻을 대변하고 전달할 수 있다는 혁명 전통은 부정되었고, 파리 민중을 조직할 수 있는 클럽과 의회의 급진파 리더십도 무너졌다. 한 역사 가는 이처럼 보통선거를 등에 업은 의회가 인민주권의 정당성을 독점한 것이 6월 봉기의 씨앗이 되었다고 분석했다. "인민이 공적인 일에서 철저히 배제된 상태에서 여기에 개입하려는 시도 일체는 의회와 갈등을 빚게 되었고, 의회의 정당성은 너무 절대적인 나머지 학살까지 정당화할 수 있게 되었다."[6]

6월 봉기와 "절망의 바리케이드"

제헌의회 임기 시작부터 불기 시작한 '질서'를 향한 역풍과 '공산주의자들'에 대한 공포는 5월 15일 시위 이후 본격화되었다. 의회 내 보수파와 파리의 보수 언론은 이제 무장한 파리 민중을 제자리로 돌려보내고 혁명의 순환을 끝내야 한다고 주장했다. 새 정부 출범 후 이미 직무 정지되었던 뤽상부르위원회는 5월 15일 폐지되었다. 나중에 나폴레옹 3세의 총신이 될 팔루comte de Falloux를 비롯한 의회 내 가톨릭 보수파는 이제 국민작업장을 해체하는 작업에 착수했다. 집행위원회는 섣불리 파리 노동자를 자극하면 안 된다고 말렸으나, 팔루는 오히려 위험이 더 커지기 전에 빨리 작업장을 해체해야 한다며 밀어붙였다. 마침내 6월 21일, 정부는 국민작업장의 25세 미만 노동자는 입대시키고, 나머지는 지방의 공공사업에 투입한다는 결정을 내렸다. 첫 조는 바로 이틀 후 솔로뉴의 늪 매립 작업을 위해 떠나도록 예정되었다.

5월 15일 시위 후 파리 노동자들은 국민작업장 문제를 두고 급격히 정치화되었다. 6월 4일 국민작업장에서 제출한 청원서는 이렇게 말했다; "우리는 자선을 바라지 않는다. 공화국은 우리 자녀와 함께 생계를 유지할 수 있는 일을 약속했다.……그러니 우리가 자유로운 인간으로 살 수 있게 일자리를 달라.……왕당파여, 우리가 너희의 노예로 남기 위해 세 번째 혁명을 일으킨 게 아니라는 사실을 잊지 말기를."[7] 이와 함께 언론 탄압에 맞서 노동자들의 목소리를 직접 대변하고 민주적·사회적 공화국의 이상을 설파하는 "적색 신문"이 대거 발행되었다. 이들은 의회가 게으른 착취자들의 아성이 되어 사회개혁을 막아서고 있으며, 노동자야말로 유용한 계급으로서 인민주권을 구현한다고 주장했다. 노동자들은 해산된 클럽 대신 거리에 모여 이러한 이야기를 쏟아 내며 거리의 쓰임새를 넓혀 갔다. 그들에게 "거리는 모든 클럽 중에서도 최초이자 가장 신성한 클럽"[8]이고, "대로와 공공광장이야말로 민중의 포럼"[9]이었다.

해체 이후 뤽상부르위원회 대표들과 국민작업장 노동자들은 단결하여 파리 노동자들에게 새로운 리더십을 제공했다. 22일 국민작업장 해체 소식을 접한 노동자들은 퓌졸Louis Pujol이 이끄는 대표단을 집행위원회로 파견했다. 그러나 공공건설부 장관의 대답은 노동자들이 자발적으로 떠나지 않는다면 강제로라도 떠나게 만들겠다는 것이었다. 그날 저녁 팡테옹 광장에 수많은 노동자가 집결했다. 한 학생의 회상에 따르면 모두 솔로뉴라는 "프랑스의 시베리아"로 유배를 떠나고 노동권과 파리의 혁명 세력은 사라질 것이라는 절박함에 사로잡혀 있었다.[10] 그날 밤 퓌졸은 노동자 소집령을 내렸고, 여기저기서 바리케이드가 서기 시작했다.

이렇게 6월 봉기의 막이 올랐다. 6월 23일 아침, 바리케이드가 섰다는 소식과 국민방위대가 소집되었다는 소식이 동시에 전해지며 파리는 혼란에 빠졌다. 비바람이 몰아치는 가운데 노동자들은 "노동 아니면 탄환"이라고 외치며 바스티유 광장으로 행진해서 바리케이드를 쌓았다. 23일 오전이면 팡테옹에서 파리 북부까지 파리를 절반으로 가르는 바리케이드의 선이 생겨났다. 그 선의 동쪽에 있는 노동자 구역이 6월 봉기의 핵심 지역이었다. 23일 밤, 도시의 절반에서는 바리케이드가 승기를 잡았지만 예전 혁명처럼 권력의 중심부로 진출하지 못했다. 각 지역의 '바리케이드 대장'이

봉기를 이끌었으며, 봉기군은 자기 동네에 바리케이드를 쌓고 근처를 방
어하면 다른 무장 세력이 호응할 것이라고 막연히 믿었다.

진압 방식을 놓고 집행위원회와 진압군 사령관 카베냑은 갈등을 빚었
다. 집행위원회는 바리케이드를 하나씩 공략하는 게 사상자를 줄이는 방
법이라고 생각했지만, 카베냑은 지난 혁명을 반면교사 삼아 군대를 바리
케이드마다 분산시키지 않고 집중시켜 압도적인 화력으로 공격하는 것을
선호했다. 집행위원회가 파리에 병력이 부족하다고 지방에 전신을 보내자
전국 각지에서 공화국을 지키겠다고 외치는 국민방위대가 기차를 타고 파
리로 출발했다. 바리케이드 뒤의 파리 노동자들은 파리로부터, 또 프랑스
전국으로부터 고립되어 있었다.

24일 아침, 의회는 집행위원회의 권한을 정지했고, 전권을 위임받은 카
베냑은 계엄령을 내렸다. 그날 바리케이드에 대항한 대포의 위력이 유감
없이 입증되었다. 진압군은 먼저 집중 포격으로 바리케이드와 주변 집을
철저히 부순 다음 돌격하여 거의 저항 없이 바리케이드를 함락했다. 진압
에 가장 열정적으로 나선 것은 젊은 기동방위대로, 이들의 지나친 전투열
은 제어하기 힘들 정도였다. 이들은 시위대 쪽으로 이반한 동료를 즉결 처
형하기까지 했다.

25일, 바리케이드 지역은 동부의 노동자 지구 쪽으로 급격히 좁아졌다.
군대는 대로를 점령하여 그들을 도심과 격리한 후 무자비한 진압작전을
벌였다. 이날 항복을 권유하러 바리케이드로 갔다가 다친 후 나중에 사망
한 파리 대주교 아프르Denis-Auguste Affre의 예는 바리케이드 뒤의 상황이
얼마나 혼란스러웠고, 루머와 공황이 어떻게 치명적 결과를 낳았는지 잘
보여 준다. 양쪽의 학살과 잔인성을 부풀리는 소문과 뉴스가 폭력의 강도
를 더 높였다. 보수파 언론은 봉기군이 포로를 죽이고 기동대 장교들의 목
을 잘랐다는 선정적인 뉴스를 내보냈고, 반대로 봉기군은 군대가 포로를

다 죽였다는 소문을 듣고 자신들에게 잡혀 있던 브레아Jean B. F. Bréa 장군을 우발적으로 살해했다. 마지막 날인 26일에 남은 것은 혁명의 단골 무대이자 이후 사람들의 기억 속에 길이 남을 포부르 생탕투안의 바리케이드뿐이었다. 고립된 바리케이드 투사들은 뉴스도 듣지 못하고 끈질기게 버텼으나, 아침에 대포를 앞세워 공격을 개시한 진압군에 순식간에 굴복당했다.

전투가 끝난 후에는 소탕 작업이 이어졌다. 진압군은 집과 거리를 수색하며 손에 탄약 자국이 있거나 방아쇠를 당긴 흔적이 있는 사람들을 모두 체포했다. 이 과정에서 많은 이들이 즉결 처형당했고, 수많은 시체가 센강에 버려지고 집단으로 매장되었다. 바리케이드는 빠르게 철거되었고, 남은 것은 벽에 남은 포탄 자국뿐이었다. 정권은 군중에게 복수의 열망을 불러일으키지 않도록 내전의 자취를 철저히 지우고자 했다.

6월 봉기 진압 결과 얼마나 많은 사상자가 발생했는지는 여전히 불명확하다. 공식 발표에 따르면 1,500명의 노동자가 사망했지만, 역사가들은 최대 4,000명까지 잡기도 한다. 어쨌든 진압 과정이 "도살"과 다름없었음에는 대부분이 동의했다. 6월 봉기 후 1만 5,000명이 체포되었고, 그중 6,000명은 며칠 후 풀려났다. 끝까지 구금된 400여 명은 알제리로 유형을 갔다.

6월 봉기는 과연 무엇이었을까? 마르크스와 토크빌은 이것이 유산자와 무산자 사이의 계급 투쟁이었다고 의견 일치를 보았지만, 후대 역사가들은 이 해석에 만족하지 못했다. 그 이유는 바리케이드를 사이에 두고 파리 민중이 서로 대치했고, 그들의 결정을 좌우한 요인이 다양했기 때문이다. 크게 보면 현상유지를 원하는 유산자의 공화국과 대대적인 사회개혁을 원하는 민주적·사회적 공화국 사이의 분할선은 분명 계급적이었다. 그러나 당시 노동자들 사이에 일치된 계급의식을 가정하는 것 역시 불가능하다. 실제 바리케이드 양쪽에서 싸운 사람들의 사회적 구성은 비슷했고, 봉기 진압에 가장 열정적으로 참여한 것은 젊은 노동자로 구성된 국민기동대였다. 봉기자의 주축은 2월혁명과 마찬가지로 수공업 직종에 종사한 숙련공과 소생산자였지만, 그때와 달리 파리 노동자 인구 다수는 참여하지 않았거나 수동적이었다. 봉기 참여 인원은 1만 명 내지 1만 5,000명 정도로 추산된다. 무엇이 파리 노동자들의 선택을 갈랐고, 봉기에 나선 이들은 무엇을 원했을까?

흔히 말하듯 2월과 달리 6월의 바리케이드는 굶주리고 버림받은 자들의 "절망의 바리케이드"였을까? 당시에 나온 증언은 이러한 인상을 강화했다. 팡테옹의 바리케이드에 투항을 권하러 간 의원에게 바리케이드 투사들은 "당신은 굶주려 본 적이 없소. 당신은 빈곤이 뭔지 모르잖소"라고 응수했다.[11] 6월 24일 한 노동자 신문에 따르면, "우리가 입수한 모든 보고가 한결같이 말하기를, 바리케이드 뒤에 자리 잡은 노동자들이 느끼는 것은 2월의 고양감이 아니라 남자들의 암담한 체념이다. 그들은 굶주림에 죽느니 총을 맞고 죽는 게 낫다고 말했다."[12]

그러나 6월 봉기가 굶주림과 실업에 대한 절망 때문에 벌어진 폭동이었다는 해석은 한쪽 면만 본 것이다. 경제적 어려움은 분명 컸지만, 당시 파리 노동자들은 정치 문제와 사회경제적 문제, 노동권과 시민권을 분리해서 생각할 수 없었다. 그들은 나중에 보수파가 비난했듯이 무정부주의에 휩쓸려 공화국에 대항한 것이 아니라 그들의 공화국, 즉 해방의 도구인 공화국, 노동자의 공화국을 지키기 위해 봉기한 것이다. 한 바리케이드 대장은 심문 중 "사회적 공화국"이란 대체 무엇이냐는 물음에 이렇게 대답했다. "내가 뜻하는 것은 사회개혁이 있는 공화국……자유로운 의무 교육과 조합을 통한 노동의 조직화……노동자가 자기 노동의 산물을 받는 것인데 지금은 그 일부를 자본을 제공하는 자가 앗아간다."[13]

나이도 노동자들의 선택에 적지 않은 변수가 되었다. 6월 봉기에서 진압군 평균 나이는 21세였고, 봉기자 평균 나이는 34세였다. 지난 혁명과 좌절, 호황에 이은 불황, 착취에 반대하는 저항의 경험이 있는 연장자들은 근본적인 변화를 택했지만, 더 젊은 세대는 단기적인 경제적 문제 해결과 안정을 선택하는 경향이 강했다. 이와 함께 조직 경험 역시 중요했다. 정규군과 유사한 계급구조로 편성되어 엄격한 훈련을 받고 파리 민중과 떨어져 생활했던 기동대의 경험은 그들을 기존 정권을 수호하는 쪽으로 가게 했다. 반면 국민작업장의 노동자들은 6월 이후 작업장 해체에 이르는 배반과 멸시의 경험 때문에 봉기에 적극 참여했다.

이와 함께 사건 한가운데 있던 사람들이 느꼈을 혼란 역시 고려해야 한다. 제2공화정이 바리케이드 위에서 세워진 것이 불과 4개월 전이었고, 당시 상황은 당대인에게 매우 불확실해 보였다. 특히 2월혁명 이후 다수의 노동계급이 국민방위대로 편입되고 조직이 거주지 중심으로 재편되면서 각지역의 바리케이드 전투에서 국민방위대의 역할이 더 중요해졌다. 일부 국민방위대 장교들은 자신의 이웃인 바리케이드와 진압군 사이를 오가며 교섭을 시도하는 등 매우 모호한 태도를 보였다. 포부르 생탕투안에 살던 자물쇠공으로 국민방위대였던 오드Aude는 나중에 법정에서 이렇게 소리쳤다. "당신네는 그걸 반란이라고 부르지만, 그날 난 그게 뭔지 몰랐소. 내 소대 전체가 거기 동참한 걸 보고 내가 무슨 생각을 했겠소?"[14] 6월 봉기 후 군사법정에 선 일부 피고들은 계급적 언어를 거의 사용하지 않았다. 그들은 또 다른 찬탈자나 왕당파에 의해 공화국이 위기에 처했다고 믿었고, 그래서 공화국을 지키기 위한 시민의 의무를 다했을 뿐이라고 주장했다.

6월 봉기는 제2공화정의 결정적 전환점 중 하나였다. 2월혁명이 거두었던 노동권에 대한 성과는 물거품이 되었고, 블랑과 알베르를 비롯한 급진파 지도자와 노동자 대표들은 망명길에 올랐다. 2월의 바리케이드에서 실상 두 개의 공화국이 겹쳐 탄생했고, 6월의 바리케이드에서 유산자의 대의 제 공화국은 노동자들이 기대한 민주적·사회적 공화국을 패배시켰다. 여기서 생긴 공백과 불만을 채운 것이 루이 나폴레옹 보나파르트였다. 그해 겨울, 그가 대통령으로 선출되면서 제2공화정은 제2제국으로 가는 열차에 오르게 되었다.

바리케이드의 기억과 유산

2월혁명과 6월 봉기의 차이는 어디에서 왔을까? 2월에는 왕이 주저하는 가운데 군대에 대한 명령이 혼란스럽게 내려왔고, 국민방위대는 인망을 잃은 정권을 수호하기 위해 대규모 살상이 예상되는 진압전을 감수할 생각이 없었다. 도시 전체에 출구 없는 대치 상태가 계속되는 가운데 바리케이드가 파리 전역에 솟아올랐고, 왕가는 일찌감치 체념해 버렸다. 6월에는 정반대의 상황이 벌어졌다. 새 정부는 4월부터 파리 노동자의 급진주의를 공격하기 시작했고, 5월 15일의 시위는 혁명의 예봉을 꺾었다. 봉기를 일으킨 지역의 노동자들은 파리 나머지와 전국으로부터 고립되었다. 보통선거로 성립된 공화국이라는 정당성을 독점한 의회와 군대는 망설임 없이 강경 진압에 나섰다.

　봉기 진압 후 보수파는 6월 봉기를 무정부주의자와 공산주의자들이 공화국에 대항해 벌인 폭동으로 낙인찍고자 했다. 가장 전형적인 판결은 봉기 진압 직후 《국민》에 나온 글이었다. "그렇다. 한편에는 질서, 자유, 문명, 고매한 공화국, 프랑스가 있었고, 그 반대편에는 야만인, 학살과 약탈을 위해 소굴에서 나온 무법자, 그리고 가족은 그냥 단어이고 재산은 도적질일 뿐이라고 주장하는 저 사나운 교리의 끔찍한 추종자들이 있었다."[15] 이와 함께 사회적 불안감을 달래기 위해 봉기를 비이성적인 여성의 광기

[그림 8-2] 1848년 6월 25일 라모리시에르 장군의 부대가 공격하기 전 생모르포팽쿠르 거리에 있던 바리케이드(포부르 뒤탕플 바리케이드의 일부).

[그림 8-3] 1848년 6월 봉기에서 모르텔레리 거리의 바리케이드가 함락된 후의 모습, 장 루이 메소니에르 작, 1850.

로 격하시키려는 시도도 벌어졌다. 신문은 칼로 진압군의 목을 베는 폭력적인 여성들의 일화로 가득했고, 바리케이드에서 싸운 여성 투사들은 범죄자와 성매매 여성으로 묘사되었다.

반면 카베냑은 "6월의 구원자"로, 진압군은 공화국과 질서를 수호한 영웅으로 찬양되었다. 1848년에 각종 신문과 책에 등장한 삽화와 이미지들은 6월 봉기를 철저히 진압군의 시점에서 보여 준다. 바리케이드를 공격하는 진압군, 장군들과 기동방위대의 의기양양한 초상화, 브레아 장군과 아프르 주교의 희생 등이 정교하게 묘사된 반면, 봉기자들은 배경으로 존재할 뿐이다. 또한 6월 봉기는 혁명사상 최초로 바리케이드를 찍은 사진을 남겼다. 봉기의 상징인 포부르 뒤탕플Faubourg du Temple 바리케이드는 그 거리의 주민이 찍은 은판 사진 속에 살아남았다. 6월 25일 바리케이드가 공격받기 직전과 직후의 상황을 나란히 보여 주는 2장의 사진은 6월 봉기를 새로운 눈으로 보게 한다.

그러나 6월 봉기를 상징하는 대표적 이미지가 된 것은 화가 메소니에르 Jean-Louis Meissonier가 그린 그림이었다. 그는 국민방위대의 포병으로 바리케이드 진압작전에 참여한 후 바로 그 거리의 참상을 가감 없이 그려 냈다. 1851년 이 그림이 전시되었을 때 한 비평가는 무너진 바리케이드의 자갈 더미와 노동자들의 조각난 시체가 뒤섞여 있는 모습을 "인간 오믈렛"이라고 불렀다. 미술사가들의 상반된 해석에 따르면 이 그림은 미래의 봉기에 대한 경고일 수도 있고, 화가의 트라우마와 죄책감의 표현일 수도 있다. 그러나 이 그림의 냉정한 현실주의는 저자의 의도를 뛰어넘어 당대의 현실, 즉 마르크스와 엥겔스가 《공산당 선언》에서 말한 계급 투쟁의 현실을 직시하게 했다. 이제 들라크루아의 〈민중을 이끄는 자유의 여신〉이 대표하는 승리와 통합의 알레고리 대신 계급 투쟁과 패배의 냉엄한 현실이 바리케이드의 기억에서 중요한 위치를 차지하게 되었다.

6월 봉기를 문학 속에 영원히 안착시킨 이는 뜻밖에 봉기 진압에 가장 애쓰며 돌아다녔던 빅토르 위고였다. 2월혁명 후 상황에 떠밀려 공화파 의원이 된 위고는 6월 봉기의 현장에서 목격한 장면을 나중에 발간된 그의 대작 《레미제라블》의 바리케이드 전투 장면에 녹여 넣었다. 위고는 1851년 루이 보나파르트가 쿠데타를 일으켰을 때 이번에는 바리케이드를 지키는 반군으로서 진압군에 맞서 싸우다 영국으로 망명한 후 오랫동안 6월 봉기의 기억을 곱씹었다. 그는 〈포부르 생탕투안의 카리브디스와 포부르 뒤 탕플의 스킬라〉라는 장에서 직접 목격했던 거대한 두 개의 바리케이드에 대해 말한다. 6월 봉기에 대한 그의 표면적 입장은 여전히 부정적이다. "그 폭동은 억제했어야 했고, 그것은 의무였다. 왜냐하면 그것은 공화국을 공격하고 있었으니까. 하지만 요컨대, 1848년 6월은 무엇이었는가? 민중 자신에 대한 민중의 반항이었다." 하지만 뒤이어 "6월의 창공 아래 우뚝 솟은 내란의 그 두 개의 무시무시한 걸작들"로 시작하여 바리케이드와 그 건설자들을 마치 꿈틀거리는 하나의 집단적 생물체처럼 그려 내는 몇 장은 그야말로 압도적이다. 결국 위고는 그들 "비참한 자들"을 공격하면서도 동시에 존경할 수밖에 없는 양가 감정 속에 오히려 혁명 민중을 향한 일종의 경외감을 드러내고야 만다.[16]

2월혁명에서 파리의 바리케이드가 마지막으로 승리한 후 1848년 짧은 "인민의 봄"에 바리케이드는 유럽 전체로 수출되었다. 혁명의 상징으로서 바리케이드는 유럽의 반란자들을 묶는 힘이 있었다. 그러나 6월 봉기의 패배 역시 유럽 전체에서 되풀이되었다. 카베냐크의 바리케이드 진압 전술과 계엄령은 너무나 효과적이라 이후 베를린과 빈에서 모방되었다. 하지만 바리케이드는 1851년과 1871년에 다시 파리에 나타났다. 1871년 파리코뮌 때 세워진 몇몇 바리케이드는 거의 기념비처럼 거대했지만, 전술적으로는 실패작이었다. 진압군은 바리케이드를 정면으로 공격하지 않고 길을 우회해서 후방을 습격했다. 그러나 바리케이드는 전술적 가치가 줄어든 후에도 혁명 전통의 매개물로서, 인민주권의 도덕적 권위를 가시화하는 기념비로서, 주민들의 참여와 연대를 끌어내는 연결망의 중심으로서 오랫동안 그 의미를 잃지 않았다.

09

1851년 12월:
루이 나폴레옹의 쿠데타, 역사의 희비극

양희영

다시 공화국에서 제국으로, 쿠데타의 재평가?

역사가 프랑수아 퓌레François Furet는 프랑스혁명에서 제3공화국에 이르는 시기의 프랑스사를 두 개의 연대기적 순환을 중심으로 구성할 수 있다고 보았다. 첫 번째 순환은 1789년부터 1799년 혹은 1804년까지로, 이 첫 번째 순환을 이루는 정치 형태들, 즉 입헌군주정, 공화정, 쿠데타, 제정, 그리고 그 사이사이 승리하거나 분쇄된 봉기들이 19세기 더 긴 시간의 순환, 즉 두 번째 순환을 통해 되풀이되었다는 것이다. 또한 그에 따르면 제2공화국(1848~1852)은 6월 봉기로 인해 자코뱅적 단계가 사산되었다는 점을 제외하면 "18세기 마지막 10년—즉 프랑스혁명—의 거대한 사이클을 홀로 재현한다."[1] 이렇게 보면 1848년 2월혁명으로 수립된 제2공화국이 1851년 12월 2일 쿠데타를 거쳐 제정으로 종말을 고하는 것은 일종의 역사적 필연으로 보이기조차 한다. 이런 시각은 한 세기 반을 거슬러 올라가 역사적으로 중요한 인물과 사건은 한 번은 비극, 다음 번은 희극으로 되풀이되며 1851년 루이 나폴레옹 보나파르트의 쿠데타는 1799년 삼촌 나폴

레옹 보나파르트의 브뤼메르 18일 쿠데타의 희극적 재현이라고 냉소한 마르크스를 떠올리게 한다.[2]

퓌레가 말한 제2공화국의 사이클에서 6월 봉기 진압은 국민공회 시기와 같은 급진공화국으로의 진입 실패를 의미하는 것으로서 제2공화국은 프랑스혁명의 자코뱅적 단계 없이 곧장 테르미도르, 즉 혁명의 후퇴를 경험한 셈이었다. 또한 이렇게 보면 1848년 12월, 이미 두 차례 체제 전복 음모로 이름을 알린 루이 나폴레옹 보나파르트가 대통령에 선출된 이후의 제2공화국은 마치 제1공화국의 총재정부 시기처럼 쿠데타를 통한 독재와 제정 수립으로 종결되는 것이 정해진 수순인 양 보일 수 있다. 게다가 1851년의 쿠데타는 공화파가 기대했던 만큼의 저항을 야기하지 않았고 그해 12월

[그림 9–1] 〈튈르리궁 집무실의 나폴레옹 3세〉, 이폴리트 플랑드랭 Hyppolyte Flandrin 작, 1862. 군복 차림으로 튈르리궁 집무실에 선 루이 나폴레옹 보나파르트. 바로 옆에 삼촌인 나폴레옹 1세의 흉상이 놓여 있다.

20~21일의 국민투표에서 프랑스인들은 압도적 표차로 쿠데타를 재가했다. 그러나 루이 나폴레옹의 쿠데타는 삼촌의 그것과는 달리 '유혈' 쿠데타였고, 합법성을 훼손하여 권위주의적 독재체제를 수립했다는 점에서는 다르지 않음에도 불구하고 삼촌의 쿠데타보다 훨씬 더 선명한, 제국에 찍힌 불명예의 낙인이 되었다. 무엇보다 제2제국을 쓰러뜨린 스당Sedan에서의 굴욕적인 항복은 프랑스인들의 머릿속에서 쿠데타로 세워진 체제의 당연한 귀결인 양 인식되었다. 그에 따라 공화파 역사가 르네 아르노의 다음과 같은 결론은 생명력 강한 역사적 평가로 자리 잡았다. "12월(쿠데타)의 사람들은 나라에 평화와 부를 가져다줌으로써 자신들의 행동이 불법적인 것이었음을 잊게 할 수 있었을 것이다. 그러나 그들은 나라를 재앙으로 끌고 갔다.……그러니 제2제국의 번영에 대해 말하지 말라. 18년간의 제국의 잔치가 1870년의 종말 앞에서 무슨 가치가 있는가? 스당은 12월 2일에 유죄를 선고하기에 충분하다."[3]

그러나 20세기 후반 나폴레옹 3세에 대한 무게 있는 전기들이 출간되면서 그의 쿠데타에 대한 신랄한 평가를 완화하려는 시도들이 이어졌다. 아드리앵 당세트를 필두로 한 뛰어난 전기 작가들뿐 아니라 루이 지라르, 티에리 렌츠 같은 역사가들이 방대한 사료에 기초한 뛰어난 전기들을 집필했고 21세기 들어서도 피에르 밀자, 장 사뉴, 에릭 앙소 등이 전기를 출간했다.[4] 특히 큰 반향을 불러일으킨 것은 필리프 세갱의 《대제大帝 루이 나폴레옹》이었다.[5] 제목부터 빅토르 위고의 《소인 나폴레옹 Napoléon le Petit》에 대한 대응이라 할 이 책에서 세갱은 루이 나폴레옹을 강한 개성과 업적 특히 변함없는 신념의 소유자라는 점에서 "매력적이고 존경할 만한" 인물로 그려 낸다. 역사학을 전공한 드골주의 정치인 세갱은 보나파르트주의와 드골주의를 비교하고 그 공통점을 내세워 루이 나폴레옹과 보나파르트주의를 옹호한다. 그 공통점이란 드골과 나폴레옹 3세의 '구원자homme providentiel' 이미지, 이 인물들이 이들을 선택한 인민peuple과 갖는 특별한 관계, 즉 정당성légitimité이라 불리는 관계이다. 그리고 이 공통점을 인정할 때 주목해야 할 것은 이 특별한 인물이 사용한 수단보다는 그가 추구한 목표와 얻어 낸 결과라는 것이다. 이 결과란 궁극적으로 위로부터의 사회주의를 통한 프랑스의 '근대화'이다. 역사가 장 사뉴는《나폴레옹 3세, 한 생시몽주의자의 여정》에서 루이 나폴레옹의 쿠데타를 합법성이 아닌 정당성의 관점에서 판단할 것을 제안하고 쿠데타 이후의 몇 달, 이른바 루이 나폴레옹의 독재 시기가 생시몽이 자신의 프로그램을 실현하는 데 반드시 필요하다고 보았던 이행기적 독재였다고 암시한다.*

역시 드골주의 성향의 역사가 에릭 앙소는 산업화와 진보에 대한 믿음의 세기이자 '사회 문제들'의 세기, 질서와 운동 간 긴장의 세기, 정치적 안정과 자유 모두를 열망한 세기, 낭만주의와 리얼리즘의 세기로서의 19세기는 곧 나폴레옹 3세의 세기였다고 주장했다. 그에 따르면 나폴레옹 3세는 "말을 탄 생시몽"으로서 물질적·도덕적 진보, 계급 화해와 지속적 평화에 기초한 행복한 사회의 도래를 믿고 스스로 그것을 실현하고자 한 인물이었다. 한편으로는 드골주의와의 비교를 통해 다른 한편으로는 근대화 업적을 통해 나폴레옹 3세를 기념하고자 하는 이들은 또한 그것을 통해 그의 쿠데타를 용서할 만한 것, 나아가 위기에 처한 프랑스를 구하고자 했던 것으로 제시하고자 한다.

루이 나폴레옹 보나파르트는 위로부터 사회주의를 이루고자 한 "말을 탄 생시몽"이었는가? 제2제국 시기의 근대화는 나폴레옹 3세의 독재에 의해 가능했는가? 치세기의 경제적 성공은 나폴레옹 3세를 '대제'의 반열에

---

* 루이 나폴레옹은 쿠데타를 일으킨 1851년 12월 2일부터 대통령 임기를 10년으로 하는 공화국을 선포한 1852년 3월 29일까지를 스스로 독재기로 지칭했다.

올려놓았는가? 제2제국이 이룬 근대화는 제국을 가능하게 한 쿠데타를 정당화하는가? 이 글은 이 문제들에 답하기 위한 것은 아니다. 다만 1851년 12월 2일 쿠데타의 배경, 과정, 귀결을 짚어 봄으로써 쿠데타란 무엇인지, 제2공화국 그리고 이 공화국의 프랑스인들에게 루이 나폴레옹의 쿠데타는 무엇이었는지 다시 확인함으로써 위의 질문들에 대한 답을 숙고하는 데 도움이 되고자 한다.

기묘한 공화국:
왕당파가 지배하는 의회, 제위를 열망하는 대통령

1848년 12월 10일 제2공화국 대통령 선거에서 1,000만 명 조금 안 되는 프랑스 유권자 중 약 543만 명이 루이 나폴레옹 보나파르트에게 투표했다.*
40세의 젊은 대통령은 생애 초기의 7년, 1840년 이후 프랑스 북부 암Ham 요새에 갇혀 보낸 6년을 합해 겨우 13년을 프랑스에서 보낸, 프랑스어조차 어눌한 인물이었다. 그러나 나폴레옹 보나파르트의 동생 네덜란드 왕 루이 보나파르트와 나폴레옹 보나파르트의 첫 번째 아내 조세핀 드 보아르네의 딸 오르탕스 드 보아르네 사이에서 태어난 이 인물은 1848년 5월 중순 시작된 공화국의 제헌 작업에 이미 어두운 그림자를 드리우고 있었다.

　1832년 나폴레옹 보나파르트의 아들 라이히슈타트 공이 사망한 후 유일한 제위 요구자가 된 루이 나폴레옹은 1836년에는 스트라스부르에서,

---

* 루이 나폴레옹은 전체 투표(약 730만 표)의 74.2퍼센트를 얻었다. 온건공화파의 지지를 얻은 '6월의 구원자' 카베냑 장군은 144만 8,000표(19퍼센트), 급진공화파 르드뤼 롤랭은 37만 1,000표(5퍼센트), 사회주의자 라스파유는 3만 7,000표, 2월혁명기 임시정부의 외무장관이자 실질적 수반 라마르틴은 겨우 1만 7,000표를 얻었다.

1840년에는 불로뉴쉬르메르Boulogne-sur-Mer에서 엉성한 반란을 시도했다. 두 번째 시도가 실패한 후 종신형을 선고받고 암 요새에 수감된 루이 나폴레옹은 1846년 브뤼셀을 거쳐 런던으로 탈출했다가 1848년 2월혁명이 발발한 후 다시 프랑스 땅을 밟았다. 그는 임시정부의 요구에 따라 곧 런던으로 돌아갔으나 6월 실시된 제헌의회 보궐선거에서 4개 도道에서, 9월 실시된 보궐선거에서는 5개 도에서 선출되었다. 루이 나폴레옹은 6월에는 사임했으나 9월에는 프랑스로 돌아와 의회 연단에 섰다. 당시 의원석에 있던 오를레앙파 샤를 드 레뮈자Charles de Rémusat는 루이 나폴레옹에 대한 첫인상을 이렇게 적었다. "불쾌한 얼굴, 어색하고 서툰 모습. 보나파르트라고는 할 수 없는 인물." 한마디로 그는 "하찮은 인물"로 보였고 의원석에 앉은 황제를 보게 될까 겁먹었던 이들을 안심시켰다.

그러나 여론은 달랐고 루이 나폴레옹은 겉보기보다 치밀했다. 그는 암 요새에 갇혀 있을 때 두 권의 책을 썼는데 특히 초기 사회주의자 푸리에와 생시몽의 영향이 담긴 두 번째 책 《빈곤의 근절Extinction du Paupérisme》(1844)은 노동자들로부터 상당한 호응을 얻었다. 이 책에서 그는 도시화와 산업화의 결과를 비판하고 노동계급의 운명을 개선하기 위한 사회개조의 필요성을 강조했다. 그는 대통령 선거를 앞두고 좌파에는 국왕 루이 필리프의 희생자, 인민의 운명을 염려하는 공화국의 옹호자로, 우파에는 가족, 소유권, 종교를 염려하는 질서의 인물로 자처하면서 세금 감면, 산업 입법, 정치범 사면을 약속했다.

대통령 선거 조금 전인 1848년 11월 4일 공포된 제2공화국 헌법은 이중의 두려움, 곧 한편으로는 대혁명기 국민공회Convention nationale 같은 강력한 단원제 의회에 대한 두려움, 다른 한편으로는 '독재자' 대통령에 대한 두려움의 산물이었다. 삼촌의 후광을 등에 업고 두 차례 왕정 전복을 시도한 루이 나폴레옹이 두 번째 두려움을 부추겼다. 1848년 헌법은 남성 보통선거로 선출되는 3년 임기의 단원제 의회에 입법권을, 역시 남성 보통선거로 선출되는 4년 임기의 대통령에게 행정권을 부여했다. 대통령은 헌법 준수를 선서해야 했고 첫 임기 후 곧바로 재선될 수 없었다. 대통령은 자신의 뜻에 따라 장관을 지명하고 해임할 수 있었지만(64조) 의회를 해산할 수는 없었다. 국민대표는 불체포 특권을 가지며(36조) 대표들의 회합을 막기 위한 어떤 행위든 '국가반역죄'로 간주되어 고등법원에 기소되어야 했다(68조). 의회 역시 반역죄 외에는 대통령을 탄핵할 수 없었다. 두 권력은 엄격히 분리되어 서로에게 거의 영향을 미치지 못했다. 헌법은 의회 임기 마지막 해에만, 매우 엄격한 절차에 따라 수정할 수 있었다. 개헌안은 한 달 간격으로 세 차례 토의에 부쳐져 매번 적어도 500명이 투표해 4분의 3 이상의 지지를 얻어야 하며 이 조건이 충족될 경우 입법의회를 해산하고 석 달 임기의 개헌의회를 선출해야 했다(111조). 몇몇 역사가는 이 까다로운 개헌 규정으로 인해 두 권력 사이에 분쟁이 생길 경우 프랑스는 위기를 해소하지 못하고 통치 불능 상태에 빠질 가능성이 컸으며 그런 점에서 이 헌법이 1851년 12월 2일 쿠데타의 기원 중 하나라고 보았다.

[그림 9-2] 〈제헌의회에서 헌법에 선서하는 루이 나폴레옹〉, 로냉 코스망Raunheim-Cossmann 작, 1848, 프랑스국립도서관. 대통령에 선출된 루이 나폴레옹은 12월 20일 제헌의회에서 헌법에 대한 충성을 선서했다.

루이 나폴레옹은 대통령 당선 직후에는 공화파 다수의 제헌의회와, 1849
년 5월 선거 후에는 왕당파가 지배하는 입법의회와 함께 통치해야 했다. 제
헌의회 900석 중 약 250석을 차지했던 정통 왕조파와 오를레앙파는 입법
의회에서는 750석 중 약 400석을 차지했다. 이 두 왕당파는 '황태자—대통
령prince—président'에 대한 경멸과 하루빨리 공화국을 끝장내려는 의지에 의
해 하나로 결합할 수 있었다. 이들과 온건공화파로 이루어진 질서파에 포
위되어 있던 대통령은 점차 자신의 사람들을 선택해 독자적 기반을 마련하
고 한편으로는 의회 다수파의 무능과 무력, 반동적 행태에 대한 광범위한
환멸을, 다른 한편으로는 급진파의 준동이 초래할 잠재적 위기에 대한 공
포를 자극해 이 위기로부터 사회를 구할 구원자로 나설 것이었다.

제위를 원하는 대통령과 그를 경멸하는 왕당파가 이끄는 이 기묘한 공화
국에서 두 권력 공동의 적수는 '데목속démoc—soc' 혹은 '민주파'로 불린
민주사회주의자들démocrates—socialistes이었다. 이들 급진공화파 또는 산악
파는 입법의회 선거에서 전체 투표의 34.8퍼센트를 얻어 약 200석을 차지
했다. 1848년 임시정부가 보통선거를 채택하고 결사의 자유를 인정한 이
래 산악파는 농촌으로 들어가 농민을 조직하고 농민의 지지를 얻고자 노
력했다. 마시프 상트랄Massif central 북부 지역, 론Rhône강과 손Saône강 유
역, 알자스 지방에서 산악파가 얻은 승리는 이런 노력의 성과였다. 그러나
산악파는 프랑스 원정군의 로마공화국 침략에 반발해 1849년 6월 13일 봉
기를 조직했다가 무력하게 진압되었다.* 봉기 실패 후 산악파 지도자들은
망명하거나 기소되었고 1년 전인 1848년 6월 봉기 진압 후[6] 그나마 남아

* 1849년 6월 3일 프랑스 군대는 의회 승인 없이 로마공화국을 침략했다. 산악파는 이 행위가 무
력을 사용해 타 국민의 자유를 침해할 수 없게 한 공화국 헌법을 위반한 것이라고 주장하고 대통
령과 장관의 탄핵을 요구했다. 산악파는 이 요구가 거부되자 봉기를 일으켰으나 곧 진압되었다.

있던 집회와 언론의 자유가 더욱 제한되면서 산악파의 선전 활동은 심각한 타격을 입었다.

임기 초에 질서파 중에서 장관을 지명했던 대통령은 1849년 10월 스스로 선택한 2급의 인사들을 장관에 임명하면서 엘리제파 혹은 보나파르트파를 키우기 시작했다. 이때 지명된 법무장관 외젠 루예Eugène Rouher, 금융가문 출신의 재무장관 아쉴 푸, 내무장관 페르디낭 바로, 공교육부 장관 파리외는 모두 보나파르트파의 중심인물로서 제2제국에서도 요직을 역임할 것이었다. 새 내각이 구성된 후 내무장관은 공화파 도지사préfet와 군수 sous-préfet들을 해임하고 대통령에게 충성하는 이들로 대체했으며 공교육부 장관은 공화파 교사들을 해임하고 교사들을 지사의 감시 아래 두는 법을 통과시켰다.

1849년 6월 봉기 실패로 타격을 입은 급진파는 그해 말 되살아났다. 이들의 부활은 6월 봉기 후 유죄를 선고받은 30명의 의원을 대체하기 위해 실시된 1850년 3월과 4월의 보궐선거에서 입증되었다. 3월 10일의 선거에서 21명의 산악파가 선출되었고 특히 프랑스 동부 손에루아르Saône-et-Loire도에서 6명의 산악파가, 파리에서 3명의 산악파가 선출되었다. 게다가 후자 중 한 명의 사퇴로 치러진 보궐선거(4월 28일)에서는 사회주의자이며 반교권주의 작가 외젠 수Eugène Sue가 선출되었다. 이 선거는 의회 다수파의 공포를 자극했다. 보수파가 보기에 급진파는 '보통선거'를 통해 되살아나는 히드라였다.

"성주들Burgraves"로 불린 핵심 보수파 의원들은 이 선거 직후 보통선거를 제한할 새로운 법안을 마련했다. 보통선거를 보존하되 그 의의를 크게 훼손할 방법으로 이들이 생각해 낸 것은 유권자의 새로운 '거주 규정' 도입이었다. 기존의 법은 유권자 자격을 얻기 위해 한 코뮌이나 면canton에 6개월 이상 거주할 것을 요구한 반면 새로운 법은 3년 이상의 거주를 요구했다. 1850년 5월 31일에 통과된 이 법은 도시 이주와 철도 건설 시대 산악파의 기반인 도시 노동자들을 겨냥한 것으로서 결국 300만 시민에게서 투표권을 박탈했다.*

의회의 논쟁 과정에서 "성주들" 중 한 사람인 몽탈랑베르Montalembert는 이 법을 "국내의 로마 원정"으로, 오를레앙파 티에르Thiers는 이 법으로 배제될 이들을 "비천한 다중vile multitude"으로 지칭함으로써 산악파의 분노를 샀다. 빅토르 위고는 "보통선거는 반란권을 폐지했다. 이 법은 그것을 회복하는 것"이라고 반박했다. 약 두 달간 도처에서 이 법에 대한 격론이 벌어지고 수많은 신문기사가 쏟아졌음에도 대통령은 침묵을 지켰다. 그러고는 6월과 7월 정치클럽 금지를 1년간 연장하는 법, 신문사 사주가 납부해야 하는 보증금을 인상하고 정치·철학·종교 기사에 작성자가 서명하도록 함으로써 남아 있던 표현의 자유를 사실상 모두 소멸시킨 법이 통과된 후 대통령은 광범위한 지방 순회를 통해 야심을 분명하게 드러냈다. 대통령은 이 법들을 방임하되 가능한 한 다수파로부터 거리를 두고 모든 기회를 포착해 직접 인민에게 호소하고자 했다.

루이 나폴레옹은 8월 공화파에 호의적인 동부 지방에서는 자신의 권력이 인민에게서 기원함을, 9월 보수적인 노르망디에서는 강한 권력의 필요성을 강조했다. 순회를 마치고 파리 르아브르역(지금의 생라자르역)에 내렸을 때 대통령의 사조직 '12월 10일 회Socété du Dix−Décembre'에 선동된 군중은 "나폴레옹 만세! 황제 만세!"를 외치며 그를 맞았다. 얼마 후인 10월 10일 대통령이 사토리Satory 병영에서 군대를 사열할 때 장교와 병사들은 뇌마예 장군의 침묵 명령을 어기고 "황제 만세!"를 외쳤다. 대통령은 징벌의 의미로 뇌마예 장군을 전출시켰고, 군주정 회복의 집행자로 여겨지던 왕당파 입법의회 의원 샹가르니에 장군을 파리 군사단장직과 파리 국민방위대 사령관직에서 해임했다(1851년 1월). 이에 맞서 의회가 정부에 대한 불신임안을 표결하자 대통령은 의회를 달래기 위해 이를 받아들였지만 바로 다시 자신에게 충성하는 이들을 장관에 지명했다. 1850년 8월 루이 필리프의 사망으로 가능해 보인 두 왕당파의 화해가 결국 무산되고 군주정 회복의 가능성 역시 사라진 상황에서 분열된 의회는 대통령의 권력 의지에 맞설 동력을 갖지 못했다.

대통령의 의도와 의회의 무력함이 분명히 드러난 상황에서 의회와 대통령의 임기가 동시에 만료될 1852년 5월**의 권력 공백은 더욱 크고 두려운 것으로 떠올랐다. 수차례 탄압에 의해 억눌리며 쌓인 공화파의 원한과 결의를 상기할 때 보수파에게 그것은 대통령의 야심만큼이나 더욱 두려운 것이었다. 5월 31일 법에 분노한 소수 급진파의 무력 투쟁 시도가 1850년 10월 실패로 돌아간 후 공화파는 보통선거 훼손에도 불구하고 비밀협회 확산에 의지해 1852년 선거의 승리를 다짐하고 있었다. 게다가 경제위기에 짓눌린 가난한 농민들로부터 '자크리', 즉 폭력적 농민반란이 폭발하리라는 믿음도 퍼져나갔다. 1851년 초 배포된 전직 지사이자 보수파 언론인 오귀스트 로미외의 소책자 《1852년의 붉은 유령 *Le Spectre rouge de 1852*》은 1852년 자크리 폭발을 기정사실화하고 그 폭력상을 선정적으로 묘사하여 여론의 공포를 자극했다. 보나파르트파는 이런 공포에 기반해 '질서와 평온을 회복할 구원자'의 필요성을 설득할 수 있었다.

1851년 3월부터 보나파르트파 도지사들은 대통령 임기 연장을 위한 개헌운동에 박차를 가했다. 이들은 이미 1850년 여름 내내 대통령 재선을 금하는 45조 수정을 요구했고 그 결과 83개 중 52개 도의회가 이 요구를 담

---

* 961만 8,000명이었던 선거인 수는 680만 9,000명으로 줄었다.
**루이 나폴레옹은 1848년 12월 10일 선출되었지만 헌법 46조는 대통령 선거를 5월 두 번째 일요일로 규정했으므로 루이 나폴레옹의 임기는 취임 3년 반 만인 1852년 5월 만료되었다.

은 문서를 채택했다. 1851년 4월부터는 이들과 신임 내무장관 레옹 포셰의 지휘 아래 청원운동이 시작되어 약 130만 명이 청원서에 서명했다. 이런 압력 아래 의회는 개헌 논의를 시작했고 7월 19일 표결을 진행했다. 질서파 대부분은 1852년의 권력 공백을 피하도록 권고한 개헌검토위원회 토크빌의 보고에 따라 찬성표를 던졌지만 티에르와 샹가르니에를 따르는 오를레앙파가 공화파에 합류했다. 결과는 찬성 446표 대 반대 278표였다. 헌법이 요구하는 4분의 3의 찬성, 즉 543표에 97표 모자라는 결과였고 이는 의회 다수가 개헌을 원함에도 개헌은 불가능하다는 것을 의미했다. 이제 쿠데타의 길이 활짝 열렸다는 것을 누구나 인식했다.

루비콘강을 건너다: 1851년 12월 2~4일, 파리

쿠데타는 루이 나폴레옹의 측근 3인방, 즉 그의 이부異父 형제 모르니, 파리 경찰청장 모파, 스트라스부르와 불로뉴쉬르메르 반란에 함께했던 심복 페르시니에 의해 준비되었다.* 대통령은 지방 순회를 통해 1847년의 파국적 흉작으로 인한 위기에서 벗어나지 못한 불행한 농민들에게 삼촌의 후계자로서의 이미지를 강화하고 장교와 하사관들을 엘리제궁으로 초대해 환심을 얻고 자신의 사람들을 요직에 앉혔다. 1851년에만 쿠데타 전까지 40명의 도지사를 임명했고 육군장관, 파리 군사단장, 국민방위대 사령관직에 충복들을 임명했다. 11월 4일 루이 나폴레옹은 민심을 얻기 위해 1850년 5월 31일 자 선거법의 폐지를 제안했으나 의회에서 부결되었다. 이틀 후 육군장관 동의 없이도 의회가 군사력을 보유할 수 있게 하려는 '의회 안전 담당 사무국' 의원들의 제안은 보수파의 무력 사용을 우려한 공화파의 분열로 인해 부결되었다. 이날 산악파 의원 미셸 드 부르주Michel de

Bourges는 만일 의회가 위험에 처한다면 군대가 아니라 "보이지 않는 보초병", 즉 민중이 의회를 구할 것이라고 호언했다. 쿠데타 후 파리는 이 믿음이 허황된 것임을 입증할 것이었다.

쿠데타는 12월 2일 새벽 군대가 모든 관공서와 전략적 요충지를 점령하고 파리 경찰이 14명의 좌·우파 국회의원을 체포하면서 시작되었다. 보수파 의원 중에는 티에르와 브도Bedeau, 장군들인 카베냑, 샹가르니에, 라모르시에르, 좌파 의원 중에는 샤라스, 발렁탱, 솔라 같은 군인들, 나도, 그레포, 미오, 페르디기에처럼 노동자들과 가까운 의원들이 체포되었다. 70명의 노동자와 사회주의자 투사들 역시 구금되었다.**

파리 시민들은 2일 아침 거리에 나붙은 대통령의 포고문을 통해 쿠데타가 일어났음을 알았다. 이 포고문에서 대통령은 의회와 국무회의를 해산하고 보통선거를 제한하는 법을 폐지하고 선거인회를 소집하며 파리 일대에 계엄령을 선포한다고 밝혔다. 헌법에 따르면 대통령은 의회를 해산할 권리도, 혼자서 법을 폐기할 권리도 없었다. 대통령은 "국민에게 보내는

---

* 모르니duc de Morny(1811~1865)는 루이 나폴레옹의 어머니 오르탕스 드 보아르네와 나폴레옹 보나파르트의 부관으로 제1제국의 외무대신 탈레랑의 서자였던 샤를 드 플뤼오 사이에서 태어났다. 모르니는 알제리 정복에서 무공을 세운 후 제당해 설탕 공장 성공을 토대로 1842년 오를레앙파로 국회에 진출했다. 입법의회 의원에 선출되기 조금 전인 1849년 1월 대통령 루이 나폴레옹을 처음 만났다. 모파Émile de Maupas(1818~1888)는 7월 왕정 아래서 몇 차례 군수직을 맡은 후 제2공화국에서 알리에도와 오트가론도의 지사가 되었다. 지사로서 지방에서 대통령의 임기 연장을 위한 운동을 주도했고 1851년 10월 26일 파리 경찰청장에 임명되었다. 모파와 골수 보나파르트주의자 모험가 페르시니Victor de Persigny(1808~1872)는 쿠데타 계획보다는 실행의 주역이었다.

**정치학자 셰리에는 세밀한 준비, 비합법성, 폭력 사용이라는 점에서 나폴레옹 보나파르트의 브뤼메르 18일보다는 루이 나폴레옹의 12월 2일이 더 전형적인 근대적 쿠데타라고 주장한다. 브뤼메르 18일에 보나파르트는 적들에 대한 선제적 체포를 거부한 반면 12월 2일은 바로 그것으로 시작했다. 브뤼메르에는 500인 회의가 있던 생클루에서만 군대를 볼 수 있었던 반면 12월 2일에는 주저 없이 군대를 동원했다.[7]

호소"라는 제목의 또 다른 포고문을 통해 개헌을 위한 국민투표 실시를 예
고하면서 쿠데타의 동기를 장황하게 설명했다. 그는 의회를 음모의 온상
이며 "온갖 사악한 정념을 부추기는" 선동꾼이라고 비난하고 헌법은 애초
부터 자신에게 대항하기 위한 전쟁 도구에 불과했다고 폄하했다. 그에 따
르면 의회는 이 헌법을 들먹이며 대통령의 손을 묶고 공화국을 전복하려
하고 있었다. 루이 나폴레옹은 "배가 심연을 향해 달려가는 것을 보면서도
키를 붙들고 있을 수밖에 없는 권력"을 더는 원하지 않는다고 선언하고 자
신이 국민에게서 받은 위대한 사명을 완수할 수단을 달라고 호소했다. 이

사명이란 혁명의 시대를 마무리하고 지속적이
고 안정된 사회의 토대가 될 제도를 창조하는
것이었다. 이를 위해 그는 10년 임기의 지도자
와 그에게 속하는 장관들, 가장 뛰어난 인물로
구성되는 국무회의, 보통선거로 선출되어 법률
을 토론하고 표결하는 입법부, 균형을 보장하

[그림 9-3] 〈1851년 12월
2일 파리 거리의 기병대와
보나파르트파 신문 《조국
La Patrie》을 파는 가두판매
인들〉, 1851, 《일러스트레이
티드 런던 뉴스*The Illustrated
London News*》.

는 권력으로서 제2의 의회를 제안했다. 쿠데타를 정당화하는 마지막 단계로서 주권적 국민은 나폴레옹 보나파르트의 선례에 따른 국민투표를 통해 대통령이 주도한 행위를 재가할 것이었다. 루이 나폴레옹은 다수의 지지를 얻지 못하면 새 의회를 소집하고 거기에 자신의 권한을 넘겨주겠다고 장담했다.

쿠데타에 대한 파리 시민들의 반응은 대체로 무관심, 냉소, 방임과 체념이었다. 당대인들의 기록은 이 점을 뚜렷이 보여 준다. 제2제국 시기 공화파 언론인이자 역사가 외젠 테노Eugène Ténot에 따르면 파리 노동자들에게 12월 2일 포고문의 결론은 보통선거의 회복, 의회 다수파인 왕당파의 몰락, 공화국의 보존이었다. 그에 따르면 "처음부터 민중과 부르주아가 대통령의 행동을 다르게 보았다는 것은 분명하다.……(1848년) 6월 이래 자신들에게 가차 없었던 부르주아에게 깊은 원한을 품었던 노동자들은 대통령이 옛 다수파를 쫓아내는 것을 보면서도 여전히 무관심했다. 그들은 쿠데타를 루이 나폴레옹과 의회 사이의 분쟁의 산물로 보았고 이 분쟁에 과한 관심을 가질 필요는 없다고 생각했다. 민중들에게서 발견한 첫인상은 사실이든 아니든 국회의원 라그랑주Lagrange가 했다고 하는 다음의 말로 요약된다. '그것 참 잘 됐다!C'est bien fait !'"[8] 빅토르 위고가 그의 책《범죄의 역사Histoire d'un crime》에 적어 놓은 노동자들 사이의 대화 역시 유사한 반응을 보여 준다. "5월 31일 법이 폐지됐어", "좋은 일이군", "보통선거가 회복됐어", "잘됐군", "반동 다수파가 쫓겨났어", "멋지군", "티에르가 체포됐어", "훌륭해", "샹가르니에가 붙잡혔어", "브라보!"

그러나 역사가들은 2일 이른 시간부터 진행된 탄압 조치와 무력 사용, 즉 주요 좌·우파 지도자들의 체포, 저항을 조직할 수 있는 민주파 투사들의 대량 검거와 군대의 위협을 무시해서는 안 된다고 강조한다. 이날 아침 20명의 장군이 이끄는 보병 4만 9,000명과 기병 6,000명, 대포 117문이 수도 주요 도로와 외곽지대에 배치되었다. 군대 투입은 9월 이래 가장 믿을 만한 군대를 수도에 집결시킨, 오래 숙고한 계획에 따른 것이었다. 이로 인해 첫 저항은 자유주의적 부르주아들, 더 정확히 말해 의원직 박탈을 받아들이지 않은 입법의회 의원들에게서 나타났다. 군대가 국회의사당인 부르봉궁을 점령한 후 질서파에 속하는 의원 218명이 인근 10구청에 모여 국민대표의 불체포 특권을 명시한 헌법 36조, 대통령의 의회 해산행위를 반역죄로 규정한 헌법 68조에 따라 대통령의 즉각적인 직위 박탈과 탄핵을 의결했다. 이들은 곧 군대에 체포되어 먼저 체포된 이들이 수감되어 있던 마자Mazas 감옥으로 이송되었지만 지켜보던 민중에게 감히 구해 달라고 호소하지 못했다. 고등법원 판사들 역시 법원에 모여 의회가 제기한 탄핵 심판 절차를 정한 헌법 91조에 따라 판결문을 작성했으나 곧 군대에 의해

[그림 9-4] 〈바리케이드 위의 알퐁스 보댕〉, 에른스트 피쇼Erneste Pichio 작, 1869, 카르나발레 파리 역사박물관. 국회의원 알퐁스 보댕은 파리 교외 지역인 포부르 생 탕투안에 세워진 바리케이드에 올라 쿠데타에 대한 저항을 호소하다 군대의 총에 맞아 사망했다.

쫓겨났다. 저녁에는 라탱 구역에서 소요가 시작되었고 의과대학 광장에 수십 명의 학생이 모여들었다. 그러나 조르주 상드에 따르면 12월 2일 "파리는 평소보다 좀 더 슬펐을 뿐 그게 다였다." "무기력 때문이든 두려움 때문이든 죽음 같은 침묵"이 내려앉았다. 이때까지 루이 나폴레옹의 쿠데타는 그의 삼촌의 선례처럼 무혈 쿠데타로 마무리될 듯 보였다.

"무시할 수 없는" 저항은 이튿날 시작되었다. 2일 밤과 3일 사이에 빅토르 쇨세르, 빅토르 위고, 미셸 드 부르주, 이폴리트 카르노, 쥘 파브르, 드 플로트, 엠마뉘엘 아라고, 라므네를 중심으로 약 60명의 공화파 의원들이 저항위원회를 조직했다. 이들은 민중에게 보내는 호소문을 작성하고 3일 아침 노동자들의 도움을 받아 포부르 생탕투안의 생트마르그리트 가에 대형 마차와 작은 마차, 승합마차를 뒤집어 "허약한 바리케이드"를 쌓았다. 바스티유 광장을 출발한 세 개 중대가 포부르 생탕투안 가를 따라 올라왔다. 의원들은 함께 헌법을 수호하자고 설득하면서 병사들을 향해 나아갔고 병사들은 총검으로 이들을 밀어냈다. 이때 바리케이드를 방어하던 이들 중 한 명이 발포해 병사 한 명이 사망했다. 공격당했다고 생각한 병사들이 일제 사격을 가했고 바리케이드 위에 남아 있던 국회의원 알퐁스 보댕이 머리에 세 발을 맞아 사망했다. 보댕의 죽음은 이후 쿠데타에 대한 저항의 상징이 되었지만 당장에는 이 포부르의 민중을 움직이지 못했다.*

이날 오후 생드니 가, 그렌타 가, 트랑스노냉 가에 연결된 골목길들에 바리케이드가 세워졌다. 신임 육군장관 생타르노는 "바리케이드를 쌓거나

---

* 전해지는 이야기에 따르면 이날 한 노동자가 보댕에게 국회의원들의 일당 25프랑을 보존해 주기 위해 죽지는 않을 것이라고 말했다. 이때 바리케이드 위에 있던 보댕은 그에게 "우리가 25프랑을 위해 어떻게 죽는지 당신들은 보게 될 것이오"라고 답했다.[9]

방어하다가 또는 무기를 들고 있다가 체포된 이들"은 모두 총살에 처한다는 법령을 발표했다. 저녁 9시경 유일한 교전이 벌어졌고 여러 명이 무장한 채 체포되어 현장에서 총살당했다. 이날 밤 엘리제궁에서 열린 군사회의에서 신임 내무장관 모르니는 더 효과적이고 철저한 진압을 위해 저항이 확산되고 바리케이드가 세워지도록 내버려둘 것을 주장했다. 소규모교전으로 군의 힘을 낭비하지 말고 일거에 반도들을 진압해 파괴해야 한다는 것이 그의 논리였다.

4일 오전 센강 우안 북쪽 대로들과 남쪽 강변 사이에 약 60개의 바리케이드가 세워졌다. 이 숫자는 1848년 2월 1,500개에 비하면 극히 미미한 것이었다. 오후 2시경 3만의 군대가 생드니 가와 랑뷔토 가의 바리케이드 뒤에 무장하고 있던 약 1,200명의 공화파를 공격하기 위해 북쪽 대로들과 남쪽 강변에서 동시에 출발했다. 그러나 전투를 개시하기 전 몽마르트르 대로에서 발원지를 알 수 없는 총성이 먼저 들린 후 군대의 맹렬한 총격이 시작되었다. 총격은 동쪽 본누벨 대로와 서쪽 데지탈리앵 대로로 확산되었다. 총성과 총격의 정확한 발단에 대해서는 정확히 알려지지 않았다. 이틀 전부터 대로 주변 젊은 부르주아들로부터 욕설과 야유를 듣고 흥분한 상태였던 병사들은 방향을 알 수 없는 총성이 들린 후, 도로와 집 창문에서 군대가 지나가는 것을 보고 있던 이들을 향해 총탄과 포탄을 퍼부었다. 약 15분간의 총격이 멈췄을 때 800미터가 넘는 대로변 건물들 외벽에 총탄과 포탄 구멍이 뚫렸고 수십 구의 시신과 수백 명의 부상자가 대로와 저택 문 앞에 쓰러져 있었다. 포격당한 저택에서 총격을 목격한 영국인 대위의 증언에 따르면 그 저택에 있던 이들이 보기에 이 총격은 완전한 수수께끼였다.* 위고에 따르면 몽마르트르 대로의 학살은 이 쿠데타의 '독창성'을 보여주는 것이었다. "이 학살이 없었다면 12월 2일은 브뤼메르 18일에 불과했을 것이다. 루이 나폴레옹은 학살에 의해 표절을 벗어났다. 그는 여전히 표절자에 불과했었다. 불로뉴의 작은 모자, 회색 프록코트, 길들여진 독수리는 기괴해 보였다. 이 패러디는 무엇인가? 사람들은 말하곤 했다. 그는 웃겼다가 갑자기 떨게 만들었다."

밤늦게까지 몇몇 구역에서 전투가 이어졌다. 랑뷔토 가와 탕플 가 모퉁이에 바리케이드를 세운 공화파는 맹렬한 총격전 끝에 오후 5시경 100여 명이 죽거나 체포되었다. 남은 이들은 저녁 9시경 몽토르괴유Montorgueil 가에 다시 바리케이드를 세웠으나 리모주의 민주파 의원 마르슬랭 뒤수의 동생인 드니 뒤수가 바리케이드 위에서 총격을 받고 사망하는 것을 끝으로 파리의 저항은 완전히 진압되었다. 이로써 루이 나폴레옹은 쿠데타 작전명대로 '루비콘강을 건넜다.' 5일 오전이면 파리는 완전히 평온을 되찾았다. 상점들은 다시 문을 열었고 모든 거리에서 통행이 재개되었다.

경찰청장 모파는 12월 15일 첫 보고서에서 파리 반란 진압 과정에서 183 명이 사망하고 115명이 부상을 입었다고 밝혔다. 25일의 보고서에서 사망자는 215명, 부상자는 119명으로 늘어났다.** 군측에서는 26명이 사망하고 184명이 부상을 입었다. 관보인《르 모니퇴르 위니베르셀》지는 1852년 8월 20일 자에서 380명의 민간인이 사망했다고 보도했다. 브뤼메르 18일과 대비되는 이 유혈은 일부의 증언에 따르면 제정기 내내 루이 나폴레옹에게 발목에 매달린 쇠공, 즉 형벌과 같은 것이었다. 그러나 저항과 유혈은 끝난 게 아니었다. 예기치 못한 저항이 지방에서 시작되어 가혹한 탄압으로 이어졌고 이 저항과 탄압이야말로 '정치가 대중의 것이 된 시대'에 쿠데타란 무엇인가를 더 분명히 보여 줄 것이었다. 루이 나폴레옹은 나폴

---

* 영국인 대위 제스William Jesse의 증언은 1851년 12월 13일 자《타임스*The Times*》지에 실렸다.
** 모파의 12월 15일 자 보고서에 따르면 사망자 183명 중 116명은 반란 현장에서, 59명은 전투에서 입은 부상으로 집에서 사망했고 8명은 "구경꾼들"이었다.

레옹 보나파르트의 희극적 재현이었으나 그의 쿠데타는 삼촌의 쿠데타의
희극적 재현일 수 없었다.

지방의 저항과 탄압

쿠데타 후 탄압을 피해 망명한 공화파 의원 빅토르 쉴세르는 1852년 출간
한《12월 2일 범죄의 역사*Histoire des crimes du 2 décembre*》에서 1851년 쿠데타
에 대한 지방의 저항을 프랑스 정치 변동의 역사에서 전례 없는 것이었다
고 평가했다. 그에 따르면 "지방은 수도의 지령을 받지 않고 봉기했다. 프
랑스의 수많은 지역에서 선량한 공화파는 파리의 상황을 알지 못했음에도
동시에 무장 저항에 나섰다." 12월 2일의 쿠데타에 대한 지방의 저항은 20
세기 후반에 이르러 제2공화국의 역사에 대한 가장 활발한 연구 분야 중 하
나가 되었다. 대표적 역사가들인 필리프 비지에, 모리스 아귈롱, 레몽 위아
르 등은 모두 이 저항이 1848년 혁명 이래 지속된 농촌 정치화의 귀결이라

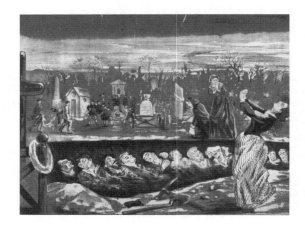

[그림 9-5] 〈1851년 12월 4일
몽마르트르 묘지의 큰 구덩이
에 함께 매장된 쿠데타 희생
자들〉, 작가 미상, 1851, 카르
나발레 파리 역사박물관.

고 강조했다.

루이 나폴레옹의 쿠데타 소식은 바로 당일 모르니의 전보를 통해 지사들에게 전해졌다. 이어 지사들은 기마 파발로 군청에 소식을 전했다. 3일에는 규모 있는 모든 도시로 소식이 퍼졌고 4일이면 나라 전역에 전해졌다. 주요 도시의 행정기구, 군, 사법기구 구성원의 압도적 다수가 쿠데타를 수용하고 질서유지에 집중했다. 도청과 군청 소재지 같은 대도시들, 루앙, 리모주, 마르세유, 리옹처럼 1848~1849년에 이미 봉기를 겪었던 도시들은 군대와 국민방위대의 체계적인 감시 아래 놓여 반란이 어려웠다.

그럼에도 3일부터 사르트, 쥐라, 보클뤼즈도道의 몇몇 소도시와 읍에서 맹렬한 시위가 나타났고, 4일에는 알리에, 로테가론, 제르도 등 중부와 남서부 지방에서 봉기가 시작되었다. 5일에는 남동부 도들에서 수적으로 가장 크고 극적이며 전략적인 봉기가 시작되었다. 바르Var도에서는 툴롱 인근에서 일어난 반란이 진압되었음에도 반란이 도 중부로 확산되었고, 바스잘프Basses-Alpes도에서는 남부 전체가 봉기해 도청 소재지 디뉴Digne를 위협했으며 드롬도에서는 도청 소재지 발랑스의 공화파가 파리 진압 소식을 듣고 반란을 취소한 후에도 도 절반이 봉기했다. 6일에는 남서부와 중부에서 니에브르도의 클람시를 제외하면 군대가 상황을 회복했으나 남동부에서는 반란이 더 크게 번져 세 개 도에서 반란군이 조직되었다. 7일 바르도 반란군은 바로 북쪽 바스잘프도로 행군해 디뉴를 함락했지만 8일 정부군은 드롬도, 중부 지방, 랑그독과 아키텐에서 기존 지방권력을 회복하기 시작했다. 9일 보클뤼즈와 바스잘프도 반란군이 패배했고 10일 바르도의 옵스, 에로Hérault도의 카페스탕과 베다리외가 진압군에게 점령당하면서 지방 공화파의 저항은 일주일 만에 끝났다. 지방의 저항에 대한 테드 마거던트의 포괄적인 연구에 따르면 12월 2일의 쿠데타 후 30개 도, 782개 코뮌에서 6만 9,200명이 무장 반란에 참여했다. 26개 도에서는 비무장 시위가 나타났다.

반란에 참여한 지방 중 많은 수는 지난 몇 년간 산악파가 비밀협회들을 통해 세를 키운 곳이었다. 비밀협회들은 서클, 샹브레chambrée라는 이름으로 퍼졌고, 탄압과 폐쇄를 피하기 위해 때로 상호부조협회société de secours mutuel로 조직되었다. 산악파의 전술은 1848년 12월 루이 나폴레옹의 대통령 선출로 빛을 잃었으나 이듬해 5월 입법의회 선거에서 마시프 상트랄 북부, 남동부와 남서부 여러 지역에서 산악파가 유권자 과반의 표를 얻으면서 성과를 드러냈다. 산악파는 1849년 6월 13일 봉기 실패 후 파리의 저항이 갖는 한계를 인식하고 지방의 비밀협회 조직에 박차를 가했다. 그에 따라 니에브르, 욘, 제르, 로테가론도, 특히 바스잘프에서 아르데슈와 드롬을 거쳐 피레네 오리앙탈에 이르는 프랑스 남동부 넓은 지역에서 비밀협회들이 증가했고 1850년 5월 31일 법으로 보통선거가 훼손된 후 비밀협회 가입자 수 역시 증가했다.* 이들 비밀협회는 지방의 반란에서 여러 코뮌을 연결하는 역할을 했고 그 지도부는 농민과 촌락 수공업자 등 최대한 사람들을 동원해 도청과 군청 소재지로 진격할 수 있었다.

반란은 쿠데타 세력을 놀라게 했지만 위협하지는 못했다. 반란의 기세는 정규군과 충돌하면서 신속히 약화되었다. 지방에서 저항운동의 가장 기본적인 형식은 행정당국에 압력을 가해 헌법을 침해한 대통령의 직무 박탈과 반란을 선포하도록 요청하는 것이었다. 이 요청을 받아들이지 않는 행

---

* 쿠데타 전 약 700개 코뮌에 비밀협회가 있었고 회원은 5만~10만 명 정도였을 것으로 추정된다. 보통선거를 훼손하는 1850년 5월 31일 자 법이 통과된 후 산악파는 투쟁 전술을 두고 심각한 내부 분열을 겪었다. 다수파는 1849년 6월 13일 봉기 실패를 교훈삼아 농민, 부르주아, 병사, 노동자의 지지를 토대로 1852년 선거에서 승리해야 한다고 주장했다. 반면 소수파와 해외 망명자들은 비밀협회에 의지해 무장 투쟁에 나설 것을 주장했다. 소수파는 1850년 10월 여러 시위를 조직했으나 주요 지도자들이 체포되면서 힘을 잃었다.

정당국은 반역행위의 공범이나 마찬가지였다. 그러나 저항 세력은 정규군의 공격 신호가 보이면 곧 달아나거나 소수의 군대에 승리한 후 곧 해산했다. 오직 바스잘프도에서만 반란군이 도청 소재지를 장악했는데 이들조차 마르세유에서 파견한 군대를 격퇴한 후 곧 해산했다. 정규군과 대결한 반란군 중 약 60명이 사망하고 150여 명이 부상을 입었다. 군에서는 9명이 사망하고 44명이 부상을 입었다.

반란 과정에서 폭력과 유혈사태는 흔치 않았음에도 유혈과 약탈을 부각하고 과장한 보수파 신문들에 의해 반란은 곧 자크리, 즉 '무지하고 폭력적인 중세적 농민반란'으로 규정되었다. 보수파에 따르면 반란은 프랑스의 가장 깊숙한 오지, 예컨대 프로방스와 랑그독의 오랜 "광신적" 지방, 알프스나 모르방Morvan의 "거친farouche" 산악지대의 농민, 나무꾼, 목재 운반 일꾼들에 의해 시작된 것으로서 부자에 대한 빈자의 폭력적 전복행위이며 저열한 경제적 원한이 폭발한 것이었다. 그리고 이들에 따르면 바로 이것이 급진파가 1852년을 위해 준비해 둔 것이었다. 이 자크리 신화를 통해 보나파르트파와 여타 보수파는 질서파로 재통합했고 지방의 왕당파는 쿠데타에 대한 방임을 정당화했다. 보나파르트파는 피와 약탈품에 굶주린 야만인 떼거리라는 이미지를 통해 쿠데타의 정당성을 선전했다. 쿠데타는 바로 이들의 위험한 혁명으로부터 사회를 구하고 국가를 공고히하는 것이었다.

반란 지역은 곧 폭력적 탄압과 숙청이라는 최악의 시련을 겪게 되었다. 12월 8~10일 발표된 4개의 대통령령은 비밀협회에 대한 탄압을 강화하고 비밀협회가 조직되어 있는 지방에 계엄령을 선포했다. 육군장관 생타르노는 장군들에게 보내는 공문에서 반란 참여자들은 약탈, 강간, 방화를 저지르는 도적 떼들로서 법의 보호를 박탈해야 하며 교섭이나 사전경고 없이 공격해 해산하고, 저항하는 자는 모두 사회의 정당한 방어라는 이름으로 총살해야 한다고 명령했다. 외젠 테노는 반란 지역에서의 탄압이 "급진파

사냥"이라는 이름으로 사람들의 기억에 각인되었다고 기술하면서 반란 과
정에서 헌병 한 명이 잔혹하게 살해되어 자크리의 본보기로 전국에 알려
진 니에브르도 클람시 일대의 예를 상세히 전했다. 이곳에는 8일 지사가
진압군을 이끌고 진입했다. "기동대가 지방 전체를 돌아다니면서 사람들
을 체포하고 촌락을 무장해제했다.…… 많은 지주가 기동대에 참여해 수
색을 지휘했다. 앙트랑에서는 수많은 이들이 붙들렸다. 이들 중 한 사람은
저항하다 살해되었고 다른 이는 연못에 뛰어들어 헤엄쳐 달아나려 했지만
기동대가 쏜 총을 맞고 물속으로 사라져 익사했다.……빌리Billy와 푸소
Pousseaux의 시장들은 목에 줄을 맨 채 거리에서 끌려다녔다.……클람시의
감옥은 곧 죄수로 넘쳐났고 체포자 수가 1,500명을 넘었다. 베틀렘과 르뵈
브롱 같은 몇몇 구역은 사람이 살지 않는 곳처럼 되었다." 탄압은 겨울 내
내 계속되었다. 12월 19일 계엄 상태에 있던 32개 도에 군사재판소들이 설
치된 데 이어 1852년 2월 3일에는 혼합위원회commissions mixtes들이 설립
되었다. 혼합위원회는 도지사, 도 검찰총장, 도 군사령관을 포함하는 법정
으로 모두 2만 6,885명을 재판했다. 이들 중 247명은 군사재판 회부, 238
명은 기아나Guyane 수용소 유배, 4,549명은 알제리 수용소 유배(알제리 플
러스plus 형), 5,032명은 알제리에 유배하되 감금하지 않고 감시받는 형(알
제리 마이너스minus 형)을 선고받았다.* 물론 혼합위원회 판결은 탄압의 일
부만을 보여줄 뿐이다. 입법의회 의원들의 경우 혼합위원회가 조직되기
훨씬 전인 1852년 1월 9일 자 법령들에 의해 봉기 주동자로 여겨진 5명이
기아나와 알제리 유배를, 쇨세르, 나도, 위고, 라스파유 등 "명백한 사회주

---

* 이 외에 980명은 영구추방, 640명은 일시추방, 2,827명은 프랑스 내 당국이 정하는 곳에 가택연
  금, 645명은 지방경찰의 후속 수사, 29명은 청소년 단기 수용소, 5,194명은 수감자가 선택한 곳
  에서 가택연금, 645명은 일반 법정에서의 후속 수사를 선고받았고 5,857명은 석방되었다.

의 지도자들" 66명은 추방을, 티에르, 샹가르니에, 레뮈자, 라모르시에르 등 우파 의원 18명은 일시적 추방을 선고받았다. 이외에도 480명의 파리 좌파 지도자들이 1월 초에 알제리에 유배되었다. 무엇보다 재판에 회부된 이들보다 훨씬 많은 이들이 쿠데타 후 넉 달 동안에 체포, 투옥되었고, 이들 외에도 반란 후 진압 과정에서 살해된 이들, 체포를 피해 해외로 달아났거나 자살한 사람들의 정확한 수치는 얻기 어렵다. 또한 기록으로 남은 공식 탄압과 별개로 비공식적 억압이 횡행했으며 탄압의 수치는 탄압의 강도를 표현하지 못한다. 지난 3년간 계속된 지방당국 숙청이 완성되어 시장들이 사임하거나 해임되고 시의회가 해산되었으며 수많은 공무원, 교사들이 재판 없이 해고되거나 스스로 사임했다. 지방 신문들이 폐간되고 인쇄기가 파괴되고 사무실이 약탈당했으며 언론인들은 일자리를 잃었고 공화파 수공업자와 상인들, 전문직업인들은 체포나 수사를 겪은 후 파산했다.

혼합위원회는 1852년 3월 27일 법령에 의해 폐지되었고 계엄령도 철회되었다. 이틀 후인 3월 29일 루이 나폴레옹은 의회 개회 연설에서 "인민이 내게 맡긴 독재권은 끝났다"고 공포했다. 그러나 4~5월에도 여전히 군사재판소들이 반란 참여자들에 대한 판결을 내리고 있었다. 역사가 빈센트 라이트Vincent Wright에 따르면 공화파에게 쿠데타의 진정한 의미는 사건 자체나 그에 대한 저항이 아니라 뒤따른 탄압에 있었다. 광범위하고 지속적이고 강력한 박해는 체제에 대한 영구적인 반감과 공화파의 모든 분파를 통합할 수 있는 맹렬한 증오를 낳았다. 그럼에도 정부는 탄압과 숙청, 자의적인 사면 약속을 통해 중앙집권적 통제력을 회복할 수 있었다.

쿠데타의 어둡고 긴 그림자

1851년 12월 20~21일의 국민투표에서 프랑스인들은 압도적 표차로 쿠데타를 승인했다. 찬성 743만 표, 반대 64만 표였다. 투표 결과에 대해 루이 나폴레옹은 "프랑스는 내가 오직 법으로 돌아가기 위해 합법성에서 벗어났음을 이해했다.……700만이 넘는 표가 나를 용서했다"고 자신했다. 1852년 1월 15일에는 대통령에게 막대한 권한을 부여하고 입법권을 극도로 약화시킨 새 헌법이 공포되었고 3월에는 의원 수가 261명으로 쪼그라든 입법의회가 개원했다. 질서가 회복된 것으로 보이자 대통령은 9월과 10월 지방순회에 나서서 자신의 '인기'를 확인한 후 제국의 재건을 천명했다. 1852년 11월 21일 실시된 국민투표는 압도적 다수로 제국을 지지했다.

　　루이 나폴레옹의 쿠데타는 그가 스스로 인정했듯 전적으로 불법적인 것이었다. 그는 헌법이 행정 수반에게 부여한 막대한 권한, 즉 군대를 보유하고 장관을 임명·해임하고 군 최고사령관, 파리 국민방위대 사령관, 경찰청장 그리고 도지사와 도 검찰총장을 비롯해 지방권력을 행사할 모든 이들을 지명할 수 있는 배타적 권한을 활용해 쿠데타를 세밀하게 준비했다. 대통령은 하사관의 봉급 인상, 군의 위신을 높이는 인상적인 사열, 제국의 영광에 대한 고취, 위협받는 사회를 지키는 마지막 기둥이라는 군의 역할에 대한 과장된 연설을 통해 군대의 환심을 샀다. 쿠데타의 성공은 루이 나폴레옹에 대한 군대의 단호한 지지 덕에 가능했다.

　　1848년 헌법은 쿠데타가 일어날 경우 대통령의 직무를 박탈하고 행정권을 의회로 이양하며 곧바로 고등법원이 대통령의 탄핵 심판을 맡게 했으나 의회와 고등법원은 모두 군대에 의해 무력화되었다. 1848년 헌법은 헌법 수호 임무를 "모든 프랑스인의 애국심"에 맡겼으나(110조) 헌법을 수호하기 위해 봉기한 프랑스인들은 가차 없이 진압되었다. 루이 나폴레옹이

루비콩강을 건너기 위해 군대를 동원한 12월 2일은 나폴레옹 1세의 대관식 날이자 황제가 1805년 아우스테를리츠에서 승리를 거둔 날이었다. 대통령은 제국을 재건하기 위해 "하나이며 나뉠 수 없는 민주공화국에 충성을 다하고 헌법이 맡긴 모든 의무를 이행한다"는 선서를 내팽개쳤다.

12월 2일 대통령의 쿠데타에 대해 '혁명의 수도' 파리는 공화파의 기대와 달리 완강하게 저항하지 못했다. 대통령은 거사에 앞서 이미 군·경을 동원해 반대 세력을 무력화했을 뿐 아니라 권력 공백이 초래할 급진파의 소요와 그 결과 폭발할 사회적 위기에 대한 지배층의 공포를 효과적으로 활용했다. 대통령 임기 연장을 위한 개헌안은 4분의 3의 찬성에 이르지 못해 부결되었으나 60퍼센트에 가까운 찬성표를 얻었다. 이는 보수파 대부분이 개헌을 통해 대통령의 임기를 연장하고 그에 의지해 그들의 강박이었던 1852년의 예정된 혼돈을 떨쳐 내고자 했음을 보여 준다. 반동적인 의회 다수파에 대한 민중의 환멸과 《빈곤의 근절》의 저자인 '황태자-대통령'이 보여 준 혼란스러운 이미지는 쿠데타에 대한 파리 민중의 체념과 냉소를 설명해 준다.

그러나 대통령과 그의 추종자들이 예기치 못했던 저항이 지방에서 시작되었고 이 저항과 그에 대한 탄압이야말로 쿠데타의 진면목을 드러내 준다. 쿠데타 세력은 살인, 강간, 약탈 등 온갖 과격행위에 대한 거짓 소문을 확산시키고 봉기를 부자에 대한 빈자의 폭력적 전복행위, 경제적 원한의 폭발로 규정함으로써 주저하던 지배층을 자신들에게 합류시켰다. 이로써 루이 나폴레옹은 모든 전통적 질서의 기수가 되었고 국가기구와 지방 명사들이 주도한 탄압은 반란자들을 넘어 공화파 전체에게 확산되었다. 이후 외젠 테노를 비롯한 공화파 역사가들은 보수파의 거짓 비방을 고발하고 지방의 반란이 짓밟힌 헌법과 공화국을 위한 "합법적"이고 "자발적인" 투쟁이었음을 강조했다. 제국 붕괴 후 수립된 제3공화국의 온건공화파가 쿠데타 희생자들에 대한 보상금과 기념비를 통해 기억하고 기리고자 한 것이 바로 이런 투쟁이었다. 반면 20세기 들어 역사가들은 쿠데타에 대한 지방의 저항이 헌법과 공화국을 위한 투쟁으로는 설명되지 않는, 또 다른 차원을 지녔음을 강조했다. 그들에 따르면 지방의 저항은 반란군이 "신성한 공화국la Sainte", "아름다운 공화국la Belle", "좋은 공화국la Bonne"이라고 부르던 것, 당시의 기만적인 공화국, 변질된 공화국에 대비되는 진정한 공화국을 위한 투쟁이었다. 진정한 공화국은 불완전한 공화국, 보수공화국에 맞선 완전한 공화국, 사회공화국, 농민들과 "약자들petits"의 공화국이었다. 이 공화국의 이상은 1852년을 그것을 성취할 해로 희망하며 넓은 농촌 지역으로 퍼져 나간 산악파 비밀협회들의 것이기도 했다. 이런 점에서 1851년 12월 2일의 쿠데타가 탄압을 통해 효과적으로 제거한 것은 산악파와 이들을 따르던 농민들의 민주사회공화국의 이상이었다고 할 수 있다.

12월 2일의 쿠데타는 제국의 붕괴와 공화국 수립 이후 국민적 위기나 정치적 대립의 시기마다 끊임없이 소환되었다. 왕당파였던 막마옹Mac Mahon 대통령이 공화파 각료들을 해임하고 의회를 해산한 1877년 '5월 16일 사태', 1886년 국방부 장관이었던 불랑제Boulanger 장군의 개헌 시도, 1934년 2월 6일 극우파의 거리 시위와 폭력사태, 1940년 7월 10일 비시Vichy에서 열린 상·하원 회의에서의 개헌 의결, 1958년 5월 13일 알제리 반란위원회의 군사 반란과 뒤이은 드골의 복귀, 1962년 보통선거로 대통령을 뽑는 개헌안에 대한 국민투표 등에서 12월 2일의 '유령'이 프랑스인들의 기억에 출몰했다. 쿠데타의 유령은 1851년 12월 20~21일의 국민투표 결과에 대한 루이 나폴레옹의 발언에서 드러나는 '합법성légalité보다 우월한 정당성légitimité'에 대한 암시, 반의회주의, 강력한 행정권, 인기 있고 야심만만한, 매우 애국주의적인 정치인, 이 정치인과 국민 사이의 국민투표를 매개로 한 직접적이고 개인적인 관계 설정 등 보나파르트주의를 특징짓는 요소들에 대한 프랑스인들의 불신과 의심에 기초한다. 달리 말해 한편으로는 보나파르트주의의 잔재, 다른 한편으로는 그에 대한 불신과 의심은 현대 프랑스 정치사의 오랜 특성이 되었다. 그러나 드골의 퇴장과 그에 대한 우호적인 재평가 이래 드골의 비판 세력이 그의 선례로 지목했던 루이 나폴레옹과 그의 쿠데타에 대한 극도의 부정적 시각 역시 완화되었다. 12월 2일의 쿠데타는 때로 프랑스를 넘어 남아메리카와 아프리카에서 빈발하는 쿠데타의 원형으로 제시되거나 볼셰비키와 파시스트들의 권력 장악 과정과 비교되지만 역설적으로 현대사를 뒤흔든 거대 폭력들 앞에서 루이 나폴레옹 쿠데타의 부정적 이미지, 그 역사적 의미에 대한 혹독한 비판은 시간의 힘에 밀려 점차 퇴색하고 있다.

3
공화국 프랑스의 진통,
'벨 에포크'를 향하여

10
1871년 3월:
파리코뮌 봉기, 코뮌 신화의 탄생

현재열

[그림 10-1] 볼테르 대로와
리샤르–르누아르 대로 합류
지점의 바리케이드.

1871년 3월 18일에서 5월 28일까지 두 달 좀 더 되는 그리 길지 않은 기간에 파리라는 한정된 공간에서 일어난 파리코뮌은 프랑스사의 맥락에서 보면, 1789년 프랑스혁명 이래 죽 이어져 오던 '역사'에 작별을 고하는 일이었다. 그 '역사'는 프랑스에 공화국을 도입해 안착시키는 고되고 힘든 과정이었으며, 파리코뮌은 그 과정의 마지막으로 비합법적 경로가 아닌 합법적 경로를 통한 공화국 수립의 길을 열었다. 어쩌면 이렇게 간단히 정리될 수 있는 이 사건은 그럼에도 여전히 꼭 프랑스만이 아니라 세계 각지에서 간단치만은 않은 의미를 지닌 채 거듭 소환되고 있다.* 이 두 달 남짓한 동안 파리에 있던 많은 사람이 아주 혼란스럽고 얼마간 무섭기도 한 상황에서도 자신이 해방된 사회에서 자유롭게 살고 있다고 느꼈고, 이 점이 후대인들이 이 사건을 되새기고 기억하게 만드는 것 같다. 물론 누군가는 그것

---

* 오늘날 가장 영향력 있는 프랑스 현대철학자 중 한 명인 알랭 바디우는 기존 사회의 전복수단으로서 전통적인 좌파의 해석학에서 벗어난 파리코뮌을 계속 호명하고 있으며, 여전히 중요한 현대 정치철학자인 한나 아렌트는 혁명 상황에서 나타난 새로운 정치적 (공적) 공간의 실례로 파리코뮌을 들었다.

을 '잊히게' 하고 싶기도 하겠지만 말이다.

이 글은 프랑스사의 맥락에서 중요 사건들의 역사적 의미와 기억의 역할을 구축하고자 하는 이 책의 취지에 맞춰, 1871년 파리코뮌이라는 사건이 어떻게 일어났고 어떻게 전개되었는지를 몇 가지 열쇠 말로 요약하고, 이후 코뮌(과 그 '학살')의 기억이 프랑스사에 어떤 영향을 미쳤는지를 짧게 정리하고자 한다.

어떻게 일어났나

사실 코뮈나르les Communards*의 봉기는 노동계급이나 무슨 주의자 같은 어떤 특정 집단이 계획한 것도 의도한 것도 아니었다. 그것은 1870~1871년의 프랑스·프로이센 전쟁 동안 지배 집단이 보여준 무능과 배신에 대한 애국주의적 분노와 그에 이은 군주제적 반동의 위기에 대한 강력한 공화주의적 대응에서 발생했다. 봉기 자체도 격렬한 전투나 거창한 음모 같은 것은 전혀 없고, 정부군의 어설픈 작전 실패와 맞물려 자연발생적으로 일어난 것이었다.

3월 18일 새벽 프랑스 정부군은 파리를 향해 중요한 작전을 개시했다. 1870년 7월에 시작한 프랑스·프로이센 전쟁은 연이은 군사적 실패로 제국이 무너진 후 9월 4일 구성된 임시 국방정부가 반년에 걸쳐 끈질기게 저항했음에도 결국 프랑스의 패배로 끝이 났다. 1871년 1월 프랑스와 프로이센 사이에 휴전이 성립되었고, 2월에는 새로운 국민의회가 선거를 통해

---

* 코뮈나르는 파리코뮌을 지지하고 그에 참여한 사람들을 부르는 호칭이다. 당대에는 이 말보다 코뮈뇌les Communeux라는 호칭을 더 많이 썼는데, 둘 다 당시에는 경멸적인 뜻이 담겨 있었다.

구성되었다. 선거 결과 지방의 압도적인 지지로 의석의 3분의 2를 군주주
의자들이 차지했던 의회는 7월 왕정에서 내무장관을 지냈고 성향이 의심
스러운 온건공화주의자 티에르A.Thiers를 수반으로 한 정부를 구성했다.
이 정부는 오랜 전쟁에 지친, 특히 6개월간의 처절한 포위전을 치른 파리
시민들의 상태를 고려하지 않은 일련의 정책으로 곧 파리 시민들과 대립
하게 되었다.

무엇보다 정부의 골칫거리는 전쟁 동안 파리 시민들의 자발적 모금으로
구입한 대포였다. 파리 시민은 이 대포를 공화국 방어의 상징으로 여겼고,
휴전이 성립된 후 그 휴전을 인정하지 않는 제스처로 2월 말 파리 동북부
민중 구역의 고지대로 이동시켰다. 3월 18일 새벽 프랑스 정부군이 파리

[그림 10-2] 1871년 3월 28일 파리시청 광장에서의 코뮌 선언.

에서 전개한 작전은 바로 이 대포를 탈취하기 위한 것이었다. 하지만 작전
상의 여러 실수로 인해 이 탈취작전은 파리 시민과 정부군의 대치로 이어
졌고, 일부 정부군이 사격 명령을 거부하고 시민과 합류하면서 결국 실패
로 끝났다. 그런데 이후 군사적으로 불리한 상황이 일어나지 않았음에도,
티에르 정부는 작전 실패 후 곧바로 파리에서 철수해 버렸고, 3월 18일 특
별한 교전 없이 파리 국민방위군 공화주의연맹 중앙위원회*가 텅 빈 파리
시청을 장악했다.**

　이후 며칠 동안 파리 출신 의원들과 각 구 구장들을 중심으로 정부와 파
리 사이에 타협을 중재하려는 시도가 있었지만 모두 실패하고, 결국 중앙
위원회는 파리시청을 장악한 직후부터 제시했던 파리코뮌 선거를 3월 26
일 시행하여 82명 —4월 16일의 보궐선거로 선출된 이들을 합친 숫자—
을 코뮌 의원으로 선출했다. 그리고 3월 28일 파리시청 광장에서 코뮌이
선언되었다.

---

* 국민방위군은 1789년 프랑스혁명 시기에 만들어진 시민군으로, 임시 국방정부는 전쟁 중 254개
　대대 30만 명 정도로 파리 국민방위군을 재건했다. 파리의 저항을 주도하던 이들은 1871년에 들
　어 패배를 인정하는 동시에 군주정을 복귀시키려는 위험이 팽배한 상황에 대응하여 2월과 3월
　일련의 회의를 거쳐 3월 15일 215개 대대가 참여하는 국민방위군 공화주의연맹을 결성하고 최
　고기관으로 중앙위원회를 선출했다. 이 국민방위군이 코뮌 군대의 주력이며, 그래서 이들을 가
　리켜 '연맹병les fédérés'이라 부른다.
** 이날 발생한 인명피해는 이러했다. 몽마르트르에서 대포를 지키던 국민방위군 초병 한 명이 부
　상당해 며칠 뒤 사망했고, 몽마르트르를 습격한 정부군 장군 1명과 이 작전과 무관하게 근처에서
　우연히 사로잡힌 장군 1명이 18일 새벽에 처형당했다. 그리고 그나마 소규모 교전이 발생했던 9
　구의 피갈 광장에서는 정부군 장교 1명과 포수 3명, 말 한 마리가 죽었다.

코뮈나르는 누구였나

1871년 3월 21일 국민방위군 중앙위원회는 《관보*Journal officiel*》에 실은 선언에서 3월 18일의 봉기를 "지배계급의 무능과 배반 속에서 수도의 프롤레타리아들은 스스로 공적 사안의 지휘권을 장악함으로써 상황을 구해야 할 시간이 되었음을 깨달았다"고 설명했다. 여기서 말하는 '프롤레타리아'는 누구였을까.

이 용어를 그대로 받아들이면 노동자를 떠올릴 것이고, 그렇다면 파리코뮌은 '노동자 혁명'으로 연상될 것이다. 실제로 코뮌 이후 체포되어 유죄판결을 받은 1만 4,000명 중 과반수가 노동자층이었고, 코뮌 의원 중 40퍼센트 가까이가 노동자들이었다. 또 코뮌이 시행한 사회입법 중 상당수가 노동자의 일상 요구에 맞춰 이루어져 노동자적 성격을 지니고 있었다. 하지만 이 노동자들은 당시 프랑스에서 막 산업화를 거치고 있던 자본주의의 산물이었고, 따라서 상퀼로트적 수공업자와 근대적 공장노동자의 중간적 존재였다. 게다가 비노동자층의 참여도 상당했다. 코뮌 의원만 보아도 자유 직업과 전문직, 군인 등 비노동자 집단의 비중은 노동자층에 맞먹었다. 무엇보다 여성의 코뮌 지지 열기는 상당했다. 3월 18일 봉기가 촉발되는 데 가장 중요한 역할을 한 것도 새벽에 아침거리를 사러 나왔던 여성들이었고, 코뮌 진압 시에 목숨을 걸고 싸우러 나선 이에도 여성들이 많았다.

사실 1871년 무렵에 프랑스에서 '프롤레타리아'라는 말의 의미는 좀 더 복잡했다. 이 말은 당시 특정한 사회계층을 지칭하는 것보다는 좀 더 광범위한 의미로 사용되었다. 즉, 이 시기에 이 말은 프랑스혁명 이래 사회의 정치적 주체로 상정되어 온 '인민Peuple'과 같은 의미를 지녔다. 또한 이 인민은 정치적 권리를 행사한다는 점에서 '시민citoyen'으로도 불렸다. 따라서 이 시기에 '프롤레타리아'란 사실상 '인민' 또는 '시민'과 다를 바가 없는 말이었다. 그러므로 파리코뮌을 지지하여 그것에 참여하고 목숨을 걸고 방어한 이들은 파리의 인민이었고, 이들은 '시민'으로서 코뮌에 대한 주권을 행사했다.

무엇을 하였는가

파리코뮌은 3월 18일부터 계산해 72일간 존속했다. 하지만 코뮌이 선언된 것은 3월 28일이고 5월 21일 오후부터 정부군의 공격이 시작되어 파리 전역에 걸쳐 전투와 혼란이 발생했기에 실제로는 그 존속 기간이 두 달이 채 되지 않는다. 이 짧은 기간 동안 코뮌이 한 일을 몇 가지 범주로 나눠 간단히 살펴보자.

민주주의

1871년의 파리코뮌에서 가장 주목받고 거듭 소환되는 것은 그것의 민주주의적 측면이다. 파리코뮌이 제시하고 견지한 민주주의 원칙은 '인민주권'이었다. 인민주권은 "민중 대중을 포괄하는 개인들의 총체인 인민이 주권자라는 것"을 뜻했다. 이에 따르면 인민이 선출한 의원들은 인민의 수임자였다. 그래서 코뮈나르들은 코뮌 의원들을 의원이나 대표자로 보지 않고 자신을 뽑은 사람들에게 책임을 지는 수임자로 보았고, 이들에게는 시민의 특정한 바람을 수행해야 할 의무가 있었다. 3월 29일 코뮌정부가 마련한 헌법 초안은 이를 이렇게 표현했다. "본질적으로 인민주권에 기반을 둔 코뮌의 권력은 언제나 인민주권의 성실한 표현이어야 한다. 당신들(파리 시민 – 인용자)의 코뮌들은 자기 결정의 최종적인 동기를 당신들에게서만 끌어와야 한다." 그래서 코뮌 시기의 한 신문은 제빵노동자조합이 자신들이 원하던 일을 코뮌정부가 법령으로 제정한 것에 감사를 표현하자, "인민은 자기 의무를 다한 수임자들에게 감사해선 안 된다.……왜냐하면 인민의 대표자들은 의무를 다한 것이지 도움을 준 것이 아니기 때문이다"라고 이들을 꾸짖었다.

아쏘시아시옹

코뮌하에서 인민이 인민주권의 원칙을 실제로 수행한 것은 그들이 다양하게 결집한 아쏘시아시옹association[1]을 통해서였다. 아쏘시아시옹은 여러 층위에서 다양하게 구성되었는데, 무엇보다 파리 인민이 코뮌정부를 감시하고 자신의 의사를 표현하는 통로로서, 정치 클럽이 작동했다. 코뮌의 클럽들은 1868년 결사에 대한 제약이 완화되면서 등장한 '공개 집회réunion publique'가 이어져 온 것으로, 체계 면에서 폐쇄적인 조직이 아니라 일부 운영진만 있고 특정 장소에서 주기적으로 집회를 열어 주도적 인사들의 강연을 듣거나 중요 사안에 대해 자유로운 토론을 수행하는 결사체였다. 주로 교회가 집회 장소로 많이 이용된 것에서 볼 수 있듯이, 클럽은 무엇보다 주거 지역과 밀접한 관계에 있었고 각 지역 주민들이 일상생활의 연장으로 편하게 참여하여 공적인 정치 의사를 맘껏 표현했다. 그리고 클럽에서 결정한 사안은 직접적으로 코뮌정부에 전달되었고 정책 결정에 반영되었다.

코뮌하에서 어떻게든 일부나마 회복을 꾀하던 노동 현장에서는 '생산 아쏘시아시옹'이 작동했다. 기본적으로 자주관리 규약에 따라 활동하고 아래로부터 선출된 대표자들이 운영했던 이것들은 주로 3월 18일 이후 사업주들이 파리를 탈출하면서 버려진 작업장을 중심으로 작업 재개를 위한 준비 작업을 벌였다. 한 조사에 따르면, 코뮌이 무너지기까지 약 43개의 생산 아쏘시아시옹이 활동했다고 한다.

[그림 10-3] 파리 1구에 위치한 생제르맹로스루아 교회에서 열린 여성 클럽의 집회 모습.

코뮌 이전부터 조직되었던 국민방위군 공화주의연맹은 시민의 정치적 권리 행사 중 하나인 시민군의 아쏘시아시옹이었다. 이 조직 역시 아래로부터 위로 대표자들을 뽑아 최종적으로 중앙위원회를 구성하며 이 중앙위원회는 시민군 전체의 의사를 일상적으로 확인하여 대표하기에 코뮌정부의 군사정책에 직접 관여했다.

이외에도 새로운 공화국에 걸맞는 새로운 교육을 목표로 내건 '신교육협회'와 문화와 관련해 코뮌의 문화정책에 직접 영향을 미쳤던 '미술가동맹' 등이 있었다. 이런 여러 층위의 다양한 아쏘시아시옹의 조직과 그를 통한 정부와 인민 간의 직접적인 관계 수립은, 한 코뮈나르의 말마따나, 코뮌이 "전체 인민이 조직한 군사 아쏘시아시옹이자 시민 아쏘시아시옹"이었음을 보여 준다.

여성

여성의 적극적인 참여라는 점에서, 그리고 코뮌이 이를 적극적으로 수용했다는 점에서 파리코뮌은 근대 시기의 다른 어떤 혁명보다도 두드러진다. 물론 시민권의 완전한 행사라는 측면에서 보면 여성의 권리 행사에는 여전히 문제가 많다. 여성에게는 늘 그랬듯 선거권이 없었고, 코뮌 의원으로서의 피선거권이나 고위 공직자로의 피선임권도 없었다. 하지만 그들은 시민권 행사의 가장 중요한 부분이라 할 수 있는 코뮌의 방어에 참여할 수 있었고 스스로 무장할 수 있었다. 여성 코뮈나르들은 총을 지니고 다녔으며 국민방위군의 군복을 입고 전투에 참여했다. 나아가 그들은 자체 부대를 조직해 '피의 주간' 때 벌어진 바리케이드 전투 곳곳에 모습을 나타내었다. 또한 인민의 정치적 권리 행사의 가장 기초적 토대였던 클럽에서의 여성 활동도 두드러졌다. 어느 클럽엔든 특별하고 이름난 여성이 아닌 평범한 일반 주부들이 자유롭게 참여했고, 여성들만의 클럽을 꾸리기도 했다.

노동 현장에서는 여성들이 대체로 가정경제에서 중심적 역할을 하던 당시 상황을 반영하여 여성들의 평등한 노동과 평등한 임금 획득을 목표로 하여 여러 생산 아쏘시아시옹을 조직했고, 3월 말에는 '여성 노동자 생산 아쏘시아시옹 연합'이 결성되었다.

이런 여성의 적극적 역할에 맞추어 코뮌정부도 당시의 일반적인 젠더 개념을 넘어서는 여러 조치를 시행했다. 코뮌의 교육위원회는 여성의 교육을 교회의 영향에서 해방시키기 위해 소녀를 위한 교육 계획을 마련했고, 코뮌정부는 결혼 외적으로 이루어진 가족─동거, 사생아─을 최초로 합법적으로 인정함으로써 자유 결혼'union libre을 공식화했다. 일부 구역에 해당하는 이야기지만, 사회주의 성향의 코뮌 의원 중에는 자기 출신 구의 자치행정에 여성들을 참여시킨 경우도 있었다. 또한 코뮌정부는 매춘을 "타인에 의한 인간의 상업적 착취"로 규정하여 공식적으로 금지했다.

이외에도 파리코뮌은 당시의 시대적 한계를 넘어서는 여러 조치를 취했다. 야간노동을 폐지하고, 임금에 대한 벌금 및 압류를 금지했으며, 집주인에 의한 세입자의 추방을 규제했고, 빈집에 대한 징발권을 행사하여 집 없는 이들에게 나누어주었다. 또 법과 관련한 여러 수수료를 없애 인민의 자기변호 자유를 확립했고, 관리와 사법관들에게 강요된 정치적 서약을 폐지했다. 그리고 코뮌은 선구적인 민중 교육을 시행하여 대중을 대상으로 공개 강좌를 개설했고, 도서관과 박물관, 극장을 열어 인민이 자유롭게 이용하게 했으며, 이전에 상류층이나 즐기던 오페라 등의 무료 콘서트를 열어 인민이 마음껏 즐기게 했다.

사회주의

코뮌의 짧은 존속 기간에 나타난 모습을 둘러싸고 그것이 '사회주의적이었나'라는 논란이 있었다. 다음에 설명하듯이, 코뮌 이후 온건공화파만이 아니라 급진주의자들까지도 (어쩌면 프랑스 사회 전체가) 코뮌을 잊기에 바빴다. 그 결과 코뮌의 기억은 19세기 말 좌파 사회주의나 공산주의자들의 것이 되었고, 그들은 20세기 들어 구체화된 자신의 이념적 잣대에 맞추어 코뮌을 해석했다. 이에 대한 반발로 자유주의 성향의 코뮌사가들은 코뮌에서 사회주의적 성격을 부정하기 위해 애써 노력했다. 특히 이들은 코뮌의 경제적 아쏘시아시옹과 관련해 그 소유의 공장 경영 방식이 여전히 자본주의적이었다거나 코뮌하에서 노동자의 임금이 오히려 하락했다는 등의 사실관계를 자기주장의 근거로 들었다.*

사실 위에서 짤막하게 정리한 코뮌의 여러 조치에는 오늘날의 사회주의나 공산주의의 잣대에 합치하는 것이 거의 없었다. 따라서 코뮌의 사회주의적 성격을 전면적으로 부정하는 자유주의적 코뮌사가들의 주장이 완전히 틀린 것은 아니다. 하지만 코뮌을 오늘날의 잣대로 사회주의적이라고 하는 좌파 역사가나 역시 그런 잣대에 맞추어 아니라고 하는 자유주의 역사가는 모두 한 가지를 고려하지 않고 있다. 코뮌은 '내전' 중이었다.

이미 4월 초부터 베르사유군과의 교전이 시작되었고 4월 말부터는 파리에 대한 포격도 시작되었다. 코뮌하에서 살던 코뮈나르들은 하루하루를 긴장 속에 살며 끊임없이 닥치는 현실 문제를 고민했다. 이들에게 후대의 이념에 따라 갖추어진 그런 체계적인 이론적 고민 같은 것은 존재하지 않았다. 하지만 그런 속에서도 그들에게는 하나의 꿈이 있었고, 닥친 현실 문제를 해결하는 과정에서 그 꿈을 조금씩 반영해 나갔다. 그 꿈은 사회 여러 층위의 다양한 아쏘시아시옹에 기초한 '사회공화국La Sociale'의 실현이

---

* 이런 주장들은 코뮌의 사회주의적 성격을 부정하는 근거가 될 수 없다. 사회주의혁명 직후 공장 경영이 여전히 자본주의적인 것은, 러시아혁명이 입증하듯이, 당연한 일이다. 또 노동자의 임금 하락은 오랫동안 포위를 겪어 경제 활동이 완전히 파괴된 파리에서 역시 당연한 일이었다.

었다.

　자유주의 역사가들이 아무리 부정을 해도, 코뮌에 참여한 거의 모든 사람이 '사회공화국'의 꿈을 가졌다는 것은 틀림없는 사실이다. 이는 코뮌 시기에 갑자기 나타난 것이 아니라 19세기 프랑스사의 전체적인 흐름 속에서 1830년대부터 서서히 형성되어 온 것이다. 제2제국 말기의 전반적인 사상 경향, 특히 1868년 이후 공개 집회와 클럽에서 논의되어 온 여러 주제, 그리고 제국 붕괴 후 외국의 침략에 맞선 공화국 수호 과정에서 표현된 여러 개념은 바로 이런 꿈이 상당히 구체화되고 치밀하게 형성되어 있었음을 보여 준다. 파리코뮌은 어쨌든 파리 인민에게 갑자기 파리로 한정된 것이지만 중요한 공적 공간을 제공했고, 그들은 이 공간을 어떻게든 재건해야 했기에 자신들의 꿈을 실어 그 일을 수행했다. 그리고 코뮌이 무너지면서 사회공화국의 꿈도 무너졌고, 이제 모든 국민이 통합하여 "하나이자 분리할 수 없는 공화국"을 확립한다는 과제만이 남았다.

'피의 주간'

파리코뮌은 5월 21일부터 28일까지 일주일간 진행된 베르사유군의 무력 진압 과정을 거쳐 종식되었다. 이 진압 과정은 바리케이드와 거리에서 저항하는 '연맹병'만이 아니라 이렇게 저렇게 연루된 많은 시민까지 포함된 대규모 즉결 처형행위를 동반하여 진행되었고, 이에 따라 수많은 사람이 목숨을 잃었기에 '피의 주간la Semaine sanglante'이라 불린다. 이 기간에 투입된 베르사유군은 12만~13만 명, 코뮌 측 병력은 2만~4만 명 정도였다.[2] 5월 21일부터 파리 진입이 시작되었지만, 실제 전투는 22일부터 본격적으로 전개되었고, 베르사유군은 서남쪽에서 동북쪽으로 진군했다.[3] 5월 27

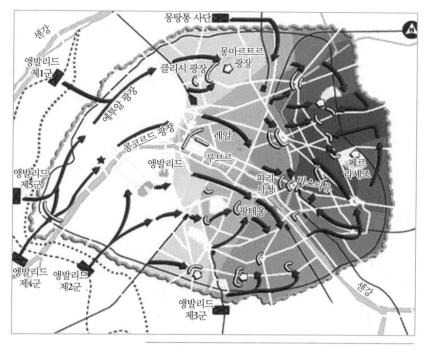

[그림 10-4] '피의 주간' 베르사유군의 진격 방향과 '연맹병'의 주요
바리케이드.

[그림 10-5] 뤽상부르 공원
에서 벌어진 코뮈나르의 즉
결 처형.

일 코뮈나르의 마지막 거점인 벨빌Belleville과 메닐몽탕Ménilmontant이 함락되면서 페르라셰즈Père-Lachaise 묘지에서 코뮈나르의 최후의 저항이 벌어졌고, 거기서 잡힌 포로 174명이 '연맹병의 벽' 앞에서 즉결 처형당했다. 28일에 마지막 바리케이드들이 함락되었고 코뮌을 상징하는 인물인 외젠 바를랭Eugène Varlin이 몽마르트르에서 잡혀 엄청난 구타를 당한 뒤 눈알이 하나 빠진 채 총살당했다. 5월 29일 뱅센 요새fort de Vincennes의 점령을 끝으로 공식적인 진압은 끝이 났지만, 이후 6월 7일까지 파리 곳곳에서 재판 없는 즉결 처형이 계속 수행되었다.[4]

이 진압 과정에서 파리 중심가의 거의 3분의 2를 불태우는 대화재가 발생하여, '피의 주간'의 유명한 이미지로 남는다. 이 화재는 밀리고 있던 '연맹병'이 전술적 목적으로 방화하거나 전투 중 우연히 발생한 것도 있지만, 한편으로 베르사유군의 포격 결과로 발생한 경우도 많았다. 그럼에도 코뮌 이후 이 화재는 코뮈나르의 무분별함과 비이성적 성격을 보여 주는 것으로 널리 선전되었고, 특히 화재를 일으킨 방화범Pétroleuses으로 여성 코뮈나르를 지목하여 당시 시대의 젠더적 편견과 코뮌을 결합하고 그를 강화하는 역할도 수행했다.

앞에서 짧게 요약했듯이, 일주일 정도에 걸쳐 격렬한 전투와 무자비한 즉결 처형—오늘날의 용어로 하면 '국가폭력'—이 진행되었지만, 이 '피의 주간'은 코뮌 이후 가능하면 언급하지 않는 대상이 되었다. 어쨌든 '형제 살해'의 비극이었기에, 향후 국민적 통합을 통한 공화국의 확립에 도움이 되지 않았을 것이다. 또 일반인에게도, 심지어 희생자의 유가족조차도, 이것을 빨리 잊고 현실을 인정하는 것이 우선했다. 그래서 그런지 코뮌을 다루는 역사서들은 모두 '피의 주간'을 다루는 별개의 장을 두고 있지만, 이것만을 따로 다루거나 별도로 연구한 책이나 연구 논문은 많지 않다.

그럼에도 '피의 주간'의 희생자 수는 다소 논란이 되었다. '피의 주간'의 공식적인 인명손실 수는 베르사유군의 경우 사망 877명, 부상 6,454명으로 명확하게 제시되어 있다. 한편 코뮈나르군의 인명손실에 대해선 어디에도 공식 수치가 나와 있지 않지만, 대략 3,000명 내지 3,500명의 코뮈나르가 사망했을 것으로 추정되고 있다. 하지만 문제는 전투 중 포로가 되거나 다른 이유로 사로잡힌 코뮈나르나 군사적 행위를 하지 않은 민간인이 여러 이유로 희생당한 부분이다. 이 19세기 유럽사에서 가장 잔혹한 "민간인에 대한 폭력"의 희생자 수는 역사가들 사이에서 대체로 2만~3만 명 정도인 것으로 추산되었다. 그렇지만 이런 역사가들의 추정치는 직접적인 증거 자료에 기초한 것이 아니라, 여러 가지 정황 증거, 즉 '피의 주간'에 대한 몇몇 당대인의 기록과 파리코뮌을 전후로 한 파리 인구통계 등에 기초한 것이었다. 이에 대해 최근 영국의 코뮌사가인 로버트 톰즈Robert Tombs가 당시 병원 기록과 매장 기록 같은 새로운 사료 발굴을 통해 7,000명 정도의 수를 제시했다. 톰즈의 기본적인 접근 태도 및 시각과 관련해 비판도 있지만, 어쨌든 위의 수치가 역사가가 적극적인 사료 발굴과 엄격한 사료 비판을 토대로 얻은 결론이라는 점은 인정되고 있다. 적어도 톰즈가 발굴한 사료에서 제공하는 수치는 정확하며, 이를 보완해 가면서 더 많은 수치를 확인해야 한다는 것이다. 그래서 최근에 나온 코뮌 관련 글들은 '피의 주간'의 희생자 수를 "역사가들 사이에서……7,000명에서 4만 명까지 다양하다"고 적고 있다.

사면 그리고 기억과 망각

파리코뮌이 진압된 후 1876년까지 코뮌에 연루된 혐의로 체포된 이는 4만 7,000명 정도 되었고 이 중 3만 1,000명 정도가 불기소 처분되어 무죄 방

면되었으며, 궐석 재판을 포함해 정식 재판을 받아 유죄판결을 받은 인원
은 1만 4,000명 정도였다.*

코뮌 이후 1871년 9월 공화주의 의원들이 코뮌나르의 사면안을 처음으
로 의회에 제출한 이래 코뮌나르를 사면**하는 문제가 계속 프랑스 정치
의 주요 고민거리로 등장했다. 그리고 결국 1880년 7월 10일 코뮌나르의
'총사면'이 이루어졌다. 이 과정은 1870년 제국 붕괴 이후 들어섰지만 전
쟁과 군주주의자들의 부활, 코뮌 등으로 위태로웠던 공화국을 확고하게
안착시키는 과정이었다. 일어난 사건인 코뮌을 어떻게 기억할 것인가가
코뮌나르의 사면에 핵심적인 문제였고, 이를 해결함으로써 온건공화파를
중심으로 한 공화국이 좌·우의 위협을 물리치고 확립되었던 것이다.

이 문제에 대한 정치적 당파의 입장은 처음에 세 가지였다. 첫째, 국민의
회를 장악했던 군주주의자들은 파리코뮌을 "정신병자와 알콜 중독자, 매
춘부의 소시오패스적 행위"로 규정했기에 코뮌의 사면은 "범죄행위에 대
한 인정"으로 절대 있을 수 없는 일이었다. 둘째, 파리코뮌에 적극적으로
반대했던 온건공화파들은 국민의회에서 다수를 차지한 군주주의자들에
맞서기 위해서 '농촌 프랑스'를 자기편으로 끌어와야 했기에 사면에 반대
했다. 사면에 찬성하면 파리에서 승리할 수 있겠지만, 대신에 지방에서는

---

* '피의 주간' 중인 5월 24일부터 베르사유군은 파리 곳곳에 '임시 즉결재판소'를 설치하여 6월 중
  순까지 가동했다. 이 즉결재판소가 한 역할은 체포한 포로를 베르사유로 후송할지 아니면 즉결
  처형할지를 결정하는 것이었다. 이 즉결재판소는 자신들의 활동에 대해 어떤 기록도 남기지 않
  았기에 여기서 얼마나 많은 코뮌나르의 생사가 결정되었는지는 알 수가 없다.
** 여기서 '사면Amnestie'이란 특정 행위를 한 사람에게 형을 면제해 주는 것이 아니라 그 행위 자
  체를 없었던 일로 하는 것이며, 따라서 그 행위를 한 사람은 형을 면제받을 뿐 아니라 상실했던
  모든 법적·정치적 권리를 회복한다. '형刑 면제grâce'는 유죄를 받은 사실은 남기 때문에 모든 권
  리의 상실이 유지되지만(그래서 '국민적 재통합'에 맞지 않는다), '사면'은 유죄 사실 자체가 소멸되
  기에 모든 권리를 회복하면서 '국민적 재통합'에 기여한다.

패배할 것이기 때문이었다. 셋째, 코뮌에 찬성하지는 않았지만 급진적 공화주의자에 속했던 빅토르 위고나 루이 블랑 같은 소수 인사들은 "내전의 모든 흔적을 지우기 위해" 코뮈나르의 사면을 주장했다. 한편 파리코뮌으로 와해되었지만 힘의 회복을 기도하던 사회주의나 블랑키주의자 같은 좌파 세력들은 자신들의 결집을 위해 코뮈나르의 "완전하고 전면적인 사면" 주장을 내걸고 이용했다.

이런 입장들에서 변화가 생긴 것은 1876년의 선거부터였다. 이 선거로 1871년 2월의 국민의회가 해산되고 새로운 의회가 들어선 것이다. 그리고 이 선거에서 온건공화파는 하원 의석의 70퍼센트를 차지하는 성공을 거두었고(이 중 일부는 급진파에 속했다), 이로써 온건공화파는 처음으로 자신들의 정부를 구성했다. 하지만 그럼에도 여전히 공화국에 대한 위협, 특히 군주주의자들의 위협이 상존했다. 특히 1877년 5월 16일, 1873년 이래 티에르에 이어 대통령직에 있던 막마옹MacMahon이 온건공화파의 득세를 뒤집으려는 시도에 나서 하원 해산을 이끌어 냈다('5월 16일의 위기'). 이에 따라 1877년 10월 다시 하원 선거를 시행했는데, 그 결과는 역시 공화주의자들의 승리였다. 그리고 1879년 1월에는 상원에서도 공화주의자들이 승리하여 군주주의자 막마옹이 대통령직에서 물러나게 되었으며 온건공화파 그레비Jules Grévy가 하원에서 새로운 대통령으로 선출되었다. 이제 완전한 '공화주의자들에 의한 공화국'이 실현된 것이다.

온건공화파의 권력 장악은 지금까지 코뮈나르의 사면에 대한 입장의 변화를 가져왔다. 이제 그들에게 필요한 것은 전체 공화주의자들의 단결이었고, 이를 위해선 공화주의자들을 분열시키는 사면 문제를 해결하고 코뮌을 "잊히게" 해야 했다. 아울러 이를 통해 지금까지 사면 문제를 자신들의 단결과 세력 회복의 주요 수단으로 이용했던 좌파 세력으로부터 그것을 분리해 그들의 힘을 축소시킬 수도 있었다. 특히 이 시기에 정치 세력화

를 본격화한 사회주의 및 집산주의 세력은 사면 문제를 이용해 여러 보궐
선거에서 상당한 힘을 발휘했다. 이렇게 온건공화파에게 사면 문제는 어
떻게든 해결해야 할 문제였고 권력 장악에 성공했기에 상당한 자신감도
있었지만, 여전히 전면적인 사면에는 그 결과에 대한 우려로 인해 주저했
다. 그래서 1879년 3월 5일 부분 사면이 시행되었다.

  하지만 온건공화파 정부가 야심차게 시행한 부분 사면의 정치적 결과는
전적으로 자신들에게 불리했다. 오히려 이 조치 이후 좌파의 정치적 힘이
강화되어, 파리에서든 지방에서든 총사면을 주장하는 좌파 후보자들이 여
러 보궐선거에서 상당한 표를 얻거나 승리하는 일이 벌어졌다. 게다가
1879년은 경제적으로도 어려운 시기로 진입하는 때였고 노동자의 파업 활
동도 증가하고 있었다. 무엇보다 온건공화파에게 문제는 1881년으로 예정
된 선거였고, 이들은 1880년 7월 14일을 국경일로 정해 공화국의 확립을
공식화하면서 선거에 응할 생각이었다. 7월 14일이 의미를 가지려면 무엇
보다 국민의 "통합"이 나타나야 했고, 파리코뮌을 잊어야 했다. 이런 상황
을 누구보다 잘 파악한 이는 당시 온건공화파의 수장이자 하원 의장이었
던 레옹 강베타Léon Gambetta였다. 그는 1880년 6월 갑자기 코뮈나르의 총사
면을 들고 나와 하원에서 이를 통과시켰고, 하원에서 코뮈나르의 총사
면을 "코뮌의 범죄와 잔해 위에 망각의 묘석"을 세우는 것이라고 하여, 코
뮌의 사면이 가지는 의미를 명확히 했다. 그리고 1880년 7월 10일 코뮈나
르에 대한 전면 사면령이 발표되었고, 4일 후 첫 번째 7월 14일 기념일 축
제가 벌어졌다. 이날 온건공화파 신문 《세기Le Siècle》는 이렇게 선언했다.
"슬픔에 빠진 가족이 더 이상 없기를! 우리의 불화의 흔적이 더 이상 없기
를! 우리를 그렇게 깊게 분열시켰던 것은 잊었다. 오늘 공화국은 진정으로
자신을 찾게 되었다."

  그리고 1881년의 모든 선거에서 사회주의자들은 패배했고, 공화주의자

들이 압도적인 승리를 거두었다. 심지어 사면을 받아 입후보한 코뮈나르들조차도 파리에서 패배했다. 이제 공화국이 확립되었고, 코뮌에 대한 기억은 '잊히게' 된 것이다. 이로써 프랑스에서 공화국의 확립을 위한 '통합'은 코뮌에 대한 '망각'과 결합되었고, 향후 프랑스사에서 코뮌의 '기억'은 공화국에 대한 위협의 가능성─그리고 대안적인 (사회)공화국 도래의 가능성─을 갖게 되었다.

11

1874년 3월:
〈인상, 해돋이〉, 클로드 모네와 인상파 예술의 탄생

박재연

[그림 11-1] 〈인상, 해돋이〉, 클로드 모네 작, 1872, 마르모탕 모네 박물관.

인상파, 좋아하시나요?

서양 미술사조 중 가장 높은 대중적 인지도와 인기를 누리고 있는 미술 양
식을 꼽으라면 열에 아홉은 인상주의를 꼽을 것이다. 아르놀트 하우저가
이야기한 대로, 인상주의는 본질적으로 향락적이며 보는 이들로 하여금
극도로 섬세한 감각과 신경의 경험에 몰두하게 하는 미술이니 말이다.[1]

하지만 인상주의의 대중적 인기와 미술사적 기여와는 별개로, 인상주의
에 대한 범용적인 정의를 내리는 작업은 결코 간단한 일이 아니다. 인상주
의라는 용어는 하나의 그룹에 대한 명칭과 집단적 노력의 성과를 나타내
지만, 자유와 독창성을 나타내기도 한다.[2] 사실 그 덕분에 인상주의는 느
슨한 분류 체계 내에서 수많은 다양성을 포섭할 수 있었다.

인상주의가 태동한 19세기 중반은 신고전주의, 낭만주의, 자연주의, 사
실주의 등 다양한 사조가 함께 영향을 주고받으며 공존하던 복잡한 시기
다. 엄정한 양식적 분류와는 별개로, 인상주의는 풍경화 장르와 밀접하게
관계되어 있다. 여전히 적지 않은 사람들에게 풍경화는 신화화나 역사화

의 배경으로 여겨졌음에도 불구하고, 눈에 띄는 성장세를 보였다. 실제로 풍경화는 국가적 미술이라는 영예를 누리며 이 시기 가장 역동적인 장르로 자리 잡았다.[3]

인상주의 작가들이 작업을 시작한 제2제정 초기와 1860년대는 교량과 도로, 철도가 건설되고 산업이 발달하던 시기로, 특히 국가의 중추인 파리 시내에서는 그야말로 혁신적인 도시 (재)개발이 추진되었다. 프랑스 역사 상 새 시대의 도래를 그만큼 강렬하게 의식할 수 있었던 시대는 없었다고 해도 과언이 아니다.[4] 이 시기 화가들은 '근대적 생활'이라는 새로운 주제와 참신하고 특이한 회화 기법을 통해 예술적 혁신을 시도했다. 튜브형 유화물감, 휴대성이 좋은 이젤의 상용화, 철도망의 확충 역시 인상주의 화가들의 예술 실험에 큰 영향을 끼쳤다. 특히 당시 프랑스 화학자들과 야금학자들이 개발한 새로운 안료 덕에 화가들은 이미 알고 있는 대로 그려진 보수적인 색감과는 다른, 빛의 유희에 따라 매번 다르게 보이는 색을 구현할 수 있었다.

1874년 4월 15일 카퓌신 가 35번지에서는 무슨 일이?

일반적인 미술사 서술에서는 1874년을 인상주의가 탄생한 해로 본다. 훗날 인상파라고 분류되는 작가들이 자발적으로 모여 작품을 전시한 첫 번째 단체 행동이 있었으며, 이 전시를 통해 인상주의라는 용어가 등장했다는 것이 그 근거다. 하지만 당시의 맥락과 상황은 그리 단순하지 않았다. 널리 알려진 대로, 제1회 인상파 전시회는 1874년 4월 15일부터 한 달간 카퓌신 가 35번지에 위치한 사진작가 나다르Félix Nadar의 스튜디오에서 열렸다. 이후 1886년까지 총 여덟 차례 열리게 되는 인상파 전시회 중 첫 번째로 열린 이 전시는 편의상 '제1회 인상파 전시회'라고 불리지만, 실제 개최 당시 주최 측에서는 '인상파'라는 용어를 사용하지 않았다.

　전시 공식 카탈로그에 잘 명시되어 있듯이, 전시 주최는 '화가·조각가·판화가 유한책임협동조합'이었고, 57명의 조합원 중 36명의 예술가가 165점을 출품하였다. 출품 작가들의 면면을 살펴보면, 모네, 르누아르, 시슬레, 피사로 등 인상파를 언급할 때 항상 거론되는 이름도 있지만 에두아르 브랑동, 장-밥티스트 르베르 등 오늘날엔 그 이름조차 생소한 이들도 있다. 이를 통해 당시 '화가·조각가·판화가 유한책임협동조합'은 장르, 분야, 경력 면에서 매우 이질적인 예술가들의 모임이었음을 확인할 수 있다. 이는 이들이 엄정하게 정의된 하나의 양식이나 질서, 운동으로서 '인상주의'를 규정하고 모인 것은 아니라는 점을 보여 준다.

　그럼에도 불구하고, 1874년 인상파 전시는 평단과 대중의 (조소에 가까운) 비판적 반응, 인상주의를 필두로 하여 20세기 초중반 내내 이어지는 예술적 투쟁들로 인해 흔히 '예술 혁신에 대한 젊은 세대 화가들의 시대적 요구가 처음으로 대중에게 선보인 자리'로 여겨져 왔다. 물론 1874년 4월의 전시를 통해 이들이 자신들이 추구하던 예술 실험과 시도 의지를 공개적으로 천

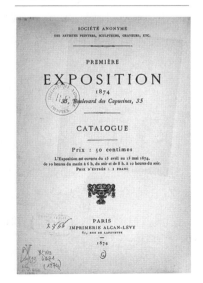

[그림 11-2] 제1회 인상파 전시 카탈로그 표지. 단순한 타이포그래피로 구성되어, 기존 예술제도에서 독립하려는 화가들의 의지를 보여 준다. 전시 장소와 운영 시간, 입장료 등 실용적인 정보를 담아 대중과의 접근성을 강조하며, 새로운 예술운동으로서의 정체성을 명확히 드러내고 있다.

명한 것은 분명한 사실이지만, 이 전시의 다양한 면모와 전후 맥락을 자세히 살펴보면 이 전시의 의의를 단순히 젊은 작가들의 선언적 예술 투쟁으로만 축소해서 이해하는 것은 그리 적절치 않다.

우선, 1874년 전시 참가자의 평균 연령은 35세로, 혈기 왕성한 신진 작가들만의 모임은 아니었다는 점에 주목할 필요가 있다. 실제 조합원들의 대부분은 청장년 작가들로, 만 50세였던 외젠 부댕은 제자 모네의 요청으로 참가를 결정했으며, 칼스와 오탱과 같이 예순이 넘은 원로 예술가들도 뜻을 모았다. 다시 말해 1874년의 전시회는 젊은 작가들의 미지의 실험실이라기보다는 일종의 공론장이었고, 새로운 미술 양식의 시작점이 아닌 나름의 성숙과 자신감을 과시하기 위한 자리였다고 보는 것이 적절하다.

인상파 화가들의 첫 번째 전시가 열린 것은 1874년이긴 하지만, 이들이 추구하는 회화의 기본 원칙들은 이미 오래전부터 수립되어 있었고, 일종의 연속적인 흐름 속에 이어져 왔다고 할 수 있다. 바르비종 화파Ecole de Barbizon는 작업실에서 나와 자연을 직접 보고 그리면서 새로운 풍경화 장르 탄생에 결정적인 역할을 수행했고, 자연스럽게 나무와 숲이 회화의 진정한 주제로 자리 잡았다. 코로와 부댕, 용킨트 등이 보여 준 대기의 표현은 바지유, 모네, 르누아르, 시슬레, 피사로와 같은 젊은 화가들을 사로잡았고, 이들이 추구하고자 하는 새로운 회화의 방향성을 제시해 주었다. 에밀 졸라는 1868년부터 '새로운 방식'의 회화를 제안하는 이 젊은 화가들의 역량에 주목했다.[5] 본질적인 핵심은 이미 존재해 있었던 것이다. 그렇다면 이들은 그간 진행해 오던 미학적 실험과 회화적 혁신을 어떤 이유에서 1874년에 '독립적인 전시' 형식으로 보여 주고자 했던 것일까?

출품작의 자리 배치에 대한 타협안 — 크기에 따라 작품을 분류한 후 제비뽑기로 걸릴 자리를 결정한다 — 과 같은 기본 회칙은 협회 발족과 함께 1873년 12월 27일 자로 제정되었고, 전시회 개최 전 이 사실은 이미 몇몇 신문에 보도가 되었다. '인상파 전시'가 1874년 4월 15일 하늘에서 뚝 떨어진 것이 아니라, 구체적인 사전 준비와 합의를 거쳐 기획되었음을 알 수 있는 지점이다.

독립 전시에 대한 기획이 시도된 것은 1867년으로 거슬러 올라간다. 처음으로 이 기획을 건의했던 바지유는 1867년 4월, 어머니에게 보내는 편지에서 낙선전 개최를 위한 청원에 서명했음을 알리며, 모네를 위시한 친구들과 함께 매년 커다란 작업실을 빌려 각자의 작품을 전시하기로 했다고 썼다.[6]

독립 전시회에 대한 선례 역시 이미 존재했다. 1855년과 1863년, 관전의 성격을 띠던 살롱전 바깥에서 열린 쿠르베와 마네의 시도는 젊은이들로 하여금 자신들의 기획이 허무맹랑한 것이 아님을 상기시켜 주었다. 1855년 쿠르베가 만국박람회장 맞은편에 전시관을 마련하여 개최한 전시는 정부가 주관하는 관전에 대항하기 위해 개인이 자비로 여는 개인전의 효시가 되었다. 공상적 사회주의자였던 프루동의 정치 이념을 바탕으로, 쿠르베는 친구이자 후원자였던 알프레드 브뤼야스의 도움을 받아 목재로 지어진 파빌리온을 6개월간 임대하여 전시관을 꾸렸다. 평단의 비평과 대중의 외면에도 불구, 자신의 작업을 규정하기 위해 '사실주의'라는 특정한 용어를 선택했다는 점은 쿠르베의 1855년 전시가 지니는 가장 큰 의의라고 할 수 있다.

이후 1859년부터 예술가들은 개혁을 요구하면서 공개 시위를 벌이기 시작했다. 1863년에 이르러 나폴레옹 3세는 정치적인 계산이 깔린 관용적인 태도로 이 문제에 개입했고, 그로 인해 개최된 '낙선전Salon des Refusés'은 그야말로 획기적인 사건이 되었다. 과거의 회화에 대한 취향과 동시대의 증언에 대한 소명의식 사이에서 고민하고 투쟁하던 마네는 1863년 낙선전을 계기로 기존의 관습을 거스르는 모든 시도가 가능해졌음을 천명했다.

쿠르베는 1867년 만국박람회 때도 박람회장 근처에서 두 번째 개인전을 개최했고, 마네도 56점의 작품을 선보이며 개인전을 열었다.

이처럼, 1860년대 이후 살롱전을 비롯한 제도권 미술계의 분위기가 변화하고 있었다는 사실은 독립 전시를 개최하고자 했던 인상파 화가들의 계획에 큰 영향을 끼쳤다. 살롱전의 권위는 서서히 흔들리고 있었으며, 이미 인습과 편견에 얽매인 관전이라는 인식이 퍼지고 있었다. 자신의 이름을 딴 사설 미술아카데미에서 모네, 르누아르, 바지유, 시슬레, 휘슬러를 가르쳤던 샤를 글레이르는 관학파로 분류되는 화가였지만 관습적 방식의 작업과는 거리를 둔 교사였고, 야외에서 그리기와 자연광의 중요성을 일찌감치 인지하고 있던 화가였다.[7] 실제로 살롱전의 심사위원들은 서서히 시대의 변화를 반영한 관전의 필요성을 인지하기 시작했고, 1865년 모네를 비롯하여 미래의 인상파 화가들이 1860년대 살롱전에서 잇달아 입선하는 등 점진적인 변화의 분위기는 젊은 화가들에게 일말의 기대를 심어 주었다.

하지만 살롱전의 벽은 여전히 높았고, 낙선의 비중이 절대적으로 높아지자 많은 이들은 분통을 터뜨리며 지속적으로 변화를 청원했다. 여전히 유력한 고객들의 눈에 들기 위해서는 살롱전에 입선해서 이름을 알려야 한다는 사실은 자명했지만, 계속되는 낙선은 훗날의 '인상파'들로 하여금 스스로를 알릴 수 있는 대안을 마련하게 만들었다. 인상주의 전시회의 이면에는 자유로운 무대를 제공하여 화가들이 비평가와 잠재 고객들에게 직접 작품을 선보일 수 있게 하자는 생각이 깔려 있었던 셈이다.[8] 더 이상 관전의 권위에 기대지 않겠다고 다짐한 미래의 '인상파'들은 최대한 파격적이고 공격적인 방식의 전시 운영을 통해 자신들의 의지를 공개적으로 드러냈다.[9]

한 달간의 전시 동안 3,500명 정도가 전시장을 찾음으로써 조합원들에게 희망을 심어 주는 듯 보였다. 전시 첫날은 175명, 마지막 날은 54명이 전시를 관람하였다. 저녁 시간대(20~22시)에는 평균 10~20명의 관람객이 전시장을 찾았으며, 야간 관람객 수가 단 2명인 날도 있었다. 이는 주최 측의 야심과는 달리 살롱전 관람객 수에 한참 못 미치는 수치였고(살롱전의 일일 평균 관람객 수는 8,000~1만 명으로, 전시 기간 동안 총 40만 명이 살롱전을 관람하였다), 재정적인 면에서도 적자를 기록했다. 1874년 12월 17일, 13명의 조합원이 탈퇴를 선택한다.

적자를 보았으니 전시는 실패?

전시를 기획한 이들이 느꼈을 실망감과는 별개로, 1874년의 첫 번째 인상주의 전시를 실패한 실험으로 보기는 힘들다. 이 전시를 통해서 인상주의의 '탄생'을 공언할 수 있었기 때문이다. 물론 이들이 첫 번째 단체전을 기획하면서 독립적인 성격의 전시를 지속적으로 개최하고자 하는 의지를 가지고 있지 않았던 것은 사실이지만, 살롱전에서의 연속적인 낙선은 이들이 꾸준히 대안 전시를 개최하도록 하는 역설적인 동기가 되었다. 그리고 이후 1886년까지 이어지는 일련의 집단 행동은, 1874년을 '인상주의 탄생 원년'으로 자리매김하게 하는 데 정당성을 부여한다.

   1874년의 전시를 더욱 다각적으로 살펴보기 위해서는, 이들이 출품한 작품들의 판매 수치를 분석해 보는 것 역시 중요하다. 그림을 홍보하는 방식이 변하면서 미술품 거래 역시 점점 기업화되고 있던 만큼, 좀 더 집중적으로 당대의 미술품 거래의 양상을 살펴볼 필요가 있다. 한 달간의 전시 동안, '화가·조각가·판화가 유한책임협동조합'은 360프랑의 판매 수익을 올렸다. 실거래에 대한 기록은 남아 있지 않지만, 판매 정가의 10퍼센트에 해당하는 판매 중개 수수료가 조합의 재정 보고서에 기록된 덕분에 추정할 수 있는 금액이다. 비록 예상했던 만큼의 판매가 이루어지지는 않았지만, 몇몇 화가는 자신의 이름을 확실히 알리는 데 성공했고, 그중 모네는 소동에 가까운 이 실험의 최대 수혜자가 되었다.

　모네는 1874년 제1회 전시에 총 다섯 점의 작품을 출품했다. 그중 하나였던 〈인상, 해돋이〉는 '인상파'라는 새로운 집단을 탄생시켰다. 훗날 모네의 회고에 따르면, 르아브르 항구의 풍경을 담은 1872년 작의 제목은 다소즉흥적으로 붙여졌지만 말이다. 전시 개막 초기 전시회를 보러 온 미술 담당 기자 루이 르루아Louis Leroy는 1874년 4월 25일 자 《샤리바리Charivari》에 실린 칼럼 〈인상파 전시〉에서 인상파라는 단어를 풍자적으로 사용했다. 그런가 하면 인상주의에 호의적이었던 비평가 쥘 카스타냐리는 전시 개막 2주 후에 발표한 글에서, 르루아와는 다른 맥락에서 '인상파'라는 용어를 사용했다.[10]

　상반된 평단의 용례와는 별개로, 주최 측이 자발적으로 '인상파'라는 단어를 통해 자신들의 정체성을 공표한 것은 3년 뒤, 1877년 제3회 전시부터였다. 1874년 전시 이후 화가들은 이 용어를 전시회 표제로 사용하는 문제를 논의했다. 실제로 이들은 1874년 전시회를 준비하는 과정에서부터 자신들을 규정하는 정체성에 대해 진지하게 고민했다. 드가는 전시장이 위치한 길[boulevard des Capucines] 이름을 따서 '한련旱蓮파Les Capucines'라는 명칭을 제안하기도 했고, 르누아르는 전시를 본 평론가들이 자신들을 그저 '새로운 화파'라고 이야기하기 시작할 것에 반발심을 가지는 동시에 '어떤 몇몇'으로 불릴까 노심초사했다.[11]

　1877년 제3회 전시 개막 즈음해서, 르누아르의 친구인 평론가 조르주 리비에르는 전시회 홍보용으로 '인상주의자L'impressionniste'라는 간행물을 발행했다.

[그림 11-3] 1877년 제3회 인상파 전시 연계 간행물 《인상주의자》 표지. 르누아르의 출품작이었던 '그네'가 표지 이미지로 쓰였다.

Pierre-Auguste Renoir
"La Balançoire"
L'Impressionniste, 21 April 1877

제호와는 달리 리비에르는 참여 작가들의 기법이나 소재에는 별 관심을 두지 않고 사실주의의 역사적 맥락을 강조했는데, 이를 통해 1870년대 말까지도 인상주의라는 용어가 여전히 모호하게 쓰였음을 확인할 수 있다. 1878년 드가는 자신들을 일컫는 호칭에 '앵데팡당(독립주의자), 사실주의자, 인상주의자'가 포함되어야 한다고 주장했다. 그는 특히 자연주의라는 용어를 더 선호했는데, 그 편이 좀 더 포괄적이라고 생각했기 때문이다.

1877년 제3회 전시회부터 '인상파'라는 명칭을 사용하기는 했으나, 본격적으로 단체의 정체성에 대한 고민이 이루어진 것은 1876년 제2회 전시부터다. 이 전시회는 화상 뒤랑 뤼엘의 지원을 등에 업고 개최되었는데, 강한 성격을 지닌 일군의 화가들—모네, 르누아르, 드가, 세잔, 피사로, 기요맹, 시슬레—을 하나로 모아 단체전을 다시 한번 개최할 수 있었던 데에는 인상주의의 열렬한 지지자였던 그의 공이 컸다. 인상주의 회화를 상품화하는 방식을 고안한 이 천부적인 딜러는 3,000프랑에 자신의 갤러리를 대관해 주었고, 이러한 지원 덕에 제2회 전시에는 더 많은 관람객이 전시장을 찾았다.

　1876년 제2회를 기점으로 이들이 자신들에 대한 인식을 더욱 현실적으
로 조형하기 시작했다는 사실은 같은 해 작성된 카유보트의 유언장에서도
읽어 낼 수 있다.

　스스로를 인상파 동료들의 후원자로 여겼던 카유보트는 1876년 11월 3
일 기증에 관한 내용이 담긴 유언장의 첫 번째 버전을 작성한다. 1874년
살롱전에서 낙선한 후 1876년 인상파 그룹에 합류한 카유보트는 '인상파'
라는 명명을 채택한 1877년 제3회 전시의 출품 작가 수를 줄이자고 제안
한다. 뒤랑 뤼엘의 이름으로 그의 갤러리 맞은편에 위치한 르펠레티에 가
6번지의 아파트를 임대하여 전시장을 마련하는 등 전시에 자금을 지원했
던 후원자였던 만큼, 카유보트는 상당한 발언권을 가지고 있었다. 이전 전
시에서 30여 명에 달하던 출품 작가는 18명으로 줄어들었는데, 실험적인
명칭을 적극적으로 수용하고 출품 작가의 수를 한정했다는 점은 자신들이
나아가고자 하는 바에 대한 명
확한 인식이 이루어지고 있었
음을 보여 준다. '인상파'라는
단어에는 조롱과 모호함의 의
미가 들어 있었으나 자신들이

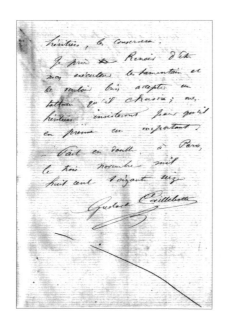

[그림 11-4] 카유보트 유언장 일부. 카유보
트는 사후 자신의 작품과 동료 인상주의 화
가들의 작품을 프랑스 정부에 기증하기를
원했으며, 이를 통해 인상주의가 공공 컬렉
션에 자리 잡는 데 결정적인 역할을 했다.
예술적 유산을 대중과 공유하려는 그의 헌
신과 예술 후원자로서의 의지를 잘 보여 주
는 자료이다.

하고 있는 예술적 시도의 공통분모를 강조하기에 적절했다. 자신들을 규정하는 용어의 진정한 의미가 평론가들이 아닌 화가들 자신에 의해 규정되었다는 사실은 인상주의 역사에서 매우 중요한 지점이다.[12]

뒤랑 뤼엘이 인상파 작품을 전시했던 근본적인 목적은 단지 작품 판매에 있지 않았다. 그는 새로운 취향에 대해 천명하고자 했고, 무엇보다 컬렉터들의 시각을 변화시키고자 했다. 예술적 가치를 지닌, 전에 없던 양식을 만들어 내고 싶었던 것이다. 뒤랑 뤼엘의 후원을 등에 업은 인상주의 화가들 역시 동시대인들의 미적 감각을 재교육하는 역할을 수행해야 한다는 일종의 소명의식을 지니고 있었다.[13] '인상주의'라는 미술혁명이 근대적인 취향과 시장 시스템을 탄생시킨 것이다.

이런 의미에서, 1874년 이후 〈인상, 해돋이〉의 소장 이력을 톺아보는 것은 근대 미술의 효시로서 인상주의의 다층적인 면모를 살펴보는 데 큰 도움이 된다. 제1회 인상파 전시에 들른 섬유사업가 오슈데는 800프랑에 〈인상, 해돋이〉를 구입한다. 모네의 초기 후원자이기도 했던 오슈데는 1877년 파산을 하게 되고, 이듬해 3점의 모네, 6점의 피사로, 3점의 시슬레를 포함한 그간의 소장품 84점을 경매에 내놓는다. 1878년 드루오 경매에서 〈인상, 해돋이〉를 손에 넣은 인물은 루마니아 출신의 의사 조르주 드 벨리오로, 210프랑에 해당 작품을 낙찰받았다. 동일한 경매에서 관학파 화가 알프레드 드 드뢰의 사냥 장면이 1,400프랑에, 바르비종파의 대표 화가 테오도르 루소의 늪지대 풍경이 1만 프랑에 낙찰되었고, 이듬해 메소니에르의 소품 〈프리드랑드 전투〉가 38만 프랑에 낙찰되었다는 사실은 인상주의에 대한 시장의 인정이 여전히 요원하였음을 보여 준다.[14]

드 벨리오 박사는 훗날 인상주의 회화라고 불리게 되는 작품들에 일찌감치 관심을 가졌다. 1874년 뒤랑 뤼엘에게서 300프랑에 〈퐁투아즈의 에르미타주 가街〉를 구입하면서 시슬레에 대해 알게 되었고, 같은 해 드루오 경

매장에서 그의 첫 모네 소장품인 〈아르장퇴유의 센강〉을 400프랑에 입수
하였다. 흥미로운 사실은 드 벨리오가 제1회 인상파 전시를 찾았음에도 불
구하고 작품은 한 점도 구입하지 않았으며, 이듬해인 1875년 3월 24일 열
린 '강경파' 화가들의 작품 판매 행사에서도 구입하지 않았다는 점이다. 초
기 인상주의 후원자들 역시 자신의 미술품 투자에 상당이 신중했음을 시
사해 주는 대목이다.

　인상파라는 용어의 역사적 기원을 품고 있는 작품임에도 불구하고, 〈인
상, 해돋이〉는 20세기 초반까지 주요 전시에 등장하지 않았다. 1900년 만
국박람회는 물론 1931년 열린 모네의 대규모 회고전에도 출품되지 않았으
며, 1920년과 1931년, 1937년 전시를 위해 책정된 보험가는 〈생 라자르
역〉의 절반에 불과했다. 1931년 폴 로젠버그 화랑에서 열린 전시에 출품되
기는 했으나, 화재 보상 보험 가격으로 책정된 12만 5,000프랑은 같은 전
시에 출품된 화가의 다른 작품인 〈유럽교〉의 보험 가격 (25만 프랑)과 비교
되는 금액이다.[15]

　〈인상, 해돋이〉가 지금의 미술사적 위상을 지니게 된 것은 1950년대에
들어와서이며, 이 역시 상당 부분 존 리워드의 종합적인 인상주의 연구서
의 출간에 기댄 것이다. 이러한 여러 가지 역사적 흐름으로 미루어 볼 때,
1874년의 제1회 인상파 전시를 인상주의의 탄생으로 갈음하는 것은 인상
주의에 대한 지극히 단순한 이해라고 할 수 있다. 1874년의 전시를 통해 등
장한 것은 전에 없던 혁신적인 미술운동이라기보다는, 새로운 판로를 개척
하고 기존의 미술제도를 비판하기 위해 이루어진 느슨한 연대에 가깝다.

인상파, 마냥 예쁘기만 한 그림이 아니랍니다

흔히 인상주의 회화는 정치와 무관한 주제를 다루는 만큼, 정치적인 예술로 여겨지지 않는다. 그렇지만 예술은 권력 시스템 안에서 생산되고 어느 정도는 거기에 동참하거나 저항하기 때문에, 모든 예술은 정치적이라고 할 수 있다. 특정한 이데올로기가 반영된 생활양식을 반복적으로 재현하며 정당화하는 한, 인상주의 회화 역시 정치적이라고 볼 수 있다. 인상파 전시가 개최된 1870년대의 프랑스 정치 상황은 인상주의가 내포하고 있는 본질적인 정치성에 대해 여러 가지를 환기시켜 준다.

1873년 우파 정당 후보였던 막마옹 장군이 대통령으로 선출되어 경제위기에 빠진 프랑스를 재건할 임무를 맡게 되었다. 영국에 망명 중이던 나폴레옹 3세가 사망한 이듬해인 1874년, 프랑스는 여전히 프랑스·프러시아 전쟁과 참혹한 대학살로 끝난 코뮌의 상흔에 사로잡혀 있었다. 패전국으로서 모욕감에 떨던 중 얼마 안 있어 발생한 무정부주의와 유혈사태로 인한 충격에 휩싸여 있었던 것이다. 경제적 번영과 근대화를 중단시킨 치욕적인 패배로 인해 느낀 국가적 수치심과 모멸감에 더해, 여전히 프러시아 측에 전쟁 채무를 상환하지 못한 상태였으며, 모든 사회 구성원이 근대화와 산업화에 소요되는 비용에 대한 부담 역시 나누어 치르고 있는 상태였다. 1870년대 말 개헌이 이루어질 때까지 여전히 계엄령이 적용되던 프랑스는 정치·경제적으로 불안한 상태였고, 사람들은 그 어떤 예술운동이라도 새로운 것이라면 무조건 두려워했다.[16]

1876년 평단은 이들의 작업을 두고 '강경파'라는 용어를 사용하여 젊은 화가들이 보여 주는 혁신적인 작업을 묘사했다. 이 용어는 전통적인 기법—마무리, 공간감, 명백하게 드러나는 화면 구성 등—과 '순수회화'의 가치를 거부하는 급진주의를 이를 때 사용되던 것으로, 호칭 자체는 당시 같은 명칭으로 불렸던 스페인 혁명가들에 빗댄 표현이었다. 1873년 스페인 연방주의당의 무정부주의자들은 자신들이 스스로를 일컬어 부르던 'Los Intransigeantes(강경파)'라는 이름으로 알려졌는데, 이들은 내전 중이던 스페인의 입헌군주제가 몰락하는 데 결정적인 역할을 했다. 이들과 똑같은 호칭을 사용하던 화가들의 움직임은 프랑스에서도 유사한 일이 일어날 수도 있을 것이라는 막연한 두려움을 불러일으켰다. 인상파 화가들은 예술과 국가의 분리를 외치고, 정치적 급진주의자는 종교와 국가의 분리를 외치고 있었기에 대중의 눈에는 이들이 같은 이상을 추구하는 자로 비친 것이다.

1871년 파리코뮌의 기억은 아직도 사람들의 머릿속에 생생하게 남아 있었고, 1874년 화가들에게 전시장을 빌려준 나다르는 좌익 동조자로 알려져 있었다. '강경파'라는 수식어는 기존 관행을 거부하고 백지 상태에서 새롭게 출발하려는 화가들의 태도를 강조함으로써, 이들의 미술이 보여 주는 양식적 양태보다 오히려 거기에 함축되어 있는 반항적인 태도에 초점을 맞추었다. 1877년 제3회 인상파전에서 '인상주의'라는 용어가 사용되면서, 사람들은 비로소 이 예술운동을 정치적인 근본주의 경향으로부터 떼어내 이해하고 인식하기 시작했다. 프레데릭 슈발리에Frédéric Chevalier는 1877년 "인상주의의 움직임은 좌파적인 시선을 지닌 화가들의 예술적 외침이라기보다 당대를 혼란스럽게 하는 서로 다른 여러 경향의 충돌을 표현한 것"이라 분석했다.[17]

제3공화국 초기 정부는 예술가들에게 안정적인 작업 환경을 전혀 보장해 줄 수 없었다. 프랑스–프러시아 전쟁이 끝나고 2~3년 동안 이루어진 재건 이후 찾아온 1874년 경제위기는 이듬해 드루오 경매에서의 참담한 판매 실적으로 가시화되었다. 파산에 가까운 재정 경색이 있었던 1875년 이후 5년간 뒤랑 뤼엘은 단 한 점의 인상주의 회화도 구입하지 못했고, 이 시기는 인상주의자들이 독자적으로 판로를 개척하기 위해 독립적인 전시를 꾸리던 시기와 일치한다. 실제 인상파 화가들이 1874년 독립 전시를 개최하게 된 직접적인 계기 역시 뒤랑 뤼엘의 재정 악화라고 할 수 있다. 1877년 모네의 초창기 후원자였던 오슈데의 파산 역시 흥망을 거듭하던 1870년대 말~1880년대 초 프랑스의 불안정한 경제 상황을 가늠하게 해 주는 사건이다. 즉, 독립 전시회는 보수적인 제3공화국 아래에서 후퇴하고 있던 예술개혁에 대한 대응책이자 기존의 미술 후원체제로부터의 독립을 모색하려는 시급한 시도였던 것이다.

이러한 분위기에서 인상주의 예술가들이 손을 벌린 곳은 부르주아 계층의 예술 애호가들이었다. 뒤랑 뤼엘이 왕정에 호감을 가진 가톨릭 전통주의자였다는 사실 역시 1870년대 인상파 그림의 유통과 판매에 적잖은 영향을 끼쳤다.[18] 파리코뮌은 부르주아들의 승리였으며, 중산층 프랑스인의 자존심 회복에 이바지한 계기가 되었다. 이들은 희생자에 대한 죄책감을 망각, 말소하고자 하였고, '사회 재건'은 가장 중요한 윤리 강령처럼 여겨졌다. 1875년 화재로 전소된 구 오페라 극장을 대신할 가르니에 오페라 극장이 새롭게 문을 열어 신흥 부르주아들의 네트워킹 장소로 자리 잡았고, 새로운 공화국 헌법을 공포한 정부는 전통적인 질서를 상징하는 사크레쾨르 성당의 건립을 위한 첫 삽을 떴다. 한쪽에서는 여전히 뚜렷하게 남아 있는 전쟁의 상흔 옆에 번쩍거리는 근대화의 산물이 함께 존재하는 다소 역설적인 풍경이 파리와 근교 지역에서 펼쳐졌다. 파리시청, 튈르리궁, 재판소, 팔레 루아얄, 루브르의 일부를 포함한 수많은 공공건물 등 전쟁 중에 파괴된 건물 폐허 옆에 현대식 건물이 지어지는 건설 공사의 현장이 경쟁하듯 들어선 것이다.

이 시기의 회화 역시 시대적 요구인 재건의 양상을 물리적이고 심리적인 방식으로 표출해야 했다. 많은 인상주의자가 전란기에 대부분 파리를 떠나 있었다. 모네는 전쟁을 피해 영국으로 피신했는데, 전쟁이 끝난 후 프랑스로 돌아온 그가 아르장퇴유로 이사했을 즈음에는 전쟁 당시 파괴된 철교와 인도교의 복구 공사가 한창이었다. 1873년 작 〈아르장퇴유의 철교〉는 근대화에 대한 단순한 예찬이라기보다는 모든 정파의 공동 목표인 국가 부흥의 과제를 은연중에 선전하고 프랑스를 재건하려는 모두의 노력을 인정하자는 메시지를 전하고 있는 작품에 가깝다.

1877년 제3회 전시에서 공식적으로 인상파라는 명칭을 달았음에도 불구하고, 이후 인상주의 회화에 대한 정치적 확대 해석과 불안감이 상쇄되기 시작한 데에는 쿠르베의 죽음 역시 일부 영향을 끼쳤을 것으로 추측해 볼 수 있다. 쿠르베는 방돔 광장에 세워져 있던 나폴레옹 기념비를 훼손한

[그림 10-5] 〈아르장퇴유의 철교〉, 클로드 모네 작, 1873~1874, 오르세미술관. 산업화 시대의 상징적 풍경을 인상주의적 시각으로 담아 낸 작품이다. 증기기관차가 지나가는 철교와 자연의 조화를 생생한 빛과 색채로 표현하며, 전통적 풍경화와 산업화된 현대 풍경의 새로운 조합을 제시한다.

주모자로 체포되어 1873년 스위스로 망명을 떠나, 1877년 12월 31일, 그곳에서 숨을 거둔다. 쿠르베에 대한 재판과 추방은 보수파들의 공식적인 보복을 상징했다. 인상파 화가들은 쿠르베와 연결되어 있다는 이유로 좌익으로 간주되었다. 하지만 쿠르베의 죽음은 급진적인 좌익 세력의 쇠퇴와 안정적인 공화정의 도래를 상징적으로 암시하였다. 통합과 재건, 진보와 번영을 기치로 내건 제3공화정과 이를 든든하게 뒷받침하던 부르주아 계층이 서서히 인상파 회화를 받아들이기 시작했다는 것은 인상주의 회화가 지닌 숨겨진 정치성을 드러낸다.

인상파, 이토록 프랑스적인 예술

1886년 3월 16일, 인상파 화가들의 든든한 조력자 뒤랑 뤼엘이 장남 조셉과 함께 뉴욕을 방문했다. 매디슨 스퀘어에서 1,300점에 달하는 인상주의 작품을 전시하는 대규모 프로젝트를 위한 출장이었다. 1880년대 들어 철도산업의 부흥으로 인해 경제적인 상황이 호전되기는 하였으나 1882년 또다른 공황이 찾아왔고, 100만 프랑의 빚더미에 올라앉게 된 뒤랑 뤼엘이 자의 반 타의 반으로 미국 시장을 공략하게 된 것이다. 미국 화가 메리 커셋의 도움을 받아 성사된 뉴욕 전시는 4월 10일 화려한 막을 올려, 전시 기간 중 49점의 판매가 성사되었다.[19] 평단의 호평 역시 이어진 이 전시의 제목은 〈파리 인상파의 유화 및 파스텔화Works in Oil and Pastel by the Impressionists of Paris〉다. 제1회 인상파 전시가 개최된 직후부터, 다른 나라에 인상주의가 소개되기 시작했다. 《뉴욕 트리뷴》에 기사를 쓴 헨리 제임스를 비롯, 스웨덴의 아우구스트 스트린드베리, 러시아 독자들을 대상으로 인상주의를 소개한 졸라나 런던 《아트 먼슬리 리뷰》에 글을 실은 말라르메

등 국내외 비평가들을 통해 인상주의는 프랑스적 정체성을 품은 채 프랑스 바깥으로 확산되었다.

프랑스 인상파가 하나의 정체성이라고 부를 만한 것을 지니고 있다면, 그것은 정치적인 투쟁이나 선언적 저항에서 비롯했다기보다는 풍경화의 장르적 특성에 기인하고 있다고 할 수 있다. "우리 시대 진정한 회화는 풍경화다." 1836년 《라티스트L'Artiste》에서 한 비평가는 이렇게 말했다.[20] 이후 이어지는 몇십 년간 풍경화는 초상화뿐만 아니라 역사화, 종교화, 풍속화까지도 수적으로 압도하며 프랑스 화단에서 공적인 위상을 차지하게 되

[그림 10-6] 〈생트 아드레스의 테라스〉, 클로드 모네 작, 1867, 뉴욕 메트로폴리탄박물관. 바다를 배경으로 한적한 여름날의 휴식의 풍경과 산업화된 프랑스의 새로운 시대를 은유적으로 보여 주는 작품이다. 바다를 항해하는 증기선은 19세기 프랑스 해양산업과 기술 발전을, 여유로운 중산층의 모습은 산업화로 인한 경제적 번영을 드러낸다.

었다. 많은 인상주의 풍경화는 적절한 사회적 규범을 담은 정경을 묘사하고 있다. 드가의 경마장 풍경이 암시하는 시대의 경쟁적인 분위기는 물론, 르누아르의 즐거운 축제 장면이 연출하는 근대의 아르카디아는 모두 19세기 후반 프랑스가 추구하던 사회적 가치를 보여 준다.

모네의 1867년 작 〈생트 아드레스의 테라스〉는 이 시기 만국박람회를 둘러싼 프랑스의 확장에 대한 욕망을 담은 작품이다. 화가의 가족이 망중한을 즐기는 바다 풍경 속에서 삼색기가 힘차게 펄럭이고 있으며, 저 멀리 대외무역의 선봉장인 증기선이 부지런히 오간다. 같은 지역의 해변 풍경을 묘사한 또 다른 작품 〈생트 아드레스의 해변〉 역시 부르주아/어민, 요트/고깃배로 분리된 구성을 통해 당시 프랑스 사회의 근대적 계급사회를 암시한다. 해변에 앉아 바다를 바라보는 부르주아 여성의 드레스와 깔개, 남성 파트너의 바지 색상이 어울려 만들어 내는 적−백−청의 조화는 결코 우연의 결과라고 하기 힘들다.

모네의 포플러나무 연작은 더욱 직접적으로 프랑스적 가치와 민족 정체성에 대한 근본적인 자부심을 표현한다. 민중을 뜻하는 'peuple'과 유사한 이름을 지닌 포플러peuplier는 프랑스혁명 당시 '자유의 나무'로 여겨지게 되었고, 프랑스 전역에 수천 그루가 심어졌다. 모네는 프랑스인들에게 무의식적으로 편안함과 만족감을 주는 대상을 예찬한 것이다. 그런가 하면 1892년부터 제작된 루앙 대성당 연작은 몇 세기에 걸쳐 공고하게 전해 오는 전통과 민족적 자부심의 상징을 담았다. 드레퓌스 사건으로 인해 갈라진 나라를 재결합시키고 심화된 정치 분열을 막고자 그려진 이 연작 중 스무 점은 1895년 뒤랑 뤼엘 갤러리에서 전시되어 커다란 성공을 거두었다. 18세기 말부터 대륙을 여행하는 영국 화가들이 노르망디를 지나는 길에 반드시 루앙 성당에 들렀다는 사실은 이 소재가 모네를 비롯한 19세기 후반 프랑스인들에게 일종의 집단적 향수를 불러일으키며 축복과 자유를 연상시켰다는 것을 암시한다.

    기차와 공장 옆에 전통적인 건축물들이 함께 등장하는 모네의 작품을 비롯한 인상파 그림에서 느껴지는 자아도취적 표현주의는 근대화로 인한 특정 공간의 정체성 상실의 위기를 근간으로 한다. 이미 일반화되기 시작한 현대적 영농법과 농기계의 존재를 무시하면서 그려진 노적가리 연작 역시 전통적인 농업국가로서 프랑스 토양의 비옥함을 강조하는 동시에 기억 속에 남아 있는 '아름다운 자연'에 대한 이상주의적 재현이다.

끊임없이 변화하는 순간들이 모이면

변화하는 순간을 포착한 인상파 그림 속 풍경은 사실 변하지 않는 것처럼 보인다. 변화의 한가운데서 영속성을 불러일으키며 끝없는 시간에 대해 이야기하는 것이다. 많은 인상주의 풍경화가 실제 직접적인 관찰을 통해 개별적으로 포착된 순간을 표현한 듯하지만, 감각과 기억, 경험은 한데 엉켜 있는 만큼 우리가 인상파 그림 앞에서 마주하는 것은 찰나의 인상 그 이상이다. 그 과정에서 우리는 과거와 현재의 연결, 현재와 미래의 연결, 나와 타인의 연결, 과거의 역사와 미래에 대한 비전의 연결을 경험한다. 인상주의 회화는 그것이 표현하고 있는 사건과 장소, 사람들과 사회적 제도의 역사와 밀접하게 연결되어 있는 만큼, 인상주의 회화의 '스타일' 혹은 '모티프'만을 취해서 이해한다는 것은 인상주의의 스펙트럼을 축소시키는 동시에 인상주의 회화의 풍성한 의미를 휘발시켜 버리는 것이다. 인상주의 회화는 사회적 변화의 행위자이지 단순한 상징이나 부산물이 아니기 때문이다.

    인상주의는 프랑스의 유서 깊은 정치적 이상주의의 표출로도 볼 수 있다. 근대화 경쟁에서 낙오된 이들에게 희망의 원천이 되고자 했던 프루동의 공상적 유토피아에 근거하여 만들어진 '화가·조각가·판화가 유한책임 협동조합'은 여러 분야의 회원들로부터 출자를 받았고, 조금이라도 수익이 생기면 모든 조합원이 골고루 나누어 갖도록 되어 있었다. 공제조합이라는 개념이 형성되기 시작한 것이다. 제3공화정 공립학교 교과과정에 도입된 미술과목은 누구나 미술에 접근할 수 있다는 생각을 일반화했다. 이러한 상황에서 독립 전시를 개최한 인상파 화가들의 목적은 배타적인 양식을 장려하는 것이 아니라 세간의 인정을 받고 경제적 자생력을 얻는 것이었다.

그럼에도 불구하고 "아무렇게나 색깔을 칠해 놓은 어린아이의 솜씨 같다"는 대중의 몰이해는 계속 이어졌고, 이들과 가까웠던 비평가 뒤랑티 Louis Edmond Duranty 역시 1876년 제2회 인상파 전시에 관해 서술한 저작 〈새로운 회화La Nouvelle peinture〉에서 인상파를 색채 화가와 데생 화가로 구분하는 등 오랫동안 '인상주의'에 대한 이질적인 반응이 이어졌다. 오늘날에도 하나의 간단명료한 문구로 인상주의를 정의하는 것은 결코 쉬운 일은 아니다. 인상주의는 개별적 취향을 지닌 이들이 화가들의 개인적 실험의 의미를 알아차리고 후원과 지지를 보내 주면서 발전해 온 만큼, 우리가 인상주의 회화에서 길어 올려야 할 것은 반짝거리는 색채의 향연을 넘어선, 실증과 이성이 강요하는 기계화에 반해 저마다의 방식으로 진실을 추구하려 했던 이들의 시선일 것이다. 디지털 시대, 인상주의 회화는 몰입의 예술로 여겨지며 많은 각광을 받고 있다. 눈앞에 던져진 시각 이미지 속에 쓸려 들어가는 관람객spectator이 아닌, 이미지를 깊이 들여다보며 새로운 미적 담론을 찾는 견자voyant가 되어야 하겠다.

12

1894년 9월:
드레퓌스 사건, 프랑스의 분열과 통합

마은지

승리한 공화국?

19세기 후반 프랑스 사회는 정부가 위로부터 국민 만들기를 추진하여 사회적·문화적·민족적 통합이 달성된 것처럼 보였다. 그런데 프랑스 제3공화국의 현실은 다른 모습을 보여 준다. 상당수 프랑스인의 삶의 양상은 민족적이기보다 여전히 지역적이었고, 언어상으로도 프랑스어가 아닌 지방언어를 사용하는 경우가 지배적이었다. 또한 단일경제로 통합되지 않은 상태여서 프랑스인이라는 단일한 정체성을 확고히 갖기는 어려운 실정이었다. 그런 점에서 지역주의와 지역적 정체성이 프랑스인이라는 정체성보다 훨씬 우세했다.

  제3공화국은 이런 분열양상을 극복하기 위해 교육, 표준어, 시장 등을 통해 프랑스인이라는 단일한 정체성을 만들기 위한 노력을 기울였다. 공화국을 통한 모범적인 근대 민족의 형성을 검토한 유진 웨버의 《농민에서 프랑스인으로, 1870~1914*Peasants into Frenchmen: The Modernization of Rural France, 1870~1914*》에서는 프랑스 농민의 정치화를 통해 농민이 민족적인

[그림 12-1] 〈알프레드 드레퓌스의 강등식〉, 《르 프티 주르날*Le Petit Journal*》(1895년 1월)에 실린 삽화.
알프레드 드레퓌스 원판 사진(1894).

정치생활로 통합되는 과정을 잘 설명하고 있다. 하지만 프랑스인을 하나로 통합하기 위해 정부가 정책적으로 강력히 추진했던 대중을 민족(국민)으로 만드는 목표는 쉽게 달성되지 않았다. 그래서 뒤로젤은 1900년경의 프랑스에 대해 "우리가 받은 인상은 프랑스인의 단일성이 아니라, 극단으로 치우친 다양성이다"[1]라고 묘사했다.

20세기에 접어들어서도 프랑스 사회가 이처럼 다양성이 지배적이었다고 한다면, 19세기 후반 프랑스가 민족 통합을 달성했다는 인식은 사실이라기보다 신화에 가깝다. 즉, 프랑스혁명을 통해 프랑스 민족은 불가분의 하나의 정치적 국민이 되었다고 전제해 왔고 이것이 제3공화국을 통해 실제로 이루어졌다고 믿고 있다. 그러나 프랑스혁명 이전의 "모자이크와도 같은 프랑스"[2]는 프랑스혁명으로 또다시 찢어졌다. 프랑스 사회는 19세기 내내 지역적·종교적·계급적·문화적으로 갈라져 있었고, 갈등과 분열이 많았으며, 대단히 복잡한 상태에 처해 있었다.

그런 점에서 1870~1871년 프랑스−프로이센 전쟁에서 프랑스의 패배는 프랑스가 통일된 민족(정체)성과 민족이 만들어질 수 있는 중요한 계기이자 변곡점이었다. 전쟁을 계기로 프랑스는 한 민족(국민)이라는 통합의식을 더욱 강고히 해야 한다는 목소리가 높아지고 있었다. 하지만 이런 기대와 달리 드레퓌스 사건이 터지면서 프랑스인의 민족적 통합은 고사하고 두 개로 완전히 쪼개지는 난국을 맞이했다. 공화국의 분열이 더한층 심해지면서 무엇이 프랑스 '민족'이고, 그런 민족이 되어야 하는가에 관해 정파들 간에, 프랑스인들 간에 치열한 논쟁이 가열되었다. 이때 공화파들이나 사회주의자들과는 다른 새로운 민족주의 계열의 바레스, 모라스, 미스트랄 같은 인물들이 출현했다. 무엇보다도 프랑스라는 한 나라 안에서 하나의 민족이 두 개의 진영으로 갈라지고 쪼개질 때, 두 진영이 한 유대인의 이름을 따서 드레퓌스파와 반드레퓌스파로 명명했다는 사실은 당대인들의 삶 속에 드레퓌스 사건이 일으킨 파장이 어느 정도였는지 가늠할 수 있게 해 준다.

1894~1906년 드레퓌스 사건은 프랑스의 갈라진 사회의 단면을 잘 드러내는 중요한 역사적 국면이었다. 이 사건은 프랑스 국민을 좌우 대결의 소용돌이 속으로 몰아넣은 '사건 중의 사건'으로 기록되고 있다.[3] 이 글은 드레퓌스 사건의 원인, 진폭과 반향을 다방면으로 검토하면서 드레퓌스파와 반드레퓌스파의 입장들을 일차적으로 조망한다. 그리고 드레퓌스 사건에 대한 입장 차이에서 비롯된 프랑스인들 사이의 전쟁에서 진짜 쟁점이었던 프랑스 '유대인'의 민족 통합 문제와 프랑스 공화주의적 동화주의의 한계가 무엇인지 밝혀 보고자 한다. 이어서 드레퓌스 사건에 대한 프랑스인들

의 역사적 기억과 그 사건이 오늘날 우리에게 전해 주는 역사적 교훈을 성찰하게 될 것이다.

드레퓌스 '사건'―사법적 오류에서 국가의 스캔들로

사건의 전개

드레퓌스 사건은 유대인 포병 대위 알프레드 드레퓌스Alfred Dreyfus (1880~1918·뮐루즈 출생)라는 한 개인에 대한 사법적 오판에서 시작되어 국가의 스캔들로 비화되었다.[4] 단기간에 어떻게 이런 파급력을 가질 수 있었을까?

1894년 프랑스군 참모본부 정보국은 군사기밀이 독일에 유출되고 있는 정황을 포착했다. 그 증거로 '명세서'가 발견되었다. 군의 정보가 담겨 있는 이 명세서는 파리 주재 독일대사관 무관의 휴지통에서 회수되었다. 프랑스 정보요원들은 명세서의 필적이 참모본부의 유대인 장교 드레퓌스 대위의 필적과 동일하다고 추정했다. 드레퓌스는 무죄를 항변했지만, 1894년 12월 19일 군사법정에서 반역죄로 종신형의 유죄판결을 받고 프랑스령 기아나의 악마의 섬으로 유형을 떠나야 했다.

드레퓌스 가족의 판결 거부가 없었더라면 이 사건은 잠잠해졌을 것이다. 그러나 가족들의 끈질긴 조사 덕분에 드레퓌스에게 불리한 증거가 된 것은 명세서가 아니라, 국방부 장관 메르시에 장군의 비밀문서임을 알아냈다. 이 비밀문서는 파티 드 클람Paty de Clam 중령이 불법적으로 군 재판관들에게 전달한 것이었다. 가족들은 이런 사실을 알리기 위해 유대인 지식인 베르나르 라자르Bernard Lazare에게 도움을 요청했다. 라자르는 드레퓌스의 유죄판결이 잘못이라며 재심을 요구하는 〈사법적 오류Un erreur judiciaire〉(1896)라는 제목의 팸플릿을 발행했다. 일부 몇몇 신문이 그 문제를 논하기 시작했지만 대부분은 방관했다. 하지만 언론의 무성한 추측들은 드레퓌스 사건에 대한 대중적 관심을 환기했고, 더 중요한 것은 언론에서 재판에서 제시된 그 증거를 밝히기 시작했다는 점이다. 1896년 11월 10일 자《르 마탱Le Matin》지는 '명세서' 자체를 게재했다.

그사이 신임 정보국장으로 발령받은 피카르 중령은 내심 드레퓌스가 무죄라는 결론을 내리고 있었다. 드레퓌스가 악마의 섬에 수감되어 있음에도 군 기밀이 계속 독일로 새어 나가고 있음을 포착했기 때문이다. 또한 1896년 3월 서신 한 통을 입수하는데, 독일 무관의 일명 '푸른 엽서'의 수신자는 평판이 매우 의심스러웠던 에스테라지Esterhazy 소령이었다. 더욱 충격적인 것은 에스테라지의 필적이 명세서의 필적과 똑같다는 사실이었다. 피카르 중령은 직속 상관인 참모총장 부아데프르 장군과 참모차장 공스 장군에게 이 사실을 알려 사건의 재심을 건의했지만 거부당했고, 결국 그는 좌천되어 프랑스 식민지 튀니지로 떠났다. 피카르 중령을 대신한 인물은 앙리 소령이었다. 사건을 덮으려 했던 앙리 소령은 명세서 처리의 책임자였다. 그는 이제 드레퓌스의 범죄 증거를 위조하기 위해 서류를 조작했다.

아이러니하게도 육군 참모본부에서 이 사건을 은폐하면 할수록 사건의 재심 압력은 점점 더 커졌다. 육군 참모본부는 민족주의적 반유대주의 논조의 신문들에다 관련 자료들을 제공하면서 부지불식간에 드레퓌스보다는 에스테라지의 과실을 지적하는 자료들을 드레퓌스파에 제공하였다. 군은 에스테라지를 조사하지 않을 수 없었고, 총 3분간 열린 재판에서 에스테라지는 무죄로 석방되었다.

에스테라지의 무죄 선고에 항의가 시작되었다. 저명한 소설가 에밀 졸라는 클레망소가 편집장이었던《로로르L'Aurore》지(1898년 1월 13일 자)에 공화국 대통령 펠릭스 포르에게 보내는 공개 서한 〈나는 고발한다J'accuse〉를 전재했다. 졸라는 에스테라지의 죄를 눈감아 준 것을 비웃었고 특정 장성들의 이름—메르시에 장군, 파티 드 클람 중령, 비요 장군, 부아데프르 장군, 공스 장군—을 거명하면서 드레퓌스에게 자행한 군부의 범죄를 비난했으며 공화국 자체를 와해시키는 음모를 멈추라고 촉구했다. 1898년 1월 13일 하룻밤 사이에 드레퓌스 사건은 한 개인의 사법적 문제에서 일급 정치 사안으로 떠올랐다. 드레퓌스의 사건은 이제 최고의 '사건Affaire'이 되었다.

나는 오늘 진실을 말할 것이다. 만일 정식으로 재판을 담당한 재판부가 진실을 말하지 않는다면 내가 진실을 밝히겠다고 약속했기 때문이다. 내 의무는 말을 하는 것이다. 나는 역사의 공범자가 되고 싶지 않다. 만일 내가 공범자가 된다면 앞으로 내가 보낼 밤들은 유령이 가득한 밤이 될 것이다. 잔혹

[그림 12-2] 1898년 1월 13일 자 《로로르L'Aurore》지에 실린 에밀 졸라가 공화국 대통령에게 보낸 공개 서한 〈나는 고발한다〉 기사.

한 고문으로 저지르지도 않은 죄를 속죄하고 있는 저 무고한 사람의 유령이 가득한 밤 말이다.……진실은 땅속에 묻히더라도 그대로 보존되고, 그 속에서 무서운 폭발력을 간직한다. 이것이 폭발하는 날, 진실은 주위의 모든 것을 휩쓸어 버릴 것이다"(《나는 고발한다》에서).

졸라의 글이 게재되자 청년 학생들과 진보적 지식인들은 한결같은 목소리로 드레퓌스 사건의 재심을 요구했다. 이어진 '앙리의 허위 문서' 폭로와 그의 자살은 국내뿐 아니라 국외에서도 드레퓌스 사건의 재판에 대한 의구심을 크게 불러일으켰다. 이때 우파 쪽에서 샤를 모라스Charles Maurras 가 《라 가제트 드 프랑스La Gazette de France》에 게재한 한 사설에서 앙리 소령의 위조 동기는 빌헬름 2세의 것으로 추정되는 서한의 내용이 폭로되는 것을 막아 전쟁 발발을 사전에 방지하기 위한 것이었고 외국인들로부터 프랑스 군대를 보호하기 위한 "애국적인 위조"라고 변론했다.

결국 1899년 9월 서부 렌 법정에서 드레퓌스 사건의 재심이 열렸다. 그러나 재심에서도 군사법정은 5대 2로 드레퓌스의 유죄를 확정지었다. 곧 이어 1899년 9월 19일 대통령 에밀 루베는 드레퓌스를 사면하는 행정명령에 서명함으로써 드레퓌스 사건은 종결되었다. 유죄 확정과 사면이라는 일련의 진행 과정은 군대는 어떤 법적 잘못도 저지르지 않았음을 재확인하면서 가능한 한 빨리 이 사건을 매듭짓고 싶어 했던 정부와 군부의 고육책이었다. 드레퓌스 자신은 이 사면 결정을 받아들였지만 드레퓌스파는 받아들이지 않았다. 사면은 곧 드레퓌스의 범죄를 인정한다는 것을 전제로 했기 때문이다. 이것은 드레퓌스의 무죄를 주장해 왔던 피카르에게도 난처한 결정이었다.

세기가 바뀌어 1900년이 도래했다. 프랑스 사회는 1900년 4월에 개막된 만국박람회로 인해 일종의 휴전이 조성되었지만 드레퓌스파의 분노는 사그라지지 않았다. 정부와 의회는 드레퓌스파를 진정시키기 위해 드레퓌스의 사면 이후 15개월이 지난 1900년 12월 사면법을 통과시켰다. 사면법은 드레퓌스 사건 관련자들을 전원 사면한다는 법안이었다. 드레퓌스파는 사면법 통과를 시민에 대한 반역행위로 규탄했다. 결국 드레퓌스는 명예를 되찾기 위해 1904년 3월 파기원破棄院(프랑스 최고재판소)에 사면 혜택을 자진 반납하며 재심을 요구했다. 드레퓌스 사건의 최종국면은 1906년 7월 12일, 파기원이 드레퓌스의 유죄 선고의 오류를 선언하여 드레퓌스가 복권되면서 막을 내렸다. 이후 드레퓌스와 피카르의 군대 복귀 법안과 졸라의 유해가 팡테옹으로 이장되는 법안이 의회에서 가결되었고, 드레퓌스는 레지옹 도뇌르 훈장을 받았다. 그해 10월에 피카르는 국방부 장관으로 임명되었다.[5]

국가적 차원
그렇다면 한 개인의 범죄와 소송 사건이 왜 국가적인 쟁점으로 비화하게 되었을까? 거기에는 많은 정치 세력과 여러 개연성이 개입되어 있었다.

우선 온건공화파와 급진공화파로 갈라졌던 당시 집권 세력인 공화파들의 내분과 '정치적 음모'를 생각해 볼 수 있다. 승리한 공화국이었지만 체제위기를 느꼈던 온건파 정치인들은 반대 세력들이 자신들의 정치적 이득을 위해서 드레퓌스를 이용할 수 있다는 생각에 드레퓌스를 자신들을 위한 하나의 상징 또는 대의명분으로 보았다. 또한 급진파들은 사회주의자들이 제기했던 사회 문제와 관련된 쟁점들로부터 드레퓌스로 관심을 돌리는 것이 자신들에게 유리하다고 여겼다.[6] 그러나 드레퓌스 사건은 정치적 음모로 일어난 사건이나 한줌밖에 안 되는 지식인들이 만든 소동이라고 하기에는 너무나 많은 것을 남겼다.

둘째, 드레퓌스 사건의 직접적 시발점이라 할 수 있는 군당국과 군에 대한 당시 프랑스인들의 사고방식을 살펴보자. 당시 공화국의 군대가 이 나라에서 어떤 입지를 갖고 있었는지를 먼저 이해해야 한다. 무엇보다 놀라운 것은 군 참모본부의 비합리적이고 비타협적인 태도이다. 피카르 중령이 내세운 증거를 본 그들은 분명 드레퓌스에 대한 소송을 재고할 기회가 있었음에도 사건의 재심을 강력히 반대했다. 그들은 이것을 인간이 실수할 수 있는 경미한 사건으로 보았고 군부는 군의 권위와 위신에 대해 어떤 도전도 용납하지 않았다. 참모본부의 이런 태도는 군부의 집단 심성에 기인했다.

이런 군에 대해 공화파와 우파의 입장은 다소 우호적이었다. 자코뱅적 애국심의 후계자인 공화파들은 프랑스가 알자스−로렌을 회복하려 한다면 강한 군대가 필수라고 주장했다. 그 강구책으로 1873년과 1889년에 전문 직업군을 국민개병제로 바꾸는 군개혁을 시도했는데 완전히 성공하지는 못했다. 표면상으로 군대는 적어도 민주공화파 안에서도 상당한 명성을 누렸다. 우파도 군대를 민족 이익의 저장소로 간주했다. 부패한 의회주의 체제와 달리 군대는 위계질서의 원리를 구현하고 사회의 도덕개혁을 위한 도구라고 믿었고, 또 그렇게 행동할 수 있다고 보았다.

이와 달리 군대를 비판했던 사회주의의 확산으로 반군국주의 흐름이 조성되었다. 이것이 군대 자체 안에 불확실성과 경쟁을 더욱 심화시켰다. 동시에 군 지휘관들은 프랑스의 안정과 함께 최근에 조인된 프랑스−러시아 동맹을 깨뜨리기 위해 독일이 전쟁을 도발한다면 싸울 수도 있다는 강박관념에 시달렸다. 전쟁 공포, 광적인 첩보 활동, 그리고 외국인 혐오증은 1890년대에 만연해 있었다. 아마도 군부가 그토록 격분한 것도 국가 안전보장의 유일한 보증인 군대의 역할에 대한 믿음 때문이었고, 드레퓌스 사건은 이러한 군부의 군국주의적인 음모였다고 생각할 수 있다.

셋째, 가톨릭교회는 어떤 입장을 취했는가. 대부분의 가톨릭 신자들은 처음에는 드레퓌스의 죄를 의심할 어떤 이유도 없었다. 가톨릭 신자들은 군대의 건전성을 믿었고 자부심을 가졌다. 그들은 국방부 장관이 확신하는 것을 믿었고, 드레퓌스 옹호자를 교회의 원수로 생각했다. 그래서 성직자들은 대체로 이 사건에 관여하는 것을 원하지 않았다. 교황 레오 8세는 드레퓌스의 죄에 대해 의구심을 가졌지만, 프랑스의 국내 정치에 간섭한다고 보일까 봐 관여하기를 꺼렸다. 프랑스 주교들 또한 그 문제는 전적으로 사법적인 문제이고, 그들이 관여할 일이 아니라고 주장했다. 사제들은 반유대주의 신문 《라 리브르 파롤La Libre Parole》이 주최했던 앙리 소령의 미망인을 위한 기금 모금 행사의 기부자들이었다. 하지만 다수는 신중한 침묵을 유지했다. 프랑스 가톨릭교도들은 대체로 그 사건에 동조적이지는 않았고, 관여하지 않으려는 태도를 보였던 것이다. 물론 성모 승천 수도회 Assumptionist Order 회원들은 예외적으로 그들의 일간지 《라 크루와La Croix》를 통해 드레퓌스를 비난했고, 군대를 옹호했다.

넷째, 공간적으로 프랑스 문화를, 시간적으로는 드레퓌스 사건을 배경으로 형성된 '지식인'이라는 용어는 드레퓌스 사건을 둘러싼 침묵의 벽을 뚫기 위해 쓰였고, 졸라의 청원서에서 처음 등장했다. 이 사건을 둘러싸고 벌어진 10여 년에 걸친 지리멸렬한 공방전 한가운데에서 좌우 지식인들이 사건의 지렛대 역할을 했다. 따라서 드레퓌스 사건을 국가적인 '사건'으로 비화시키는 역할을 한 것은 지식인이었다.

다른 한편으로 드레퓌스 사건이 지식인들과 정치인들 이외의 집단에서 열정을 불러일으켰다면 그것은 문해력의 확산과 대중지 때문이었다. 그래서 일부 역사가들은 그 사건을 제4계급—언론, 기자—의 새로운 권력 선언으로 보았다. 드레퓌스 사건에서 군대, 교회, 심지어 국가가 패배했다면 신문은 승리했다. 실제로, 드레퓌스 사건에서 신문의 역할은 훨씬 더 복잡하면서도 모호했다. 신문이 없었다면 드레퓌스 사건은 군대의 판결에서 결코 벗어나지 못했을 것이다. 1894~1898년 사이 대부분의 신문은 드레퓌스를 거의 언급하지 않았고, 1898년까지만 해도 신문의 반응은 대부분 반드레퓌스파 편에 섰다. 뭔가 미심쩍은 것이 있어 보이고 드레퓌스 때문에 정치 집단 사이에 무력 충돌도 벌어질 수 있다는 소문이 걷잡을 수 없이 무성해지자 그제서야 신문은 관심을 나타내기 시작했고 이 사건이 최고조에 이르렀을 때 결정적인 역할을 하게 된다. 하지만 대통령의 사면 후, 드레퓌스에 대한 신문의 관심은 급속히 줄어들었다. 드레퓌스라는 사람은 더 이상 뉴스거리가 아니었다. 그래서 혹자는 드레퓌스 사건을 기성 제도들에 대해 신문이 힘을 행사한 것으로 평가한 것은 지나치다고 보았다.

다섯째, 드레퓌스 사건이 불러일으킨 전국적인 반향을 살펴보자. 드레퓌스 사건은 농촌 지역 사회보다 도시 거주자들에게 직접 피부에 와닿았다. 도피네 지방의 농민들이 대변하듯이 농촌 프랑스는 파리와 그르노블처럼 교육을 많이 받은 도시 지역 주민들 속에서 벌어졌던 인권이나 민족주의에 관한 논쟁에 참여하지 않았다. 그런 점에서 드레퓌스 사건은 진정한 민중적 차원이 결여된 사건이었음은 이를 나위가 없다. 다만 민중들의 감정은 신문, 선거 정치, 지적인 논쟁이 아니라 반유대주의 시위에서 나타났다.

끝으로, 당시의 국제 정세와 열강들의 외교관계를 살펴보자. 1886년 9월에 독일의 비스마르크는 다음 해 4월부터 시작되는 독일의 군비확장 7개년 계획안을 제출했다. 이 안의 골자는 프랑스와 러시아에서의 군비증강에 대응하는 데 있었다. 독일과 프랑스의 관계는 페리Jule Ferry 내각이 무너지면서부터 악화하기 시작했다. 프레시네Freycinet 내각이 평화 내각이긴 했지만, 당시 프랑스에서 열풍을 일으키고 있던 불랑제 장군 지지운동에 내재되어 있던 독일에 대한 복수심은 비스마르크도 마음에 걸렸다. 물론 비스마르크는 당시 프랑스가 대독 복수전을 도발할 만큼 프랑스의 군사력이 강해졌다고 믿지 않았지만, 독일이 러시아와 전쟁에 돌입하게 되면 프랑스는 대독 복수전에 나설 가능성이 있다고 보았다.

그러므로 비스마르크는 프랑스에서 일고 있던 불랑제 장군의 인기에 긴장하지 않을 수 없었다. 비스마르크의 이런 경각심은 독일 내에서 대프랑스 전쟁 열기를 불러일으켰고, 이를 두려워한 프랑스는 1887년 7월에 불랑제 장군을 군단장으로 좌천시켰다. 독일 내에서도 일고 있었던 대프랑스 선제공격의 기운은 발칸 문제 때문에 비스마르크에 의해서 잠시 유보되었다. 즉 프랑스와 독일이 전쟁을 하게 되면 러시아는 중립을 지킬 것이고, 그사이 발칸에 진출할 수 있을 것이며, 발칸에서 러시아와 오스트리아의 대결은 독일의 지원 없이는 오스트리아의 승산은 없다고 계산했다. 다시 말해 독일과 프랑스의 전쟁은 러시아의 발칸 진출의 계기가 될 것이라는 계산 때문에 프랑스와의 전쟁을 망설이게 했다. 제1차 세계대전이 범게르만주의와 범슬라브주의의 충돌이었다는 사실은 이를 뒷받침해 준다. 이처럼 날로 긴장이 가열되는 국제 정세는 드레퓌스 사건에서 볼 수 있듯이, 독일과 관련된 첩보 활동에 대해 프랑스가 극도의 경계심을 갖도록 부추겼다.

드레퓌스파와 반드레퓌스파: 상징과 대의명분

아직 일개 첩보 사건에 불과했을 때 드레퓌스 지지파와 반대파 진영이 서서히 형성되어 갔다. 이런 양극화 현상은 드레퓌스 사건 초반에는 아직 나타나지 않았다. 하지만 1897년 가을부터 1897~1898년 겨울 초반, 이 몇 주 사이에 진짜 균열이 나타났다. 이 균열은 일련의 정치적·종교적·사회경제적·문화적 요인들과 결부되어 있었다. 심지어 가족들 내에서조차 엄청난 갈등의 원인이 되었다. 어쨌든 두 개의 진영이 형성되면서 반드레퓌스파가 우파 또는 우익으로, 드레퓌스파가 좌파 또는 좌익으로 지목되었지만, 그 구분은 보다 복잡하여 모든 정치 세력과 사회층에서 분열과 대립이 일어났다.

드레퓌스파─진실과 정의를 위하여

1898년 1월 에밀 졸라의 공개 서한이 발표된 이후 드레퓌스 사건이 전면화되면서 양 진영의 대립은 뚜렷해졌다. 드레퓌스파는 공화국 수호를 내걸면서 재심을 강력히 주장했고 1899년 9월 서부 렌에서 재심이 열릴 때까지 싸웠다. 드레퓌스파라는 용어는 드레퓌스 사건의 재심을 요구하며 항의에 나선 이들을 가리켰다. 드레퓌스파 대부분은 졸라와 같이 드레퓌

[그림 12–3] 카랑 다슈Caran d'Ache(1858~1909)가 1898년 2월 14일 자《르 피가로 *Le Figaro*》지에 게재한 만평. 드레퓌스 사건을 둘러싼 당대 프랑스 국민들의 분열을 대가족의 식사 시간으로 풍자했다. "오늘은 드레퓌스 사건에 대해 이야기하지 맙시다"라고 이야기하지만, 바로 다음 장면에서 "결국은 이야기했다"라면서 온 가족이 난장판이 되도록 싸우고 있다.

스라는 한 사람에게 모든 시민의 이익과 권리, 인권, 그리고 1789년 프랑스혁명에서 천명되었던 자유, 평등, 인류의 이상이 담겨 있다고 주장했다. 드레퓌스파는 급진파, 사회주의자들, 그리고 지식인이 결합하여 진영을 형성했다.

드레퓌스 지지자들 중에 드레퓌스파 캠페인을 더 격렬히 밀고 나간 계층은 지식인들이었다. 지식인 '인텔렉추얼Intellectual'은 단순히 학식만을 갖춘 자가 아니라 학식과 양심에 따라 행동하는 자라는 의미를 획득했다. 지식인의 등장은 졸라의 〈나는 고발한다〉로 촉발되었고, '지식인들의 선언'이 이어졌다. 저명한 학자들, 과학자들 그리고 샤를 페기, 아나톨 프랑스, 앙드레 지드, 마르셀 프루스트 같은 작가 및 예술가들이 청원서에 서명했다. 울름 가의 파리고등사범학교는 주로 자유주의적 사회주의 지식인 뤼시앙 에르Lucien Herr의 활동 덕분에 드레퓌스파 정서의 온상이 되었다. 일부는 꺼렸지만, 프랑스 지식인들은 자신들이 정치적 입장을 표명하고 양심에 따라 행동할 것을 요구받고 있다고 인식했다. 그들이 보기에 관료의 폭압과 국가이성의 주장과 맞닥뜨렸을 때 위험에 빠지는 것은 다름 아닌 민주사회에서 개인의 권리, 곧 인권이었다. 공화국의 정의에 거의 신화에 가까운 믿음에 물들어 있었던 그들은 주로 권위, 위계 그리고 공공이익에 속하는 그 어떤 것이든 군이 명령하면 맹목적으로 따르는 사회질서의 개념에 반대했다. 한마디로 국가이성에 의해 짓밟힌 한 개인의 인권을 옹호하고 대변했다.

한편, 드레퓌스파 안에서도 그들의 사고방식은 크게 두 개로 나뉘어졌다. 진정한 드레퓌스 지지자들은 한줌밖에 안 되는 소수였지만 이들의 목표는 다른 무엇보다 무고한 한 인간에게 정의가 행사되는 것을 보는 것이었다. 드레퓌스 소수파와 달리 드레퓌스 다수파는 드레퓌스를 정치적 이익을 위해 부당하게 이용될 수 있는 하나의 상징 또는 명분으로 보았다. 조레스 같은 인물은 드레퓌스를 위한 정의는 프랑스혁명이 프랑스에 남긴 정치적 문제들의 해결과 분리될 수 없다고 주장했다. 그 반면 샤를 페기 Charles Péguy 같은 진정한 드레퓌스 소수파는 이 사건에 들어있는 법, 인간, 그리고 도덕적 차원을 결코 놓치지 않았다. 더군다나 이 사건이 정치적 스캔들로 발전하는 것에 환멸을 느꼈다. 이들 중 일부는 대통령의 사면을 수용하는 드레퓌스의 결정과 그의 가족을 비난했다. 그들에게 드레퓌스라는 개인의 운명은 부차적인 문제였다. 급진파 정치인들에게 드레퓌스라는 인물은 단순한 군사적 사건의 당사자가 아니라, 그를 매개로 공화국에 대한 반동적 음모를 조장하고자 했던 세력들의 도구가 될 수 있었기에 문제적 존재로 인식되었다. 그러자 1899년 드레퓌스 사건이 한창일 무렵 좌우로부터 공격이 있을 때, 발데크 루소는 공화국 방어정부를 구성했다. 그는 공화국으로의 집중을 외치며 대혁명의 후예들이 결집하여 반혁명 세력들에 맞서 차이를 극복하고자 하나의 정당, 급진당을 창당했다. 정치적 승자였던 1899년의 드레퓌스 지지파의 연합(좌파연합)은 1906년 7월 드레퓌스 대위가 군에 복귀하면서 붕괴하기 시작했다.

반드레퓌스파—군의 명예와 국익을 위하여

반드레퓌스파는 수많은 가톨릭 인사들, 민족주의자, 반유대주의자, 지식인들—바레스, 모라스, 폴 발레리, 레옹 도데 등—을 규합하여 이루어진 진영이었다. 이 시기 반드레퓌스파라는 용어는 단순히 드레퓌스 사건에만 국한된 반대만이 아니었다. 반공화국적, 반민주주의적 그리고 반유대주의의 경향을 띠는 그 모든 것에 공인된 명칭으로 사용되었다.

반드레퓌스파의 대의명분은 군에 대한 광범위한 지지에서 뚜렷이 드러난다. 샤를 모라스와 악시옹 프랑세즈Action Française의 동료들과 같은 노골적인 반공화파들 사이에서뿐만 아니라, 프랑스조국연맹Ligue de la patrie

Française에 가담했던 보수적인 공화파 민족주의자들도 군을 지지했다. 프랑수아 코페François Coppé와 쥘 르메트르Jule Lemaître가 1899년 초반에 설립한 프랑스조국연맹은 20만 명의 회원을 모을 수 있었다.

드레퓌스 사건에 대한 공분은 반유대주의와 민족주의로 표출되었다. 특히 "반유대주의는 드레퓌스 사건의 원인이 아니라, 그 형식을 제공했다"고 말해진다.[7] 배타적 반유대주의는 그 사건의 근원에 있었던 것은 아니지만—육군 참모본부가 그의 인종 때문에 드레퓌스를 희생양으로 만들기로 결정했다는 결정적인 증거는 없었고 재심의 충실한 옹호자였던 피카르는 악명 높은 반유대주의자였다—반드레퓌스파가 촉발한 방식 때문에 핵심 쟁점이 되었다. 드레퓌스가 유대인이라는 사실이 그 범죄의 증거로 인용되었

[그림 12-4]
빅토르 르네프브Victor Lenepveu가 그린 〈인민의 사면!Amnistie populaire〉이라는 제목의 캐리커처. 드레퓌스가 "반역자"라는 표식을 달고 교수대에 매달려 있고, 1,900이라는 숫자는 사면법이 통과된 1900년 6월을 가리킨다. 〈호러 박물관Musée des horreurs〉은 1899년 10월부터 1900년 12월까지 석판화 포스터 형태로 출판된 반드레퓌스주의, 민족주의, 반유대주의, 반프리메이슨주의 캐리커처 시리즈이다.

고 그를 복권하라는 캠페인은 유대인 신디케이트가 부화한 하나의 음모로 간주되었다. 드뤼몽Edouard Drumon 같은 직업적 반유대주의자들의 발광은 반유대주의가 프랑스 사회의 모든 층에 실제로 침투해 있었기 때문에 상당한 성공을 거두었다. 귀족, 가톨릭, 소상인, 도시 수공업자들 속에 팽배해 있던 불만의 요소에 더해지면서 강력한 호소력을 발휘했다.

그렇다면 당시 프랑스에서 위협적인 존재로 인식되던 유대인들의 실제 규모와 지위는 어느 정도였는가. 1886년에 출간된 드뤼몽의 《유대인 프랑스France juive》는 프랑스에 유대인 인구가 쇄도하고 있다고 주장했다. 그런데 실제로 1890년대 유대인 인구는 약 8만 명 정도였고, 그 대부분이 파리에 거주하고 있었다. 많은 유대인이 알자스나 동유럽에서 최근에 이주해온 이민자들이었다. 그들은 주로 파리의 의류산업에서 노동력을 착취당하고 있었다. 거의 대부분이 큰 부호가 아니었음에도 그들의 존재가 부각되었다.

그 수가 얼마 되지 않았지만 반유대주의 집단 심성은 유대인들에게 사회적·정치적 해악의 책임을 전가했다. 좌파는 유대인들을 금권정치와 결부시켰다. 그 전형이 로스차일드 가문이었다. 정치적·행정적 권력으로부터 쫓겨난 가톨릭교도들은 전통적인 종교적인 이유들, 즉 유대인들이 예수를 죽였다는 이유와 반유대주의를 결합했다. 경제적인 변화로 타격을 입어 고군분투하는 상점주들과 수공업자들은 유대인 금융을 비난했다. 농민들은 포도나무 뿌리 진디 재해의 여파에 대처하면서 그들이 사는 지역에 유대인들이 없음에도 불구하고 그들의 폐해를 유대인 탓으로 돌렸다. 지방 명사들은 공화국의 사회적·정치적 가치들을 받아들이기를 거부하는 입장을 반유대주의 가두행진에서 표출했다. 어쨌든 유대인공동체가 강했던 지역들 예컨대 4만 4,000명의 유대인이 있었던 알제리와 상당히 오랫동안 유대인 최대 밀집 지역인 동부 프랑스에서는 반유대주의가 고질적인 현상이었다.

　1897년 6월경, 프랑스반유대주의연맹이 창설될 즈음 프랑스에 포퓰리즘적 반유대주의 선동이 무르익고 있었다. 반유대주의 감정은 1898년 1~2월에 폭발적으로 드러났다. 이때는 드레퓌스 사건이 최고조에 이르렀을 때로 에스테라지에 대한 무죄 선고와 졸라의 〈나는 고발한다〉가 연달아 발표된 시점이었다. 1890년대에 만연했던 포퓰리즘적 반유대주의는 우파에 의해 애국주의로 간주되었고, 유대인들은 심지어 영국의 첩자로 생각되었다.[8]

　우파에서 드레퓌스 사건의 또 다른 표출 방식은 배타적 민족주의의 형식을 취했다. 민족주의의 흐름은 모리스 바레스Maurice Barrès를 통해 이해할 수 있다. 그는 프랑스의 민족과 국익을 개인의 이익보다 중요하게 생각했고 유대인 문제가 프랑스의 민족 문제와 떼려야 뗄 수 없는 밀접한 연관성이 있다고 주장했다. 그래서 드레퓌스가 유죄인 것은 나라를 대혼란에 빠뜨렸기 때문이고, 드레퓌스파 지식인을 비판한 것도 그들이 인권과 세계주의를 이야기하면서도 드레퓌스를 내세워 프랑스의 군대와 군의 사법권에 도전하고 또 다른 인종주의를 이용하려 했기 때문이라고 주장했다.[9] 또한 그가 유대인에 대해 경계했던 것은 유대인들이 프랑스 안에서 차지하는 지위와 입지가 점점 커지고 있다는 세기말 위기의식의 발로였다. 또한 유대인을 프랑스 고유의 특성과 인류를 타락시키는 존재로 보았다.

　이상과 같이 드레퓌스를 둘러싼 좌우의 대의명분과 당시에 형성된 조직들을 통해서 드레퓌스 사건이 규모 면에서 유례를 찾아볼 수 없는 도덕적·정치적 그리고 사회적 위기였고 20세기 프랑스사를 이해하는 데 핵심 사건이었음을 알 수 있다.

드레퓌스 사건에 대한 프랑스 역사 속 기억

1900년 이후 드레퓌스 사건은 신문의 표제에서 차츰 희미해져 갔지만, 드레퓌스라는 이름은 계속 공명을 일으켰다. 드레퓌스 사건이 일어난 이래로 한 세기가 지나서야 비로소 드레퓌스는 역사가들에 의해 완전히 무죄로 간주되고 있다.*[10]

그렇다면 당시 쟁기의 보습과 같이 프랑스를 파헤치고 쪼개 놓았던 이 사건을 놓고 갈라진 프랑스인들 사이의 분열의 원인은 무엇이었을까? 세기말 국면에서 일어난 드레퓌스 사건을 우리는 어떻게 이해할 것인가? 이 사건에 대한 사후의 평가는 다음과 같다.

알레비는 "드레퓌스는 한 인종의 인간이었고, 재판관들은 한 카스트의 인간들"[11]이었으며, 한 사회 안에서 군부와 특권 집단들이 한 유대인에 대해 모종의 인종적 차별과 불의를 자행한 사건으로 평가했다. 그리고 비눅은 "당시의 칼과 펜이 일으킨 싸움은 그 사건보다 앞선 시기의 고전적 독법, 즉 계급 투쟁 내지는 좌우의 싸움으로 귀결되었다"[12]라고 평가한다. 다시 말해, 그간의 역사서술은 19세기 내내 두 유형의 충돌, 즉 산업혁명으로부터 내려오는 계급 투쟁과 구체제로부터 프랑스대혁명을 둘러싸고 벌어진 논쟁에서 비롯된 좌파와 우파 사이의 대립이 프랑스인들을 갈라 놓았고 그 귀결점이 드레퓌스 사건이었다고 해석하였다.

하지만 비눅은 20세기 여명기에 드레퓌스 사건은 역사에 대한 이 두 가

---

* 1995년 9월 7일이 되어서야 프랑스 군부는 육군 역사박물관장인 장 루이 무뤼Jean-Louis Mourrut 의 목소리를 통해, 프랑스 주재 이스라엘 정무국 앞에, 드레퓌스 대위의 무죄와 드레퓌스를 피해자로 만든 "군대의 음모"를 공식적으로 인정했다. 이보다 앞서 1994년 10월에 당시 상스Sens의 제라르 드프와Gérard Defoix 주교가 프랑스 교회의 이름으로 동일한 공식 입장을 표시했다.

지 독법 중 어느 쪽과도 들어맞지 않는다고 보고 있다. 비녹은 드레퓌스 사건은 두 개의 적대적인 가치체계가 서로 대립하는 새로운 유형의 대결이 출현한 것이라고 설명하고 있다. 이른바 두 개의 도덕, 두 개의 정치체제가 대립한다는 것이다. 드레퓌스파는 진실, 정의, 이성, 세계주의, 인권(개인주의)을, 반드레퓌스주의는 권위, 질서, 본능/법, 배타적 민족주의(반유대주의, 외국인 혐오증), 사회보존(전체론)을 옹호한다. 인권의 도덕은 민주적인 체제로 연결되고, 유기체적 사회의 도덕은 단일성(통합), 질서와 위계를 옹호하는 권위주의적인 체제로 연결된다. 이런 가치들에 대한 인식은 사회통합을 이룰 수 있는 사회적 응집력을 해석하는 데서도 서로 다른 주장들을 하게 만든다. 드레퓌스파 지식인들은 사회적 응집력을 약화시키는 행위가 단순한 정치적 갈등을 넘어, 궁극적으로는 개인의 권리를 침해하고 정의의 원칙을 훼손하는 중대한 부정의라고 인식하였다. 그것은 맹목적인 국가이성이었다. 그러므로 사회적 응집력은 개인들의 자발적인 동의에 의해서 생겨나는 것이고, 자유로운 개인들로 이루어진 시민들의 사회는 개인을 초월하지 못한다. 반면 반드레퓌스파는 개인들의 이익에 맞서 사회적 유대를 중시한다.*

　그렇다면 결국 드레퓌스 사건은 정치 엘리트들과 지식인을 중심으로 한 가치, 상징, 그리고 명분 싸움이었을까? 혹은 공화국 체제에 위협이 될 수 있는 반동 세력에 의한 정치적 음모에 드레퓌스가 이용될 수 있음을 감지한 공화파 정치인들이 드레퓌스를 이용한 것일까? 다시 말해 공화파 내에

---

* 이러한 이중적인 가치체계는 제1차 세계대전에 의해 완화되었다. 즉 '신성한 단결Union sacrée'에서 이 프랑스공동체는 다시 공고해졌다. 즉 드레퓌스파와 반드레퓌스파, 반군국주의와 군국주의, 유대인들과 반유대주의자들은 외부의 위험 앞에 단일한 하나의 민족nation(국민)을 형성했다.

서 드레퓌스파의 다수파가 자기들의 이익을 위해 드레퓌스를 하나의 상징으로, 대의명분으로 삼았던 것일까? 게다가 여기에는 당시 군부 내부에 만연해 있던 독일에 대한 전쟁 공포, 광적인 첩보 활동, 그리고 외국인 혐오증도 한몫했던 것일까?

드레퓌스 사건에 대한 완전한 진실은 아직도 밝혀지지 않았고 아마도 완전히 밝혀질 수 있을지 의문이다. 진짜 반역자가 누구인지에 대해 여전히 이론들이 무성하다. 현대사가들은 그 사건의 궁극적인 의의에 대해 동의하지 않는다. 일부 역사가들은 공화국 역사서술에서 드레퓌스 사건의 중요성이 과장되었고, 또한 프랑스 민중의 태반은 그 모든 무용담에 아무런 감흥을 받지 않았다고 주장한다. 이런 관점에서 보면 드레퓌스 사건은 지방민들보다는 파리 사람들을 격앙시켰던 1898년과 1902년의 선거에서도 결코 주요 쟁점이 아니었다고 할 수 있다. 따라서 이 사건으로 인해 프랑스가 두 개의 적대적인 진영, 즉 드레퓌스파와 반드레퓌스파로 쪼개졌다는 생각은 자기 본위의 정치가들과 자기중심적인 지식인들이 신문에서 지어낸 하나의 신화로 간주할 수 있다고 여겨지기도 한다. 다른 한편, 역사가들은 드레퓌스 사건에서 일종의 무혈의 '시민 전쟁'[13]을 보았고, 심지어 프랑스 역사상 제1차 세계대전보다도 더 중요한 사건이라고 보았다. 이 모든 것을 감안하면, 이 사건의 진정한 차원은 무관심보다는 열정을 만들어 낼 수 있었던 사건의 진폭과 반향에서 파악되어야 할 것으로 보인다.

드레퓌스 사건을 통해 생각할 또 하나의 문제는 '유대인' 문제다. 역사가들은 프랑스를 유대인들의 동화同化가 일찍 성공한 나라였다고 평가했다. 프랑스혁명을 계기로 프랑스–유대주의라는 문화적 총합이 만들어졌다고 보았다. 실제로 여러 가치와 운명의 완전한 통합, 세계관의 상호 영향과 행동의 동일성을 전제로 한 프랑스–유대주의의 총합을 실현했던 나라였기에 유대인들은 자신의 정체성을 프랑스공화국과 일체화했다. 그러므로 유대인들이 프랑스 사회로의 성공적인 동화와 국가에의 통합은 공화국의 운명과 긴밀하게 결합한 역사였다고 말할 수 있다. 하지만 프랑스혁명과 공화국의 적들은 곧 유대인들에 대한 적대감을 드러냈다. 불랑제 장군 지지운동부터 르펜 지지운동에 이르기까지 유대인들은 매번 프랑스인들 사이의 다양한 전쟁에서 주된 역할을 맡았다.

그렇다면 하나의 불가분의 민족nation을 상정했던 공화국에서 유대인들에 대한 부정적 상상의 이미지들이 주기적으로 부활하는 이유는 무엇일까? 유대인들이 승리한 제3공화국의 공적 영역에서의 지위와 입지를 넓혀 가며 공화국의 정치적 이상과 합리주의에 충실했던 공화주의자 유대인의 이미지

[그림 12-5] 〈드레퓌스 대위를 기리며Hommage au capitaine Drey-fus〉, 루이 미텔베르크 작, 1985. 드레퓌스 사건 100주년을 기념해 제작된 이 동상은 어디에 세울 것인지 격렬한 논쟁을 거친 끝에 자크 시라크 대통령의 주도 아래 노트르담데샹 거리와 라스파유 대로의 모퉁이에 있는 피에르라푸 광장에 세워졌다.

는 왜 드레퓌스 사건에서 또다시 공격받게 되었을까? 그리고 이방인이 프
랑스 사회와 국가로 일체화되는 것은 가능한 것일까? 진정한 프랑스식의
통합이란 무엇을 의미하는가? 여기서 우리는 프랑스의 공화주의적 동화주
의의 딜레마를 다시 발견한다. 드레퓌스 사건은 오늘날 하나의 민족nation
또는 민족국가를 구성하고 있는 여러 소수민들과 이민자 집단들인 족류
공동체들ethnies의 족류적·계보적인 원천들과 민족 정체성의 문제에 대한
관심을 환기시킨다.

13
1905년 12월:
정교분리법과 그 현대적 유산

박단

프랑스공화국과 이슬람

오늘날 프랑스 거주 무슬림의 종교 활동이 공화국의 주요 원칙을 위반하고 있다는 주장이 자주 제기되고 있다. 이러한 주장은 특히 무슬림 여성의 베일* 착용과 모스크 신축 문제와 연관되는데, 이는 라이시테laïcité 원칙**을 반영한 '1905년 법'***의 위배 여부와 관련된다.

히잡을 포함한 베일은 라이시테 원칙의 준수와 여성의 인권 보호라는 이

---

* 이 글에서는 히잡과 니캅, 부르카 등 이슬람식 여성 복장을 총칭할 때 베일이라고 부를 것이다.
** 라이시테는 국가의 중립성, 평등성, 그리고 양심의 자유가 핵심이다. 그럼에도 라이시테 원칙의 정의가 매우 다양하고 애매한 것은 익히 알려져 있다. 최근 라이시테 정의에 대해 그 권위를 인정받고 있는 스타지 보고서는 "라이시테를 모든 사람이 수용하는 광범위한 합의 혹은 모든 사람이 공유하는 가치로 간주하고 있다. 그것은 프랑스 역사의 산물이며 라이시테의 역사를 이해하는 것은 그 의미의 풍부함을 이해하는 것이다. 라이시테는 우리 공동체 역사의 구성 요소이다"라고 적시한다.
***'1905년 법'은 1905년 12월 9일 제정된 정교분리법loi de séparation des Eglises et de l'Etat을 의미한다. 이하 '1905년 법'으로 통일한다.

유로 프랑스 공립학교에서 착용할 수 없게 법으로 규정되어 있다. 이는 1989년 이른바 '히잡 사건' 이후 최고행정재판소의 판결을 둘러싼 오랜 논란 끝에 2003년 제출된 '스타지 위원회'의 제안, 그리고 그에 따른 2004년 3월 15일 법의 통과로 사실상 확정되었다. 이후 사르코지 대통령은 전신 베일 착용을 '여성의 굴종' 혹은 '여성 억압'의 상징으로 간주하고 2009년 전신 베일 금지법을 통과시켜 2010년 이후 적어도 프랑스에서는 길거리를 포함한 공공장소에서 전신 베일 착용 또한 금지되었다. 하지만 2017년 사회당 내 대선 후보 경선에서 당 서기장 브누아 아몽Benoît Hamon과 사회당 정부 총리 출신 마뉘엘 발스Manuel Valls가 공공장소에서의 히잡 착용 허용 문제에 대해 치열한 논쟁을 벌임으로써 이 문제가 프랑스 사회 내에서 완전히 정리된 것이 아님을 보여 주었다.*

한편, 프랑스 내 모스크 건축 문제가 처음 공론화된 것은 자크 시라크 대통령 시절이었다. 2005년은 '1905년 법' 제정 100주년이 되는 해로 이 논쟁이 확대재생산되는 기회가 되었다. 해당 분야의 상당수 전문가가 라이시테 논쟁에 참여하면서 이에 대한 찬반 논쟁도 가속화되었다. 이 논쟁에는 정치인들도 참여했는데, 그 가운데 이 논의에 가장 깊숙이 뛰어든 사람이 사르코지 당시 내무장관이었다. 그는 상대적으로 부족한 무슬림들의 예배당(모스크) 건설을 위해 국가가 한시적으로 재정 지원에 나설 것과 이슬람 지도자인 이맘 양성을 위해 이슬람 신학교 설립을 국가가 재정적으

---

* 이 주제는 2021년 1월 마크롱 대통령이 제안한 분리주의 관련 법안le projet de loi confortant les principes républicains과 관련해서도 여전히 논란이 되고 있다. 이블린 지역구의 오로르 베르제 Aurore Bergé 하원의원과 크뢰즈 지역구 장-바티스트 모로Jean-Baptiste Moreau 하원 의원은 히잡 착용 관련 수정법안을 제출했다. 주요 내용은 "공공장소에서 미성년자는 가시적인 종교적 상징물 착용이 금지된다"는 것과 "미성년자의 경우 여성이나 남성의 열등성을 나타내는 모든 의복, 옷차림이 금지된다"는 내용이다.[1]

로 지원하자고 제안했다. 이 제안은 '판도라의 상자'라 불리는 '1905년 법'의 개정을 상정하는 것이었다.

주지하다시피, '1905년 법'은 프랑스 라이시테의 결정체다. 이를 수정하자는 사르코지의 제안은 많은 반발을 불러일으켰고, 결국 이 시도는 무산되었다. 하지만 2020년 마크롱 대통령은 이슬람 문제의 심각성을 느껴 이 문제를 재론하고자 했다. 사실, '1905년 법' 제2조에 따르면, "공화국은 특정 종교에 재정을 지원하거나 보조할 수 없으며", 제28조에 따르면, "종교 활동에 사용되는 건물, 묘터, 묘지 기념물, 박물관 또는 전시회를 제외하고, 공적 기념물이나 공적 부지에 어떠한 종교적 기호나 상징을 세우거나 붙이는 것이 금지"된다. 하지만 외국 자본이 프랑스 영내에 모스크를 설립하고, 그에 따라 프랑스의 젊은 무슬림들에게 외국 이맘들의 영향력이 점차 확대되는 것을 방지하기 위해서는 특별한 해결책이 강구되어야 했다. 이미 1926년 프랑스 정부가 파리 대모스크 설립에 직간접적으로 관여한 적이 있다는 사실이 프랑스인들의 중요한 '기억' 가운데 하나로 남아 있다는 점도 간과할 수 없다.

필자는 이 두 가지 사례에 초점을 두고, 프랑스가 '1905년 법' 제정 이후 이 법을 특정 종교 활동에 얼마나 엄정하게 적용해 왔는지 살펴볼 것이다. 종교에 대한 국가의 중립이 무엇보다 강조되는 이 법안의 취지에 맞추어 프랑스공화국은 과연 가톨릭과 이슬람, 혹은 여타 종교에 대해 얼마나 엄격하게 중립을 지켜 왔는가? 탈냉전 이후 특히 논란이 되는 프랑스 거주 무슬림들의 종교 관행에 대한 금지 조치는 '1905년 법'의 객관적 적용의 결과인가? 그렇지 않으면 알제리 등 이슬람 국가의 식민화에서부터 지속된 오리엔탈리즘의 영향일까? 그것도 아니면, '알제리 전쟁'(1954~1962)으로 인한 주류 프랑스인과 식민지 출신 이주민들 간의 격심한 갈등이 불러온 혐오와 증오의 결과물인가?

비록 프랑스 정부, 정당, 학계 상당수가 공공영역에서의 베일 착용을 라이시테 원칙의 위배라는 데 합의했다고 하더라도 이는 여전히 논쟁의 여지를 남겨 둔 '모호한 동의'였다. 이 주장을 주도한 사람들은 공화국 근본주의자로부터 지금은 민족연합Rassemblement National 원내대표인 마린 르펜처럼 노골적으로 반이슬람·반이민 입장에 앞장섬으로써 '부득이한 동의'를 내비친 사람까지 그 스펙트럼이 다양했다.* 공화주의의 대표적 철학자 바댕테르Elisabeth Badinter가 마린 르펜을 '라이시테의 유일한 수호자'로 언급한 것은 바로 공화국 근본주의자와 극우파가 '히잡 착용 금지'와 같은 무슬림의 종교 활동 비판을 통해 서로 교유할 수 있음을 여실히 보여 준 것이다. 즉, 오늘날 전 세계적인 현상인 서구사상과 이슬람의 문화 충돌, 알제리 전쟁의 여파, 이민자 및 난민 쇄도 등으로 형성된 프랑스 내 이슬람 혐오가 그 어느 때보다도 라이시테의 엄격한 적용을 소환해 냈을 가능성을 염두에 두고 있다. 결과적으로 이러한 사례에 대한 분석은 오늘날 프랑스가 이민 문제, 이슬람 문제에 대해 얼마나 보수화되고 있는지를 보여 줄 수 있을 터인데, 2020년 12월 8일 마크롱 대통령이 제안한 〈분리주의 반대 법안〉[3]이 그것을 다시 한번 확인해 준다.

이 주제를 다루는 다수의 역사학자는 식민주의가 오늘날 프랑스 무슬림 이민자에 대한 사회문화적 차별에 이르는 원인이자 결과라고 판단한다. 조앤 스콧에 따르면, 이러한 차별의 결과, 식민지 출신 무슬림이주민의 히잡 착용은 주류 프랑스인이 생각하기에 정교분리 원칙에 위반되는 행위이고, 분리될 수 없는 통합된 국가의 시민들 내에서 차이를 주장하는 것이며, 평

---

* 마린 르펜은 2012년 대선 당시 9월 21일 자 《르 몽드》 지와의 인터뷰에서 "라이시테는 자유와 마찬가지로 타협할 수 없는 가치이다"라고 밝힌 바 있다. 르펜은 헌법에 어떠한 공동체도 인정하지 않음을 명문화하자고 주장했다. 즉, 공동체주의와 투쟁하는 것이 중요하다는 것이다.[2]

등을 전제로 한 공화국에서 여성의 복종을 수용하는 것으로 간주된다. 식민주의와 연계된 오리엔탈리즘적 사고, '알제리 전쟁'기 민족해방전선FLN의 테러로 인한 혐오와 증오심 등이 이러한 사회적 차별을 강화했음에 틀림없다. 그럼에도 이슬람과 관련된 모든 종류의 차별을 식민주의만으로 설명하는 것은 너무 도식적이라고 할 수 있다. 그렇기에 오늘날 공화국 근본주의자들이 주장하는 "1905년 법의 원칙"이 또 다른 '프랑스인'인 무슬림의 모든 종교 관행에 어느 정도 공정하게 적용됐는지 검토할 필요가 있다.

공화주의는 모든 사람의 평등 원칙을 기반으로 한다. 오늘날 일부 이민

[그림 13-1] 1905년 12월에 통과된 '정교분리 법안' 표지.

자가 무슬림이자 과거 식민지인이었다는 이유로 공화주의 원칙으로부터 차별을 받는다면 이는 공화국이 스스로의 모순을 드러내는 행위일 수 있다. 그러한 이유로 '1905년 법'이 오늘날 일관된 원칙에 따라 모든 사람에게 잘 적용되고 있는지 살피는 것은 매우 중요한 일이 될 것이다.

이와 같은 문제의식하에, 공립학교 내 히잡 착용과 같은 무슬림여학생의 행위가 구체적으로 '1905년 법'의 어느 조항을, 얼마나 심각하게 위반한 것인지, 모스크 건축에 대한 프랑스 정부의 지원 논란이 '1905년 법' 위배와 어떻게 연관되는지를 차례로 살펴볼 것이다. 두 사례 가운데 어느 것이 식민주의 문제에 더 연계되는지, 가톨릭과 같은 타 종교와의 형평성을 이유로 덜 차별받은 일은 없었는지, 현재 이슬람 극단주의 활동으로 혹시 더 불리하게 적용되고 있지는 않은지 등이 고려 대상이 될 수 있다. 만일 '1905년 법'이 이와 같은 다양한 정황에 좌우되어 일관성 없이 적용되었다면 그 이유는 무엇인지를 검토할 것이다. 이를 위해 무엇보다 '1905년 법' 조항 자체에 대해 먼저 엄밀히 검토할 것이다.

공립학교에서의 히잡 착용 금지와 '1905년 법'

오늘날 프랑스 공립학교에서 무슬림여학생의 히잡 착용이 라이시테 원칙을 위배했다는 지적은 일반적으로 받아들여지고 있다. 비록 최근 전 세계적으로 문화적 다양성이 보편적 현상으로 인정됨으로써 무슬림여성의 히잡 착용이 다문화 현상의 일환으로 받아들여져야 하며, 단순한 문화적 차이를 법으로 규제하는 것이 적절하지 않다는 비판도 있지만, 적어도 프랑스에서는 '단일한 공화국'을 위협하는 행위, 라이시테 원칙을 위반한 행위로 간주되고 있다. 비록 라이시테라는 단어는 한 번도 사용되고 있지 않지만, '1905년 법'은 라이시테를 구체화한 결정판이라는 것에 이의를 제기하는 사람은 아무도 없다.

통상 히잡 착용은 프랑스의 관습과 법에 적대적이며 배타적인 것으로 간주되었다. 무엇보다도 이러한 입장을 지지하는 대다수 사람은 히잡이 궁극적으로 근대화에 반대하는 무슬림의 저항을 상징하는 것으로 받아들였다.[4]

많은 사람이 히잡 착용을 비판하면서 라이시테를 언급한다. 하지만 1989년 발생한 이른바 '히잡 사건'에 대한 최고행정재판소의 판결을 보면, 아이러니하게도 히잡 착용이 '1905년 법'이 규정한 라이시테와 직접적으로 상충한다는 지적은 없다. 당시 교육부 장관이었던 리오넬 조스팽Lionel Jospin이 최고행정재판소에 학생들의 히잡 착용에 대해 문의했을 때, 그 핵심 쟁점은 공립학교에서 "특정 종교의 상징물을 착용하는 것과 라이시테 원칙이 병행"할 수 있는가였다. 최고행정재판소는 "헌법, 공화국의 법률을 참조하고, 공립학교의 조직 및 기능 규정을 고려했을 때, 종교공동체 상징물의 착용은 '라이시테 원칙에 합치할 수도 있고, 합치하지 않을 수도 있다'라는 의견을 우선 표명했다. 즉, 일정 조건 아래에서만 종교 표지 착용이 라이시테와 합치할 수 있다는 것이다. 최고행정재판소는 "중고등학교 학생은 다원주의와 중립의 원칙을 존중한다는 전제 아래 정보 전달과 표현의 자유를 행사할 수 있다. 단 그것은 교육 활동을 침해하지 않는 한도 내에서 이루어져야 한다. 종교 복장의 착용 자체는 원칙적으로 신앙의 자유로운 표현에 속하지만. 압력·선동·선전 행위가 될 경우, 교육공동체의 다른 구성원이나 학생의 자유와 존엄성을 침해할 경우, 그들의 건강이나 안전을 위태롭게 할 경우, 교사의 교육 활동 진행을 방해할 경우, 궁극적으로 공공서비스의 정상적인 진행 혹은 교내 질서를 어지럽힐 때에는 착용이 허용될 수 없다"는 견해를 피력했다.

이러한 판결 내용으로 볼 때, 최고행정재판소는 일단 무슬림여학생의 교내 히잡 착용 자유를 인정하였고, 이는 원칙적으로 라이시테의 원칙에 저촉되지 않는 것으로 판단했다. 하지만 이러한 판결에 대해 즉각적으로 많은 반론이 뒤따랐으며, 이 해석을 두고 전국적으로 많은 학교에서 서로 다른 판단이 이어졌다.

에두아르 발라뒤르Edouard Balladur 정권(1993~1995)에서 교육부 장관이었던 프랑수아 바이루François Bayrou 또한 히잡 착용과 관련하여 나름의 해법을 제시했지만, 이 논쟁은 가라앉지 않았다. 2002년 대통령 선거에서 자크 시라크가 재선에 성공했지만, 이 선거는 사회당이 처음으로 결선투표에 오르지 못한 선거였다. 게다가 결선투표에 오른 정당이 극우 정당인 민족전선Front National이라는 사실이 온 국민에게 엄청난 충격을 주었다. 민족전선은 이민 문제와 이슬람 문제 해결을 주요 공약으로 내걸었기에 새로운 정부는 이에 대해 적극적으로 반응하지 않을 수 없었다. 게다가 대외적으로도 2001년 9월 11일 발생한 세계무역센터 테러 사건이 전 세계에 무슬림을 '악마화'하는 결정적 계기가 되었다. 이에 따른 미국을 위시한 서방 세계의 이라크 침공(2003)은 프랑스 내 반이슬람 분위기를 더욱 가열화했다. 이런 정황에서 재선 대통령 자크 시라크는 히잡 문제에 실효성 있는 해결책을 제시할 필요가 있었다. 이러한 국내외적 상황에 떠밀려 이슬람 문제의 해결책을 찾는다는 것은 어쩌면 답이 이미 정해져 있었다. 대통령의 제안으로 2003년 7월 3일 스타지Bernard Stasi를 위원장으로 하는 '공화국에서의 정교분리 원칙의 적용을 심의할 위원회'가 구성되었다.[5]

스타지 위원회에서는 히잡 착용을 어떻게 판단했을까? 크게 보아 두 가지 정도로 나눌 수 있다. 우선 위원회는 히잡 착용의 금지를 권고했다. 그 정당화 사유로 라이시테 원칙과 공공질서의 원칙을 근거로 삼았다. 라이시테를 '모든 사람이 수용하는 광범위한 합의' 혹은 '모든 사람이 공유하는 가치'로 간주함으로써 히잡 착용이 이에 반한다고 판단했다. 게다가 위원회

는 공공질서를 명분으로 히잡 착용 금지 권고를 정당화했다. 그 주요 근거
는 가족이나 공동체가 무슬림여학생들의 의사에 반하여 히잡을 강제로 착
용하도록 함으로써 이들이 고통을 겪을 수 있다는 것이다. 여기에서 말하
는 공공질서의 근거로 '1905년 법' 제1조가 거론되는데, 그 내용은 다음과
같다. "공화국은 양심의 자유를 보장한다. 공화국은 자유로운 종교 활동을
보장하되, 이하 공공질서를 위해 제정된 조건 아래에서 그러하다." 즉 공화
국이 자유로운 종교 활동을 보장하지만, 그것은
무조건적 보장이라기보다 특정 조건 아래에서
그러하다는 것이다.

'1905년 법' 제1조에서 이야기하는 공공질서
에 반하는 것을 히잡 착용과 연계시키면 어떤

[그림 13-2] 2004년 1월 7일
공화국 광장에서 열린, '공립
학교 내 히잡 착용 금지법'에
반대하는 시위(필자 촬영).

상황을 상정할 수 있을까? '1905년 법'의 제31조 "종교행위를 강요한 사람과 종교행위를 방해한 사람 모두 동일한 처벌을 받는다"는 것을 예로 든다면, 이 조항이 조금 더 명확해질 수 있다. 즉 히잡 착용을 강제한 사람도 처벌받아야 하지만, 자발적인 히잡 착용을 방해한 사람도 그와 마찬가지로 처벌받아야 한다. 게다가 자발적인 히잡 착용은 오히려 자유로운 종교행위로 인정받아야 한다. 하지만 스타지 위원회는 무슬림소녀들이 히잡을 자발적으로 착용할 가능성을 인식하고 있었음에도 그러한 가능성을 '일부러' 과소평가한 것으로 판단된다. 무슬림여학생의 히잡 착용이 부모의 부당한 강요에 의한 것이고 이들은 결국 공동체의 희생자라고 결론짓기 때문이다.

앞서 언급했듯이 애초 스타지 위원회는 반이슬람적 분위기라는 국내외 압력하에 창설된 위원회이기에 히잡을 착용하는 무슬림여학생에게 유리하게 작동할 것으로 보이지 않았다. 즉 위원회는 '1905년 법' 제1조 "공화국은 양심의 자유를 보장하고, 종교 활동의 자유를 보장한다"라는 내용을 무슬림여학생들에게 사려 깊게 적용하지 않은 것으로 판단된다.

다음으로 살펴봐야 할 것은 스타지 보고서의 제출로 만들어진 2004년 3월 15일의 법이다. 이 법안의 특징은 기존 최고행정재판소 판례, 즉 1989년 11월 27일의 판례가 종교적 상징물 착용의 자유를 원칙으로 하고 제한을 예외로 한 것이었다면, 2004년의 법률은 우선 종교적 상징물 착용 금지를 원칙으로 하고 자유를 예외로 한 것으로 평가된다. 그렇기에 이 법은 종교의 자유를 침해할 소지가 있는 것으로 국내외에서 많은 비판을 받았다. 1989년의 최고행정재판소 판례가 상징물 착용이 압력·선동·선전 행위 등과 관련된다고 판단될 때만 제한될 수 있음을 지적했다면, 이번 법률은 상징물의 크기, 즉 그것이 바깥으로 확연히 드러나는지가 핵심이었다.[6] 1989년의 판례와 2004년 법안과는 분명 커다란 차이가 있어 보인다. 게다가

2004년 법의 명칭에는 '라이시테'라는 문구가 들어 있어 라이시테 원칙을 조금 더 엄격하게 적용하려는 것으로 해석할 여지가 있다. 실제 2004년 법이 시행된 이후 1989년 이후처럼 커다란 분쟁은 일지 않았다. 21세기 들어 유럽, 특히 프랑스 내 반이슬람적 분위기, 이를 자양분으로 한 극우 정당의 성장이 2004년 법의 정착에 일정 정도 역할을 했다고 볼 수 있다.

이렇게 볼 때, 공립학교 여중생의 히잡 착용은 1989년 이전까지는 사회적으로 커다란 논란이 되지 않다가, 한 중학교 교장의 문제제기로 순식간에 전국적인 이슈가 되었다는 점에서 이슬람 혐오라는 사회적 분위기와 무관하지 않은 것으로 판단된다. 유대인의 키파 착용 등이 '히잡 사건' 이전 공립학교 등에서 특별히 문제가 되지 않았는데, '히잡'만이 갑자기 문제가 된 것은 반이민, 반이슬람이라는 사회적 분위기와 연관될 수밖에 없을 것이다. 베일은 프랑스의 알제리 식민통치 시절 '야만적 관습', '여성의 굴종'의 상징으로 여겨졌다는 점, 그리고 8년간의 알제리 전쟁 시기 '테러의 도구'로 사용되었던 것이 무슬림이민자가 점증하는 프랑스에 다시 위협적 분위기를 상기시켰다고 할 수 있다. 베일 착용 문제는 논란이 진행될수록 과거의 다양한 부정적 기억의 소환과 함께 프랑스가 보편적 공화국으로 제대로 기능할 수 있느냐의 시험대로 작동할 것이다.

국가 및 지방자치단체에 의한 모스크 건설과 '1905년 법'

오늘날 프랑스 내 무슬림 인구는 개략적으로 500만 명 내외로 추산된다. 그 가운데 몇 퍼센트의 무슬림이 정기적으로 모스크에 다니는지도 명확한 통계가 나와 있지 않지만, 프랑스 내 모스크가 상대적으로 부족하고 재정 또한 열악하다는 점은 명백한 사실이다. 이를 해소하기 위해 일부 이슬람 국가가 프랑스 무슬림을 위해 모스크를 신축하거나 매입하곤 하는데, 이는 때로 정치적 논쟁으로 비화하기도 한다. 프랑스 정부나 지방자치단체가 모스크를 신축하거나 운영비를 보조하는 것은 '1905년 법' 제2조에 저촉될 수 있기에 부족한 모스크 문제 해결에 이러한 우회적인 방법이 활용되고 있다.

1905년 정교분리법이 제정된 것은 당시 시대적 상황을 고려하건대 이슬람을 염두에 두었다기보다 가톨릭을 상정했다는 것은 잘 알려져 있다. 하지만 제2차 세계대전을 지나 무슬림 노동력이 본격적으로 프랑스로 들어오게 되고, 1973년 제4차 중동전쟁 후 가족 단위의 무슬림이민자가 대규모로 정착하게 되면서 프랑스에서 이슬람은 제2의 종교가 되었다. 이제 '1905년 법'은 정교분리와 관련해 새로운 대상을 맞이하게 되었다. 사실 앞서 언급한 모스크의 신축비·운영비와 같은 큰 문제뿐만 아니라 무슬림을 위한 양¥ 공영도축장 신설 등에 대해 지방자치단체의 재원이 투입되는 등 사소한 문제들도 정교분리 문제와 관련하여 많은 논란이 야기되었으며, 이러한 일들은 실제 소송으로까지 비화하기도 했다.

그렇다면 '1905년 법'의 해당 조항들이 과연 가톨릭과 이슬람에 대해 어떠한 차별도 두고 있지 않은가, 그리고 시대적 상황에 따라 판단 기준이 공평하게 잘 유지되고 있는가. 이를 검토하기에 앞서 '1905년 법' 제2조를 다시 한번 상기할 필요가 있다. "공화국은 어떤 종교도 (공식적으로 국교로) 인정하지 않고, 급여를 지급하지 않으며 보조금을 지급하지 않는다. 결과적으로 해당 법의 반포 이후인 1월 1일부터 종교 행사에 관한 모든 지출은 국가 및 지방자치단체(도·코뮌)의 예산에서 삭제될 것이다. 그럼에도 중고등학교, 학교, 병원, 수용시설 및 교도소와 같은 공공시설에서 자유로운 종교 활동을 보장하기 위한 부속 사제들의 활동비는 예산에 반영될 것이다." 이는 국가나 지방자치단체가 종교단체의 일반적 활동(종교 활동)에는 재정을 지원하지 않지만, 공공시설에서의 종교 활동은 적극적으로 보장하겠다는 의미를 포함하고 있다. 한편 같은 법 제28조에 따르면, "종교 활동에 사용되는 건물, 묘터, 묘지 기념물, 박물관 또는 전시회를 제외하고, 공적 기념물이나 공적 부지에 어떠한 종교적 기호나 상징을 세우거나 붙이는 것이 금지"된다.[7] 하지만, 그 단서 조항들을 살펴보면 '1905년 법'의 대원칙은 각 조항이 매우 엄격하게 적용되는 것으로 보이나, 이 대원칙이 어느 정도 유연하게 혹은 심지어 모호하게 해석될 여지도 있어 보인다.

'1905년 법' 제2조와 제28조는 법안 제정 직후부터 오늘날까지 그 적용 문제를 두고 계속 논란이 되어 왔다. 우선 가장 먼저 언급해야 할 것은 1926년 파리 대모스크의 설립 과정이다. 언뜻 보기에 파리 중심가에 모스크가 설립된 것도 특이한데, 그것도 파리 시정부가 부지를 제공하고 프랑스 정부가 추진했다는 점, 더 나아가 이것이 '1905년 법'과 관련하여 그리 큰 논쟁을 불러일으키지 않았다는 점에 주목할 필요가 있다. 이는 오늘날 상대적으로 사소해 보이는 것도 이슬람에 대한 차별로 비화되고 있는 현실에서 매우 특이한 사례로 보이기 때문이다.

1926년 파리 대모스크가 어떻게 설립될 수 있었는가. 1926년 7월 15일, 파리에서 대모스크의 준공 기념식이 개최되었다. 정부가 밝힌 모스크 건립의 공식적인 목적은 제1차 세계대전 중 프랑스 진영에 참전해 전사한 식민지 출신 무슬림 병사를 추모하기 위해서였다. 하지만 '1905년 법' 제28조에서 "공적 기념물이나 공적 부지에 종교적 기호나 상징을 세우거나 붙이는 것을 금지"하였다는 사실을 고려한다면, 파리시가 제공한 부지에 모스크를 세우는 것은 적합하지 않아 보인다. 비록 전후 프랑스를 재건하기 위해 2만 5,000명 가까운 북아프리카 출신 전사자들을 추모할 필요가 있었다고 하더라도 논쟁거리가 될 것이 분명했기 때문이다.

더 나아가 이 건축은 '1905년 법' 제2조에도 어긋날 수 있었다. 파리 대모

[그림 13-3] 파리 대모스크 내
외부 전경(필자 촬영).

스크의 재정 지원안은 1920년 8월 19일의 법에 따라 시행되어, 1922년에 착공, 1926년 7월 16일에 완공되었다.[8] 이 법에 따라 정부가 50만 프랑을 지원하는데, 이는 단순히 모스크 건축을 위해서가 아니라 도서관, 회의실을 포함하는 '무슬림연구소'를 위해서였다. 여기서 주목할 점은 이 연구소가 모스크뿐만 아니라 다양한 시설을 포함하는 일종의 '복합문화센터'였다는 점이다. 이와 같은 8월 19일의 법에 비록 이 법의 입안자이자 하원 의장이었던 에두아르 에리오Édouard Herriot, 그리고 1905년 법 수석 보고자였던 아리스티드 브리앙Aristide Briand이 서명했다고 할지라도, 정교 분리를 목적으로 하는 1905년 법 제2조를 위반하지 않았다고는 볼 수 없다. 당연히 이에 대한 비판이 상원, 언론 등에서 표출되었고, 그 가운데 특히 라이시테 원칙과 끊임없이 투쟁해 온 가톨릭교회의 비판은 거셌다. 국가가 이슬람을 지원한다면 가톨릭에도 지원해야 한다는 논리였다.

하지만 정치인, 지식인 다수는 모스크 건립과 국가의 지원에 찬성했다. 이들은 파리 대모스크 건립이 프랑스의 국가 이미지 개선에 도움이 될 것이라고 주장했다. 이들에 따르면, "파리 대모스크는 프랑스를 선전할 가장 유용한 작품이다. 알제리, 튀니지, 모로코, 적도, 서부 아프리카, 시리아 등지에서 매년 프랑스에 오는 많은 무슬림은 그들의 나라로 돌아가면, 프랑스가 자신들의 종교와 전통을 진심으로 존중하고 배려한다는 것을 사람들에게 알릴 수 있을 것이다." 특히, 리요테 원수Marshall Lyautey는 모스크의 기능을 강조했는데, 모스크가 기독교적 프랑스 사회의 심장에 이슬람을 통합시키는 상징임을 강조했다. 전통적으로 라이시테의 옹호자였던 급진 공화파들도 마찬가지였다. 그것이 국익을 위한 것이라는 공감대가 형성되었기 때문에 파리 대모스크 건립은 순항할 수 있었다. 즉, 이 모스크는 프랑스 프로파간다의 '장식품'이자 프랑스가 이슬람 세계의 글로벌 리더로 자부할 수 있는 상징이라고 할 수 있었다.

이들은 어떻게 1905년 법 위반을 피해 갈 수 있었을까? 먼저 모스크 운영조직인 '아부협회와 이슬람 성지Société des Habous et Lieux Saints de l'Islam'를 식민지 알제리의 종교단체에서 프랑스의 문화단체로 변경하는 법적 절차를 진행했다. 또한 모스크는 앞서 언급한 대로 예배 공간뿐만 아니라 도서관, 회의실, 카페-레스토랑, 터키식 목욕탕, 골동품 상점, 건강진료소를 포함하는 다기능 시설로 설계되었으며, 일부 시설은 파리 시민 모두에게 개방하도록 했다. 이를 통해 '아부협회'는 1901년 결사법에 따라 정부 지원을 받을 수 있는 문화 결사가 될 수 있었다. 이렇게 해서 모스크 건립 추진자들은 '어떠한 특정 종교 활동도 보조하지 않은 게 되었고, 단지 문화결사체를 도왔을 뿐이었다.' 결국 무슬림연구소는 학습 장소였으며, 공공이 사용할 수 있는 문화시설이었고, 그곳에서 제공하는 공공서비스는 1905년 법의 예외 규정에 속했다고 볼 수 있었다.

한편, 파리 대모스크가 큰 잡음 없이 신축될 수 있었던 또 다른 요인 가운데 하나는 알제리 무슬림들이 여전히 프랑스 시민권을 갖지 못한 존재였다는 점이다. 이들은 시민citizen이 아닌 신민sujet이었기 때문에 아무런 정치적 힘을 갖지 못했다. 엄격히 말하면 무슬림은 프랑스 시민이 아니기 때문에 그들의 신앙생활은 공화국의 원칙과 아무 관련이 없다고도 볼 수 있었다. 시민권을 갖지 못한 종속민들, 식민지 출신 무슬림의 종교 활동은 공적 질서를 해치지 않는다고 본 것이다. 그 결과 모스크 신축 지원에는 아무런 문제가 없다는 논리가 작동했다.

이러한 논리가 오늘날에도 그대로 적용될 수 있을까? 이 시기에는 오늘날과 달리 알제리, 모로코, 튀니지가 식민지 혹은 보호령이었고 가톨릭만큼 이슬람이 정치적으로 공화국을 위협한다고 볼 수 없었다. 파리 대모스크 건립 당시, 즉 제1차 세계대전에서 프랑스를 지키기 위해 희생된 수많은 무슬림을 목도한 프랑스 정부는 이슬람에 대한 인정과 포용을 주장할 수 있었다. 건립 지원안이 의회를 통과한 후 센 지사는 파리 모스크를 팡테옹과 국립자연사박물관 옆에 건설하기로 한 정부의 결정을 반기며 다음과 같이 말했다. "마치 우리가 이슬람을 최근에서야 발견한 것처럼 무슬림연구소가 파리의 신시가지에 건설되지 않고, 우리 역사에서 가장 오래된 땅인 루테시아 구역에 세워지는 것을 기뻐합시다!"

이외에도 1922년 기공식에서 무슬림에 대한 다양한 찬사가 표출되었다. 기공식에서 배포된 공식 브로슈어에는 파리 대모스크의 건립이 무슬림 세계와의 친교를 위한 프랑스공화국의 노력이라며 다음과 같이 쓰여 있다. "수백 년 동안 무슬림에게 우호정책을 펼쳐 왔던 프랑스 정부는 파리 대모스크 건립에 참여함으로써 무슬림과의 우호적 감정에 실질적이고 지속적인 증거를 제공하기 원했다." 파리 시의원 폴 플뢰로Paul Fleurot(1874~1946)는 1922년 기공식에서 "1914년 끔찍한 대재앙이 프랑스에 닥쳤을 때, 당신들은 위험에 처해 있는 고국의 부름에 아프리카 무슬림들이 어떻게 반응했는지 목격했습니다. 충성과 헌신을 보여 준 '아프리카 형제들'에게 우리는 감사한 마음을 무어라 표현하기 어렵습니다. 그들 상당수가 전장에서 피를 흘렸습니다. 문명을 수호하고 프랑스를 위해 죽은 무슬림 병사들을 기념하기 위해 우리의 영광스러운 팡테옹 옆에 무슬림연구소가 곧 건립될 것입니다."

초석이 놓인 후, 정부 관료 또한 무슬림 병사들에게 화려한 찬사를 보냈다. "미나레Minaret(모스크의 첨탑)가 도시의 옥상들 위로 솟아오를 때, 일드 프랑스의 아름다운 하늘에 있는 또 다른 기도자, 즉 노트르담 성당의 가톨릭 양식 탑들은 절대 질투하지 않을 것입니다. 미나레를 보는 모든 프랑스인들은……아르투아와 샹파뉴 지방에 위치한 샤를루아와 몽드망의 아프리카 대대, 베르됭의 챙 없는 모자를 쓴 용감한 병사들, 이제르강의 세네갈 병사들, 플랑드르 간척지의 모로코 병사들을 떠올릴 것입니다.……

전투 중 포화의 한가운데에서 알라에게 감사드리기 위해 잠시 멈춰
선,……영광스러운 위대한 신앙인들을 말입니다."

이어 무슬림연구소의 초대 책임자 뱅가브리트가 다음과 같이 선언했다.
"석재로 지은 이 건축물은 이슬람을 향한 프랑스의 우정을 보여 주는 영원
한 지표가 될 것이며, '위대한 조국 프랑스'에 대한 이슬람의 지지를 영속
시킬 것입니다." 무슬림과 관련한 이와 같은 찬사를 오늘날 다시 들을 수
있을까? 이슬람의 위상에 관한 한 제1차 세계대전 직후와 오늘날은 완전
히 다른 세계인 것 같다. 특히 1954~1962년 사이 알제리 전쟁을 겪고 난
후 프랑스인들이 무슬림, 특히 알제리계 무슬림을 대하는 태도는 그야말
로 완전히 달라졌다. 즉, 같은 법이라고 해도 역사적·사회적 맥락을 생각
하지 않고 법이 '공정하게' 적용될 것을 기대하기는 어려울 것으로 보인다.

'히잡 착용'과 '모스크 건설'의 차이

히잡 금지는 최고행정재판소 판례에서 보듯 일부 법 적용에 논란이 있음
에도 불구하고 결국 히잡 착용을 금지하는 법이 생겨 지금도 시행되고 있
다. 반대로 파리 대모스크 건설은 1905년 법으로 명백하게 금지할 수 있을
만큼 법 조항이 뚜렷했음에도 불구하고 추진자들의 의지에 따라 무난히
건축될 수 있었다. 사실 모스크 운영비, 무슬림을 위한 양 공영도축장 설
립 등 최근에 여전히 논란이 있는 문제뿐만 아니라 지방자치단체의 성당
오르간 구입 보조 등 가톨릭과 관련된 문제 또한 최고행정재판소의 '우호
적 판결'이 있는 것 또한 사실이다. 이렇게 볼 때 히잡 착용과 모스크 건립
모두 이슬람과 관련되는 사안임에도 불구하고 어느 하나에는 법이 유리하
게 적용되고, 다른 하나에는 불리하게 적용되는지 그 연유를 살펴보지 않

을 수 없다.

우선 크게 보아, 히잡은 서구인들, 특히 프랑스인들에게 여성의 인권과 관련하여 상당한 상징성을 갖고 있다. 히잡 논쟁에서 반복해서 지적되듯이, 히잡은 공립학교처럼 공적 영역에서 착용하는 것이 라이시테의 위반이라고 하여 비판받기도 하지만, 근본적으로는 여성의 히잡 착용 자체를 '여성의 복종' 혹은 '여성의 굴종'을 뜻한다고 하여, 이를 여성 인권 차원의 문제로 보는 것이다. 이에 대해서는 이미 식민지 시절부터 많은 담론이 생성되었고 이것이 오늘날 무슬림이민자 문제를 비판하면서 재소환되었다고 판단된다. 게다가 히잡 착용, 특히 전신 베일 착용 문제는 알제리 전쟁 당시 테러 문제와 연계되면서 프랑스인들에게 상당한 트라우마를 불러일으켰고, 오늘날 프랑스 내에서 빈발하고 있는 테러와도 연결되기에 이 문제는 더욱 프랑스인들에게 민감하게 되었다.

반면, 모스크 건설은 이와 결을 좀 달리한다. 우선 1905년 법이 제정된 이후 프랑스에서도 가톨릭의 종교 행사 등에 대해 유연한 조치를 내보였다. 1907년 1월 2일 법은 결사법에 어긋나 자선단체로 넘어갔던 교회 건물을 신앙 활동 목적으로 자유롭게 사용하도록 허용했고, 3월 28일 법으로는 사전 신고 없이도 신자들의 집회를 허용했다. 게다가 공적 보조금의 지급, 실외 종교의식의 허용 등은 엄격히 따지자면 급진파의 반교권주의의 기조에 어긋나는 것으로, 결사법과 정교분리법에 위배됨에도 유연하게 적용되었다. 즉, 이 법들은 종교 관련 사안들에 대해 이미 기계적으로 적용되지 않았다.

이와 같은 유연성은 급진파가 교권주의 세력에 밀려나 어쩔 수 없이 선택한 길이 아니었기 때문에, 반교권주의의 후퇴, 혹은 급진당의 입장 선회라고 단정 짓기 어렵다. 어찌 보면, 1920년대 파리 대모스크 건립은 프랑스공화국의 토대 가운데 하나인 라이시테 원칙, 즉 '철학으로서의 라이시테'가 얼마나 취약하고 허술한지를 보여 준 사례라고도 볼 수 있다. 달리 보면 정치적 합의, 사회적 공감대, 여론의 지지가 있다면 라이시테 원칙에 위배되는 정치적 결정이 얼마든지 가능하다는 사실이 바로 이 과정을 통해 여실히 드러난 것이다.[9]

이러한 상황에 대해 후대 역사가들은 20세기 초, 프랑스 정치의 목표가 제국의 유지와 발전이었으며, 라이시테의 가장 강력한 옹호자였던 급진공화파가 '국익'을 위해서라면 라이시테 원칙을 유연하게 적용할 수도 있다는 태도를 보인 것이 바로 이런 맥락에서였다고 평가한다. 파리 대모스크는 곧 프랑스제국의 번영을 위해 국내 무슬림을 프랑스화하려는 제도적·상징적 장치이자 국외 이슬람 국가들을 향한 프로파간다였다는 것이다.

이처럼 두 가지 사례를 검토함으로써, 오늘날 '프랑스 내 무슬림 차별의 기원과 공화주의 유산'을 살펴볼 수 있었다. 특히 프랑스공화국이 무슬림 여성에게 적용하는 엄격한 잣대는 공화주의 원칙뿐만 아니라 식민주의 유산과 같은 외부 요인도 함께 고려해야 좀 더 분명하게 설명할 수 있다. 사실 히잡 착용을 금지한 것은 1905년 법의 주요 조항에 명백하게 배치되지 않는다는 의견도 있다는 점은 앞서 언급한 바와 같다. 1905년 법의 가장 중요한 항목이 모든 사람의 자유로운 종교 활동, 즉, 자유로운 종교적 표현이라고 할 수 있기 때문이다. 이것이 다른 사람의 강요에 의한 것만 아니라면 국가는 이러한 자유로운 종교 활동을 오히려 보장해야 하기에, 1905년 법으로 히잡을 금지하는 것은 이슬람에 대해서만 이 법을 더 엄격하게 적용하고 있는 것이라는 주장도 있다. 프랑스의 대표적 이슬람 전문가 가운데 한 명인 올리비에 루아Olivier Roy 또한 히잡 착용 문제에 1905년 법이 적절하게 적용되지 않았다고 주장한다. 그는 1905년 법 제정 당시 오늘날과 같은 다문화 사회에서 발생할 수 있는 여러 문제를 예측할 수는 없었을 것이라는 의견도 함께 피력한다.

결론적으로 오늘날 히잡 논쟁을 통해 표출되고 있는 동화 불가능한 무슬림이민자들에 대한 표상은 이미 식민지 시기를 거치며 어느 정도 고착화되었으며, 이것이 오늘날 '시대적 요구'에 따라 공화주의자들의 '억지스러운 라이시테' 원칙의 적용으로 나타나고 있다고 볼 수 있다. 전 세계적인 이슬라모포비아의 확산과 민족 정체성이 더욱 강조되고 있는 작금의 상황에서 히잡을 매개로 한 사회적 차별 문제는 쉽게 해결될 수 없을 것이다. 반면 모스크 건설 및 운용비 보조 문제는 가톨릭에도 함께 해당하며, 무엇보다 '지역 공익 문제'가 고려됨으로써 상대적으로 덜 차별적인 판단이 도출되고 있는 것으로 보인다.

오늘날 프랑스에서 종교적 소수자에 대해서도 공공이익을 침해하지 않는 범위 내에서 다양한 종교 활동이 가능하도록 배려되어야 하며 이와 같은 톨레랑스는 라이시테 원칙에 반하지 않는다는 생각이 더 보편적으로 받아들여져야 하지 않을까?

OU EST MA LIBERTE

UNE LIMITE A LA

14
1914년 8월:
제1차 세계대전의 시작

정재현

이 잔혹한 전쟁은 왜 일어났을까?

1914년 8월 1일은 프랑스 농민들이 수확철을 맞아 농사일로 한창 바쁠 때였다. 초저녁 무렵 교회에서 종소리가 세차게 울렸다. 사람들은 어딘가에서 불이 났다고 생각했고, 불을 끄려고 양동이를 들고 마을 광장에 모였다. 그러나 그들을 기다리는 것은 전혀 다른 차원의 재난이었다. 이 종소리는 총동원령이 내려졌음을 알리는 신호였다. 불이 난 곳은 유럽 대륙이었고, 양동이 몇 개로는 끌 수 없는 불이었다. 총동원령의 선포와 함께 "전쟁이 이미 평화의 시간 속으로 스며들었다."[1]

24~38세 남성을 대상으로 한 병력 소집은 이튿날인 8월 2일부터 시작되어 2주에 걸쳐서 순차적으로 진행되어, 8월 18일까지 현역군인 88만 명과 예비군 186만 명이 국경지대에 집결하였다. 프랑스 역사에서 1914년 8월 1일의 총동원령만큼 한순간에 많은 사람의 운명을 극적으로 바꾸어 놓은 사건은 많지 않다. 총동원령의 선포와 8월 3일 독일의 선전포고로 시작된 전쟁은 전선에 배치된 병사들뿐 아니라 후방에 남은 이들의 삶마저 송

두리째 뒤흔들었다.

유럽의 모든 열강이 참여한 이 '대전쟁Grande Guerre'은 4년 넘게 지속되면서 1,000만 명 이상의 전사자를 낳았으며, 그중에서 프랑스인 전사자 수는 약 130만 명에 달했다. 제1차 세계대전은 오늘날의 관점에서 보면 분명히 '이해할 수 없는' 전쟁이었다. 오스트리아와 세르비아 간의 분쟁이 왜 모든 유럽 열강 간의 전면전으로 번졌을까? 왜 평화주의자들은 전쟁을 막지 못했을까? 왜 그토록 많은 인명 손실이 누적되는 가운데 아무도 전쟁을 멈추려 하지 않았을까? 왜 대부분의 참전국 국민은 이 끔찍한 비극을 감내했을까? 그리고 프랑스 국가와 사회는 이 잔혹한 전쟁에 어떻게 끌려 들어갔을까?

전쟁 전 프랑스의 민족주의와 애국심, 그리고 전쟁에 대한 반대

민족주의의 고조와 '방어적 애국심'

1913년 11월 독일의 황제 빌헬름 2세는 벨기에의 왕 알베르 1세를 만난 자리에서 자기 생각을 다음과 같이 털어놓았다. "프랑스와 전쟁은 불가피합니다.……프랑스 자신도 전쟁을 원하고 있으며, 군 복무 3년 법이 통과된 사실이 보여 주듯 이러한 의도에서 군비를 갖추고 있습니다. 게다가 프랑스 언론이 우리를 상대로 사용하는 어법은 점점 더 적개심을 보이며, 프랑스인들의 복수심은 더욱더 공격적으로 표출되고 있습니다."[2] 당시 프랑스 정부와 프랑스인들은 정말로 독일 황제가 생각한 것처럼 독일을 상대로 복수심을 불태우고 있었고, 전쟁을 원하고 있었을까?

1870~1871년 프랑스-프로이센 전쟁의 악연에도 불구하고 긴장 완화의 단계에 들어섰던 프랑스와 독일의 관계는 20세기 초에 다시 악화하였다.

그 계기가 되었던 사건은 1905년과 1911년 두 차례 벌어졌던 '모로코 위기'였다. 프랑스는 모로코를 보호령으로 삼으려 했고, 독일은 이를 방해하며 프랑스의 세력 확대를 견제했다. 특히 1911년 '제2차 모로코 위기' 때는 독일이 모로코의 아가디르Agadir항에 군함을 파견하면서 양국 간의 긴장이 크게 높아졌다. 결국 이 사태는 전쟁으로 치닫지 않고, 협상을 통해서 '평화적'으로 해결되었다. 프랑스는 모로코를 보호령으로 공식화했고, 독일은 그 대신 프랑스령 콩고 식민지의 일부를 넘겨받았다. 그러나 프랑스와 독일 여론 모두 이러한 해결 방식에 만족하지 못했다. 이 사태를 겪으면서 프랑스와 독일 양국에서 상대방에 대한 적개심이 커졌고, 민족주의가 고조되었다.

이러한 분위기에서 프랑스의 극우파 민족주의자들은 전보다 더 큰 목소리를 냈으며, 영향력을 확대해 갔다. 앙리 마시스Henri Massis와 알프레드 드 타르드Alfred de Tarde라는 두 우파 지식인은 '아가통Agathon'이라는 필명으로 1913년에 발표한 《오늘날의 청년들》이라는 제목의 책에서 1890년 무렵에 쇠퇴했던 애국심이 부활하고 있다고 주장하였다. 그들에 따르면 애국심은 당시 청년들의 "첫째가는 행동의 이유"가 되었으며, 새로운 세대의 청년들

[그림 14-1] 당시 프랑스 사회에서 나타난 '애국심의 부흥' 현상을 표현한 《르 프티 주르날Le Petit journal》 1912년 3월 24일 자의 삽화.

은 전쟁을 마다하지 않고 찬양하였다. "전쟁! 이 단어는 별안간 위엄을 되찾았다.……그들은 특히 전쟁을 힘, 절제, 대의를 위한 희생처럼 그들이 가장 상위에 놓는 가장 고결한 인간의 덕목을 발휘할 기회로 본다."[3]

그렇지만 당시 프랑스의 전반적인 여론이 전쟁을 찬양하는 호전적 민족주의로 기울었다고 보는 것은 과장된 이야기다. 극우파 민족주의의 영향력이 늘어났다고 해도 그들은 여전히 소수 세력이었다. 프랑스인들 가운데 전쟁을 적극적으로 원하는 이들은 많지 않았다. 1871년에 프랑스가 알자스-로렌 지역을 독일에 빼앗긴 이후로 프랑스인들이 한결같이 '잃어버린 영토'를 수복하고 독일에 복수할 기회만 노리고 있었다는 생각도 사실과 거리가 멀다. 1870~1871년 전쟁 직후에는 '복수'에 대한 바람이 강렬했지만, 이러한 복수심은 시간이 지나면서 자연스럽게 수그러들었다. 물론 20세기 초에 이르러서도 프랑스인들은 알자스-로렌을 잊지 않았고, 이 지역을 여전히 '민족 영토'로 생각했다. 그러나 이 무렵이 되면 독일에 복수하고, 알자스-로렌을 수복하기 위해서 독일을 상대로 침략 전쟁을 벌이기를 진정으로 바란 프랑스인은 거의 없었으며, 프랑스 정부도 그러한 전쟁을 고려하고 있지 않았다.

그러므로 20세기 초에 독일에 대한 프랑스인들의 감정이 전반적으로 악화하긴 했지만 민족주의의 '부흥'을 지나치게 강조해서도 안 될 것이다. 그럼에도 새로운 분위기가 형성되고 있었음은 분명했다. '민족주의자'로 자처하는 소수 극우파 세력의 목소리가 커진 것보다 더 중요한 변화는 그러한 꼬리표를 내세우지 않는 온건 우파 혹은 중도파 정치 세력이 점점 더 전쟁 가능성을 진지하게 받아들이고, 강경한 대외정책을 지지하기 시작했다는 점이다. '급진공화파'의 지도자였던 조르주 클레망소Georges Clemenceau는 1912년 2월 10일 상원 토론 과정에서 다음과 같이 발언하였다. "우리는 정말로 평화를 원합니다. 우리가 평화를 원하는 것은 우리나라를 다시 만들어야 하기 때문입니다. 그렇지만 우리에게 전쟁을 걸어온다면 우리는 이를 상대해 줄 것입니다."[4]

역사가들은 중도파 혹은 온건 우파 성향의 공화파 사이에서 나타난 이 같은 변화를 '공화파 민족주의'의 도래라고 표현한다. 이를 가장 분명히 드러낸 사건은 '중도파의 성실한 지도자'에서 '프랑스 민족의 수호자'로 변신한 레이몽 푸앵카레Raymond Poincaré가 1912년 1월 총리로 임명된 일이었다. 1912년 10월 26일 그는 낭트에서 다음과 같이 연설하였다. "평화를 지키려면 우리는 전쟁을 원하지 않지만, 전쟁을 두려워하지도 않는 국민으로서 자부심, 힘, 인내심을 지녀야 합니다."[5]

이처럼 제1차 세계대전 발발 전 프랑스 사회의 지배적인 태도는 호전적 민족주의보다 '방어적 애국심'이었다. 프랑스인들 대부분은 애국적이었다. 그렇지만 이 애국심이 전쟁을 바란다는 의미는 아니었다. 다만 조국이 침략당하면 조국을 지키는 데 헌신하겠다는 것이었다. 그러나 그것은 전쟁을 적극적으로 거부하는 태도도 아니었다.

전쟁에 반대하는 사회주의자와 노동조합 지도자

제1차 세계대전 발발 직전까지 전쟁 반대를 꾸준히 외친 이들도 존재했다. 이들 가운데 정치적 영향력과 대중적 기반을 갖춘 유일한 세력은 사회주의자와 노동조합 진영이었다. 사회주의자들과 노동조합 지도자들은 자본주의 사회의 전쟁이란 기본적으로 자본가들이 자신들의 이익을 위해서 벌이는 경쟁에 노동자 계급의 희생을 일방적으로 요구하는 것일 뿐이라고 보았다. 문제는 어떻게 전쟁을 막을 것인가였다.

1908년에 노동총연맹은 전쟁이 일어나면 총파업으로 대응하겠다고 선언했다. 장 조레스Jean Jaurès를 비롯한 사회당의 주요 지도자들도 총파업 전략에 동의했다. 이론상 모든 노동자가 파업에 동참하여 국가의 활동을 마비시킨다면 정부가 전쟁을 수행할 수 없게 될 것이므로 총파업은 전쟁을 막는 효과적인 방법이 될 수 있었다. 그렇지만 사회주의자들과 노동조합 지도자들조차 이러한 대응이 실제로 가능하리라고는 확신하지 못했다. 게다가 총파업 전략이 효과를 보려면 모든 참전국에서 동시에 총파업이 일어나야 했다. 제2인터내셔널 회의에 모인 전 유럽의 사회주의자들은 전쟁을 막기 위한 공동 행동을 모색했지만, 실질적인 방안을 마련하지 못했다. 실제로 1914년 8월에 모든 유럽 열강이 전쟁에 빠져 들어갔을 때 어떤 나라의 사회주의자나 노동조합 지도자도 총파업을 시도조차 해 보지 못했다.

훗날 사회주의자 뤼도빅 프로사르Ludovic Frossard는 전쟁 발발의 순간을 돌아보면서 다음과 같이 술회하였다. "진실은 7월 31일에 우리가 저항하고자 시도했다면 당시 이 나라를 휘몰아친 쇼비니즘의 격류에 쓸려 갔으리라는 것이다.……진실은 파업에 참여하는 사람 없이 총파업을 벌일 수는 없고, 봉기에 참여하는 사람 없이 봉기를 일으킬 수는 없다는 것이

[그림 14-2] 장 조레스Jean Jaurès(1859~1914), 1911년 사진. 사회당의 지도자이자 《뤼마니테 *L'Humanité*》 편집장이었으며, 줄기차게 전쟁과 군국주의에 반대하는 목소리를 냈다.

다.……동지들이여, 우리가 아무것도 하지 않은 것은 아무것도 할 수 없었기 때문이다."[6] 사회주의자들과 노동조합 지도자들이 내세운 국제주의는 대중의 정서 속에 스며들지 못했으며, 대중에게 익숙한 애국심이란 감정보다 막연하고 추상적인 노동자 계급의 국제적 연대를 우선시하는 태도는 공감을 사지 못했다.

그렇지만 정작 국제주의를 표방하며 전쟁에 반대한 사회당과 노동총연맹 지도자들도 민족주의 정서에서 벗어나 있지 않았다. 조국의 의미를 전면적으로 부정했던 귀스타브 에르베Gustave Hervé 같은 소수의 사람을 제외하면, '반애국주의'를 내세웠던 사람들조차 대부분은 실제로 반애국주의자가 아니었다. 특히 가장 열렬하게 반전운동을 펼쳤던 조레스에게 조국은 오히려 애착심을 느끼고, 지켜야 할 소중한 대상이었다. 우파 언론이 그의 애국심을 문제삼자 그는 1914년 7월 18일 자《뤼마니테L'Humanité》기사에서 "평화를 지키기 위해서 최대한 노력하는 것과 그런데도 전쟁이 일어난다면 끔찍한 혼란 속에서 민족의 독립과 영토를 지키기 위해 최대한 노력하는 것 사이에는 어떤 모순도 없다"라고 주장하였다.[7] 조레스가 전쟁이 일어나면 총파업을 단행하자고 주장한 것은 정부가 전쟁을 벌이지 않도록 압력을 넣는 방편이었지, 실제로 조국을 위험에 노출하려는 의도는 아니었다.

그러므로 우파는 민족주의자이고 전쟁을 원했으며, 좌파는 국제주의자로서 전쟁에 반대했다는 도식은 사실과는 거리가 멀다. 좌우 양편의 극단에 자리한 소수의 사람을 제외하면, 대부분의 우파도 침략 전쟁을 바라지 않았고, 대부분의 좌파도 외국의 침략에 맞서서 조국을 지키기 위한 전쟁을 거부하지 않았다. 프랑스인들 대부분의 정서에는 밑바탕에 민족주의적 사고와 감정이 깔려 있었다. 그랬기 때문에 제1차 세계대전이 시작되자 여론의 분열이 빠르게 봉합되었고, 프랑스 국민 대부분이 전쟁을 받아들였다.

'7월 위기'와 '신성한 단결'

'7월 위기' 속 프랑스의 행보

20세기 초에 유럽은 상호 적대적인 두 동맹체제로 나뉘어 있었다. 한편에는 독일, 오스트리아-헝가리, 이탈리아로 구성된 삼국동맹Triple-Alliance이 1882년에 결성되었다. 그 가운데 이탈리아와 다른 두 국가 간의 관계는 소원했으며, 실제로 이탈리아는 제1차 세계대전 발발 당시에 중립을 선언했다가 1915년 5월 23일 연합국 측으로 참전하였다. 그러나 독일과 오스트리아-헝가리는 견고한 동맹관계를 유지했다. 반대편에는 프랑스, 러시아, 영국이 삼국협상Triple-Entente으로 묶였다. 그 가운데 프랑스와 러시아는 1894년 이래로 군사 동맹관계에 있었다.

　이러한 동맹체제는 유럽 열강 간의 힘의 균형을 보장함으로써 전쟁을 막는 효과적인 수단으로 작동할 수도 있었다. 실제로 동맹체제가 성립된 후로 1914년 전까지 유럽 열강은 오랫동안 전쟁을 피하는 데 성공하였다. 그렇지만 제1차 모로코 위기(1908), 발칸반도 위기(1908), 제2차 모로코 위기(1911)를 거치면서 유럽의 두 동맹 간 적대감은 고조되었고, 유럽 대륙은 점점 전쟁을 향해 달려갔다.

　유럽의 국제관계 상황을 주의 깊게 지켜보던 사람들은 일찍부터 전쟁이 일어날 가능성을 점쳤다. 그런데도 실제 전쟁은 전혀 예상치 못한 시점에서 예상치 못한 방식으로 시작되었다. 1914년 6월 28일에 사라예보에서 오스트리아-헝가리 왕국의 왕위계승자인 프란츠 페르디난트Franz Ferdinand 대공이 암살당한 사건은 물론 전 유럽의 이목을 끌었다. 《르 탕Le Temps》지는 7월 10일 자 기사에서 "동유럽의 평화, 그리고 어쩌면 유럽 평화의 미래도 사라예보 재판의 향방에 달려 있다"라고 지적했다. 그렇지만 사라예보 사건이 발생한 뒤로 꽤 한참 동안 오스트리아 당국이 별다른 움직임을 취하지 않자 그에 관한 여론의 관심은 빠르게 수그러들었다. 불과 한 달 후에 유럽의 모든 열강이 전쟁에 돌입할 것이라고 예상한 이는 아무도 없었다.

유럽의 상황은 7월 23일에 오스트리아가 사라예보 사건의 조사와 관련자 처벌을 요구하며 세르비아에 '최후통첩'을 보내면서 급속히 소용돌이에 빠졌다. 세르비아는 다른 요구는 순순히 수용했으나, 자국 영토 내에서 오스트리아 조사원이 활동하는 것만큼은 허용하지 않았다. 그러자 오스트리아는 7월 25일 국교를 단절하고, 7월 28일 세르비아에 전쟁을 선포하였다. 세르비아의 '보호자'를 자처하던 러시아는 오스트리아가 세르비아를 침략하는 것을 좌시할 생각이 없었다. 그렇게 된다면 발칸반도에서 러시아 세력이 약화하는 것은 불 보듯 뻔한 일이었고, 나아가 열강의 지위마저 흔들릴 수 있었다.

러시아는 독일의 개입을 우려했지만, 7월 30일 총동원령을 내렸다. 이는 오스트리아와 세르비아 간의 분쟁이 유럽 열강 간의 전면전으로 번진 결정적인 순간이었다. 동맹국인 오스트리아의 군사 행동에 전폭적인 지원을 약속했던 독일은 러시아의 총동원령 선포를 자국에 대한 도발로 간주했다. 독일은 러시아의 총동원령 철회를 촉구하는 최후통첩을 보냈으나 러시아가 이에 응답하지 않자 8월 1일 러시아에 전쟁을 선포하였다. 그리고 8월 3일에는 러시아의 동맹국인 프랑스를 상대로도 전쟁을 선포하였다. 8월 4일 독일은 프랑스를 공격하기 위해 중립국이었던 벨기에를 침공했으며, 영국은 이를 구실로 곧바로 독일에 선전포고하였다.

이처럼 '7월 위기' 동안 유럽 열강이 몽유병자처럼 차례로 전쟁을 향해 나아가는 동안 프랑스는 국제 상황을 주도하기보다는 끌려다니는 처지였다. 물론 프랑스가 동맹국인 러시아를 만류할 수 있었다면 제1차 세계대전은 일어나지 않았을 것이다. 그렇지만 러시아는 전쟁을 결정하는 과정에서 프랑스의 눈치를 전혀 보지 않았다. 프랑스와 러시아 간에 체결된 군사 협약에 따르면 독일이 먼저 동원령을 선포하지 않을 때는 양국이 동원령을 내리기 전에 먼저 반드시 상호 협의해야 했다. 그러나 러시아는 상의는 커녕 총동원령을 내린 뒤에 이를 일방적으로 프랑스에 통보하였다. 러시아는 동맹국인 프랑스의 의사와 무관하게 전쟁을 결정했으며, 프랑스가 이를 막기는 불가능했다. 그렇지만 프랑스가 러시아를 말리고자 적극적으로 노력하지 않은 것도 사실이다.

러시아가 전쟁을 결정한 이상 프랑스가 전쟁에서 빠지는 것도 사실상 불가능해졌다. 이론적으로는 러시아와 선을 긋고 중립을 선언할 수도 있었다. 그렇지만 현실적으로는 러시아와의 동맹을 포기하는 결정을 내리기가 쉽지 않았다. 게다가 프랑스의 정책 결정자들은 참전을 거부해 봤자 어차피 독일군이 러시아군을 무찌른 뒤 프랑스를 침략해 오리라고 판단했다. 각개격파당하느니 차라리 러시아와의 동맹을 유지하면서 독일을 양쪽에서 함께 공격하는 것이 더 현명한 선택으로 보였다. 군사 동맹의 논리와 독일에 대한 불신은 프랑스를 전쟁의 수렁으로 빠뜨렸다. 그러나 여하튼 참전이 최종적으로 프랑스 정부의 결정이었음은 부정할 수 없는 사실이다.

전쟁 앞에서 이루어진 '신성한 단결'

프랑스 정부와 마찬가지로 전쟁에 반대하던 프랑스의 정파들도 7월 위기의 빠른 전개 속도에 압도당하여 우왕좌왕하는 모습을 보였다. 노동총연맹 총서기인 레옹 주오Léon Jouhaux는 전쟁이 선포되면 노동자들이 즉각 총파업에 나서야 한다고 재차 강조하였다. 이튿날 파리에서는 1만~2만 명의 시민들이 시위에 나서서 전쟁 반대를 외쳤다. 그 뒤로 사나흘 동안 전국에서 150건 이상의 반전 시위와 집회가 펼쳐졌다. 그러나 대부분의 시위는 큰 마찰 없이 진행되었다. 총파업을 위한 준비는 진행되지 않았다. 평

화에 대한 사회주의자와 노동조합 지도자들의 신념과 막상 전쟁이 눈앞에
다가온 시점에서 그들이 보인 행보 사이에는 큰 괴리가 있었다. 이는 전쟁
을 도발한 것은 프랑스가 아니라는 인식에서 비롯되었다. 7월 위기 동안
프랑스 여론은 전쟁을 열망하는 분위기는 아니었지만, 그렇다고 조국의
방어를 포기하면서까지 전쟁에 반대하려는 이는 아무도 없었다.

　프랑스 반전운동에 가장 열렬히 앞장섰으며, 그로 인해서 우파로부터
'조국의 배신자'로 비난받았던 장 조레스는 7월 31일 저녁에 한 극우파 청
년의 총에 목숨을 잃었다. 사회주의자들의 반전운동은 그의 죽음으로 인
해 사기가 크게 꺾였다. 그렇지만 반전운동
은 이미 동력을 상실한 상태였다. 정부는
조레스의 죽음이 노동자들 사이에 불러일
으킬 파장을 우려하였다. 그러나 기우였다.
이튿날 사회주의 신문들은 독자들에게 평
정심을 유지할 것을 주문하였다.

[그림 14-3] 8월 4일 거행된 장 조
레스 장례식. 전쟁에 반대하던 조
레스의 죽음과 함께 프랑스의 반
전운동은 사기가 꺾였다. 이제 사
회주의자들과 노동조합 지도자들
마저 전쟁에 협력하기로 한다.

더군다나 조레스의 죽음이 불러일으킨 충격은 이튿날 오후에 내려진 총
동원령의 충격에 파묻혀 버렸다. 전쟁이 이미 막을 수 없는 사실이 되었음
을 깨달은 사회주의자들과 노동조합 지도자들은 이제 조국 방어에 협력하
기로 하였다. 노동총연맹 지도자들은 총파업을 완전히 포기하였다. 전쟁
의 위협 앞에 처한 민족의 단결은 8월 4일에 거행된 조레스의 장례식에서
절정에 달했다. 이날 이루어진 노동총연맹 총서기 레옹 주오의 연설은 전
쟁에 반대하던 세력이 조국 수호를 위한 전쟁을 마침내 완전히 받아들였
음을 보여 주었다.

우리는 이 전쟁을 원하지 않았습니다. 전쟁을 일으킨 자들, 살육을 원하고,
잘못된 패권을 꿈꾸는 폭군들은 벌을 받을 것입니다.……전쟁으로 내몰린
우리는 침략자를 물리치고, 역사가 우리에게 물려준 고결한 문명과 사상의
유산을 지키기 위해서 일어설 것입니다. 우리는 악의 세력으로부터 그토록
힘겹게 쟁취한 자유가 사라지기를 원하지 않습니다. 우리가 늘 바라는 것은
민중의 권리와 자유의 영역을 확대하는 것입니다. 우리는 이러한 바람과의
조화 속에서 동원령에 응할 것입니다.[8]

조레스의 장례식이 열린 8월 4일 오후에 의회에서 르네 비비아니René
Viviani 총리는 레이몽 푸앵카레 대통령이 보낸 성명서를 대독하였다. 푸앵
카레는 '침략자' 독일을 규탄하고, 프랑스가 평화를 지키려고 끝까지 노력
했음을 강조한 뒤에 온 민족이 단결할 필요성을 강조하였다. "프랑스의 모
든 자식은 프랑스를 영웅적으로 지킬 것입니다. 적 앞에서 그들의 신성한
단결을 파괴할 수 있는 것은 아무것도 없습니다. 지금 프랑스의 모든 자식
은 침략자를 향한 분노와 애국심으로 형제처럼 뭉쳤습니다."[9] 푸앵카레는
단결의 당위성을 내세우고자 민족을 형제로 표상하고, '신성한'이라는 수

식어를 사용해서 그에 거룩함을 부여하고자 했다. 처음에는 어색하게 들렸던 '신성한 단결'이라는 표현은 점차 전쟁에 돌입한 프랑스의 상황을 나타내는 표현으로 자리 잡았다. 전쟁 전까지 대립관계에 있던 여러 정당과 정파가 전쟁을 계기로 진정한 결합을 이룬 것은 아니었다. 그런데도 전쟁이 일어나자 서로 다른 생각을 가진 이들이 자기 생각을 포기하지 않으면서도 입을 다물고, 조국 방어를 위해 단결하는 모습을 보였다.

총동원령의 선포

전선으로 떠난 이들

1914년 8월에 전선으로 떠난 병사들을 대표하는 가장 강렬한 이미지는 '총에 단 꽃'이다. 병사들이 환호하는 군중이 던져 준 꽃을 총에 장식한 채 그토록 기다려 온 복수를 실현하고, 빼앗긴 영토를 되찾고자 하는 열의에 가득 차서 싸움터로 나갔다는 것이다. '총에 단 꽃'은 조국의 위기 앞에서 온 민족이 죽음을 두려워하지 않고 용감하게 일어섰음을 암시하는 이미지이기도 하고, 반대로 민족주의의 광기에 빠져서 자신들 앞에 닥칠 전쟁의 현실을 제대로 인식하지 못한 당시 사람들의 천진난만함을 비꼬기 위해 사용되는 이미지이기도 하다. 그렇지만 '총에 단 꽃'은 사실 현실과는 거리가 먼 '신화'였다. 물론 병사들이 전선으로 떠날 때 곳곳에서 환송식이 열렸고, 군중이 던진 꽃을 받아서 총에 꽂은 병사도 있었다. 그렇지만 베케르에 따르면 병사들의 지배적인 태도는 전쟁을 향한 열기와는 거리가 멀었다.

총동원령 공고문을 본 이들이 처음 보인 반응은 충격과 당혹감이었다. 전쟁이 현실화했다는 사실 앞에서 그들은 환호한 것이 아니라 망연자실하여 입을 다물었다. 이는 분명히 독일에 복수할 기회만을 노리던 사람들이 보일 만한 반응은 아니었다. 프랑스인들 대부분은 당장 전쟁이 일어나리라 예상하지 못했고, 전쟁을 치를 마음의 준비가 되어 있지 않았다.

그러나 집결지에 모인 소집병들이 제복으로 갈아입고 전선으로 떠나는 순간에는 분위기가 바뀌어 있었다. 여전히 괴로워하는 이들도 있고, 적어도 겉보기에는 열광하는 이들도 있었지만, 병사들의 주된 태도는 자신에게 주어진 의무를 다하겠다는 '결연함'이었다. 사람들의 태도가 며칠 사이에 갑자기 바뀐 이유는 무엇일까? 그것은 적어도 흔히 생각하는 것처럼 독일을 향한 복수심이나 알자스–로렌을 수복하려는 의지는 아니었다. 전쟁이 발발한 순간에도 이러한 동기가 언급되는 경우는 드물었다. 1914년에 병사들이 결연한 각오로 전장으로 간 가장 중요한 요인은 평화를 추구하

[그림 14-4] 1914년 8월 1일 총동원령 포고문. 이 포고문은 첫 동원일이 8월 2일이며, "병역 의무를 지는 모든 프랑스인은……동원 책자에 적힌 지시를 따라야 한다"고 명시했다.

던 조국 프랑스가 독일의 부당한 침략을 당했다는 인식이었다. 이러한 인식은 프랑스인들 대부분이 가지고 있던 애국심을 더욱 자극하였다.

그렇지만 애국심의 열기는 분명히 제한적이었다. 애국심은 특정한 장소와 순간, 예컨대 부대가 전선으로 떠나는 기차역에서 집중적으로 분출되었다. 그러나 관찰자들은 병사들이 보인 활기와 흥분이 꾸며진 모습이며, 그들 안에 근본적인 불안감이 숨겨져 있음을 간파했다. 한 초등학교 교사는 다음과 같이 썼다. "병사들은 노래하고, 농담하고, 서로 말을 걸고, 특히 정신을 딴 데로 돌리고자 했다. 이 소란스러운 쾌활함 안에 있는 온갖 어색함을 알아차릴 수 있었다."[10]

소집병들이 보인 의연한 태도에는 사회적으로 주어진 젠더 규범을 따르고자 하는 의지도 있었다. 담담한 모습으로 싸우러 가는 것이 '남자다운' 태도였고, 군중의 환호 앞에서 어쨌거나 멋진 모습을 보일 필요가 있었다. 제1차 세계대전에 참전했던 역사가 마르크 블로크Marc Bloch도 전선으로 떠나는 병사들의 모습을 다음과 같이 묘사했다. "모두가 마음 깊은 곳에 있는 슬픔을 조금도 겉으로 드러내지 않았다. 그저 많은 여자가 부은 눈으로 눈시울을 붉혔을 뿐이다.……남자들은 대부분 쾌활하지 않았다. 그들은 의연했다. 그 편이 나았으니까."[11]

어떤 이유에서건 병사들이 비교적 담담한 태도로 전쟁터로 향할 수 있었던 것은 전쟁이 끔찍하긴 하겠지만 몇 주 혹은 기껏해야 몇 달이면 끝날 것이라 믿었기 때문이다. 사람들 대부분은 적어도 크리스마스를 가족과 함께 보낼 수 있으리라 생각했다. 전쟁이 4년 넘게 지속되리라 예상한 사람은 아무도 없었다.

가족과 작별 인사를 나누고 집을 떠난 병사들은 일단 군인수첩에 적힌 대로 고향 근처에 있는 부대에 집결하였다. 그곳에서 그들은 군복과 총기를 배급받았다. 부대가 전선으로 떠나는 날 기차역에서는 지방당국이나 민간

단체가 주최하는 환송식이 열리곤 했다. 깃발, 휘장, 국가 등 온갖 애국적 표상이 동원되는 이러한 행사는 소집병들의 정체성을 민간인에서 군인으로 바꾸는 역할을 하였다. 며칠 전까지만 해도 평화의 시대를 살던 그들은 이제 가족, 사회, 조국의 기대에 부응해야 한다는 의무감을 느끼고, 또한 자신이 혼자가 아니라 공동체의 일원이며, 동료 병사들과 함께한다는 점을 의식하기 시작했다. 가족과 마지막으로 작별하는 기차역은 "전방과 후방, 평화의 시간과 전쟁의 시간 사이에 놓인 문턱"이었다.[12] 전선으로 향하는 기차는 병사들을 익숙한 고향으로부터 전장이라는 낯설고 냉엄한 현실로 데려갔다. 그런 후에 전장에서 맞이하는 첫날 밤, 첫 번째 교전, 처음 나온

[그림 14-5] 〈병사들의 출발, 1914년 8월〉, 앨버트 허터Albert Herter 작, 1926. 파리 동역의 출발 홀에 전시되어 있는 이 작품은 전선으로 떠나는 병사들의 다양한 모습을 묘사한다. 가운데에 있는 병사는 총에 꽃을 달고 있다.

[그림 14-6] 총동원령에 응하기 위해 파리 동역 앞에 모인 사람들. 1914년 8월 2일 사진.

부상자와 전사자가 준 충격은 병사들에게 전쟁 이전의 삶, 후방의 민간인 사회와 자신의 처지 사이에 메울 수 없는 틈이 생겼음을 느끼게 했다.

후방에 남은 이들

총동원령이 선포됨과 동시에 후방의 민간인 사회도 빠르게 전쟁 속으로 빨려 들어갔다. 파리는 예전의 활기를 잃었다. 차량 대부분이 군대에 징발되면서 버스 운행도 중단되었고, 삯마차와 승합마차가 다시 모습을 드러냈다. 극장, 공연장, 카바레도 사람들의 발길이 끊겼다. 전선으로 싸우러 간 병사들의 희생에 동참하는 취지로 후방에 남은 민간인들에게도 도덕적인 행동이 요구되었다. 압생트 판매가 금지되고, 절주운동이 펼쳐졌으며, 매춘에 대한 규제가 강화되고, 극장과 카바레 개장 시간이 통제되었다. 전시의 엄숙한 분위기에서 즐거움은 비난의 대상이 되었다.

전쟁이 만들어 낸 새로운 분위기는 단순히 동료 시민들에게 '애국적'으로 행동하도록 강요하는 데 그치지 않았다. 애국심은 쉽게 분노와 증오로 바뀌었으며, 거리에서 폭력으로 분출되었다. 독일과 관련된 모든 것, 독일을 연상시키는 모든 것이 증오의 대상이 되었다. 파리의 '독일 대로'에 사는 주민들은 8월 1일에 이미 거리 이름 변경을 요구하는 청원서를 냈고, 당국의 명령이 떨어지기도 전에 거리 표지판을 떼서 부숴 버렸다. 이 거리에는 '장 조레스 대로'라는 새로운 이름이 붙었다. 마찬가지로 '베를린 거리'는 '리에주 거리'로 바뀌었다. 이는 독일군의 공격을 열흘이나 막아 낸 벨기에의 도시 리에주에서 따온 이름이었다.[13] 프랑스에서 '비엔나 커피'가 '리에주 커피'로 불리기 시작한 것도 이때부터였다.

물론 증오와 폭력의 대상은 상징물에만 국한되지 않았다. 전쟁 발발 당시에 프랑스에는 약 15만 명의 독일인이 살고 있었으며, 그중 절반이 파리 지역에 거주했다. 총동원령의 선포와 함께 모든 외국인은 24시간 안에 출국하라는 명령이 떨어졌다. 그렇지만 대부분의 열차 편이 병력 수송에 편성되었기에 기차표를 구해서 프랑스를 빠져나올 수 있었던 독일인은 많지 않았다. 프랑스를 떠나지 못한 독일인들은 집단 폭력의 위험에 그대로 노출되었다. 독일인이 운영하는 상점이나, 그렇다고 의심되는 상점들이 습격당하는 일이 비일비재하게 벌어졌다. 이러한 집단 광기 속에서 알자스 출신의 프랑스인들은 독일인과 혼동될 위험에 처했다. 독일어식 상호가 붙은 맥줏집은 쉽게 분노의 표적이 되곤 했는데, 실제로는 알자스 출신 프랑스인이 운영하는 경우가 많았다. 어떤 가게 주인들은 오해를

[그림 14-7] 파괴된 아펜로트의 식당(1914년 사진). 파리의 이탈리앵 거리에 위치한 이 식당은 주인이 독일인이라고 생각한 파리 시민들에 의해 파괴되었다.

막기 위해 프랑스인이 운영하는 가게라고 크게 써 붙이기도 했다.

그러므로 총동원령은 병력의 징집일 뿐 아니라 '정신의 동원'도 촉발하였다. 그리고 증오는 정신을 동원하는 가장 강력한 힘이었다. 제1차 세계대전은 단순히 군대와 군대 간의 싸움이 아니라 민족과 민족 간의 전쟁이었으며, 당시 사람들도 이러한 사실을 느끼고 있었다. 전쟁에 승리하려면 온 민족이 그에 동참해야 했으며, 전쟁을 지원해야 하는 후방은 실제 전투가 벌어지는 전선만큼이나 중요한 공간이 되었다. 그러므로 후방을 교란하려는 적의 간계는 더욱더 우려스러운 것이 되었다. 이러한 인식은 프랑스 사회 안에 존재하는 독일 간첩과 그 공모자를 색출하려는 광적인 열기를 낳았다. 후방 사회는 독일 간첩을 상대로 한 전투가 벌어지는 '국내 전선front intérieur'이 되었으며, 대중은 국내 전선을 지키는 자원병이 되었다. 수상쩍은 행동을 보이는 이들, 더 정확히 말하면 그렇게 간주된 이들에 대한 밀고가 쇄도하였다. 간첩은 어디든 있을 수 있으므로 의심에는 한계가 있을 수 없었다. 그렇지만 실제로 어디에서도 간첩을 발견할 수 없었으므로 폭력의 화살은 곧 무고한 자들로 향했다. 간첩이나 그 하수인을 지목하는 것은 소문이었다. 이 과정에서 흔히 민족적·사상적·종교적 소수자가 희생양이 되곤 하였다. 패전에 대한 두려움을 떨칠 수 없었던 사회는 그 두려움을 전가할 대상을 찾았다.

전쟁의 시작, 애국심의 시험

자신 있게 전쟁에 나선 프랑스군은 8월 23일까지 펼쳐진 국경 전투에서 독일군에 대패했다. 그 후 프랑스군은 독일군의 파상공세에 밀려 속절없이 후퇴하였다. 9월 초에 독일군은 파리에서 불과 30~40킬로미터 떨어진 곳까지 진격하였다. 정부는 보르도Bordeaux로 대피하였다. 패배가 프랑스인들의 눈앞에 아른거렸다. 9월 초에 프랑스군과 영국군은 '마른강의 기적'이라 불리는 승리를 거두어 마침내 독일군의 진격을 막아 내고, 나아가 엔강까지 독일군을 밀어낼 수 있었다. 그러나 연합군의 역습은 곧 중단되었다. 그 후 전선은 고착화되었고, 전투는 기동전에서 참호전 양상으로 바뀌었다. 이제 전쟁은 소모적인 장기전으로 흘러갔으며, 양측 모두 막대한 화력과 인명을 쏟아부어도 교착 상태를 타개하지 못하는 상황이 1918년까지 계속되었다. 전선의 병사들도 후방의 민간인 사회도 이러한 예상치 못한 상황에 적응해야만 했다.

1914년 8월 1일 총동원령의 선포는 4년 넘게 지속될 전쟁의 시작이자 한 시대의 끝이었다. 이 전쟁이 어떤 전쟁이 될지 알았다면 사람들은 다르게 행동하지 않았을까? 정부는 어떻게든 프랑스가 전쟁에 휘말리는 것을 피하려 하지 않았을까? 사회주의자들과 노동조합 지도자들은 무리해서라도 총파업을 일으켜서 전쟁을 막으려 하지 않았을까? 소집 명령을 받은 이들은 담담히 전쟁터로 나가기보다는 병역을 피하려 하지 않았을까? 그러나 미래를 내다볼 수 없었던 당시 사람들은 자신들에게 주어진 사고의 지평 속에서 판단하고 행동할 수밖에 없었다.

당시 대부분 프랑스인의 행동 원칙은 애국심이었다. 애국심은 정치적 우파나 좌파 모두 공유한 가치였고, 극우파 '민족주의자'뿐 아니라 국제 노동자 계급의 연대를 외치는 사회주의자나 심지어 생디칼리스트에게서도 찾아볼 수 있는 정서였다. 또한, 애국심은 의무 교육과 군 복무를 통해서 보통사람들의 마음에도 깊이 뿌리를 내렸다. 더군다나 프랑스가 전쟁을 도발하지 않았는데 독일의 부당한 침략을 받았다는 인식은 전쟁에 열렬히 반대하던 이들마저 국가 방어에 협력하게 하고, 갑자기 소집을 명령받은 이들도 의연한 각오로 전선으로 향하게 하는 원천이 되었다.

프랑스가 먼저 전쟁을 일으키기를 원하지 않았다는 점에서 전쟁 전에 프랑스인들 대부분이 지니고 있던 애국심은 평화적이었다. 그렇지만 전쟁이 시작되자 애국심은 공격적인 광기로 쉽게 바뀌었다. 전선에서 잔혹한 전투가 벌어지는 동안 후방에서도 '내부의 적'으로 지목된 자들을 향한 폭력이 분출되었다. 이러한 폭력성을 정당화한 것은 프랑스에 정의가 있다는 굳은 믿음이었다.

조국의 승리라는 목적을 위한 '신성한 단결'은 병사들의 폭동과 군수산업 노동자들의 파업이 터져 나오는 1917년에 가서야 비로소 본격적인 시련을 맞이한다. 그렇지만 뒤늦게 튀어나온 전쟁에 대한 거부는 정말로 애국심의 위기를 반영하는 현상이었을까? 한 가지 확실한 사실은 프랑스인들이 애국심을 가지고 뛰어든 이 전쟁이 그들에게 애국심의 의미를 다시 생각해 보게 하는 계기가 되었다는 점이다.

15
1936년 5월:
인민전선, 사회주의적 공화주의의 정치 실험

신동규

1936년 반파시즘 연대의 승리

……노동과 자유 그리고 평화의 인민전선Front populaire이라는 구상을 선전하고 급진주의자, 공화주의자 그리고 민주주의자들과 함께 공동 행동을 펼칠 계획을 말하게 되어서 기쁩니다.……공산주의자들이 원하고 만들어 갈 강하고 자유로우며 행복한 프랑스를 위해 투표하십시오.[1]

공산당 총서기 모리스 토레즈Maurice Thorez의 1936년 4월 17일 연설은 프랑스 정치사에서 중요한 변화를 암시하고 있었다. 며칠 후 공산당 기관지《뤼마니테L'Humanité》는 "프랑스 인민이 빵과 평화 그리고 자유를 위해 투표를 했다! 승리! 인민전선 승리하다!"라는 1면 머리글로 답했다.[2] 특히 공산당의 승리는 상징적이었다. 공화, 급진, 급진사회당Parti Républicain, radical et radical—socialiste(이하 급진당)은 1932년 선거에 비해 의석 수가 160석에서 115석으로 감소했지만, 노동자인터내셔널 프랑스 지부Section française de l'Internationale ouvrière(이하 사회당)는 132석에서 149석으로 늘었다. 1932년 선거에서 좌파연합에 불참함으로써 10석을 얻는 데 그쳤던 공산당은 1936년 선거에서 15.26퍼센트의 지지를 획득하면서 인민전선의 승리를 견인하는 동시에, 무려 7배가 넘는 72명의 공산주의자를 의회로 보냈다. 특히 센도의 60개 선거구 중 인민전선 후보가 승리한 39개 지역 가운데 32곳에서 공산당 소속 후보가 당선되었다. 이 '붉은 허리띠' 현상에 대해 공산주의자 언론인 마르셀 카생Marcel Cachin은 "바로 우리 공산당이 파리 전 지역에서 가장 오만한 파쇼 지도자와 프랑스의 파시스트를 물리치는 위대한 영광을 누렸다"고 평가했다.[3] 신사회주의를 주장하며 후에 비시정부에 협력하는 마르셀 데아Marcel Déat나 1934년 2월 6일 폭동에 관여했던 리오넬 드 타스트Lionel de Tastes 등이 공산당의 약진으로 의회 진출에 실패한 대표적인 인물이었다.

1936년 국회의원 선거로 두 개의 서로 다른 프랑스의 정체성이 드러났

[그림 15-1] 공산당 기관지 《뤼마니테》(1936년 5월 4일).
"승리! 인민전선 승리하다!" 파리를 둘러싸고 있는 선거구에서 공산당의 약진이 인민전선의 승리에 기여했다고 강조했다.

다. 이것은 표면적으로 사회주의를 지향하거나 그 가치에 동조하는 개혁
적 정당들을 한 무리로 하는 집단과 보수주의적 공화주의를 지향하는 자
유주의 정치 세력 간의 충돌 양상을 보여 주었다. 결과는 인민전선이라고
명명되는 좌파 급진주의와 사회주의 그리고 공산주의 연합의 승리였다.

언뜻 공화주의를 표방하는 정치 세력의 패배처럼 보이지만 엄밀하게 이
야기하면 양자는 모두 공화주의에 토대를 두고 있었다. 1936년 7월 14일
사회당 대표 레옹 블룸Léon Blum의 기념 연설에서 인민전선은 노동자의
승리이자 공화주의자들의 승리라고 강조한 것은 당시 사회주의자들에게
공화국과 공화주의가 가장 중요한 정치 원리이자 가치였음을 보여 준다.[4]
즉, 인민전선은 공화주의의 패배가 아닌 새로운 공화주의적 정체성을 정
립하는 과정의 중요한 전환점이었다. 결국 인민전선을 통해 제3공화국의
개혁을 주도했던 급진주의 좌파들이 사회주의와 공산주의 세력과 연합노
선을 구축하면서 보수 성향의 자유주의적 공화주의에 대립하는 사회주의
적 공화주의가 뚜렷하게 정체성을 드러냈다.

인민전선은 단일한 프랑스가 아닌 다원적인 프랑스의 정체성을 보여 주
는 사건이었다. 인민전선은 정치적이면서 동시에 사회적이며 경제적인 이
중구조로부터 비롯된 갈등을 표면화했으며, 이로부터 비롯된 대립을 정치
적으로 고착시키는 결과를 초래했다. 즉 인민전선은 드레퓌스 사건과 제1
차 세계대전을 거치면서 분열된 프랑스의 정치적·사회적·경제적 정체성
이 새롭게 구성되고 고착화하는 전환점이었다. 아울러 뒤를 이은 총파업
은 사회주의적 정체성의 분출인 동시에 보수주의적 공화주의를 추구하는
우파들이 주도하는 반격의 출발점이기도 했다. 특히 1936년 총파업의 전
개 과정은 1968년 총파업의 역동성을 만들어 내는 뿌리이자, 사회적 타협
의 모델이었으며, 마티뇽 협정의 결과 노동자들이 획득한 유급휴가와 단
체협약은 이후 전개되는 20세기 사회운동과 노동자 문화의 방향을 결정할

만큼 중대한 영향을 미쳤다.

대공황 극복을 위한 경제정책의 대립

1930년대 초 대공황의 영향이 뒤늦게 미친 프랑스에서 급진당의 재정정책은 사회당과 큰 차이가 있었다. 급진당 소속의 국무총리 에두아르 에리오 Edourd Herriot는 중도 성향의 급진주의자들이 지지하는 디플레이션 정책을 추진했던 루이 제르맹-마르탱Louis Germain-Martin을 재무장관에 지명했다. 이것은 레이몽 푸앵카레Raymond Poincaré가 주도한 통화정책을 이어나가기 위해서였다.

　1920년대 전반기에 프랑스는 제1차 세계대전의 여파로 심각한 인플레이션을 경험했다. 이를 극복하기 위해 중도 우파 성향의 급진주의자 레이몽 푸앵카레는 통화정책을 통해 경제 안정화를 추진했다. 1926년 푸앵카레가 집권할 당시 프랑화는 영국의 파운드화에 대해 1919년을 기준으로 10분의 9에 해당하는 가치를 잃어버리고 있었다. 이로 인해　프랑스는 자본의 해외 유출과 심각한 인플레이션을 겪고 있었다. 이 문제를 해결하지 못한 것이 바로 제1차 좌파연합(1924~1925)이 실각한 주요 이유 중 하나였다. 급진주의자들을 중심으로 우파 공화주의자들이 참여하는 중도 우파 정부를 구성한 푸앵카레는 1926년 7월에서 12월 사이 프랑화의 가치를 50퍼센트가량 끌어올림으로써 프랑화의 신용을 회복했다. 통화 안정을 토대로 새롭게 자본이 유입되면서 프랑스의 재정 상황은 빠르게 안정을 찾아갔다. 이렇게 1927년 프랑스는 9퍼센트 수출 성장에 힘입어 대공황 직전에 일시적인 호황을 경험하기도 했다.

　그러나 제1차 세계대전으로 유럽 각국은 자국 통화에 대한 금 태환 능력을 상실해 가고 있었다. 이러한 상황에서 금본위제를 복구하고 무역수지의 안정을 꾀하기 위해서는 화폐가치의 재평가가 필수적이었다. 하지만 프랑스는 영국의 사례를 교훈삼지 않을 수 없었다. 1925년 영국은 파운드화를 1914년의 화폐가치로 복귀하는 재평가를 실시하면서, 심각한 수출 감소를 경험한 바 있었다.[5] 결국 푸앵카레는 1928년에 프랑의 가치를 전쟁 전의 5분의 1 수준으로 낮추고 순금 58.95밀리그램에 고정하는 평가절하를 단행했다. 이를 통해 프랑스는 통화와 무역수지의 안정을 꾀하는 한편 재정 균형을 이룰 수 있었다. 이로써 프랑화의 정상적 금 태환이 가능하게 되었다. 이러한 조치에 힘입어 프랑스는 1931년까지 낮은 상품가격을 유지할 수 있었다. 또한 1929년 대공황의 충격이 세계적으로 확산하는 상황에서도 영국, 미국, 독일에 비해 경제위기의 영향을 상대적으로 적게 그리고 천천히 받으면서 국제 경쟁력이 감소한 산업에 대한 구조조정을 시작할 수 있었다.

이러한 경험 아래 1930년대 동안 급진주의자들은 통화 안정을 최우선 과제로 여기고 있었다. 그러나 사회주의자들은 통화정책이 초래한 디플레이션 효과를 반대하고 있었다. 푸앵카레의 긴축정책과 통화정책은 인플레이션 억제에 효과적이었으나 1926년에서 1927년 사이에 무려 13퍼센트의 산업 생산 감소를 초래했다. 푸앵카레의 통화정책은 국제 무역수지 균형에는 상당한 효과를 발휘했지만 이로 인해 당시 높은 실업률에 직면한 노동조합과 사회주의자들은 디플레이션을 경제 상황을 악화시키는 요인으로 판단했다. 대공황의 여파가 프랑스 경제에 서서히 영향을 미치면서 1931년에 45만 2,000명의 실업자가 생겨났으며, 1936년에는 86만 명으로 급격히 증가하게 된다. 따라서 1931년부터 노동조합은 본격적으로 실업자와의 연대를 위한 활동을 시작했으며, 임금 감소가 없는 주당 40시간 노동제와 공공 토목공사를 통한 고용 창출을 요구하였다.[6]

이러한 상황에서 레옹 블룸으로 대표되는 사회주의자들은 긴축정책보다 노동자들의 구매력 향상을 위한 정책에 관심을 가졌다. 그 결과 급진당과 사회당은 재정정책과 실업 문제에 대해서는 이견을 가지게 되었다. 결국 의회에서 제1당이었던 급진당은 사회당보다 훨씬 많은 의원을 가진 중도 성향의 급진주의자들과의 연대를 모색하게 된다.

1932년 선거에서 좌파연합에 참여하지 않은 중도 급진주의는 150석에 가까운 의석을 확보하면서 중도파 세력을 형성하고 있었다. 급진당의 에두아르 에리오는 선거연합의 파트너였던 사회당이 아닌 급진주의 중도 좌파와 급진주의 중도 우파를 아우르는 중도파와 연합내각을 구성하였다. 이러한 맥락에서 에두아르 에리오는 자유주의적 경제정책을 추진하는 루이 제르맹-마르탱을 재무장관으로 선택하게 되었으며, 이는 사회주의자들의 거센 반발을 불러일으켰다. 결국 제2차 좌파연합은 선거와 동시에 해체되고, 사회주의자들이 배제된 채 중도 급진주의를 중심으로 정국이 운영되면서, 1934년 2월 파시스트 주도의 폭동으로 제3공화국은 위기를 맞게 된다.

파시즘의 어두운 그림자와 반파시즘 연대

1933년 1월, 히틀러가 권력을 장악하자 노동자 사회주의인터내셔널Inter-national ouvrière socialiste은 곧장 사회주의들과 공산주의자들의 반파시즘 연대를 제안했다. 이에 대해 코민테른이 사회주의 노동자와 공산주의 노동자의 반파시즘 투쟁의 필요성을 공식적으로 인정하면서 프랑스에서도 양 진영 사이의 연대가 모색되기 시작했다. 바로 다음 날 프랑스공산당은 기관지《뤼마니테》를 통해, '통일전선'을 파시즘에 맞선 '노동자 대중의 단일행동'이며 '모든 노동자 투쟁의 공동전선'으로 규정하면서 코민테른의 결정 사항을 노동자들에게 전달했다. 연대의 조건으로 주 40시간 노동, 임금 인상, 실업수당 인상 등의 경제적 요구에 사회주의자들의 참여를 함께 제안하였다.[7]

그러나 사회당은 공산당의 이런 제안을 사회민주주의 노선에 대한 공격으로 받아들였다. 사회주의 성향의 노동자들을 유인해 당의 근간을 흔들려는 정치적 선동이라고 인식했던 것이다. 레옹 블룸은 구체적인 실현수단이 없는 공허한 주장이라고 비판하면서 공산주의자들의 제안을 거부했다.[8] 사회당은 같은 좌파로 분류되는 급진당의 당선을 위해 후보 사퇴까지 실행하는 등 적극적인 선거 연대 전략에 우호적이었지만 여전히 공산주의자들은 사회주의자들과의 연대를 거부하고 있었다.

프랑스에서 공산당과 사회당이 가까워진 결정적인 사건은 1934년 2월 6일 폭동이었다. 이 사건은 프랑스에서 파시즘의 위협을 상징하는 것으로, 독일과 이탈리아 등 주변국의 문제가 국내의 엄중한 정치 현실이라는 점을 깨닫게 해 주었다. 프랑스에서 형성된 파시스트 성향의 최초 정당은 1925년 조르주 발루아Georges Valois가 조직한 페소Faisceau였다. 페소는 파시즘의 어원이 되는 '속간fasces'의 프랑스어 표현으로, 2만 5,000명의 '푸른 셔츠단'이 활동하였다. 이어 1927년 프랑수아 드 라 로크Fraçois de la Rocque가 참전용사와 상이용사들의 모임인 '불의 십자가La Croix de Feu'를 조직했다. '불의 십자가'는 불과 몇 년 만에 수십만 명이 참여하는 대중운동으로 발전하여 파시즘 이데올로기 확산에 중요한 역할을 했다. 또한 '프랑스연대Solidarité française', '프랑시즘Francisme' 등이 조직되면서 파시즘과 밀접한 관련을 갖는 극우 민족주의운동은 하나의 커다란 물결을 형성했다.

이들은 전통적인 극우 세력인 왕당파 및 보나파르트주의자들과 함께 의회주의의 한계와 무능을 비판하면서 1934년 2월 6일 대규모 유혈 폭동을 일으켰다. 이 극우 폭동은 급진당 소속 정치인들이 연루된 금융 사기 사건

으로 촉발되었다. 1933년 12월 알렉산드르 스타비스키Alexandre Stavisky가
주도한 사기극의 전모가 드러나면서 이 금융 스캔들은 제3공화국의 정경
유착 부패 사건으로 비화했다. 이에 카미유 쇼탕Camille Chautemps이 이끌
던 내각이 사퇴하고 새로운 정부를 구성하는 과정에서 사회당의 신임을
얻기 위해 극우파 파리 경찰국장을 해임한 것이 프랑스의 파시스트를 자
극했다. 보나파르트주의 성향의 '애국청년연맹'과 보수 기독교와 왕당파
의 사상을 대변하는 '악시옹 프랑세즈' 등이 폭동에 참여하면서 제3공화국
을 위기로 몰아넣었다. 사회당은 이 사건을 파시스트들의 "공세"로 인식하
고 폭력 소요를 부각하면서 처음으로 '쿠데타'로 규정했다. 또한 공산당은
부르주아 민주주의의 한계를 비판하면서도, 시위대를 노동자와 민주주의
체제를 위협하는 파시스트로 규정하는 동시에 이들의 폭력행위를 "파시스
트 선동"이라고 목소리를 높였다. 1934년 2월 6일 밤새도록 벌어진 경찰
과 시위대 사이의 상호 폭력으로 2,000여 명이 부상당했으며, 당일에 공화
국 근위대원 1명을 포함하여 총 15명이 사망했다. 이로써 프랑스에서 파
시즘의 위협은 현실화되었다.

이러한 배경에서 1934년 5월부터 공산당은 코민테른의 결정에 따라 종
래의 노선을 수정하였다. 계급 대 계급 노선이 '파시즘과 혁명' 사이의 선
택을 요구하는 전략이었다면, 공산당은 1934년 2월 6일 폭동 이후 프랑스
에서 확대되어 가는 파시즘의 위협에 맞서 혁명을 포기하고 민주주의를
택했다.[9] 결국 공산당은 우선 사회당과의 단일행동을 모색했으며, 두 번째
로 급진주의자와의 공동전선 확대를 추진했다. 1934년 7월, 공산당과 사
회당은 단일행동에 관한 협약을 체결해 상호 비방을 중지했으며 반파시즘
연대를 형성했다. 이때까지도 반파시즘 연대는 프랑스의 두 노동자 정당
사이의 프롤레타리아 연합의 성격이 강했다. 하지만 공산당은 급진주의를
포함하는 반파시즘 연대의 확장을 원했다. 이것은 좌파연합을 위해 급진

당과의 선거 연대를 추진했던 사회당을 배신자라고 비난했던 공산당의 과
거 태도에 비추어 봤을 때 의미 있는 변화였다. 사회당도 예상치 못한 공산
당의 전략적 변화였다.

  공산당은 1934년 10월부터 중간계급을 반파시즘 연대에 끌어들이기 위
한 선전 활동을 강화해 나갔다. 공산당의 노선 변화는 1924년과 1932년
의 좌파연합과는 다른 연합을 구축하는 데 가장 중요한 역할을 하게 된
다. 결국 공산당을 중심으로 사회당과 급진당이 참여하는 반파시즘 연대
가 형성되었으며, 이미 단일행동이 진행
중이었던 사회주의 계열의 노동조합과 공
산주의 계열의 노동조합이 이 정치적 연
대에 참여하면서 인민전선의 형태가 갖추
어지게 되었다. 결국 1936년 1월, 6개월
간의 긴 협상 끝에 99개의 정당 및 사회단

[그림 15-2] 1936년 반파시트 대
중 집회. 시위대의 현수막에는 "반
파시스트 변호사", "나무 십자가"
등이 적혀 있다. 나무 십자가는 공
산주의자들을 상징하며, 극우 운
동단체 '불의 십자가'와 대비된다.

체가 참여하는 인민전선 프로그램이 완성되었으며, 이들은 공동으로 봄에 예정된 총선을 준비하였다.

자유주의와 사회주의 사이의 연대

급진당이 인민전선에 참여하게 된 요인 중 하나는 좌파 정체성과 이에 반하는 자유주의 경제정책 간의 충돌로 인해 생긴 모순을 극복하고자 하는 사회주의적 급진주의자들의 영향력이 확대되면서였다. 특히 자유주의 경제정책에 반대하는 새로운 세대의 급진주의자들이 '청년-뤼르크Jeunes-Turc'를 중심으로 변화를 요구하고 있었다. 피에르 코Pierre Cot, 장 제Jean Zay, 피에르 망데스-프랑스Pierre Mendès-France 등이 바로 이 변화를 주도한 인물들이었다. 자유주의 경제정책을 반대하는 급진주의자들은 1936년 이전까지 추진되었던 디플레이션 정책보다는 사회주의자들이나 공산주의자들의 경제정책에 더욱 호의적이었다. 급진당의 자유주의 경제정책 지지자들도 1930년대 최대 정경유착 비리 사건인 스타비스키 사건에 대한 정치적 책임을 지면서 이 사건을 정략적으로 이용하는 우파 공화주의자들과 더 이상 연정을 기대할 수 없는 상황이었다. 결국 급진당은 사회당 및 공산당과 함께 인민전선의 참여를 선택하게 된다.

급진당이 반파시즘 단일행동에 참여한 것은 인민전선 승리의 결정적인 요인이었으나 동시에 이 정치적 실험의 한계였다. 결과적으로 1936년 1월 10일에 공식적으로 합의된 인민전선의 프로그램은 급진주의 노선이 크게 반영될 수밖에 없었다. 인민전선 프로그램은 '급진주의-사회주의-공산주의'라는 다양한 정치적 스펙트럼이 상대적 중도에 위치하는 사회주의로 수렴된 결과가 아닌, 반파시즘 연대에 중간계급을 포섭하기 위한 공산당의

전략에 따라 급진주의를 토대로 모아진 결과였다. 1월 21일 《시대*Le Temps*》
는 장 제의 보고서를 통해 급진당의 집행위원회 토론 결과를 소개했다. "인
민전선 프로그램은 충분하지 않기 때문에 여러 부분에서 비판이 가능하
다. 그러나 이 프로그램에서 좌파 정당과 단체들을 '통합하는 가장 중요한
공통 요소'를 보아야만 한다. 그리고 이 최소 프로그램을 과감하게 보완해
야 한다."[10] 급진주의자들이 참여한 인민전선 프로그램은 급진당의 노선
이 최소 합의점의 기준이 될 수밖에 없었다. 즉 장 제가 주장한 대로 사회
당을 비롯한 좌파 정당과 급진당의 공통분모가 인민전선 프로그램의 토대
가 되었다.

　이러한 의미에서 인민전선 프로그램은 급진당의 오래된 정책이 반영된
결과물이었다. 사회당은 부르주아 정당인 급진당이 참여하는 인민전선에
서 노동자 정당의 역할을 명확하게 표현하고 국유화를 비롯한 경제·사회
구조의 개혁을 요구했으나, 급진당 소속의 일부 보수적인 급진주의자들은
이를 거부하고 자유주의적 시스템의 유지를 원했다. 사회당의 개혁정책이
미봉책 또는 눈가림일 뿐이라고 평가하고 있었던 공산당은 반파시즘 연대
의 확대를 더욱 중요하게 고려하면서 급진당을 지지했다. 사실 공산당은
반파시즘 전선에서는 부르주아와 연대를 하면서, 노동자들에게는 '소비에
트 인민전선'을 선전하는 이중적인 태도를 취하고 있었다. 이 모순은 전략
적 선택의 결과였다. 공산당은 인민전선 프로그램을 통해 선거에는 연대하
지만 정부에 참여하지 않는 것으로 정치적 일관성을 보여 주었다.

　인민전선 프로그램에서 급진당이 암묵적으로 받아들인 조치는 '임금 감
소 없는 주당 노동 시간 감소'였다. 이것은 1932년 좌파연합과 비교했을
때 급진당의 매우 중요한 변화였다. 1935년부터 공산당과 사회당 사이에
이루어진 합의는 '임금 감소 없는 주 40시간 노동'이었다. 그러나 급진당
과의 합의 과정에서 '40시간'이라는 구체적 기준이 삭제된 채 '임금 감소

없는 주당 노동시간 감소'로 수정되었다. 이것은 대공황 이후 프랑스에서
자유주의적 경제원리에 입각해 시행되었던 긴축재정 정책에 반하는 인민
전선의 핵심 정책으로 노동자의 구매력을 증가시켜 소비를 늘리고, 실업
을 줄이는 것을 목표로 하였다. 특히 노동총연맹은 실업자를 줄이기 위해
'주 40시간' 입법 활동에 앞장섰으며, 공산당은 노동자들의 요구사항을 가
장 앞장서서 대변했다. 사회당의 경우 임금 감소 없는 노동 시간 감소에 합
의했지만 1935년 지방 선거와 1936년 국회의원 선거에서 '40시간'을 명확
하게 언급하지 않았다.[11] 사회주의자들과 급진주의자들은 노동 시간을 엄
격하게 제한하는 것에 우려를 표명한 데 반해 공산당만이 유일하게 40시
간을 강조했던 것이다.

희망에서 좌절로: 인민전선의 실패

1936년 인민전선의 희망이 실망으로 변하는 데에는 많은 시간이 필요하지
않았다. 그 중심에는 '주간 40시간 노동' 문제를 비롯해 임금 인상을 자극
하는 인민전선의 개혁 문제가 자리 잡고 있었다. 임금 수준 유지를 전제로
한 노동 시간 단축은 기대만큼 구매력을 상승시키거나 실업률을 감소시키
지 못했다. 오히려 생산력 저하라는 문제를 불러일으켰다. 문제는 생산력
감소가 1936년 가을부터 시작된 인플레이션과 함께 예상치 못한 결과를
초래했다는 점이다. 인민전선의 승리에 뒤이은 총파업으로 인한 임금 인
상, 유급휴가, 단체협약의 제도화 등이 물가인상 요인으로 작용하면서 인
플레이션이 지속되었으며, 평가절하 정책도 효과를 발휘하지 못했다. 그
러나 40시간 노동제로 인한 생산 감소는 수출 감소와 수입 증가에 영향을
미쳤으며, 이는 평가절하의 효과를 상쇄하면서 프랑스 경제에 심각한 영

향을 미쳤다. 결국 공산당은 경제위기의 책임자로 지목되었으며. 우파와 극우의 반공산주의 정서가 확대되면서 인민전선은 좌초하게 된다.

1938년 마지막으로 레옹 블룸은 독일의 재무장에 맞서 군수산업을 중심으로 경제위기를 극복하면서 외환 관리를 통해 자본 유출을 막고, 재산세 증세를 통한 재정정책을 추진하였다. 이 계획은 미국의 뉴딜정책에서 착안한 것이었다. 그러나 우파는 증세를 비판했으며, 결국 재정 문제에 대해 더욱 공세적인 정책을 취하는 사회당과 공산당의 정책에 대해 의사를 표명해야만 했던 급진주의는 분열했다. 레옹 블룸의 법안은 국회에서 311 대 250(기권 53)으로 가결되었지만, 급진주의자들의 표는 찬성 59, 반대 24, 기권 24, 불참 5로 분열되었다.[12] 그러나 이 안은 상원의 동의를 얻지 못해 최종적으로 부결되었으

[그림 15-3] 1936년 파리 외곽의 공장에서 점거파업을 하고 있는 노동자들이 주먹을 치켜 뻗은 모습이다. 이 행동은 반파시즘운동을 상징하는 공산주의자들의 제스처로 자리 잡았다.

며, 레옹 블룸이 사퇴하면서 인민전선의 실험은 막을 내리게 된다.

뒤를 이은 에두아르 달라디에Edouard Daladier는 정부를 구성하고 "프랑스를 다시 일하게 해야 한다"고 선언했으며, 인민전선의 상징이었던 주당 40시간 노동에 관한 법을 수정했다. 급진주의가 주도했던 달라디에 정부는 증세를 추진하는 한편 주당 노동 시간을 48시간까지 확대하는 법령을 준비했다. 이 조치로 인해 증가한 노동자들의 사회·경제적 불만이 뮌헨 협정에 대한 정치적 불만과 합쳐지면서 1938년 11월 30일에 파업이 발생하였다. 공산당의 영향력이 강한 지방 도시의 외곽 산업지대에서는 많은 노동자가 파업에 참여했지만 파리에서는 파업 시작과 동시에 동력을 상실했으며, 공공부문의 참여가 저조해 수도, 전기 등의 공급이 정상적으로 이루어졌다. 결국 이 파업으로 노동총연맹은 약 4분의 1에 해당하는 조합원이 탈퇴하고 패배를 자인해야만 했다. 인민전선은 이렇게 막을 내린다. 그리고 급진주의자들은 우파와 함께 자유주의 정책을 다시 펼치게 된다.

1936년에서 1968년으로: 인민전선에 대한 향수와 저항의 이미지

1960년대 프랑스공산당이 만든 드골의 독재자 이미지는 1968년 5월 파리 미술학교 '민중공방'에서 만든 포스터로 다시 재현되어 확대되었다. 1968년 5월 19일 국무총리 조르주 퐁피두Georges Pompidou는 학생 시위에 대한 드골의 대책을 묻는 기자의 질문에 "공화국 대통령의 의견을 요약하자면 '개혁 실시, 소란 거부'입니다"라는 짧은 문장으로 응답했다.[13] 단호한 군대식 어법으로 받아들여진 이 대답에 대해 마오주의자, 트로츠키주의자, 아나키스트 등 급진적인 청년 예술가들로 구성된 민중공방은 1944년 파리

해방 당시 승리의 연설을 하던 드골의 모습을 풍자하여 우스꽝스럽게 묘사한 그림과 함께 "지긋지긋한 것은 바로 그Chienlit, C'est lui"라고 응수하며, 68운동의 이미지 중 가장 대중적으로 알려진 포스터 중에 하나를 만들었다.[14] 프랑스어 단어 'chienlit'는 '소란', '소동' 등의 의미와 함께 속어로 '싫은 것', '지긋지긋한 것'이라는 의미를 가지며, 옛 문어에서는 사육제에서 탈을 쓴 사람이라는 의미도 내포하고 있었다. 민중공방은 곧 드골의 가면을 쓴 히틀러를 묘사한 포스터와 드골의 '자유 프랑스France Libre'를 상징하는 '로렌의 십자가'와 나치의 하켄크로이츠가 중첩된 이미지를 만들어 냈다. 이 이미지들은 "공화국 기동대는 나치 친위대CRS=SS"라는 구호와 함께 드골을 파시스트로 정의하면서, 인민전선의 정치적 대립구도였던 '독재'와 '민주'의 구분을 통해 드골주의의 위험성을 강조했다.[15] 이렇게 프랑스공산당의 프로파간다가 민중공방의 이름으로 확산되었다.

급진적인 68세대는 파시즘의 역사적 공포를 드골을 통해 재현하면서 현재를 암울한 시대로 표현했다. 이제 필요한 것은 68세대의 관점에서 볼 때 현재의 부조리한 정치적 문제를 해결할 대안을 제시하는 것이었다. 대안은 파시즘을 극복했던 과거의 역사적 경험에 있었다. 민중공방이 만든 드골의 이미지가 불안정한 현재를 보여 준다면, 노동자의 이미지는 인민전선의 노스탤지어를 불러내면서 과거를 신화화하여 현실을 극복하기 위한 방향을 제시했다. "우리가 권력이다Nous sommes le pouvoir"라는 구호와 함께 불끈 쥔 주먹을 치켜 뻗은 노동자들이 어깨동무를 하는 모습을 담은 포스터는 인민전선이 만들어 낸 상징적 전통의 재현이었다. 불끈 쥔 주먹을 치켜 뻗은 모습이 1930년대에 만들어진 반파시즘 연대의 상징이었다면, 1936년 점거파업은 노동자 연대의 상징이었다. 특히 프랑스에 "폴란드 파업grève polonaise"으로 소개된 이 새로운 형식의 행동에 '점거'라는 이름을 붙여 준 것은 노동자의 단결과 급진적인 투쟁에 정치적 우려를 나타냈던 적대 세력이었으며, 곧 공산당과 노동총연맹은 공장을 일시적으로 장악한 노동자 권력에 대한 자본가의 두려움을 이용하기 위해 '점거파업'이라는 표현을 사용하기 시작했다. 1936년의 파업은 비록 노동조합을 비롯한 어떠한 정치 세력도 원하지 않았던 통제를 벗어난 자연발생적인 것이었지만, 이념적으로 갈라졌던 노동총연맹이 다시 하나로 통합하는 단결의 상징이었으며, 아래로부터 즉흥적으로 일어나는 혁명적 열정과 환희의 상징이었다. 당시 공산당 기관지 《뤼마니테》는 머릿기사를 '성공'이나 '승리' 같은 단어들로 채우면서 이 열기를 전했다. 민중공방이 1968년 총파업을 표현하기 위해 만든 포스터의 구호 "연장된 투쟁의 시작début d'une lutte prolongée"은 1936년의 투쟁이 끝나지 않고 다시 시작되었다는 의미를 내포하면서 두 사건을 동일한 역사적 맥락으로 일원화했다. 이로써 1968년 총파업은 인민전선의 기억 속에서 노동자 저항의 패러다임을 만들어 갔다.

1968년 5월 3일 소르본대학에 모인 급진 좌파 학생들은 극우파 옥시당 Occident의 난입에 대비해 쇠파이프 등으로 무장을 했다. 1964년에 결성된 이 극우파 조직은 좌파 학생들을 볼셰비키로 규정하고 "볼쇼bolchos"라고 부르며 공격하고 있었다. 1967년 1월 루앙대학교에서 열린 베트남 전쟁 반대위원회를 옥시당 소속 학생들이 공격한 것이 대표적인 사건이었다. 당시 좌파 학생들은 옥시당 소속의 극우파를 "파쇼fachos"라고 불렀으며, 이 두 집단의 폭력적 대립에 대한 우려는 경찰 개입의 빌미를 제공하여 결국 소르본대학의 폐쇄와 강제 진압으로 이어졌다. 이 사건은 5월 6일의 생-제르망-데-프레의 시위와 폭력 진압의 출발점이 되었으며, 결국 5월 10일에서 11일 새벽으로 이어지는 바리케이드의 밤으로 연결되었다. 그 결과 정부의 폭력을 비판하는 노동총연맹을 비롯한 노동조합이 5월 13일에 24시간 총파업을 단행했다. 이어서 다음 날 쉬드-아비아시옹Sud-Aviation에서 독자적으로 파업을 연장한 것을 계기로 프랑스 전국이 무기한

[그림 15-4] 1968년 포스터(민중 공방)는 총파업으로 노동자들이 점거한 공장의 굴뚝에 적기가 펄럭이는 장면을 묘사했다. "68년 5월, 연장된 투쟁의 시작"이라는 구호가 적혀 있다.

[그림 15-5] "우리가 권력이다"라는 표어와 함께 주먹을 치켜 뻗은 노동자들이 연대하는 모습을 상징했다.

총파업의 영향권 아래 들어갔다. '볼쇼'와 '파쇼'의 대립 속에서 드골을 파시스트로 묘사하는 프랑스공산당과 노동총연맹, 그리고 보다 급진적인 아나키스트 학생들에게는 러시아혁명과 인민전선을 통해 만들어진 기억과 경험이 68운동을 통해 다시 현재화되었다. 68운동을 혼란으로 규정하면서 질서 회복을 특히 강조한 극우파는 러시아혁명에 적대적이었던 전간기 파시즘운동과 1934년 봉기 그리고 필리프 패탱Philippe Pétain과 비시정부를 소환했다.

인민전선에 대한 기억은 마티뇽 협정Accord de Matignon으로 쟁취한 주 40시간 노동제와 유급휴가 등 당시에는 불가능했던 것을 가능하게 만들었던 희망의 순간으로 남아 있었다. 인민전선의 정치적 실패가 아닌 승리의 기억을 중심으로 형성된 노스탤지어는 노동자의 연대와 좌파의 단결을 통해 다시 한번 사회개혁을 실현할 수 있다는 강한 믿음을 만들어 내면서, 아래로부터의 자발적 참여를 통한 총파업의 확대가 이루어졌다. 그 결과 1968년의 총파업은 1936년보다 규모가 3배나 컸다. 한편 프랑스공산당은 공장과 거리에서 분출된 이 역동성을 의회정치를 통해 흡수하여 대안 세력으로 자리 잡고자 했다. 프랑스공산당은 프랑수아 미테랑이 이끄는 민주사회주의좌파연맹과 전략적으로 가까워지면서 인민정부를 제안했다. 인민정부 수립은 프랑스공산당이 정치적 고립에서 벗어나 집권을 실현하기 위한 전략으로, 인민전선으로 시작된 공산주의자와 사회주의자의 연합에 뿌리를 두고 있었으며, 1972년 공동강령으로 이어졌다.[16]

1968년 5월 14일 인민정부 수립을 위한 첫 단계로 좌파 국회의원 49명은 퐁피두 정부 불신임안을 제출하였다. 비록 이 불신임안은 부결되지만 5월 3일부터 무대를 낭테르에서 파리로 옮긴 학생운동과 5월 13일부터 시작된 총파업을 정치화하는 데 중요한 역할을 했다. 이에 대해 드골은 의회 해산과 총선 실시로 자신에 대한 재신임을 확인하는 승부수를 띄웠다. 이 과정에서 정부는 상황이 정상화의 방향으로 흘러가고 있다는 이미지를 만들기 위해 5월 25일에서 27일 사이에 협상을 추진하면서 인민전선의 노스탤지어를 불러일으키는 마티뇽이 아닌 그르넬 가의 노동부 건물을 협상 장소로 선택했다. 이에 노동총연맹은 파업 노동자를 통제할 정치력이 있다는 것을 보여 주는 동시에 협상의 상징적 의미를 부각하기 위해 1936년 마티뇽 협정에 참여했던 브누아 프라숑Benoît Frachon을 대표로 선임해 인민전선이 만든 승리와 희망의 시대를 재현하고자 했다.

16

1940년 6월:
드골과 '자유 프랑스', 레지스탕스 역사를 열다

문지영

1990년 드골Charles de Gaulle 탄생 100주년 및 '6월 18일의 호소Appel du 18 Juin(1940)' 50주년을 맞아 실시한 여론조사에서 드골은 샤를마뉴, 나폴레옹 1세, 루이 14세와 함께 프랑스 역사상 가장 위대한 인물로 선정되었다. 또 "20세기 최고의 인물"을 묻는 프랑스의 여론조사에서 15개국 지도자 중 드골이 1위를 차지했고, 케네디 미국 대통령, 처칠 영국 총리, 마틴 루터 킹 목사, 마하트마 간디 등이 그 뒤를 이었다. 또 '프랑스 국민은 과연 드골을 어떤 인물로 기억하고 있는가'를 묻는 여론조사에서 드골을 1940년 '6월 18일의 인물'로 기억하는 응답이 43퍼센트로 가장 많았고, '제5공화국의 창립자'라는 응답이 15퍼센트로 두 번째로 많았다.[1]

드골은 1890년 11월 22일 프랑스 북부의 릴Lille에서 가난한 귀족 가문의 4남 1녀 중 장남으로 태어났다. 1909년 열아홉 살 때 생시르 육군사관학교에 입학한 그는 3년 후 졸업과 함께 중위로 임관해 페탱Philippe Pétain 대령이 지휘하던 아라스 제33보병 연대에 배속되었다. 제1차 세계대전에 참전한 드골은 세 번이나 부상당했고, 독일에서 포로생활을 하며 여러 차례 탈주를 시도한 바 있다. 전쟁 말기에 석방된 드골은 1920년 소련군의 바르샤바 침공을 방어하는 데 참전한 경험을 바탕으로 1925년에는 고위전쟁위원회 부의장인 페탱 장군의 참모를 지냈고, 1932년에는 고위국방위원회 사무국에 배치되는 등 군부에서 요직을 두루 거쳤다. 제1차 세계대전 참전 경험을 통해 드골은 프랑스군의 현대화가 필요하다는 소신을 갖게 되었다. 1934년 드골은 논문 〈정예 군대를 향하여〉에서 독일군의 공격에 대비하기 위해서는 마지노선 같은 정태적인 군사이론보다 기동력을 갖춘 소수정예의 기갑부대가 필요하다는 점을 역설한 바 있다. 그의 선견지명은 제2차 세계대전이 일어나면서 더욱 빛을 발하게 된다.

1940년 5~6월에 프랑스 동북부 전선에서 벌어진 독일군과의 전투에서 패배하고 파리가 점령당하는 굴욕적인 상황이 벌어지자, 드골은 휴전을 받아들이는 대신 프랑스를 떠나 싸우기로 결심했다. 패배와 휴전을 거부한 드골은 어떻게 '6월 18일의 인물'이자 '레지스탕스의 아버지'가 될 수 있었는가?

1940년 '6월 18일의 호소'와 '자유 프랑스France libre'의 탄생부터 1943년 6월 국내외 레지스탕스 운동권이 단일화를 이룰 때까지 레지스탕스 세력은 '드골(런던)-국내 레지스탕스-지로(알제)' 세 축이 각축을 벌였다. 다양하고 이질적인 성향의 레지스탕스 세력들 사이의 역학관계 속에서 자신과 '자유 프랑스'의 정통성과 합법성을 부단히 획득하려던 드골의 군사적·정치적 행보는 프랑스 레지스탕스의 수장이 되기까지 대내외적으로 끊임없는 투쟁의 연속이었다. 무명의 드골이 어떻게 전쟁과 패배를 통해 프랑스 레지스탕스를 상징하는 역사적 인물로 거듭나고 프랑스 현대사의 한 페이지를 장식했는지 그 역사 속으로 들어가 보자.

1940년 드골과 '6월 18일의 호소'

제2차 세계대전이 발발하고 6개월이 지난 1940년 3월 28일, 독일이 프랑스를 침공하자 드골은 영국과의 동맹을 고수하면서 나치 독일과 단독 강화조약을 금지한 프랑스–영국 조약의 준수를 주장했다. 평소 드골이 주장해 온 프랑스 군대의 현대화와 기계화에 동조하던 레노Paul Reynaud 총리는 프랑스–영국 연합의 필요성에 공감했다. 5월 10일 독일군이 프랑스 동북부 지역을 침공하면서 '프랑스 전투'가 벌어졌다. 이 전투에는 독일군에 대항해 프랑스·영국·베네룩스 3개국, 체코슬로바키아·자유 폴란드 임시 정부군이 합류한 연합군이 참전했다. 6월 1일 프랑스군이 전세에서 밀리는 중에 49세였던 드골이 준장으로 진급했다. 레노 총리는 그를 국방부 및 전쟁부 차관으로 임명하고, 영국 정부와의 긴밀한 협력관계를 위한 다양한 업무를 일임했다. 6월 5일 독일군이 프랑스와 독일의 국경에 있던 마지노선을 측면으로 공격해 프랑스군이 크게 패배하자 르브룅Albert Lebrun 대통령은 '제1차 세계대전의 영웅'인 페탱 장군에게 전권을 위임하고, 수도를 보르도로 이전했다. 6월 10일 독일이 동맹국인 이탈리아와 함께 프랑스에 선전포고하고 사흘 후 페탱 장군은 독일과의 휴전이 불가피함을 선언했다. 6월 14일 독일군이 파리를 점령하는 적색 상황이 펼쳐지면서 프랑스 내각은 독일과 휴전 협정을 맺기로 결의했다. 이틀 후 레노 총리가 사임하고 페탱 장군이 신임 총리로 임명되었다.

휴전 협정에 반대하던 드골은 체포가 임박하자 6월 17일 오전 9시경 영국 항공기를 타고 런던으로 향했다. 그날 오후 12시 20분 페탱 총리는 라디오 방송을 통해 독일과의 전쟁을 중단해야 하며, 적에게 휴전 협정에 서명하도록 요청하겠다는 공식 연설을 했다. 오후 12시 30분경 런던 서쪽의 헤스턴 비행장에 착륙한 드골은 처칠 총리를 만났다. 그전에 프랑스–영국

[그림 16-1] 드골의 1940년 '6월 18일의 호소' 육필 대본과 BBC 라디오 방송 녹음 장면.

연합작전 임무를 위해 두 차례 드골과 만난 적이 있던 처칠은 드골이 BBC와 인터뷰를 할 수 있는 기회를 제공했다. 다음 날 드골은 영국 영토에 있거나 그곳에 있을 수 있는 모든 프랑스 장교와 병사, 군비산업 관련 엔지니어와 기술자들에게 자신과 함께 싸우자는 최초의 대국민 호소를 준비했다. 이른바 '6월 18일의 호소'로 불리는 이 연설은 드골 장군이 영국 BBC 라디오에서 행한 첫 번째 연설로 전날 페탕 총리의 라디오 연설에 대한 응답이었다.

드골은 오후 6시 BBC에 도착해 4분 분량의 연설을 녹음했고, 이 연설은 저녁 10시에 방송되었다. BBC는 다음 날에도 드골의 연설을 네 차례나 더 방송했다. 이 연설은 휴전을 감행하며 적과 내통한 정부를 구성한 프랑스의 군사 지도자들에 대한 비난과 함께 프랑스는 전투에서 패배했지만 전쟁에서 패배한 것은 아니라는 점을 강조하면서 프랑스의 자유와 영광을 되찾자는 선언이었다. 훗날 드골은 회고록에 당시의 패배에 대한 굴욕감을 표현하며, "49세에 나는 범상치 않은 운명으로 내몰린 사람처럼 모험에 뛰어들었다"[2]라고 적었다.

이 '호소'의 첫 번째 문장은 "수년 동안 프랑스군의 수장이었던 지도자들이 정부를 구성했습니다. 우리 군대의 패배를 주장하는 이 정부는 전투를 중단하기 위해 적과 접촉했습니다"로 시작했다. 이어 "독일의 우월한 무기와 전술이 프랑스군을 패배"시켰지만 "희망은 사라진 것입니까? 패배는 결정적입니까? 아닙니다! 프랑스는 혼자가 아닙니다! 프랑스는 혼자가 아닙니다! 프랑스 뒤에는 광대한 제국이 있습니다. 바다를 장악하고 전투를 계속하는 영제국과 하나가 될 수 있습니다"라고 선언했다. 마지막으로 "무슨 일이 일어나도 프랑스 레지스탕스(저항)의 불꽃이 꺼져서는 안 되며 앞으로도 꺼지지 않을 것입니다. 내일도 오늘처럼 나는 런던의 라디오에서 연설할 것입니다"라며 프랑스의 비극을 세계 전쟁이라는 더 넓은 맥락에 위치시키며, 최종 승리에 대한 믿음과 희망의 이유를 논증적으로 제시했다. 드골은 이 연설로 "레지스탕스의 아버지"라는 수식어와 함께 레지스탕스의 출생증명서를 만든 신화의 근원이 되었다. "1940년 6월 18일 드골 장군의 호소는 역사의 흐름 속에서 '인간과 시민의 권리 선언'에 버금가는 역사적 중요성을 갖게 될 것이다"[3]라는 사회주의자 필립André Philip의 예언이 적중한 셈이었다.

'6월 18일 호소'는 프랑스 역사상 가장 유명한 연설 중 하나로 꼽히지만 프랑스에서 실제로 이 연설을 청취한 사람들은 거의 없었다. 드골은 아라스 전차전에서 선전한 기갑부대 지휘관이었지만 라디오 방송 당시 결코 대중적인 인물이 아니었다. 런던에서 드골의 연설을 듣고 주변에 모인 프랑스인도 소수였다. 당시 영국에 거주하던 1만 명의 프랑스인 중 단지 300명이 자원했고, 임시로 영국 땅에 주둔 중이던 10만 명 이상의 병사 중 7,000명만이 드골에 합류했다.[4] 6월 22일 페탱정부가 독일과 휴전 조약을 체결할 때 휴전을 거부하고 드골의 휘하에 결집한 최초의 프랑스인들은 '자유 프랑스인들Français libres'이었다. 프랑스 본토에서 가장 먼저 탈출해 드골에 합류한 '자유 프랑스인'들은 6월 19일 독일군이 점령한 브르타뉴의 일 드 생 섬 주민들이었다. 그들 중 136명이 배를 타고 영국으로 탈출했는데 그중 128명이 드골과 자유 프랑스군에 합류했다. '6월 18일의 호소'는 프랑스인뿐 아니라 독일 점령군에게 억압받는 유럽인들에게도 영향을 미쳤다. 벨기에 남부의 플랑스누아에서 최초의 레지스탕스 단체인 왈로니 리브르Wallonie libre가 "1940년 6월 18일 드골 장군의 자유 프랑스의 창설에 영향을 받아 탄생"했다.*

자유 프랑스는 '런던의 프랑스 축소판'이라고 할 만큼 지리적·사회적·이데올로기적으로 다양한 성향의 비정치적 단체로 출발했다. 초창기 드골의 측근 세력은 주로 군인과 우파, 심지어 제3공화국의 적으로 간주된 악시옹 프랑세즈, 카굴Cagoule 같은 극우단체의 회원들, 그리고 소수의 좌파와 유대인들이었다. 이 같은 이념적 혼종성은 런던에서 드골을 지지하지 않는 프랑스인들 사이에서, 그리고 북아프리카에 주둔 중인 지휘관들 사이에서 드골에 대한 불신과 경계를 불러일으키기에 충분했다. 그럼에도

---

* 왈로니 리브르는 단체명과 같은 제목의 정기간행물도 발행했다. 리에주 지역의 지하 정기간행물 《상브르와 뫼즈Sambre et Meuse》는 1941년 7월 창간호에 "왈롱은 언제나-자유 왈로니Wallon toujours-Wallonie libre"라는 문구가 적힌 배지와 왈롱 수탉의 상징을 표시하고 있고, 로렌의 십자가를 배경으로 하는 제목에는 "자유 프랑스와 함께 자유 왈로니를 위해Pour une Wallonie libre avec la France libre"라는 문구를 적었다. 왈로니 리브르에 대한 자세한 내용은 홈페이지(https://www.wallonielibre.org)를 참조하라.

자유 프랑스는 당시 프랑스 여론의 집합체라고 할 만큼 다양한 이념과 사상을 수용해 '전시 드골주의Gaullisme de guerre' 형성의 토대를 마련했다. 정치 지도자로서의 경력이 부족했던 드골은 초기에는 비정치적 태도를 취했으나 시간이 지남에 따라 자유 프랑스에 사회주의자, 공산주의들이 합류하면서 좌파 세력의 영향력이 커졌다. 결과적으로 우파 세력이 먼저 레지스탕스를 탄생시켰으나, 결국은 좌파 세력이 레지스탕스를 이용했고 해방후 정권을 장악했다는 주장은 상당히 설득력 있어 보인다.[5] 6월 19일 전쟁부 장관이자 한때 상관이었던 베강Maxime Weygand 장군이 드골에게 귀환명령을 내렸으나, 드골이 불응하자 22일 임시로 드골의 준장 진급을 취소하고 드골의 징계를 촉구하는 라디오 방송을 했다. 이에 드골은 다시 BBC 라디오를 통해 '6월 22일 호소'로 응답했다. 6월 23일 르브룅 대통령은 드골의 귀환 불응에 대한 징계 조치로 드골의 대령으로의 강등과 자동 퇴역

[그림 16–2] '자유 프랑스' 공식 기/ 자유 프랑스와 국내 프랑스군의 상징인 '로렌의 십자가Croix de Lorraine'.

을 결정하는 행정명령을 내렸다. 또 8월 5일에는 "프랑스가 전투에서 패배했지만 전쟁에서 패배하지 않았다"라는 유명한 문구가 담긴 드골의 포스터가 런던에 널리 배포되었다. '런던 포스터'로 알려진 이 포스터는 전쟁 중에 프랑스뿐 아니라 아프리카, 남미 등지에서 복제되고 전시되었다. 특히 "BBC가 드골을 만들었다"고 할 만큼 드골은 라디오 방송을 통해 자신의 대외적 이미지를 홍보하고 선전하는 데 적극적이었다. 영국의 한 광고 회사에서 발행한 《드골의 프랑스*La France de De Gaulle*》라는 팸플릿에서 드골은 자신이 비정치적인 사람이며, 오로지 조국의 해방만을 위해서 존재한다며 아래와 같이 선언했다.

[그림 16-3] 1940년 8월 5일 런던에 게시된 "프랑스 국민 여러분께. 프랑스는 전투에서 패배했습니다! 하지만 프랑스는 전쟁에서 패배하지 않았습니다! 프랑스 만세!" 포스터.

나는 자유 프랑스인입니다. 나는 신을 믿고 신을 통해 내 조국의 미래를 믿습니다. 나는 아무에게도 속해 있지 않습니다. 내가 가지고 있는 유일한 사명은 조국의 해방을 위한 투쟁을 계속하는 것입니다. 나는 어떤 정당에도 속해 있지 않으며, 우파이건, 중도파이건 좌파이건 간에 어떤 정치인과도 관련이 없습니다. 나는 단 하나의 목적을 가지고 있습니다. 바로 프랑스의 해방입니다.[6]

6월 28일 처칠은 드골을 "어디에 있든 연합군의 대의를 수호하기 위해 그의 주위에 집결한 모든 자유 프랑스인의 지도자"로 공식 인정했다. 더 나아가 자유 프랑스가 프랑스공화국의 정통성을 이어받았다고 주장하기 위해서는 영국을 포함한 연합국 정부들의 공식 인정이 중요했다. 드골을 이용해 비시정부를 견제하려던 처칠은 캐나다와 함께 자유 프랑스를 프랑스의 합법정부로 인정하고, 비시정부를 "독일의 꼭두각시"로 규정했다. 이에 비시정부도 드골을 "영국의 꼭두각시"라며 맞불을 놓았다. 반면 자유 프랑스를 유럽에서 독일에 점령당하고 조국을 잃은 망명자들이 세운 레지스탕스 단체들 중 하나로 여긴 미국의 루스벨트 대통령과 독·소 불가침 조약을 맺은 소련은 비시정부를 프랑스의 합법정부로 인정했다.

1940년 7월 '자유 프랑스군'의 창설, 레지스탕스 역사를 열다

7월 8일 드골이 처칠의 요청으로 영국 어뢰정으로 서아프리카의 다카르 공격을 준비하는 동안 비시정부는 드골을 "국가의 외부 안보를 위협하는 반역죄, 전쟁 및 포위 공격 중인 영토에서의 전시 해외 탈영" 혐의로 기소했고, 드골은 4년 징역형과 프랑스 국적 박탈을 선고받았다.* 이런 상황에서 드골은 희망의 화신인 자유 프랑스가 군대를 창설하고, 영토적 기반을 조성하며, 국제적 차원에서 승인받아야 한다는 세 가지 목표를 세워 실행해 갔다. 7월 9일 드골은 런던에서 '자유 프랑스군'을 조직했다. 당시 페탱과 휴전을 지지하던 "4,000만 명의 페탱주의자들"이 있었다면 드골 곁에는 고작 2,000명이 모였을 뿐이다.** 영국 정부는 드골을 자유 프랑스군의 총사령관으로 인정했으나 사실상 자유 프랑스군은 영국 정부의 지휘권 아래에 있는 것이나 다름없었다. 이처럼 영국에 전략적·물질적으로 의존하고 군사적 약세인 상황에도 불구하고 자유 프랑스군은 추축국에 대항하는 투쟁, 자유 프랑스의 정통성 강화, 프랑스 주권의 수호라는 세 가지 임무를 수행하게 된다. 7월 10일 페탱에게 전권을 위임하는 헌법 개정안이 의회에 상정되었고, 압도적 찬성표로 가결되었다. 페탱이 '프랑스국Etat français'의 국가원수로 선포되자 드골은 "적에 굴복한 장군은 더 이상 명령을 내릴 자격이 없다"는 나폴레옹의 말을 빌려 '프랑스국'의 합법성을 즉각 거부했다.

8월 7일 자유 프랑스는 프랑스의 해방과 영국의 방어를 위해 싸우며, 그 대가로 영국은 프랑스와 식민제국의 영토 보전을 책임진다는 내용을 골자로 하는 영국-프랑스 협정이 체결되었다. 그러나 영국은 프랑스의 영토 보전 문제에 대해 상당히 신중한 입장을 취했으며, 자원병 징집과 물자 사용에서도 자유 프랑스의 자치권을 제한했다. 영국 정부와의 업무 소통이 외교부가 아닌 육군부를 통해서 이루어진 점은 과연 영국 정부가 자유 프랑스를 임시정부로 인정했는지 의문이 드는 대목이다. 드골은 자유 프랑

---

* 1940년 8월 2일 클레르몽페랑에서 궐석으로 열린 군사재판에서 드골은 "사형, 군적 박탈, 동산과 부동산 몰수"형을 선고받았다. 그의 프랑스 국적 상실은 12월 8일에 확정되었다.[7]
** 프랑수아-조르주 드레퓌스는 1940~1945년 사이에 레지스탕스 활동에 참여한 프랑스인의 수는 40만~50만 명, 대독협력자를 포함해 페탱주의자는 40만~50만 명, 포로 수는 100만 명, 그리고 4,000만 명의 기회주의자가 있었다고 추정한다.[8]

스인들이 영국군 곁에서 프랑스 외인부대로 취급받는 것을 단호히 거부
했으나, 당시 자유 프랑스는 분열 상태에 놓여 있던 프랑스 식민제국의
지휘관들을 결집할 수 있을 정도의 권위를 갖지 못했다. 이 같은 취약점
에도 드골은 프랑스를 합법적으로 대표하기 위한 영토적 기반을 프랑스
식민제국에서 찾았다. 당시 프랑스 식민제국은 여전히 비시정부의 수중
에 있었지만 적도 아프리카의 차드를 시작으로 점차 콩고, 가봉, 카메룬
등이 '아프리카 자유 프랑스Afrique française libre'를 형성하고, 타이티, 뉴칼
레도니아, 뉴헤브리디스제도 등 해외 영토가 자유 프랑스에 합류했다. 10
월 27일 드골은 콩고 중부의 브라자빌에 자유 프랑스의 전력을 뒷받침할
자문기구로 '제국수호평의회Conseil de Défense de l'Empire'를 창설했다. 이
제 자유 프랑스는 600만의 주민과 300만 평방킬로미터의 광대한 영토를
책임지게 되었다. 제국수호평의회의 주요 임무는 제국의 군사적 방어뿐
아니라 경제 활동을 감독하고, 국민의 정신적 단결을 유지하며, 프랑스의
국익과 관련한 문제들을 열강과 함께 처리하는 것이었다. 제국수호평의
회는 자유 프랑스가 비정치적 노선에서 정치적 노선으로 전환하는 과정
에서 드골이 시도한 첫 정치 조직 형태로 볼 수 있다. 이제 드골은 단순히
군단의 지도자가 아니라, "프랑스의 이름"으로 투쟁하는 모든 프랑스인의
상징으로 떠올랐다.

　1941년 8월 처칠과 루스벨트가 민족자결 원칙을 담은 대서양 헌장을 선
포하자 9월 24일 드골은 런던에 사실상 망명정부의 지위와 행정권과 입법
권을 행사하게 될 '프랑스국가위원회Comité National Français'를 창설했다.
"현재 프랑스국가위원회는 프랑스제국의 유일한 대표입니다.……프랑스
와 자유 프랑스는 더 이상 존재하지 않습니다. 이제 드골 장군의 프랑스만
이 있을 뿐입니다"[9]라고 선언했다. 11월 25일 드골은 "1884년 법은 '공화
주의 정부 형태는 개정의 대상이 될 수 없다'고 공포했음에도 불구하고 사

이비 비시정부는 국가원수에게 절대군주의 권력을 부여하면서 공화국의
단어까지 없앴습니다.……한마디로 여러 법을 심하게 위반한 비시정부는
모든 정치적·시민적·사회적 자유를 파괴했습니다"[10]라며, 비시정부의 정
통성과 합법성을 부인하는 성명서를 방송했다. 드골에게 진정한 프랑스는
항복과 휴전이 아니라 계속 "투쟁하는 프랑스"였다.

1941년 9월 국내외 레지스탕스 운동권 단일화의 중재자가 될 물랭Jean
Moulin이 런던에 도착했다. 한때 위르에루아의 도지사였던 물랭은 비시정
부에 의해 해임되고 드골에 합류한 인물이다. 국내 레지스탕스 운동권이
자유 프랑스와 마찬가지로 전쟁과 해방이라는 동일한 목적을 가졌다는 사
실을 접한 드골은 그에게 국내 레지스탕스 운동권 통합의 임무를 부여했
다. 국내 레지스탕스 운동가들은 자유 프
랑스에 두 가지 점을 기대했다. 먼저 자유
프랑스가 그들에게 무기와 돈을 제공하고,
또 분산되고 분열된 그들을 연합하도록 지

[그림 16-4] 1941년 9월 24일 런
던의 프랑스국가위원회 위원들과
드골 장군.

원하는 것이었다. 국내 레지스탕스 운동가들은 드골의 도덕적 권위와 정치적 대표성을 인정할 준비가 되어 있었지만, 정치적으로 그의 명령을 받을 생각은 없었다. 처음에 자유 프랑스와 국내 레지스탕스 운동권과의 접촉은 긍정적인 편이었지만 제3공화국 정당들의 복귀 문제를 둘러싼 갈등이 두 세력의 연합을 방해했다. 프랑스 국민의 분열을 초래한 제3공화국의 정당들이 패배에 대한 막중한 책임을 져야 한다고 생각한 국내 레지스탕스 운동권은 제3공화국 정당들의 부활에 반대했다. 드골도 처음에는 이들과 같은 입장을 공유했다. 그런데 미국이 1941년 12월에 참전하자 드골은 자신의 정치적 정통성과 합법성을 확립하기 위해 프랑스에서 조금씩 활동을 개시하던 옛 정당 지도자들과 자유 프랑스가 가까워질 것을 종용했다.

1942년 7월 자유 프랑스에서 투쟁 프랑스로

1942년은 자유 프랑스가 실질적인 정치 세력으로 자리 잡는 해라는 점에서 프랑스 레지스탕스 역사에서 분기점을 이룬다. 4월에 들어선 라발Pierre Laval 정부가 유대인 박해, 노동력의 강제 이주 등 대독 협력의 정책을 취하자 비시정부에 대한 여론이 악화되었다. '나쁜 비시'로의 국면 전환이 이루어지는 1942년에는 자유 프랑스가 초기의 비정치적 운동에서 정치적 운동으로 외연을 확장하면서 드골의 정치적 입지는 공고해졌다. 그해 6월 영국에서 실시한 한 여론조사 결과는 영국인들이 자유 프랑스를 프랑스의 공식 대표로 인정하고 있다는 점을 잘 보여 준다. 먼저 "비시정부가 프랑스인들의 입장을 진정으로 대표한다고 생각합니까?"라는 질문에 "아니요"라는 응답이 80퍼센트로 가장 많았고, 6퍼센트가 "예", 14퍼센트가 응답하지 않았다. "위의 질문에 '아니오'라고 대답했다면 당신은 자유 프랑스인들이 진정으로 프랑스인들의 입장을 대표한다고 생각합니까?"라는 질문에 59퍼센트가 "예", 12퍼센트가 "아니오"로 응답했고, 9퍼센트가 응답하지 않았다.[11] 미국은 7월 9일 프랑스국가위원회를 "추축국에 대항해 싸우는 프랑스 레지스탕스의 상징"으로 공식 인정했고, 프랑스국가위원회는 7월 14일 자유 프랑스를 '투쟁 프랑스France combattante'로 부르겠다고 연합국 측에 알렸다.

이때부터 자유 프랑스는 외교적 기능을 담당할 대표단을 신설하거나 언론 및 정보 활동을 통해 자유 프랑스와 국내 레지스탕스 운동권과의 관계를 강화하는 등 대내외적으로 대표성을 인정받기 위한 다방면의 노력을 기울여 갔다. 1942년 말 자유 프랑스는 국제연맹 회원국에 20여 개의 대표단을 설치했고, 자유 프랑스의 활동 사항을 다양한 매체를 활용해 프랑스와 전 세계에 알리고 선전했다. 11월에 영·미 연합군이 북아프리카에 상륙하고, 12월에 독일이 프랑스를 완전히 점령하면서 히틀러가 총력전을 선언하자 전쟁은 새로운 국면으로 접어들었다. 그때부터 드골의 관심은 프랑스가 해방되었을 때 누가 권력을 장악할 것인가는 문제에 집중되었다. 12월 24일 북아프리카 프랑스군 사령관인 지로Henri Giraud 장군의 경쟁자이자 페탱의 후계자로 촉망받던 다를랑 제독François Darlan이 암살되자, 북아프리카에서 미국의 지원을 받은 지로주의자들이 득세하기 시작했다. 그러자 드골은 자신의 통제 아래 국내외 레지스탕스 운동권의 단일화를 위한 길을 재촉했다.

1943년 1~3월에 물랭은 남부 지역의 3개 레지스탕스 조직과 북부 지역의 5개 조직을 통합해 먼저 군사적 단일화를 성사시켰다. 하지만 레지스탕스 운동권의 군사적 통합이 곧 정치적 통합을 의미하지는 않았다. 드골은 정치적 갈등을 수습하고 프랑스의 해방을 앞당기기 위해 5월 14일 국내외 레지스탕스 운동권을 통합해 '레지스탕스 국가평의회Conseil National de la

Résistance'를 창설하고, 물랭을 의장으로 임명했다. 당시 레지스탕스 국가
평의회는 16명의 대표를 선임했는데, 그중 9명이 사회주의자·공산주의
자·중도 좌파 등이었다. 5월 27일 물랭의 주재로 파리에서 열린 첫 회합에
서 애국주의, 반비시주의, 공화국의 부활, 프랑스의 독립을 강령으로 채택
함으로써 국내외 레지스탕스 운동권의 단일화는 완수되는 듯 보였다. 하
지만 미국 정부의 지지를 받고 있던 지로 장군과 드골을 지지한 레지스탕
스 국가평의회의 관계가 악화될 기미를 보이자 드골은 알제로 가 6월 3일
'프랑스국가해방위원회'를 창설하고, 비점령 지역에 대한 주권 행사, 외교
적 특권 보유, 드골—지로 장군의 공동 의장제를 강령으로 채택했다. 레지
스탕스 국가평의회도 프랑스국가해방위원회가 프랑스의 합법적 정부임을
선언했다.

이 과정에서 드골의 정치적 우위를 견제하는 미국의 방해 공작도 만만치
않았다. 1943년 봄까지 드골주의에 입각한 권력의 정통성을 인정할 생각
이 전혀 없던 미국 정부는 해방된 프랑스를 연합국의 군사적 통제 아래 두
고자 했다. 그해 가을 미국 정부와 프랑스국가해방위원회는 해방기의 프
랑스를 3개 지역으로 분할할 것과 프랑스국가해방위원회 총대표단의 역할
을 인정하는 협정을 체결했지만, 통치권에 대한 구체적 명시는 없었다. 프
랑스국가해방위원회의 창설은 드골—지로 장군 사이에 치열했던 대결의
끝이 아니라, 국외 레지스탕스 세력의 불완전한 통합처럼 보였다.

7월에 지로 장군의 미국 방문을 틈타 드골은 프랑스국가해방위원회 개
혁을 통해 공동 의장제를 폐지하고, 1년 임기의 단독 의장제를 채택했다.
결국 지로 장군이 사임하면서 드골의 정치적 우위가 확립되었다. 9월 17
일 구앵Félix Gouin을 의장으로 하는 임시협의회가 창설되었다. 의회 기능
을 담당할 93명의 의원으로 구성된 임시협의회는 드골 휘하에 연합한 모
든 정파의 상징이자, 내부적으로는 드골주의에 입각한 권력을 확립하기

위한 비장의 무기였다. 또 외부적으로는 국내 레지스탕스 운동권과 여러 정당의 지지를 받는 제3공화국의 계승자로서의 이미지를 부각하면서 프랑스국가해방위원회의 정통성을 확고히 다졌다. 1943년 말 영국·미국·소련에 이어 37개국이 프랑스국가해방위원회를 프랑스 공식 정부 대표로 인정했다.

 1944년 1월부터 국내외 군사 조직은 하나의 명령체계를 따르게 되고, 2월 1일 국내 프랑스군Forces Françaises de l'Intérieur에 완전히 통합되었다. 훗날 드골은 회고록에서 "우리는 프랑스의 중심인 우리가 점차 레지스탕스의 모든 구성원을 결집하는 일종의 신화가 창조되는 것을 보았습니다. 그렇게 우리는 프랑스의 도덕적 실체가 되었습니다"[12]라고 감회를 적었다. 6월 3일 프랑스국가해방위원회는 프랑스공화국 임시정부로 전환했고, 드골이 임시정부의 수반이 되었다. 6월 6일 연합군의 노르망디 상륙작전이 성공한 지 일주일이 지난 6월 14일 드골은 자유 프랑스 해군 어뢰정 '투쟁호La Combattante'를 타고 꿈에 그리던 프랑스 영토에 발을 디뎠다. 임시정부는 8월 9일 "프랑스의 정부 형태는 공화국이며, 앞으로도 공화국으로 남을 것이다. 법적으로 공화국은 결코 단절된 적이 없다"[13]고 선언했다. 8월 25일 파리가 해방되자 드골은 1940년 7월 10일 제3공화국의 폐기를 선언한 페탱의 명령을 철회하고 공화주의적 합법성을 재확립했다. 그해 12월에 실시한 여론조사에서 "전쟁이 끝난 후 누가 공화국의 대통령이 되기를 바랍니까"라는 질문에 49퍼센트가 "드골"이라고 응답했다.[14] 이제 드골은 2차 세계대전의 상징을 넘어 프랑스 현대사의 상징이 될 운명의 순간을 맞이했다.

제도화된 기억과 기념:
드골의 6월 18일, 자유 프랑스 그리고 레지스탕스

전쟁 동안 프랑스인들에게 독일에 저항하도록 영감을 불어넣었던 '6월 18
일의 호소'를 기억하고 기념하는 의식과 의례는 언제부터 시작되었을까?
'6월 18일의 호소' 1주년을 맞아 드골 장군은 1941년 6월 18일 카이로에서
열린 프랑스국가위원회 연설 서두에서 "1940년 6월 17일, 프랑스의 마지
막 합법정부가 보르도에서 사라졌습니다.……다음 날 자유 프랑스가 탄생
했습니다"[15]라고 선언했다. 런던의 BBC 라디오를 통해 중계된 이 연설에
서 드골은 '6월 18일의 호소'를 자유 프랑스의 탄생과 동일시했다. 같은 날
영국 주재 프랑스인협회의 요청에 따라 런던의 케임브리지 극장에서도
'드골 장군의 첫 번째 호소를 기념하기 위한 행사'가 열렸다. 드골은 1942
년 런던의 앨버트홀에서, 1943년과 1944년에는 프랑스국가해방위원회와
임시협의회에서 연설했다. 유럽에서 전쟁이 끝난 지 40일이 되는 1945년
6월 18일에는 파리의 샹젤리제 거리에서 '승전과 6월 18일의 호소 기념일'
의 이름으로 군사 퍼레이드를 벌이는 등 대규모 축하 행사가 열렸다.

'몽발레리앙', 6월 18일과 자유 프랑스의 기념 장소가 되다
파리 해방 당시 드골은 자유 프랑스를 기리는 기념관 건립을 제안했고, 여
러 장소를 물색 중에 파리 서쪽 교외에 위치한 몽발레리앙Mont-Valérien
요새를 기념 장소로 결정했다. 이곳은 제2차 세계대전 때 독일군이 1,003
명의 저항군, 인질, 공산주의자, 유대인을 총살한 장소로 전쟁의 상흔이
깊이 드리운 대표적 기억의 장소다. 1945년 6월 16일 드골은 몽발레리앙
부지에 순국선열을 기리는 기념관을 세우는 행정명령에 서명했다. 6월 18
일 '호소' 5주년을 맞아 드골은 샹젤리제 거리의 군사 퍼레이드를 주재한

후 곧장 몽발레리앙으로 이동했다. 드골은 사형수들이 죽음을 기다리던 초소 근처의 옛 포대에서 묵념을 한 다음, 청동 대야에 저항군의 상징인 불꽃을 점화했다. 다음 날 드골의 '호소'에 응답하고 자유 프랑스군에 대한 헌신에 서명한 자유 프랑스인들이 자유프랑스인협회를 설립하고, 드골을 명예회장으로 추대했다.

그해 9월 드골은 수감자·유형수·난민부 장관 프레네Henri Frenay에게 1939년부터 1945년까지 프랑스를 위해 싸우다 목숨을 바친 순국선열 기념 행사를 제2차 세계대전 승전기념일인 11월 11일에 맞춰 준비할 것을 요청했다. 프레네 장관은 15명의 레지스탕스 투사로 인원을 조정하고, 이들의 이름은 추첨을 통해 공개하기로 결정했다. 10월 29일 앵발리드 기념관에서 프레네를 비롯한 각 부 장관, 육·해·공군 참모총장, 전국레지스탕스협의회 대표, 퇴역군인, 강제수용소 수감자, 전쟁 포로들 앞에서 국가의 영예를 얻게 될 영웅들을 위한 추첨을 진행했다. 2명의 여성을 포함한 프랑스와 식민지 출신 투사 15명의 시신이 몽발레리앙 요새의 옛 포대에 마련된 임시 지하묘소에 안치되었다. 임시 지하묘소 입구 정면에는 15명의 투사 명단과 함께 "우리는 1939년부터 1945년까지 프랑스의 자식들이 프랑스가 자유롭게 살기 위해 싸웠다는 역사를 증언하기 위해 여기에 있습니다"라는 문구가 새겨졌다. 이곳은 자유 프랑스의 성지이자, 국가적 기억의 장소가 되었다.

드골은 권좌에서 물러나 낙향하기 전 1946년 1월 20일 관보에 "1939~1945년 전사자 국가 기념물 건립을 위한 국가위원회"의 구성원을 지정하는 행정명령을 공포했다. 매년 6월 18일과 6월 18일 기념 장소인 몽발레리앙을 국가적 기억의 장소로 만들기로 결심한 드골은 그해 6월 18일 15명의 투사가 잠들어 있는 임시 지하묘소 앞에서 기념식을 주재했다. 그 후로도 드골은 매년 6월 18일 몽발레리앙을 방문해 임시 지하묘소 앞에서 불

[그림 16-5] 1960년 6월 18일 몽발레리앙 기념관 개막식에 참석한 드골 대통령. 몽발레리앙의 투쟁 프랑스 기념비와 현재 17명 투사의 관이 안치된 몽발레리앙 기념관 지하묘소 내부 모습.

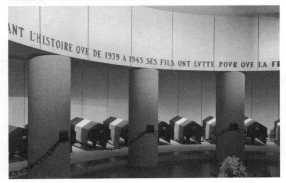

꽃을 점화하고 그날을 기억하고 기념했다. 이로써 드골은 국가적 자부심을 고취하고 국민적 화합을 이루는 제도화된 기억문화의 선례를 남긴 셈이다.

　드골의 그늘에 가려진 제4공화국 정부는 몽발레리앙 유적지에 거의 관심이 없었다. 제4공화국에서 흐지부지하던 몽발레리앙 기념관 건립 프로젝트는 1959년 1월 드골이 제5공화국의 대통령이 되면서 급속도로 진전되었다. 1960년 '6월 18일의 호소' 20주년을 맞아 드골 대통령은 자유 프랑스의 상징인 12미터 높이의 '투쟁 프랑스 기념비' 제막식을 거행했다.[16] 그 후로 매년 드골의 '호소'를 기념하는 공화국 대통령과 장관들, 해방 훈장 보유자들과 군중이 참석한 가운데 해방단 총재Chancelier de l'Ordre de la Libération의 주재로 기념식이 거행되었다. 기념식 절차는 드골이 직접 정한 프로토콜을 충실히 재현했다. 먼저 해방 훈장 보유자들과 그 가족이 투쟁 프랑스 기념비 양쪽에 배치되었다. 공화국 대통령은 도착하자마자 해방단 총재의 환영을 받기 전에 군대를 사열하고 그다음 해방단 총재가 불꽃을 다시 점화한다. 이어 1분간 묵념 후 '6월 18일 호소' 전문이 방송된다. 그런 다음 공화국 대통령은 해방단 총재와 함께 지하묘소에 들어가 묵념하고 방명록에 서명함으로써 기념식은 종료된다.

2006년 '6월 18일', 국가기념일로 제정되다

1995년 5월 17일 드골주의를 계승한 자크 시라크 후보가 대통령에 당선되었다. 이듬해 1월 16일 시라크 대통령은 앵발리드 기념관 내 육군박물관 개조공사의 일환으로 드골 장군과 제2차 세계대전, 자유 프랑스, 투쟁 프랑스를 위해 특별히 헌정 공간을 만들기로 결정했다. '6월 18일의 호소' 60주년이자 드골 사망 30주년이 되던 2000년 6월 18일 앵발리드 기념관에서 제2차 세계대전 및 드골 장군 박물관 개관식이 열렸다. 또 같은 날 자유프랑스인협회는 기억의 의무를 인식하고 자유 프랑스의 전통과 도덕적 가치 및 이상의 지속가능성을 보장하기 위해 자유프랑스재단으로 이름을 바꾸고 6월 18일을 국가기념일로 제정하기 위한 노력을 이어 갔다. 그뿐만 아니라 2005년 6월 18일에 프랑스 국립시청각연구소INA와 영국 BBC가 유네스코에 공동으로 제안한 4개의 기록물이 세계기록유산으로 등재되었다.[17]

마침내 2006년 3월 10일 시라크 대통령은 매년 6월 18일을 "패배를 거부하고 적과의 싸움을 계속하라"는 드골 장군의 역사적 호소를 기념하고, 패배를 거부하고 계속 싸운 모든 프랑스 레지스탕스 투사에게 경의를 표하는 국가기념일로 제정했다. 이로써 '6월 18일의 호소'와 '6월 18일의 인물' 드골, 그리고 자유 프랑스와 레지스탕스에 대한 기억과 그것이 깃들어 있는 모든 장소가 연결되며, 프랑스 국민의 집단기억 속에 영구히 자리 잡았다. 프랑스 해방 후 드골과 레지스탕스 집권 세력에 의해 '제도화'된 기억과 장소는 공화국의 이름으로 기념비, 기념관, 기념일, 박물관, 학교명, 기념 주화와 기념 우표, 역사교과서 등 다양한 방식으로 재현되었고, 오늘날까지 계승되고 있다.

17

1942년 7월:
벨디브 사건, 독일강점기 프랑스 최악의 대독 협력

이용우

Sylvia, 5 ans , et Hélène, 4 ans, BERGMAN, nées à Paris, ont été déportées le 19 août 1942 par le convoi n°21 avec leur mère Dora.
Elles vivaient à Paris, 104 rue du Faubourg Saint-Antoine dans le 12ème arrondissement.

Sarah BORKSZTEIN avait 12 ans quand elle fut déportée avec sa mère Chaja par le convoi n°24 du 26 du 26 août 1942. Elle était née le 26 mars 1930 à Paris et habitait all, Jad de Strasbourg à Courbevoie. Abram, le père, les avait précédées par le convoi n°1.

독일강점기 프랑스 최악의 흑역사

'벨디브 사건'은 1942년 1월 20일 나치 독일이 '유대인 문제의 최종적 해결'(이후 '홀로코스트'로 불리게 될)을 논의한 반제Wansee 회의의 결정에 따라 벌어진 것이다. 프랑스에서는 1942년 3월부터 1944년 8월까지 총 7만 5,721명의 유대인이 독일 수용소들로 이송되어 대부분 학살당했는데 이 수용소들로 끌려가기 앞서 여러 차례 검거 선풍이 있었고 이 가운데 그 규모가 가장 컸던 것이 바로 이 벨디브 사건이었다.

1942년 7월 16일 새벽부터 다음 날 오후 1시까지 파리와 교외 지역에서 모두 1만 2,884명이 체포되었다. 여기서 주목할 만한 점은 당시 파리 지역이 명백히 독일군 점령 지구(프랑스 영토의 북쪽 절반에 해당)에 속했음에도 이 대량 검거작전은 독일군이나 나치 친위대 경찰이 아니라 전적으로 비시정부의 프랑스 경찰에 의해 수행되었다는 사실이다.

이 작전은 1942년 7월 2일 파리에서 비시정부의 경찰 총수 르네 부스케 René Bousquet와 독일 점령당국의 경찰 총수 카를 오베르크Karl Oberg 사이에 이루어진 협약에 따른 것이었다. 바로 다음 날 열린 국무회의에서 비시 정부의 국가수반 필리프 페탱Philippe Pétain과 피에르 라발Pierre Laval 총리 는 그 협약을 승인했다. 앞서 6월 11일 베를린의 한 회의에서 프랑스, 벨기에, 네덜란드에서 각각 독일로 이송될 유대인의 수가 할당되었는데 프랑스에는 10만 명이 부과되었다. 6월 26일, 오베르크는 라발에게 4만 명의 유대인을 인도할 것을 공식적으로 요구했는데 이 가운데 파리 및 교외 지역은 '2만 2,000명'으로 산정되었다.

7월 2일 부스케는 독일 측 협상 대표들에게 파리 경찰의 적극적인 협력을 약속했다. 이때 부스케가 '독일 측이 원하는 수의 유대인'을 모두 체포해 주겠다고 하면서 내놓은 조건은 두 가지였다. 외국계 유대인만 체포하겠다는 것과 비시정부의 경찰이 이 작전에서 완전한 자율권을 행사하겠다는 것이었다. 부스케로서는 이 작전을 계기로 독일군 비점령 지구(프랑스 영토의 남쪽 절반)만이 아니라 프랑스 영토 전체에 대한 프랑스 경찰의 '주권'을 회복할 수 있으리라는 기대도 작용했다. 그러나 그러한 기대에서 비롯된 협약의 결과는 7월 16~17일 독일 측이 땀 한 방울 흘리지 않고 오직 파리경찰청 소속 프랑스 경관들만의 힘으로 독일강점기 프랑스 최대 규모의 유대인 검거작전을 수행한 것이었다. 게다가 애초에 독일 측이 요구한 유대인은 '16세 이상'(40퍼센트는 프랑스계로 추산)이었는데 비시정부는 외국계 유대인으로 검거 대상을 한정하면서 독일 측의 요구 인원을 충족하고자 이 유대인들의 16세 미만 자녀들까지 모두 체포해 넘겨주었다.

그 결과 7월 16~17일 체포된 1만 2,884명 가운데 4,115명은 16세 미만의 아동과 청소년이었다. 이들 가운데 약 3,000명은 프랑스 태생이어서 법적으로 '외국계' 유대인도 아니었다. 이들과 이들의 부모들인 8,160명은 파리 제15구의 동계경륜장에 수용되었고, 독신 성인 남녀들과 무자녀 부부들 4,724명은 파리 북부 교외의 드랑시Drancy 수용소에 수감되었다. '벨디브' 사건이란 명칭은 바로 이 동계경륜장Vélodrome d'hiver의 약칭(Vél' d'Hiv)에서 비롯된 것이다.

1909년에 건립되어 각종 스포츠 행사가 열리고 정치 집회가 이루어지기도 했던 동계경륜장은 1942년 여름, 이들 8,000여 명의 유대인들에게 홀로코스트의 대기실이나 다름없었다. 이들이 짧게는 사흘, 길게는 일주일 동안 갇혀 있었던 이 실내체육관 안에는 물도, 음식도, 화장실도 절대적으로 부족했고, 의사는 단 두 명만 배치되었다. 이곳저곳에서 하루 종일 신음과 울음소리가 그치지 않았다. 이러한 상황에서 자살 시도가 속출했고 50여 명은 빈사 상태가 되었으며 약 30명은 사망했다. 곧이어 7월 19일부터 22일까지 나흘에 걸쳐 이들 대부분(7,618명)은 루아레Loiret도의 본라롤랑드Beaune-la-Rolande 수용소와 피티비에르Pithiviers 수용소로 이송되었고 7월 말부터 마지막 종착지인 아우슈비츠Auschwitz 절멸수용소로 다시 보내졌다. 벨디브 사건 때 검거되었다가 아우슈비츠에서 살아 돌아온 사람은 100명이 채 안 되는 것으로 추산된다.

벨디브 사건은 독일강점기 프랑스에서 비시정부의 대독 협력이 야기한 가장 끔찍한 사건으로 기억되고 있다. 특히 당시 유대인의 대규모 검거가 독일군이나 게슈타포가 아니라 전적으로 프랑스 경관들에 의해 수행되었다는 점과 이때 검거된 유대인 가운데 아동이 4,115명이나 되었다는 점은 이 사건이 프랑스인들에게 끔찍할 뿐 아니라 수치스러운 것이었음을 잘 말해 준다. 이토록 끔찍하고도 수치스런 사건이었음에도, 아니 어쩌면 바로 그러했기 때문에 이 사건에 대한 기억은 수십 년 동안 억제되거나 묻혔다.

벨디브 사건에 대한 첫 저작은 4반세기가 지나서야 출간되었고(클로드 레비Claude Lévy와 폴 틸라르Paul Tillard의 《벨디브 대검거》, 1967)[1] 이후에도 1980년대 초까지 역사교과서에 벨디브 사건은 실리지 않거나 실리더라도 프랑스 경찰의 역할은 전혀 언급되지 않았다. 전후戰後에 벨디브 건물이 계속해서 기존 용도인 실내체육관으로 쓰이고 1950년대에는 그 안에서 버 젓이 권투시합까지 벌어졌다는 사실은 벨디브 사건에 대한 기억 자체가 전후 프랑스에서 얼마나 미약했는지를 단적으로 보여 준다. 그 건물은 결 국 1959년에 철거됨으로써 벨디브의 기억은 더욱 묻히게 되었다.

벨디브에 대한 기억이 수면 위로 떠오른 것은 그 사건으로부터 거의 반 세기가 지난 1980~1990년대에 와서였다. 나치 독일의 홀로코스트에 대한 기억이 전 세계적으로 급부상하자 프랑스 국내에서는 홀로코스트에 협력 한 비시정부 인사들에 대한 반인륜범죄 기소가 잇달아 이루어지면서 '홀 로코스트에 대한 비시정부의 협력'의 가장 대표적인 사건으로 벨디브 사 건이 재조명되었다. 특히나 벨디브 사건 50주년 기념일에 해당하는 1992 년 7월 16일을 전후해서 논쟁이 벌어지면서 그 사건에 대한 기억이 급격 히 분출되었다.

반세기 전의 벨디브 사건을 둘러싼 논쟁은 1992년 6월 17일 자《르 몽 드》지에 '42벨디브위원회'란 다소 생경한 명칭의 조직이 미테랑 대통령에 게 비시정부의 유대인 박해 책임을 공식 인정하라고 요구하는 청원서를 발표하면서 시작되었다. '42벨디브위원회'(이하 벨디브위원회)는 이 청원서 를 작성하면서 결성된 조직으로, 11명의 구성원 대부분이 1968년 5월의 투쟁 경험을 공유한 '68세대'인 동시에 前 공산주의-마오주의 지식인들 이었다.* 이 청원서를 작성한 이들 11명은 대체로 무명의 인물들이었으나 이 문건을 지지한 200명 이상의 1차 서명자 명단에는 프랑스 사회의 유명 지식인들이 다수 포함되었다.

––––––––––––––––––––––––––

* 11명의 명단은 다음과 같다. 제라르 쇼미엔Gérard Chomienne, 베티 뒤고우송Betty Dugowson, 미 셸 그랭베르그Michèle Grinberg, 쥘리에트 칸Juliette Kahane, 클로드 카츠Claude Katz, 장피에르 르 당테크Jean-Pierre Le Dantec, 미셸 뮐레르Michel Muller, 로베르 페팽Robert Pepin, 에블린 로샹 Eveline Rochant, 안나 세니크Anna Senik, 탈릴라 타기에프Talila Taguiev.

이 위원회가 청원서를 통해 제기한 핵심적인 요구사항은 "오는 7월 16~17일 벨디브 대검거 50주년 기념일에 국가수반인 프랑스공화국 대통령이 비시 프랑스 국가가 프랑스 유대인에 대한 박해와 범죄에 책임이 있음을 공식적으로 선언하고 인정"하라는 것이었다. 이러한 "상징적 행위"는 "이 침묵으로 고통받는 프랑스의 집단적 기억"이 요구하는 것이라고 벨디브위원회는 주장했다.

대통령에게 과거사에 대한 입장 표명을 요구한다는 이러한 전례 없는 청원운동은 꽤 성공을 거두었다. 6월 17일 일간지에 청원서가 처음 발표되면서 이미 227명의 명단이 실렸는데 그 문건의 서명자 수는 이후 한 달 동안 하루에 100명씩의 속도로 불어나 7월 중순에 이르면 수천 명에 달했다.

[그림 17-1] 벨디브 사건 당시의 동계경륜장. 벨디브 사건 당일인 1942년 7월 16일의 동계경륜장(약칭 벨디브)을 찍은 현존하는 유일한 사진. 건물 밖에 늘어선 버스들이 그날 유대인들을 이곳으로 이송한 차량들이다. 이 사진은 원래 다음 날 한 일간지에 실릴 예정이었으나 독일 검열당국에 의해 게재가 금지되었고 거의 반세기가 지난 1990년에야 파리시 역사도서관에서 발견되었다.

애초에 다른 일정이 이미 잡혀 있다는 이유로 벨디브 대검거 50주년 기념식 행사에 대통령이 참석하지 않을 것이라고 밝혔던 엘리제궁이 7월 10일 기존 입장을 번복하고 대통령이 그 행사에 참석하고 나아가 헌화까지 할 예정이라고 발표한 것도 바로 이러한 청원운동에 압박을 받은 결과라고 볼 수 있다.

이렇듯 무명의 좌파 지식인들에 의해 시작된 전례 없는 방식의 청원운동이 불과 한 달 만에 이러한 규모의 성공을 거두게 된 것은 무엇보다도, 반세기 전의 유대인 학살과 관련된 비시정부 인사들에 대한 반인륜범죄 재판이 잇달아 무산되거나 지연되던 당시 상황에 크게 힘입은 것이었다. 즉, 독일인인 리옹 지역 게슈타포 지휘관 클라우스 바르비Klaus Barbie가 1983년에 체포되어 1987년에 반인륜범죄 재판을 받았던 반면, 최초로 반인륜범죄로 기소된 프랑스인인 장 르게Jean Leguay(비시정부 경찰 총수의 독일 점령 지구 파견 대표)는 1989년에 사망함으로써 재판이 무산되었고, 비시정부 경찰 총수 부스케는 1991년에 역시 반인륜범죄로 기소되었으나 계속해서 재판이 지연되었으며, 1983년에 반인륜범죄로 기소된, 강점기 지롱드 도청 사무국장 모리스 파퐁Maurice Papon은 1987년에 공소가 기각되었다. 특히나 프랑스 사회의 분노를 폭발시킨 것은 1992년 4월 13일 파리 항소법원이 반인륜범죄로 체포되었던 민병대 제2국 국장 폴 투비에Paul Touvier에게 면소판결을 내린 것이었다. 비시체제는 나치 독일과 달리 "이데올로기적 헤게모니 정책을 수행하는 국가"로 볼 수 없으며 따라서 그러한 비시체제에 속한 민병대의 간부로서 투비에가 저지른 행위는, "이데올로기적 헤게모니 정책을 수행하는 국가"와 관련되는 경우에만 적용되는 '반인륜범죄'에 해당하지 않는다는 것이 항소법원이 제시한 면소판결의 이유였다.

이렇듯 사법적 방식의 과거사 청산이 제대로 진척되지 않자 국가수반의 공식 선언이라는 정치적 방식의 과거사 청산이, 무산되거나 지연된 반인륜범죄 재판에 대한 일종의 대안이나 보완책으로 추구된 것으로 볼 수 있다. 요컨대 반세기 전의 반인륜범죄에 대한 재판들이 계속해서 지연되던 중에 특히 1992년 4월 투비에의 면소판결이 기폭제가 되어 마침 프랑스 반인륜범죄의 대표적 사건이라 할 벨디브 사건의 50주년 기념일을 앞둔 상황에서 청원운동이 시작되어 상당한 성공을 거둔 것이다.

그러나 이 운동의 성공은 수천 명의 서명자들을 끌어모으고 미테랑 대통령을 벨디브 50주년 기념식 행사에 오게 한 것, 딱 거기까지만이었다. 미테랑 대통령은 청원서가 《르 몽드》지에 발표되고 나서 거의 한 달 만인 7월 14일이 되어서야 반응을 보였는데 그 내용은 벨디브위원회의 요구를 정면으로 거부하는 것이었다. 청원서의 요구와 관련해서 그는 1940년에 존재한 "프랑스 국가"는 "공화국이 아니라 비시체제"였으므로 "해명을 요구해야 하는 대상은 바로 이 프랑스 국가", 즉 비시체제라고 주장했다. 또한 공화국은 탄생 이후 두 세기 내내 인종차별에 반대해 왔고 "프랑스 유대인들"을 포함해서 모든 시민에게 "전적으로 열린 태도"를 취해 왔으므로 그러한 "공화국에 해명을 요구하지 말 것"을 여러 차례 강조했다. 미테랑의 이러한 주장에 깔린 핵심적인 전제는 공화국과 비시체제의 근본적인 대립이었다. 이러한 답변 과정에서 그는 "레지스탕스, 이어서 드골정부, 다음에 제4공화국 및 이후 공화국들은 이러한 프랑스 국가(비시체제를 지칭—필자)의 거부에 기반한 것"임을 힘주어 강조했던 것이다.

미테랑이 벨디브 청원서와 관련된 입장을 처음 표명한 날 바로 다음다음 날이 문제의 7월 16일이었다. 정확히 50년 전 수도 한복판에서 프랑스 경찰이 약 1만 3,000명의 유대인들을 검거했던 날인 7월 16일, 옛 동계경륜장 부지에서 열리는 벨디브 대검거 50주년 기념식에서 과연 대통령이 어떠한 행동을 취할 것인지가 초미의 관심사가 되었다.

사실, 벨디브 기념식은 파리 제15구 그르넬Grenelle 대로 8번지 벨디브 건물(1959년에 철거된 이후에는 벨디브 부지) 입구에서 해방 후(1946)부터 반세기 내내 철저히 사적私的인 성격의 행사로 수행되었다. 1982년의 40주년 기념식에는 파리시장 자크 시라크가 참석했고 1986년에는 벨디브 사건의 정황과 정확한 희생자 수를 명시한 기념 동판이 역시 시라크 시장의 제막으로 설치되기도 했지만 1992년까지도 벨디브 기념식은 국가기관이 아니라 유대인 단체들이 조직한 것이었다.

　이렇듯 주로 유대인들의 행사였던 이 벨디브 기념식에 1992년만큼은 매우 이례적으로 정부 요인들과 정치인들이 대거 참석했다. 대통령만이 아니라 상원의장과 하원의장, 여러 장관과 의원들, 헌법위원회 위원장, 경찰청장, 일 드 프랑스 지역 지사가 이 기념식에 참석했던 것이다. 그날 오후 6시 기념식이 시작된 그르넬 대로 8번지에는 모두 2,000명 이상에 달하는 전례 없는 규모의 인파가 운집했다.

　그러면 미테랑은 벨디브 50주년 기념식에서 어떠한 정치행위를 했을까? 기념식이 시작되고 우선, 벨디브 사건 생존자의 증언이 있었고, 프랑스유대인기관대표회의Conseil représentatif des institutions juives de France(CRIF) 의장 장 칸Jean Kahn의 연설과 파리 제1부시장의 시라크 시장 기념사 대독이 이어졌다. 우리가 해야 할 "선택은 진실과 거짓말 사이가 아니라 진실과 침묵 사이"라는 시라크의 기념사는 비시 범죄에 대한 반세기 동안의 공식적 침묵을 깨자는 벨디브위원회의 촉구와 동일한 맥락의 것으로 해석될 수 있었다. 이어서 그날 기념식의 유일한 정부 요인의 공식 연설이었던 퇴역군인-전쟁희생자부 국무서기 루이 멕상도Louis Mexandeau의 연설이 있었는데 바로 이 연설 도중에 미테랑이 도착했다. 대통령의 모습이 보이자 청중 후미에서부터 격렬한 야유와 휘파람 소리가 급속히 터져 나왔다.* 심지어 "미테랑을 비시로!"라는 구호까지 등장했다. 이러한 야유 소리가 점점 커져 대통령을 맞는 갈채 소리를 압도하자 기념식 사회자이자 프랑스

유대인기관대표회의 부의장인 앙리 불라브코Henry Bulawko가 급히 마이크를 잡고 야유를 퍼붓는 청중을 향해 이는 "고인들의 명예를 모독"하는 행위라고 외치면서 "품위 있게 대통령을 맞이할 것"을 촉구했다. 소란이 겨우 잠잠해지자 멕상도가 연설을 마저 끝냈고 이어서 칸이 "대통령의 참석은 공화국 프랑스가 강점과 협력의 암울한 시절을 은폐하기를 원치 않는다는 것을 확실히 보여 준다"는 말로 미테랑에게 환영의 의사를 표했다. 그러나 미테랑이 벨디브 기념 동판 앞에 헌화하기 위해 자리에서 일어서자 다시 야유 소리가 터져 나왔고 이번에는 주최 측이 유도한 갈채 소리가 야유 소리를 압도했다.

그리고는 헌법위원회 위원장인 로베르 바댕테르Robert Badinter가 분노에 찬 표정으로 연단에 올랐다. 그 자신, 아버지를 나치 독일의 절멸수용소에서 잃은 유대인인 바댕테르는 "당신들은 나를 수치스럽게 했다! 입 다물든가 이곳을 떠나라! 당신들은 당신들이 기여한다고 믿는 그 대의를 모독하고 있다"라고 외쳤다. 다음 날 일간지들은 일제히 제1면에 벨디브 기념식을 대표하는 사진으로 바로 이 모습, 즉 바댕테르가 연단에서 손가락을 치켜들고 분노한 모습을 실었다. 이어서 바댕테르는 정부의 공식 입장이 아니라 개인적 자격으로 발언하는 것이라고 밝히면서 주목할 만한 연설을 했다. 그는 50년 전 벨디브 대검거작전에서 나치를 위해 체포를 지시한 것은 "비시 책임자들"로, "프랑스 당국의 적극적 협력이 없었다면" 이 작전은 "절대 실현될 수 없었을 것"이고, 비시 책임자들이 프랑스계 유대인들을 구하기 위해 외국계 유대인들을 독일 측에 넘겼다는 자기변호 논리는 "기괴"할 뿐 아니라 "거짓말"이며 벨디브의 어린이들은 유대인에 대한 비시의 범

---

* 당시 목격자들은 이러한 야유가 주로 우파 시온주의 청년 조직인 '베타르Bétar', 좌파 반파시즘 조직인 '라르프롱Ras l'front', '프랑스유대인학생연합' 소속의 젊은이들로부터 나왔다고 진술했다.

죄를 상징한다고 주장했다. 바댕테르는 다소 길게 비시정부의 책임을 거론하고 나서 연설 말미에 "공화국은 자신의 적들인 비시 사람들이 저지른 범죄에 책임이 있는 것으로 간주될 수 없을 것"이라고 못 박았다.

결국 미테랑 대통령은 벨디브 기념식에 참석은 했으되 식장에서 단 한마디도 하지 않은 셈이었다. 어떤 이들은 그래도 현직 대통령으로서는 최초로 벨디브 기념식에 참석하고 헌화까지 했다는 것, 그리고 대통령 자신은 발언하지 않았지만 최고위급 정부 요인 바댕테르의 입을 통해 비시정부의 범죄와 책임을 명확히 인정했다는 것에 다행스러워하고 만족했던 반면, 또 다른 이들은 대통령이 끝까지 침묵을 지킨 점과 바댕테르의 연설조차 이틀 전 대통령의 입장과 다를 바 없다는 점에 대해 실망했다.

벨디브위원회는 "비시 프랑스 국가의 책임을 정당하게 규탄"한 바댕테르의 연설을 높이 평가하면서도 "그리도 기대되었던 상징적 행위"를 대통령이 하지 않은 것에 아쉬움을 표했다. 나아가 그 위원회는 대통령의 상징적 행위에 대한 기존 요구에 덧붙여 새로운 요구를 제기했다. 7월 16일을 "비시 프랑스 국가가 유대인들에게 자행한 박해와 범죄의 국가기념일"로 제정하는 법을 의회에서 통과시킬 것을 의원들에게 촉구했던 것이다. 이는 대통령의 입장 표명(7월 14일)과 침묵(7월 16일)으로 더 이상 대통령에게 기대하기 어렵다는 판단에서, 동시에 대통령의 기념식 참석과 헌화로 부분적이나마 기존 요구가 만족되었다는 인식에 따라 행정부에서 입법부로 요구 대상을 바꾸었다고 볼 수 있다. 국가기념일 제정은 대통령의 선언보다는 여론에 대한 파급 효과가 덜하겠지만 영속성은 훨씬 클 것이었다.

국가기념일 제정

1992년 7월 16일의 50주년 벨디브 기념식 이후 벨디브위원회가 더 이상 대통령에게 기대를 걸지 않고 의원들에게 국가기념일 제정을 촉구하자 의원들은 바로 화답했다. 7월 20일, 미테랑이 속한 당인 사회당의 의원이자 하원 재정위원회 위원장인 장 르 가렉Jean Le Garrec이 7월 16일을 국가기념일로 제정하는 법안을 제출하겠다고 발표한 데 이어 사회당의 하원의원 133명과 상원의원 28명이 서명한 법안을 10월 6일에 제출했던 것이다. 법안의 명칭은 "비시 프랑스 국가에 의해 자행된 인종주의적·반유대주의적·외국인 혐오적 박해와 범죄"의 국가기념일을 제정하자는 것으로, 벨디브위원회가 제안했던 용어와 거의 유사했다. 곧이어 나흘 뒤에는 공산당의 상원의원 샤를 르데르망Charles Lederman이 비슷한 법안을 상원에 제출했다.

1992년 7월 16일의 벨디브 50주년 기념식에서 대통령이 끝내 침묵을 지킨 것에 실망한 끝에 벨디브위원회가 처음 제기하고(7월 19일) 의원들이 화답한(10월 6, 10일) 기념일 제정 문제는 놀랍게도, 의회에서가 아니라 대통령의 결단이란 방식으로 해결되었다.

유대인 단체들은 이 법안을 통과시킬 것을 촉구했다. 즉, 프랑스유대인기관대표회의는 상·하원에 "정식 문안"을 통해 "프랑스 국가가 프랑스 땅 위에서 저지른 비열한 행위의 기억을 영속화할 것"을 요구하는 게 반드시 필요하다고 주장했는데, 여기서 이 '정식 문안'은 아마도 법안, 그중에서도 벨디브 기념일 제정 법안을 가리키는 것으로 보인다. 프랑스유대인학생연합은 아예 명시적으로, 르 가렉 법안을 통과시킬 것을 요구했고, 프랑스유대인기관대표회의 의장 칸 역시 보름 뒤, 프랑스유대인기관대표회의는 르 가렉 법안을 "전적으로 지지한다"고 피에르 베레고부아Pierre Bérégovoy 총리에게 말했다. 칸의 이러한 의사 표명에 베레고부아 총리는 이 문제에 대해 대통령이 조속한 시일 내에 답할 것이라고 밝혔다. 총리가 밝힌 구체적인 내용은 1993년 2월 3일에 드러났다. 대통령령이 그것이었다. 벨디브 국가기념일은 의회에서 법으로 제정된 것이 아니라 대통령에 의해 대통령령으로 포고되었던 것이다.

미테랑에게 대통령령을 통한 벨디브 기념일 제정은 비시 책임 문제에 대해 모종의 행위를 하라는, 1992년 6월 이래 지속되어 온 요구를 받아들이는 방식이자, 벨디브 기념과 관련하여 의원들에게 기선을 빼앗기지 않는 방법이었다. 게다가 대통령령의 포고는 르 가렉 법안의 존재 이유를 없앰으로써, 법안 통과를 위한 의회 토론—자신에게 별반 유리할 게 없는—을 건너뛸 수 있는 방식인 동시에 총선(1993년 3월 21~28일)이 얼마 안 남은 상황에서 여론의 지지를 얻을 수 있는 방법이기도 했다.

그러면 이렇듯 우여곡절 끝에 포고된 '1993년 2월 3일의 대통령령'은 구체적으로 어떤 내용을 담고 있을까? 우선, 눈에 띄는 것은 그 법령의 명칭이다. 그 명칭은 "이른바 '프랑스 국가 정부'라는 사실상의 권력체(1940~44)하에서 자행된 인종주의적·반유대주의적 박해의 국가기념일을 제정하는 명령"이었는데 애초에 벨디브위원회가 요구했던 것이나 르 가렉 법안의 명칭과 비교하면 그 차이가 확연히 드러난다. 우선, 벨디브위원회와 르 가렉은 범죄의 주체로 "비시 프랑스 국가"라는 용어를 썼는데 이 법령은 "이른바 '프랑스 국가 정부'라는 사실상의 권력체"라는 꽤 긴 용어를 썼다. 대통령령의 용어는 다름 아닌 드골이 비시정부에 대해 제2차 세계대전기부터 써 왔고 해방 전후의 드골 임시정부 법령들에서도 공식적으로 채택된 것이었다. 즉, 프랑스의 공식 정부가 아니라 "사실상의 권력체"에 불과하다는, 강점기 비시정부에 대한 드골의 인식과 해방 후 프랑스의 공식적 입장을 그대로 반영한 용어였다.

보다 중요한 차이는 바로 다음 부분이었다. 벨디브위원회의 제안과 르 가렉 법안은 비시 프랑스 국가"에 의해 자행된"이라고 쓰고 있는 데 비해 대통령령은 사실상의 권력체"하에서 자행된"이란 표현을 썼다. 벨디브위 원회와 르 가렉 및 사회당 의원들이 범죄의 주체를 명확히 비시체제로 규 정하고 있는 반면, 미테랑은 단지 그 체제"하에서" 벌어진 범죄라고 표현 함으로써 범죄의 주체를 모호하게 처리하고 사실상 생략해 버린 것이다.

법령의 내용은 총 세 개의 조항으로 구성되었다. 제1조는 벨디브 대검거 가 벌어졌던 7월 16일이 일요일인 경우 그날, 일요일이 아닌 경우 그다음 일요일이 그러한 국가기념일이 될 것임을 규정했다. 제2조는 정부가 매년 그러한 기념일에 벨디브 부지에 세워질 기념물 앞에서 공식 기념식을 가 질 것이며 지방에서도 각도 도청 소재지에서 지사의 주도로 비슷한 기념 식을 열 것임을 명시했다. 끝으로 제3조에서는 퇴역군인부 국무서기가 벨 디브 부지, 집결수용소들의 부지 등에 기념물을 세우는 사업을 담당하는 위원회를 구성할 것임이 규정되었다.[2]

이렇듯 명칭부터 한계를 가진 법령이기는 하지만 자국의 수치스런 과거 사를 국가기념일로까지 정한 것 자체는 용감한 행위라 아니할 수 없다. 단 지, 기념일로만 정한 것이 아니라 정부가 나서서 매년 자국의 과거 범죄행 위를 상기시키고 반성하는 기념식을 가지고 그것도 수도 파리에서만이 아 니라 전국 각지에서 매년 그러한 의식을 가질 것을 규정하였으므로 이러한 기념일 제정이 교육적 가치가 훨씬 더 지속적이라고 볼 수 있을 것이다.

또한 프랑스 정부의 벨디브 기념일 제정은 국제적으로도 중요한 의미가 있었다. 1993년 2월 3일의 대통령령은 이스라엘 밖에서는 세계 최초로, 홀 로코스트에 관련된 국가기념일을 법으로 제정한 사례였던 것이다. 이 법령 은 이후 세계 도처에서 수십 개 나라가 잇달아 자국의 홀로코스트 기념일을 제정하는 물결을 촉발했다. 일례로 독일 정부는 1996년에 '국가사회주의 체

제 희생자 추모일'을, 스웨덴은 1999년에 '홀로코스트 기념일'을, 이탈리아
는 2000년에 '기억의 날'을 각각 제정했다. 이 나라들 정부 대부분이 아우슈
비츠 절멸수용소 해방 기념일인 1월 27일을 그러한 날짜로 택했다.

한편, 벨디브 기념일을 프랑스 국내의 다른 기념일들과 비교해 보면 매
우 독특한 의미가 드러난다. 제2차 세계대전과 관련된 국가기념일 세 개
(강제 이송 기념일인 4월의 마지막 일요일, 독일 항복 기념일인 5월 8일, 벨디브
기념일인 7월 16일) 가운데 두 개가 '강제 이송'과 관련된 것이고, 유대인 박
해를 추모하는 국가기념일은 있는 반면, 오히려 레지스탕스를 기념하는
국가기념일은 전혀 없었던 것이다. 이는 해방 후부터 1960년대 말이나
1970년대 초까지 레지스탕스의 기억을 찬미하고 유대인의 기억, 희생자의
기억을 억누르던 시기에 비해 기묘한 반전反轉인 셈이다.

이렇듯 제2차 세계대전 관련 국가기념일의 3분의 2가 강제 이송에 관한
날이란 것은 분명 역사적으로 불균형한 상태임에는 틀림없지만 그럼에도
두 강제 이송일의 탄생 과정과 성격을 비교해 보면 충분히 이해할 만한 상
황임을 알 수 있다. 일찍이 1954년에 제정된 강제 이송 기념일(4월의 마지
막 일요일)은 5월 8일(독일 항복일이자 유럽에서의 제2차 세계대전 종전일)이나
11월 11일(제1차 세계대전 종전일)과 마찬가지로 퇴역군인 단체의 제안으로
성립한 것이고, 절멸수용소들로 끌려간 유대인들이 아니라 주로 레지스탕
스 대원들의 강제 이송을 기억하려는 취지로 만들어진 것이었다. 그러다
가 1985, 1988년에 와서야 레지스탕스 대원들의 강제 이송과 유대인 학살
모두를 상기하자는 의미로 법이 개정되었다. 반면, 1993년에 도입된 벨디
브 기념일은 처음부터 유대인들의 희생만을 다루는 것이었다. 이는 반세
기 동안 누락되거나 억제된 유대인의 기억이 이제 거꾸로 폭발적으로 분
출하는 시대를 반영하는 것으로 볼 수 있다.

그에 못지않게, 아니 어쩌면 더 중요한 사실은 기존의 강제 이송 기념일

이 레지스탕스 탄압을 주로 다룬다는 점에서 저항의 기억과 나치 독일에 의한 억압의 기억을 반영하는 것이라면 이번에 도입된 벨디브 기념일은 (단지 유대인으로 태어났다는 이유만으로 박해당한 것이므로) 일방적 희생-피해의 기억과 (전적으로 프랑스 경찰이 검거작전을 수행한 7월 16일을 택했으므로) 자국 정부의 범죄에 대한 반성을 반영한다는 점이 될 것이다.

나치 독일이 유일한 가해자가 아니라 프랑스 정부가 그 가해의 공모자라는 사실이 비록 전문역사가들에 의해서는 일찍부터 밝혀졌지만, 이제 공식적인 국가기념일로도 처음 표현되었다는 점에서 벨디브 기념일의 제정은 그 의미가 크다 하겠다.

시라크의 벨디브 53주년 연설

앞서 보았듯이 1993년 2월 3일의 대통령령은 벨디브 사건일을 국가기념일로 제정한 것만이 아니라 벨디브 부지에 기념물을 새로 세울 것 역시 규정했다. 이에 따라 벨디브 사건에 대한 기념물이 새로 건립되었는데 기존의 벨디브 기념식 장소가 아니라 새로운 장소에 세워졌다. 1946년부터 1993년까지 벨디브 기념식이 행해졌던 장소인 파리 제15구 그르넬 대로 8번지는 차량으로 붐비는 교차로 부근으로, 너무 협소하고 번잡해서 새 기념물은 센강 변의 확 트이고 보다 많은 사람이 모일 수 있는 공간에 세워졌고 이 기념물이 제막된 1994년 7월 17일부터는 이곳에서 벨디브 기념식이 열렸다.

새 기념물은 7명의 유대인이 동계경륜장에 수용되어 이송을 기다리는 모습을 조각한 것으로, 자신의 아이를 안고 있는 여성과 그 남편, 임산부와 그 남편, 인형을 만지작거리는 한 소녀, 짐 가방에 기대어 옆으로 누운

한 여성을 묘사하고 있다. 이 7명의 조각상 아래에 새겨진 문구는 이 기념물을 세우도록 규정한 1993년 2월 3일 대통령령의 명칭을 거의 그대로 따랐다. "프랑스공화국은 이른바 '프랑스 국가 정부'(1940~1944)라는 사실상의 권력체하에서 자행된 인종주의적, 반유대주의적 박해와 반인륜범죄의 희생자들에게 조의를 표한다. 절대로 잊지 말자." 즉, 이 문구 역시 "사실상의 권력체"라는 드골주의적 비시정부 및 "……하에서 자행된"으로 표현되는 범죄 주체의 누락을 그대로 반복했던 것이다.

1986년에 기존의 벨디브 기념식 장소에 설치되어 시라크 시장에 의해 제막된 기념 동판의 문구와 비교해 보면 그 차이가 확연히 드러난다. 1986년 동판의 문구는 다음과 같다.

[그림 17-2] 1994년에 제막된 벨디브 기념물. 벨디브 사건 당시의 상황을 묘사한 기념물이지만 정작 조각상 아래 새겨진 문구에는 벨디브 사건에 대한 직접적인 언급이 전혀 없다.

1942년 7월 16, 17일에 1만 3,152명[3]의 유대인들이 파리 및 교외에서 검거된 뒤 아우슈비츠로 이송

되어 살해되었다. 여기 세워졌던 동계경륜장에 4,115명의 아동, 2,916명의 성인 여성, 1,129명의 성인 남성이 나치 점령자들의 명령에 따라 비시정부의 경찰에 의해 비인간적인 조건에서 몰아넣어졌다. 이들을 도우러 오고자 한 사람들에게 감사를 표한다. 행인이여, 기억하라!

즉, 이 동판의 문구가 벨디브 사건의 날짜, 사건 개요, 검거된 유대인의 수와 벨디브에 수용된 아동의 높은 비율 등을 명확히 보여 주는 반면, 1994년 기념물의 문구는 벨디브 사건의 내용에 대해 최소한의 정보도 담고 있지 않다. 1986년의 동판이 오직 벨디브 사건만을 말해 주는 데 비해 1994년의 기념물은 벨디브 사건만이 아니라 비시체제하에서 벌어진 모든 반유대주의적 박해와 범죄를 포괄하는 데서 이러한 차이가 생겨난 것이지만 그럼에도 1942년 7월의 벨디브 상황을 묘사하고 벨디브

[그림 17-3] 1986년에 제막된 벨디브 기념 동판. 8년 뒤 세워진 기념물과 달리 이 동판에는 벨디브 사건의 개요와 검거된 유대인의 수가 명확히 표기되어 있다.

사건 장소 부근에 세워진 기념물에, 그 사건 자체에 대해서는 어떠한 언급
도 포함되지 않은 것은 아쉬운 점이 아닐 수 없다. 게다가 벨디브 사건을
묘사하는 7명의 유대인 조각상도 성인 5명에 아동 2명으로, 1942년 7월에
아동이 벨디브 수용자의 절반(50.4퍼센트)에 달했다는 사실을 제대로 보여
주지 않는다.

　벨디브 기념일이 제정되고 치러진 첫 기념식, 따라서 최초로 국가가 주
도하는 벨디브 기념식인 1993년 7월 16일의 51주년 기념식에는 총리만 참
석하고 대통령도, 파리시장도 참석하지 않은 반면, 이상에서 본 새 기념물
이 제막된 1994년 7월 17일의 기념식에는 미테랑 대통령, 발라뒤르Balladur
총리, 시라크 시장 모두 참석했다. 이날의 기
념식에서는 프랑스유대인강제이송자우애회
회장 불라브코가 연설했고 미테랑은 자신의
생애에서 마지막이 될 이 기념식에서 끝내 침
묵을 지켰다.

　침묵을 깬 것은 후임 대통령 시라크였다. 미

[그림 17-4] 1995년 7월 16
일 벨디브 사건 53주년 기념
식장에서 시라크 대통령이
연설을 하고 있는 모습. 전후
의 공화국 대통령이 벨디브
사건에 대해 사과한 것은 반
세기 만에 처음이다.

테랑 대통령이 벨디브 기념일 제정에도 불구, 임기를 마칠 때까지 그렇게 도 거부했던 행위, 즉 비시의 범죄에 대한 책임을 공식 인정하는 행위를 당선된 지 두 달 된 신임 대통령 시라크가 벨디브 53주년 기념식에서 해 냈다. 국가기념일 제정으로 국가가 주도하는 세 번째 기념식(1993, 1994년에 이어)이자 현직 대통령이 참석한 세 번째 기념식(1992, 1994년에 이어)인 1995년의 53주년 기념식에서 대통령이 직접 연설에 나선 것은 반세기 동안의 벨디브 기념식 역사상 처음 있는 일이었는데 최초라는 사실보다 더 중요한 것은 연설 내용이었다.[4] 시라크는 이 연설에서 "프랑스인들과 프랑스 국가"의 책임을 명시적으로 언급했던 것이다. 즉, 시라크에 따르면 "점령국의 범죄적 광기가 프랑스인들과 프랑스 국가에 의해 도움받았다." 벨디브 사건에서 이 도움이 구체적으로 어떠한 것이었는지도 명확히 밝혔다. "53년 전인 1942년 7월 16일 4,500명의 프랑스 경관과 헌병들이 그들의 지도자들의 권한하에서 나치의 요구들에 응답했다." 이는 범죄 주체가 누락된 1994년의 벨디브 기념물에 비해서뿐 아니라 1986년의 벨디브 기념 동판에 비해서도 타당한 역사적 인식을 담고 있다. 앞서 보았듯이 1986년의 동판에는 "나치 점령자들의 명령에 따라 비시정부의 경찰에 의해"라고 쓰여 있다. 하지만 독일 점령당국이 비시 경찰에 직접 명령을 내린 것이 아니라 독일 점령당국과 비시정부의 합의에 따라 비시정부가 자신의 경찰에 명령을 내린 것이므로 시라크의 연설 쪽이 역사적으로 더 타당한 언명을 한 것으로 볼 수 있다.

또한 시라크는 이 연설에서 벨디브 사건의 끔찍한 상황을 간략하게나마 구체적으로 묘사했다. "가족이 찢기고, 어미와 자식이 분리되고, 노인들이 거칠게 파리 버스들과 경찰청 호송차들에 던져졌"고, "동계경륜장으로 끌려간 희생자들은 끔찍한 조건에서, 비시당국이 연 경유 수용소들 중 하나로 끌려가기 전까지 여러 날을 기다려야 했다." 벨디브 사건만이 아니라 홀로코스트의 프랑스 희생자 전체 규모도 언급되었다. 파리와 지방에서 열차가 모두 "74회" 아우슈비츠로 떠났으며 총 "7만 6,000명"의 유대인이 "프랑스에서 이송되어 결코 돌아오지 않은 것"이었다.

시라크의 연설이 진정으로 한 획을 그은 것은 여기서 한걸음 더 나아갔다는 데 있다. 그는 독일강점기의 일부 "프랑스인들"과 (비시체제의 공식 명칭을 의미할 수도 있는) "프랑스 국가", 프랑스 경찰의 범죄행위를 인정하는 데 그치지 않고 "국가"의 과오와 "우리"의 책임까지 주장했던 것이다. 즉, 그는 "비시 프랑스 국가"나 (비시체제의 공식 명칭인) "프랑스 국가"가 아니라 어떠한 수식어도 달지 않은 그냥 "국가"가 저지른 "과오를 인정"한다는 표현을 썼고, "우리"는 프랑스에서 이송되어 학살당한 7만 6,000명의 유대인들에게 "용서할 수 없는 빚"을 졌다고 선언했다. 그냥 "국가"라는 표현을 쓴 것은 비시체제의 '국가'로서의 합법성에 보다 힘을 실어 주고 비시체제와 공화국 사이의 연속성을 함축하는 것으로 해석될 수도 있을 것이고, "우리"의 빚을 주장하는 것은 단지 과거 프랑스인들의 과오에 그치는 것이 아니라 현재의 우리까지도 그러한 과오에 책임을 져야 한다는 인식에 따른 것으로 볼 수 있다.

나아가 시라크는 "국가"와 "우리"만이 아니라 "프랑스"가 1942년 7월 16일 "돌이킬 수 없는 행위"를 저질렀다는 표현과 "집단적 과오"라는 용어까지 썼다. 이렇듯 "국가", "우리", "프랑스", "집단적 과오" 등의 표현을 쓴 것은 지금까지 프랑스 국가수반들의 인식과 질적으로 다른 점이자, 바로 그러했기 때문에 이후 격렬한 논란을 야기하게 된다.

그런데 여기서 간과하지 말아야 할 점은 시라크의 연설이 드골 이래 미테랑까지 이어져 온 전통과 완전히 단절한 것은 아니었다는 점이다. 미테랑이 벨디브위원회의 요구를 거부하며 1992년 7월에 주장했던 것이 공화국에 비시 범죄의 책임을 묻지 말라는 것이었는데 시라크 역시 과오는 물

[그림 17-5] 2017년에 조성된 벨디브 어린이 기념 정원. 1986년의 기념 동판과 1994년의 기념 조각상에 이어 벨디브 사건 75주년인 2017년에는 그 사건으로 희생된 약 4,000명의 어린이와 청소년을 추모하는 정원이 벨디브 부지에 조성되었다.

론이고 책임과 사죄의 주체로서 "공화국"이란 용어는 전혀 쓰지 않았다. 비시와 공화국—제3공화국이든, 제4, 5공화국이든—의 연속성을 명시적으로 주장하지도 않았고, "사실상의 권력체"라는 표현을 쓰지도 않았지만 그렇다고 "비시정부"라는 용어를 쓰지도 않았다. 무엇보다도 독일강점기의 프랑스는 "비시"나 "파리"가 아니라 "자유 프랑스(드골의 항독운동 조직을 지칭─필자)가 싸우고 있는 모든 곳"에 있었고 "드골 장군에 의해 구현"되어 "런던"에 있었다는 주장은 시라크가 오랫동안 드골주의 정당 공화국연합RPR(Rassemblement pour la République)의 당수(1976~1994)였음을 다시금 확인시켜 준다. 아울러 "계몽주의와 인권의 나라, 환대와 피난처의 나라인 프랑스"라든가, "프랑스는 전혀 반유대주의적인 나라가 아니라"는 주장, "프랑스의 정체성의 토대가 되는 인간주의적 가치, 자유와 정의와 관용이라는 가치" 같은 표현들은 시라크의 프랑스관이 기존의 전통적인 인식에서 전혀 벗어나지 않았음을 잘 보여 준다.

이러한 시라크의 연설은 2년 전의 국가기념일 제정보다 훨씬 더 여론의 압도적인 지지를 받았다. 연설이 있고 나서 4~5일 뒤 《목요일의 사건》지가 18세 이상 프랑스 국민들 1,001명을 대상으로 실시한 여론조사에 따르면 "벨디브 대검거 53주년에 자크 시라크 대통령이 프랑스 유대인의 강제이송에 대한 프랑스의 책임에 대해 말한 것"에 찬반을 묻는 문항에 72퍼센트가 찬성 입장을 표했다.*

비시의 범죄와 "프랑스"의 책임을 현직 대통령으로서는 처음으로 공식

* 반대 입장은 18퍼센트였고 나머지 10퍼센트는 응답하지 않았다. 또한 이 주간지의 여론조사는 1995년 7월까지 여전히, 벨디브 사건에 대해 "모른다"는 답변이 37퍼센트에 달하고 "유대인들이 프랑스 경찰/비시에 의해 검거되고 강제 이송된" 사건으로 알고 있다는 답변이 17퍼센트에 불과하다는 사실을 보여 주었다.[5]

인정한 시라크의 연설은 사회당의 일부 정치인, 공화국연합의 극소수 정치인, 국민전선과 극우 언론을 제외하고는 유대인과 비유대인, 좌파와 우파를 불문하고 전반적으로 상당한 지지를 받았고, 2년 전의 국가기념일 제정 때보다도 그 지지도와 파급 효과가 더 컸던 것으로 보인다.

5
의혹의 시대, 새천년의 명암

18
1954년 5월:
디엔비엔푸의 함락과 프랑스 식민제국의 해체

정재현

프랑스 식민제국의 형성과 전성기

17~18세기에 북아메리카, 카리브해, 아프리카, 인도양, 인도 등지에 많은
식민지를 보유했던 프랑스는 7년 전쟁(1756~1763)과 혁명 전쟁·나폴레옹
전쟁(1792~1815)을 거치면서 그중 상당수를 상실하였다. 프랑스는 1830년
7월 알제 정복을 계기로 다시 식민지 확보에 나섰다. 그리하여 20세기 초
까지 프랑스는 아프리카와 아시아, 인도양과 태평양에 걸쳐 영제국에 버
금가는 광대한 식민제국을 건설하였다. 북아프리카에서 프랑스는 알제리
를 지배하고, 튀니지와 모로코를 보호령으로 두었다. 사하라 이남 아프리
카에서는 세네갈, 기니, 코트디부아르, 다호메(베냉), 상부 볼타(부르키나파
소), 프랑스령 수단(말리), 니제르, 모리타니로 구성된 '프랑스령 서아프리
카'와 가봉, 중부 콩고(콩고공화국), 우방기샤리(중앙아프리카공화국), 차드로
구성된 '프랑스령 적도아프리카'를 보유하였다. 마다가스카르와 홍해 입
구의 지부티도 프랑스의 식민지였다. 아시아에서는 베트남, 캄보디아, 라
오스로 구성된 '프랑스령 인도차이나'를 지배했다. 그 외에도 프랑스는 누

벨칼레도니, 프랑스령 폴리네시아, 레위니옹, 과들루프, 마르티니크 등의 섬들을 보유하였다. 제1차 세계대전이 끝난 뒤에는 독일과 오스만제국이 지배하던 아프리카의 토고와 카메룬, 서아시아의 시리아와 레바논을 신탁 통치령이라는 형태로 관리하게 되면서 프랑스 식민제국의 영역이 더욱 늘어났다.

제1차 세계대전과 제2차 세계대전 사이의 기간은 프랑스 식민제국의 전성기였다. 식민제국의 면적은 1,184만 1,000평방킬로미터로 프랑스 본국 면적 55만 1천 평방킬로미터의 20배가 넘었다. 식민제국의 인구는 1935년 기준으로 6,600만 명으로 본국 인구 4,200만 명의 약 1.5배였다. 프랑스인들은 본국과 식민제국을 합쳐 '대프랑스la plus grande France'라고 부르며, 광대한 식민지를 보유한 프랑스의 힘에 대한 자부심을 표현하였다. 1931년 파리에서 열린 식민지 박람회는 식민지배에 대한 프랑스인들의 자신감을 여지없이 드러냈다.

그러나 1930년대는 프랑스 식민제국의 전성기인 동시에 여러 식민지에서 저항운동이 크게 성장한 시기이기도 했다. 1934년에 튀니지에서는 하비브 부르기바Habib Bourguiba를 중심으로 신 데스투르Néo-Destour당이 설립되었고, 1937년에 메살리 하지Messali Hadj는 알제리인민당을 창설하였다. 그렇지만 민족주의운동의 발전이 가장 두드러진 곳은 베트남이었다. 1930년에 베트남에서는 옌바이Yên Bái 의거와 응에띤Nghệ Tĩnh 소비에트 운동이 일어났다. 그렇지만 베트남이든 다른 식민지에서든 독립운동의 성장은 아직 식민지배 자체를 위협할 만큼 강력하지 않았다. 1930년대 말에도 식민지배에서 벗어나는 일은 여전히 요원해 보였다. 이러한 상황에 균열을 낸 것은 제2차 세계대전이었다. 특히 1940년 6월 프랑스가 독일에 패배하면서 프랑스 식민제국은 동요하기 시작하였다.

'디엔비엔푸로 가는 길'[1]: 인도차이나 전쟁의 발발과 전개

인도차이나에서는 1945년 3월 9일 일본이 일으킨 군사 정변으로 인해 19세기 후반부터 지속되어 온 프랑스의 식민지배가 한순간에 붕괴하였다. 이러한 상황에서 8월 15일 일본이 항복하자 베트남에는 '권력의 공백'이 생겼다. 이 틈을 타서 베트남 공산주의 세력이 주도하는 베트남독립동맹회(비엣민)가 '8월혁명'을 일으키고, 9월 2일 베트남민주공화국의 독립을 선포하였다.

그러나 프랑스 정부는 베트남의 독립을 인정할 의사가 없었다. 1945년 9월부터 프랑스군이 남부 베트남에 도착하여 비엣민 세력을 격퇴하기 시작했다. 1946년 초에 이르면 남부의 주요 도시들은 대부분 프랑스 세력이 다시 장악하였다. 그렇지만 프랑스로서도 비엣민이 더 확고한 세력을 확립한 북부에 대해서는 무력 정복에 나서기가 부담스러웠다. 그리하여 프랑스는 1946년 3월 6일 호찌민과 협정을 체결하여 베트남민주공화국을 프랑스연합Union française에 속하는 '자유 국가État libre'로 인정하였다. 사실 이는 모호한 타협안이었다. '자유 국가'는 법률적 근거가 없는 개념이었고, 프랑스 정부가 구상 중이던 '프랑스연합'의 구성과 작동 원칙도 아직 마련되지 않은 상태였다. 베트남의 정치적 지위를 명확히 하기 위한 협상은 그 뒤로도 계속되었지만, 호찌민과 프랑스의 의견차는 쉽게 좁혀지지 않았고, 1946년 8~9월에 퐁텐블로에서 열린 회담은 합의에 이르지 못한 채 끝났다.

이러한 정치적 교착 상태가 계속되는 동안 현지에서는 프랑스군과 베트남인 간의 충돌이 빈번하게 벌어졌다. 1946년 11월 23일에는 하이퐁에서 프랑스 전함의 포격으로 수천 명의 희생자가 발생했다. 이 사건은 평화적인 해결 노력을 물거품으로 만들었다.

마침내 1946년 12월 19일 하노이에서 벌어진 전투를 시작으로 인도차이나 전쟁이 본격적으로 막을 올렸다. 프랑스는 '비엣민' 세력을 손쉽게 진압할 수 있으리라 생각했다. 실제로 베트남민주공화국 군대는 제대로 된 훈련을 받은 적이 없고, 무기와 장비도 형편없었다. 이들이 할 수 있는 일은 고작해야 프랑스군과의 정면 대결을 피하고 게릴라전을 펼치면서 버티는 것뿐이었다. 그렇지만 기습공격을 가하고는 다시 정글로 사라지는 베트남민주공화국 정규군과 비정규군을 상대로 프랑스군은 고전을 면치 못하였다. 프랑스는 하노이, 사이공 등의 대도시와 메콩강, 홍강 하류 지역을 장악했지만, 그 외의 농촌과 산림 지역에 대한 통제권은 베트남민주공화국에 넘겨줄 수밖에 없었다.

[그림 18-1] 나산Na San 전투 (1952년 11월 23일~1953년 12월 2일). 진격하는 프랑스군 공수부대원.

다른 탈식민지화 전쟁과 마찬가지로 인도차이나 전쟁은 명확히 나뉜 영토를 가진 두 국가 간의 전쟁이 아니라 같은 영토에 대해 독점적

인 주권을 주장하는 두 국가권력이 공존하면서 경쟁하는 전쟁이었다. 주권이 행사되는 영토의 경계는 끊임없이 변동했으며, 심지어 낮에는 프랑스의 통제 아래에 있던 마을이 밤에는 베트남민주공화국이 보낸 요원과 협력하기도 하였다. 그리고 이 같은 주권의 지속적인 이전은 잔인한 폭력을 동반했다. 프랑스군은 베트남민주공화국 병사들을 숨겨 주고, 그들을 지원했다고 의심되는 마을 주민들을 죽이거나 마을을 통째로 불태우곤 했다. 고문과 강간도 상습적으로 일어났다. 물론 베트남민주공화국 측도 '부역자'로 의심되는 베트남인들을 서슴지 않고 처단하곤 했다.

1949~1950년까지 인도차이나 전쟁은 정치적으로 보자면 독립을 열망하는 베트남인들과 식민지배를 재확립하려는 프랑스인들 간의 전쟁이었고, 군사적으로 보자면 베트남민주공화국군의 게릴라전과 프랑스군의 대對게릴라전 작전을 중심으로 전개된 전쟁이었다. 그러나 이 전쟁은 1949~1950년경에 일어난 세 가지 상호 연관된 변화로 인해서 새로운 성격을 띠게 된다.

첫 번째는 1949년 7월 2일 프랑스연합에 속한 '연합 국가État associé'로서 '베트남 국가État du Viêt-Nam'가 수립된 것이다. 1945년 '8월혁명' 때 퇴위했던 옛 황제 바오다이Bảo Đại를 수반으로 한 이 '연합 국가'는 프랑스로부터 상당한 자치권을 약속받았지만, 군사·외교 등의 영역에서 여전히 주권 행사를 제약받는 불완전한 국가였다. 프랑스는 베트남인들의 자치 국가가 베트남 반공주의자들의 구심점이 되어 베트남민주공화국의 공산주의자들에 대항하기를 기대하였다. 비록 프랑스가 기대했던 것만큼은 아니지만, 바오다이의 '연합 국가'가 수립되자 프랑스의 식민지배에 반대했던 일부 베트남인들이 이에 합류했다. 그러면서 이 전쟁은 내전적 성격까지 띠게 되었다.

두 번째 중요한 변화는 전쟁의 국제화였다. 1949년 10월 중국공산당이 국공내전에서 승리하면서 호찌민의 베트남민주공화국은 국제적 고립에서 벗어날 수 있었다. 중국은 인도차이나 전쟁에 직접 병력을 파견하지는 않았지만, 무기와 물자를 제공하고, 군사 고문단을 보내 베트남민주공화국에 큰 도움을 주었다. 거의 동시에 미국도 프랑스를 지원하기 시작하였다. 본래 인도차이나에서 식민지배를 재확립하려는 프랑스의 움직임에 회의적이었던 미국은 아시아에서 공산주의 세력이 확산하자 태도를 바꾸었다. 실제로 인도차이나 전쟁에서 프랑스가 미국으로부터 지원받은 무기와 물자의 양은 베트남민주공화국이 중국으로부터 받은 것보다 훨씬 많았다. 이와 같은 중국과 미국의 개입으로 인해 인도차이나 전쟁은 동서 냉전의 최전선이 되었으며, 탈식민지화와 냉전이 긴밀하게 얽힌 전쟁이 되었다.

1949~1950년경에 일어난 세 번째 주요한 변화는 베트남민주공화국이 전시 공산주의 국가로 탈바꿈한 사실이다. 베트남민주공화국의 지도자들은 게릴라전이 효과적이긴 하지만, 프랑스 세력을 몰아내려면 더 강력한 전쟁 수행 능력을 갖춘 국가가 필요하다는 점을 인식하였다. 그러려면 더 강도 높은 동원이 이루어져야 했고, 인민에 대한 당의 장악력이 강화되어야 했다. 1949~1950년경 베트남 공산주의자들은 중국공산당을 모델로 삼아 베트남민주공화국을 공산주의 일당제 국가로 변모시키는 작업에 착수했다. 이로써 베트남민주공화국은 더 강도 높은 전쟁 수행 능력을 갖춘 국가로 거듭났다. 1950년부터 베트남 인민군은 기존의 게릴라 전술뿐 아니라 대규모 병력을 동원한 전면전까지 감행하였다. 대규모 정규군을 가동하고, 후방의 인민을 총력전에 동원할 수 있는 국가는 식민주의 국가가 다른 탈식민지화 전쟁에서 상대해야 했던 적과는 전혀 다른 유형의 적이었다.

그리하여 인도차이나 전쟁은 민족주의의 기치 아래 펼쳐진 탈식민지화 전쟁인 동시에 '국제적 내전'이 되었으며, 게릴라전과 함께 전통적인 형태의 대규모 전투가 펼쳐지는 전쟁이 되었고, 식민주의 국가가 아직 불완전하지만, 총력전을 수행할 만큼 강력한 국가를 상대해야 하는 전쟁이 되었다.

무관심 혹은 '더러운 전쟁':
인도차이나 전쟁에 대한 프랑스의 여론

1945년까지 프랑스 사회는 정치적으로나 정신적으로나 탈식민지화를 맞이할 준비가 되어 있지 않았다. 물론 프랑스인 대부분은 식민지 문제에 무관심했고, 무지했다. 그러나 그러면서도 그들은 식민제국이 프랑스의 힘과 이익에 크게 이바지한다고 막연히 생각했고, 식민지 보유에 집착하였다. 이러한 경향은 제2차 세계대전 종전 후에 더 심화하였다. 프랑스가 더이상 국제 무대에서 강대국의 지위를 유지하기 어렵게 된 상황에서 식민지는 프랑스가 여전히 강대국이라는 환상을 유지할 수 있도록 해 주는 유일한 요소가 되었기 때문이다. 프랑스인들은 식민지를 상실한 프랑스가 평범한 국가로 전락할까 봐 두려워하였다.

　실제로 인도차이나의 식민지배가 프랑스에 대단한 이익이 되지는 않았다. 반면에 전쟁에 쏟아부어야 하는 비용은 계속 치솟았다. 그러나 그렇다고 해서 인도차이나를 포기한다면 프랑스의 지배에서 벗어나려는 독립운동의 불길이 다른 식민지로 옮겨붙을 것이 뻔했다. 그러므로 전쟁 비용이 아무리 많이 들어도 프랑스로서는 인도차이나를 쉽게 포기할 수 없었다. 알제리 총독을 지낸 모리스 비올레트Maurice Violette는 1950년 10월 19일 하원 회의에서 호찌민과의 협상을 주장하는 피에르 망데스 프랑스Pierre Mendès France를 상대로 다음과 같이 일갈하였다. "당신은 전쟁을 피하자고 하면서 다른 데 불을 붙이려 하고 있습니다.……협상에 임하는, 즉 호찌민

앞에 굴복하는 잘못을 저지른다면 다음에는 마다가스카르, 튀니지, 알제리에서 굴복해야 할 것입니다."[2] 베트남의 독립이 프랑스 식민제국 해체의 신호탄이 되리라는 우려는 사실 정확한 예상이었다.

이처럼 인도차이나 전쟁 초기에 이 전쟁을 정당화한 논리는 식민지 제국의 유지가 프랑스의 국익에 이바지한다는 것이었다. 그러나 1949~1950년경에 전쟁의 성격이 바뀌면서 국익의 논리가 차지하던 자리를 점점 더 반공주의의 논리가 대체하였다. 이제 호찌민은 베트남의 독립을 위해서 싸우는 민족주의자가 아니라 소련이나 중국의 '꼭두각시'로 묘사되었다. 그리고 프랑스의 군사 행동은 국제 공산주의에 맞서 '자유 세계'를 지키고, 베트남인들에게 진정한 자유와 독립을 제공하기 위한 것으로 포장되었다. 1951년 4월 19일에 드 라트르 드 타시니Jean de Lattre de Tassigny 장군이 베트남 '연합국가'의 베트남인들을 상대로 한 연설은 바로 이러한 논리에 기초하였다.

우리 부대가 [당신들을] 지켜 주는 까닭은 독립을 키워 가는 베트남이 충분히 강해질 시간과 수단을 주기 위함일 뿐입니다. 그렇게 해서 자신을 구하고, 자신의 모든 에너지를 모을 수 있도록 말입니다. 내가 이곳에 있는 것은 당신들의 독립을 완수하기 위해서지 그것을 제한하기 위해서가 아닙니다.[3]

이러한 담론은 프랑스가 이 전쟁을 벌이는 근본적인 이유가 인도차이나에서 자기세력을 유지하기 위함이라는 사실을 은폐한다. 그렇지만 아시아에서 공산주의 확산을 막기 위해 전쟁을 계속해야 한다는 논리는 프랑스를 자가당착의 덫에 빠뜨렸다. 이 전쟁이 베트남의 '진정한 자유'를 위한 것이라면 프랑스가 굳이 많은 희생을 치러 가면서 전쟁을 계속해야 하는 이유가 도대체 무엇인가? 점점 더 많은 프랑스인이 이러한 질문을 던지기 시작했다.

전쟁이 장기화하자 염증을 느끼는 프랑스인들이 늘어 갔다. 인도차이나 전쟁은 '인기 없는' 전쟁이었으며, 프랑스 국민은 이 전쟁을 정당하거나 필요하다고 느끼지 못하였다. 그러나 프랑스인 가운데 점점 더 많은 수가 인도차이나 전쟁에 등을 돌렸다고 해도 식민주의 자체를 문제삼거나 베트남인들의 대의에 공감하는 이들은 여전히 많지 않았다. 인도차이나 전쟁에 대한 프랑스인 대부분의 태도는 반식민주의보다는 냉담함이었다.

하지만 모두가 그렇지는 않았다. 전쟁이 지속되면서 적극적으로 전쟁에 반대하고, 식민주의 자체를 비판하는 이들이 나타났다. 그 가운데 소수의 지식인과 언론인이 있었다. 1949년에 《테무아냐주 크레티앙*Témoignage chrétien*(기독교인의 증언)》지는 프랑스군이 포로들을 고문한다는 사실을 폭로하여 큰 반향을 일으켰다. 그 외에 엠마뉘엘 무니에Emmanuel Mounier의 《에스프리*Esprit*(정신)》이나 장폴 사르트르Jean-Paul Sartre와 시몬 드 보부아르Simone de Beauvoir가 창간한 《레 탕 모데른*Les temps modernes*》이 정부의 인도차이나 정책을 비판하는 대표적인 언론이었다. 인도차이나 전쟁을 거치면서 소수의 진보적인 기독교 지식인들은 교회와 식민주의 사이의 공모관계를 끊어 내는 데 이바지하였다. 베트남을 전문으로 연구하는 학자들 가운데에는 1952년에 《베트남, 전쟁의 사회학*Vietnam, sociologie d'une guerre*》을 출간한 폴 뮈스Paul Mus가 인도차이나 전쟁에 대한 비판에 앞장섰다. 비록 알제리 전쟁만큼 격렬한 논쟁이 벌어지지는 않았지만, 인도차이나 전쟁도 프랑스 지식인들의 '사회 참여engagement'의 역사에서 중요한 순간 가운데 하나였다.

그렇다고 해도 인도차이나 전쟁에 대한 비판에서 가장 중요한 역할을 한 것은 프랑스공산당이었다. 프랑스공산당은 인도차이나 전쟁이 국제적 이데올로기 전쟁의 성격을 강하게 띠기 시작한 1949년부터 적극적인 전쟁 비판에 나섰다. 그들은 이 전쟁을 제국주의 미국을 위해서 베트남 인민의 자유를 억압하는 '더러운 전쟁sale guerre'으로 규정하고, '인도차이나 전쟁에 더 이상 사람 한 명도, 돈 한 푼도 안 된다Plus un homme, plus un sou pour la guerre d'Indochine'라는 표어를 내세우며 대중을 동원하였다. 1949~1950년에 노동총연맹CGT 소속의 일부 노동자들은 인도차이나 전쟁에 쓰일 군수물자의 제조, 수송, 선적을 거부하는 운동을 벌였으며, 알제리, 마르세유, 됭케르크, 라로셸의 부두 노동자들은 이 운동에 특히 적극적으로 참여했다. 그러나 노동자들 대부분은 적극적인 투쟁에 나서기를 주저했다. 그들도 인도차이나 전쟁이 자신과 직접 관련된 문제라고 느끼지 못했다.

노동자들의 저항은 1950년 초를 지나면서 한풀 꺾이지만, 곧바로 앙리 마르탱Henri Martin 사건이 터지면서 인도차이나 전쟁 반대 여론이 다시 활기를 띠었다. 군인 신분이었던 앙리 마르탱은 툴롱의 해군기지에서 신병들에게 인도차이나 전쟁 반대 전단을 배포한 혐의로 1950년 3월에 체포되었다. 공산당은 그의 구명운동에 착수했으며, 공산주의자가 아닌 지식인 중에서도 많은 동조자를 얻었다.

프랑스공산당의 반제국주의 노선 덕분에 프랑스 사회에서도 식민지 해방운동에 동조하는 이들이 조금씩 늘어났다. 그러므로 프랑스공산당이 프랑스 사회의 '정신적 탈식민지화'에 이바지했다는 사실은 무시할 수 없다. 그렇지만 국제적 동서 대립이 고조되던 당시에 프랑스공산당은 정치적으로 고립되어 있었다. 공산당의 인도차이나 전쟁 반대운동에 대해 주류 언론은 "프랑스 공산주의자들의 운동은 진정한 반역행위의 성격을 띠고 있다. 이는 정말로 등에 칼을 꽂는 행위"라고 반응하였다.[4] 이러한 분위기에서 프랑스공산당을 중심으로 전개된 반식민주의 정치는 지지자를 확대하는 데 한계가 있었다.

이처럼 인도차이나 전쟁은 프랑스 사회를 분열시켰다. 인도차이나 전쟁이 국제적 내전이 되었다면 그것은 베트남에서만 그러한 것이 아니라 어느 정도는 프랑스에서도 그러했다. 프랑스의 탈식민지화는 외부의 적과 치러야 했던 싸움뿐 아니라 내부에서 일어난 치열한 대립도 거치면서 진행되었다. 그리고 그것이 남긴 상처는 그 후로 탈식민지화에 대한 프랑스 사회의 기억에도 흔적을 남겼다.

'매우 좁은 장소에서 펼쳐진 지옥'[5]: 디엔비엔푸 전투의 전개와 영향

1953년 5월에 앙리 나바르Henri Navarre 장군이 극동원정군 사령관으로 임명되었을 때 프랑스 측의 전황은 암울했다. 《르몽드》지의 5월 21일 자 기사는 "프랑스 당국자들은 비엣민에게 결정적 승리를 거둘 수 있다고 더는 믿지 않는다"라고 썼다. 이어 "진정한 문제는 인도차이나의 사령부 자신

[그림 18-2]
베트남 북부 지도.

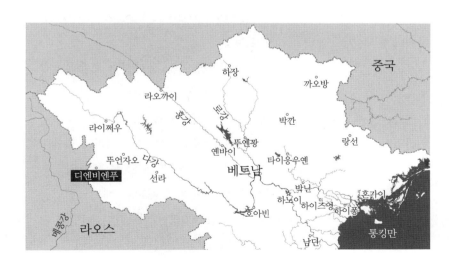

이 전쟁을 치를 수단을 가지고 있지 않다는 것이다. 경험상 원정군 병사 20만 명에 베트남국군 병사 15만 명을 더해도 민중의 지지와 원조를 받는 비엣민 군대에 맞서서 삼각주 지역 두 곳과 캄보디아, 안남, 라오스를 지키는 것은 불가능하다"[6]고 지적했다. 프랑스군으로서는 돌파구가 필요했다.

한편 베트남민주공화국은 홍강 하류에 집결하는 프랑스군을 분산시키고자 1953~1954년 동계-춘계작전의 핵심 공격 목표를 베트남 북서부와 라오스 북부 지역으로 결정하였다. 그러자 프랑스군 사령부는 라오스로 가는 길목에 놓인 디엔비엔푸Điện Biên Phủ를 장악하여 이곳에서 베트남인민군의 진격을 차단하기로 하였다(《그림 18-2》 참조).

디엔비엔푸는 베트남 북서부의 외딴 지역에 있는 작은 도시이며, 이 일대는 험준한 산들로 둘러싸인 분지 지형을 이룬다. 프랑스군 사령부는 이곳에 '요새화된 기지'를 건설하기로 하였다(《그림 18-3》 참조). 프랑스군은 1953년 11월 20일 디엔비엔푸를 점령하고, 기지 건설에 나섰다. 지휘본부, 엄폐호, 참호, 교통호, 치료소가 지어졌고, 철조망과 지뢰가 진지를 둘러쌌다. 프랑스군은 기지 중앙에 자리한 활주로를 이용해 병력과 장비를 공중 보급을 받을 수 있었다. 12월 말에 이르면 요새는 거의 완성되었다. 디엔비엔푸는 난공불락의 요새로 보였다.

프랑스군의 움직임을 파악한 베트남인민군 총사령관 보응우옌잡Võ Nguyên Giáp 장군은 핵심 병력을 디엔비엔푸로 이동시켰다. 베트남인민군 5개 사단이 디엔비엔푸를 둘러싼 산들을 점령하고, 프랑스군의 기지를 포위하였다. 나바르 장군은 12월 3일에 "어떤 대가를 치르더라도 디엔비엔푸 기지를 지킬 것"을 명령하였다.[7] 베트남노동당 정치국도 1954년 1월 초 디엔비엔푸를 공격하기로 결정하였다. 이곳에 배치된 베트남인민군은 1954년 2월 중순에는 전투 병력만 5만 1,000명에 이르렀다. 반면에 디엔비엔푸를 방어하는 프랑스군과 베트남국군의 병력은 합쳐서 약 1만 2,000

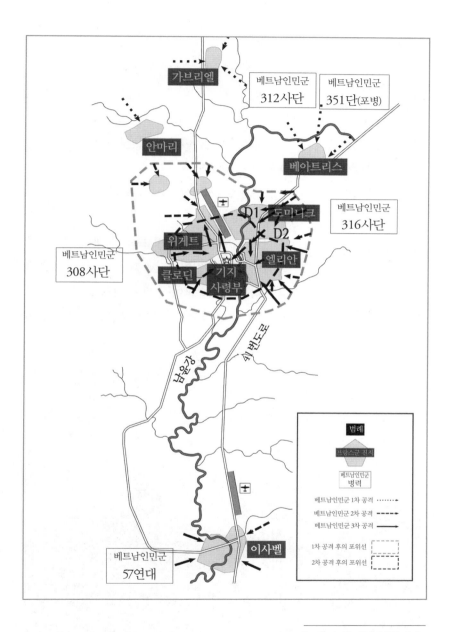

[그림 18-3] 디엔비엔푸 기지.

명이었다.

　프랑스군 사령부는 승리를 호언장담했다. "프랑스군 사령부는 디엔비엔푸에서 비엣민에게 혹독한 패배를 안겨 주리라고 확신합니다. 우리는 길고 격렬한 교전을 예상합니다. 우리는 이길 것입니다."[8] 프랑스군 사령부가 이렇게 자신만만했던 까닭은 베트남인민군이 디엔비엔푸까지 중포重砲와 방공포를 운반해 올 수 없을 것이며, 대규모 군대가 장기간 작전을 펴는 데 필요한 지속적인 물자 보급도 불가능하리라고 예상했기 때문이었다. 실제로 디엔비엔푸는 산악지대 한가운데 외딴곳에 자리한 데다가 그곳까지 도로 상태도 열악하여 보급이 원활하지 않았다. 그러므로 항공 보급에 의존하는 프랑스군이 훨씬 유리해 보였다. 그러나 이는 계산 착오였다. 베트남인민군은 무려 26

[그림 18-4] 디엔비엔푸 전투(1954년 3월 13일~5월 7일): 낙하산을 통해 지원군으로 투입되는 프랑스군 공수부대(1954년 3월 17일 사진).

만 명이 넘는 민간인을 보급작전에 동원하였다. 그들은 공병대와 함께 차가 다닐 수 있게 도로를 보수하고 확장했으며, 다리가 없는 곳에는 새로 다리를 놓았고, 프랑스군의 공습으로 도로가 끊겨도 금세 다시 도로를 복구했다. 뚜언자오Tu'ân Giáo부터 디엔비엔푸까지는 짐꾼들이 등짐을 지거나 자전거와 짐승을 이용해서 80킬로미터의 산길을 지나 물자를 운반했다. 무거운 화기는 분해했다가 진지에서 재조립하기도 했다. 이처럼 대규모 인력을 동원할 수 있는 것이 바로 베트남민주공화국의 힘이었다.

베트남인민군은 마침내 3월 13일 북쪽에 있는 프랑스군 진지를 공격하기 시작했다. 베트남인민군의 포격은 프랑스군의 예상을 뛰어넘는 화력과 정확성을 보여 주었다. 베트남인들의 첫 공격을 경험한 프랑스군 병사들은 "천둥

[그림 18-5] 치열한 전투가 벌어졌던 엘리안 진지(베트남에서 부르는 명칭은 'A1 언덕')의 현재 모습.

이 치는 것 같았다"거나 "지진이 난 것 같았다"고 회상하였다.[9] 디엔비엔푸에서 프랑스군이 상대한 군대는 조악한 무기로 게릴라전을 벌이는 반군 조직이 아니라 중화기를 운용하고, 체계적인 지휘 계통과 탁월한 작전 수행 능력을 갖춘 '현대화된 군대'였다. 베트남인민군 포병대가 프랑스군의 진지들을 공격하는 동안 프랑스군 포병대는 산 중턱에 은신해 있는 베트남인민군 포들의 위치를 파악하지 못하여 제대로 반격하지 못했다. 프랑스군 포병대가 적군의 포들을 쉽게 무력화할 수 있다고 호언장담했던 포병장교 샤를 피로트Charles Piroth 중령은 자신의 책임을 깨닫고 스스로 목숨을 끊었다. 3월 14일에서 16일 사이에 북쪽에 있는 베아트리스, 가브리엘, 안마리 진지가 베트남인민군에 점령되었다.

이제 베트남인민군에 넘어간 진지들에서 디엔비엔푸 기지의 중심부까지 타격이 가능해졌다. 활주로가 집중 포격 대상이 되었고, 3월 28일 이후로는 항공기의 이착륙이 불가능해졌다. 이 시점부터 부상자 후송은 불가능해졌고, 물자 보급이나 추가 병력 투입도 공중 투하에 의존할 수밖에 없었다. 그런데 베트남인민군의 방공포 때문에 프랑스 수송기들은 저고도로 비행할 수 없었고, 투하의 정확도도 낮아졌다. 프랑스군의 이점으로 꼽혔던 보급 문제가 오히려 프랑스군의 발목을 잡았다.

첫 전투 이후 베트남인민군 보병들은 참호를 파서 서서히 프랑스군 진지를 포위해 나갔다. 그리고 3월 30일에 동쪽에 있는 도미니크와 엘리안 진지에 대해서 2차 공격을 시작했다. 자크 알레르Jacques Allaire 소위는 당시 상황을 다음과 같이 회상하였다. "무시무시했습니다. 세상의 종말 같았습니다. 그런 것을 본 것은 처음입니다. 저는……하늘이 제 머리 위로 떨어지는 줄 알았습니다.……많은 이들이 공포에 빠졌습니다."[10] 베트남인민군은 도미니크 진지의 1, 2번 언덕과 엘리안 진지의 1번 언덕을 차지했지만, 이 진지들을 완전히 장악하는 데는 실패하였다. 그 뒤로 진지를 점령하기 위한 치열한 공방전이 계속되었다.

프랑스인들은 디엔비엔푸 기지의 진지들이 하나씩 함락되고 있다는 사실을 받아들이기 어려웠다. 낙관론이 사라진 자리는 "프랑스군의 영웅성과 베트남인민군의 비인간성"을 강조하는 기사들로 채워졌다. 프랑스 언론은 "광신적인 4만 명의 보병들"이 "거센 파도처럼" "죽음도 괘념치 않고" 쇄도해 왔다고 묘사했다. 베트남인민군은 야만인, 심지어는 짐승과 같은 존재로 그려졌다.[11] 이러한 묘사를 통해 프랑스 언론은 자국 군대가 열세에 몰린 이유를 설명하려 애썼다. 죽음을 무릅쓰고 프랑스군의 진지로 달려드는 이 베트남인들은 프랑스인들에게 이해할 수 없는 존재였다. 더 정확히 말하자면 프랑스인들은 이들이 왜 죽음도 마다하지 않는지 이해하려고 시도조차 하지 않았다.

3월 14일에 교전이 시작된 뒤로 프랑스군은 4,000명이 넘는 인원을 디엔비엔푸에 낙하시켜서 방어 병력을 보강하였다. 그러나 전세를 역전시킬 수는 없었다. 5월 1일 마침내 베트남인민군의 3차 총공격이 시작되었다. 프랑스군의 방어 진지가 하나씩 함락되고, 5월 7일 17시 30분에 마침내 교전이 중단되었다. 난공불락의 요새로 여겨졌던 디엔비엔푸 기지가 함락되었다. 베트남인민군은 승리했지만, 막대한 대가를 치러야 했다. 베트남 정부의 공식 통계에 따르면 전사자는 4,020명이지만, 실제로는 그보다 더 많았을 것으로 추정된다. 프랑스군 측에서는 2,000명 이상이 전사하였다. 그리고 전투가 끝난 뒤 포로로 잡힌 프랑스군 병사 1만 명 가운데 살아 돌아온 이는 3,000여 명에 지나지 않았다. 디엔비엔푸 전투는 제1차 세계대전의 참호전을 방불케 할 정도로 처참한 전투였다. 당시 사람들은 디엔비엔푸를 '열대의 베르됭'이라 부르곤 했다. 그것은 탈식민지화 전쟁에서 흔히 나타나는 게릴라전과는 거리가 멀었다.

인도차이나 전쟁의 종식과 탈식민지화의 시작

디엔비엔푸 전투가 끝난 다음 날인 1954년 5월 8일부터 제네바 회담에서
인도차이나 문제에 대한 논의가 시작되었다. 베트남민주공화국은 디엔비
엔푸에서 거둔 군사적 승리만큼 제네바에서도 외교적 승리를 거두지는 못
했다. 베트남민주공화국은 베트남 전체에 대한 주권을 인정받지 못했으
며, 북위 17도를 경계로 남쪽에 또 다른 베트남 국가의 존재를 인정해야
했다. 인도차이나 전쟁은 1950년대 말에 시작될 또 다른 베트남 전쟁의 불
씨를 남겨 놓았다.

　1954년 7월 20일 제네바 협정의 체결로 인도차이나 전쟁이 종식된 지
불과 3개월여 만인 11월 1일에 알제리에서도 민족해방전선의 저항이 시작
되었다. 이제 탈식민지화의 물결이 프랑스 식민제국 전체를 휩쓸었다. 모
로코와 튀니지는 1956년에 독립하였고, 사하라 이남 아프리카의 프랑스
식민지들도 1958~1960년에 모두 독립하였다. 알제리도 힘겨운 전쟁 끝에
1962년 마침내 독립을 쟁취하였다.

　탈식민지화가 거스를 수 없는 흐름이 되고, 프랑스도 이를 받아들일 수
밖에 없게 된 데에는 베트남인들의 저항이 중요한 역할을 했다. 특히 디엔
비엔푸에서 베트남인들이 거둔 승리는 프랑스 식민제국의 해체를 가속화
하는 신호탄이 되었다. 알제리 독립운동의 지도자인 페르하트 압바스Ferhat
Abbas가 쓴 것처럼 디엔비엔푸는 식민주의에 맞선 투쟁에서 '제3세계'의
인민이 거둔 승리의 상징이 되었다.

　디엔비엔푸는 단지 군사적 승리만이 아니었다. 이 전투는 하나의 상징이
되었다. 그것은 식민지배를 받는 인민들의 '발미Valmy 전투'였다. 그것은
유럽인에 맞서서 아시아인과 아프리카인이 자신의 요구를 내세운 것이고,
인간 권리의 보편성을 선언한 것이다. 디엔비엔푸에서 프랑스는 더 강한

자가 (더 약한 자를 지배할) 권리를 지닌다고 하는, 자신의 지배를 정당화하는 유일한 원천을 상실했다.[12]

기억의 장소, 디엔비엔푸

디엔비엔푸는 세계를 뒤흔든 역사적 사건의 현장일 뿐 아니라 오늘날에도 격렬한 감정을 자아내는 '기억의 장소'이기도 하다. 디엔비엔푸를 방문하는 이는 누구나 이곳이 베트남인들의 집단기억에서 얼마나 중요한 위치를 차지하는지 쉽게 느낄 수 있다. 디엔비엔푸 승전박물관은 영광스러운 승

[그림 18-6] 디엔비엔푸에서 전사한 베트남 군인들이 묻힌 '디엔비엔푸 열사 묘지'.

[그림 18-7] 디엔비엔푸에 위치한 프랑스군 희생자를 위한 기념물. 여전히 프랑스인 참전 군인들이 종종 방문하는 장소이다.

리의 역사를 되짚고, '열사 묘지'와 추모사원은 희생자들의 넋을 기린다
(《그림 18-5》). 치열한 전투 현장이었던 A1언덕(프랑스군이 붙인 명칭은 엘리
안 1)에는 프랑스군이 팠던 참호와 포탄의 흔적이 잘 보존되어 있어서 전
투 상황을 생생하게 상상해 볼 수 있다(《그림 18-6》). 또 다른 치열한 전투
의 현장이었던 D1언덕(도미니크 1)의 꼭대기에는 디엔비엔푸 전투 50주년
을 기념하여 2004년에 건립된 거대한 청동상이 세워져 있다. 지금도 많은
베트남인이 이 장소들을 방문하여 디엔비엔푸의 승리가 얼마나 영광스러
운 것이었는지, 이를 위해서 바쳐야 했던 희생이 얼마나 숭고한 것이었는
지 마음에 새기고 돌아간다.

　흥미로운 점은 디엔비엔푸에 프랑스군 희생자들을 기리는 기념비도 세
워져 있다는 것이다. 이 기념비는 1994년에 프랑스군 참전 장병들이 베트
남 당국의 도움을 받아서 건립한 것이다(《그림 18-7》). 비록 규모도 작고,
눈에 잘 띄는 곳에 있지도 않지만, 베트남인들이 자신들의 적이었던 프랑
스군의 희생자들을 위한 기념비의 건립을 허용했다는 것은 놀라운 일이
다. 이 기념비 앞에는 "우리는 당신들을 절대 잊지 않겠습니다"라고 쓰인
작은 추모판이 놓여 있었다. 그런데 '절대 잊지 않겠다'는 다짐은 오히려
이 전쟁이 잊혀 가는 현상을 반영하는 것일지도 모른다.

　프랑스 사회에서 인도차이나 전쟁은 비시체제나 알제리 전쟁처럼 '신
드롬'을 일으키지 못했다. 인도차이나 전쟁에 대한 기억은 한편으로는 알
제리 전쟁에 대한 기억, 다른 한편으로는 미국의 베트남 전쟁에 대한 기
억에 압도당하였다. 그러나 '잊힌 전쟁'이라고 이야기되는 모든 전쟁이 그
렇듯 인도차이나 전쟁이 프랑스인들의 집단기억에서 완전히 사라진 것은
아니다. "그것은 '잊힌' 전쟁이지만, 프랑스인들의 상상계에 지워지지 않
는 흔적을 남겼다."[13] 인도차이나 전쟁이 프랑스인들에게 잊힌 것은 부분
적으로는 디엔비엔푸 전투가 남긴 트라우마 때문이다. '기억의 민감한 부

분, 아픈 상처'인 디엔비엔푸 전투는 자신들의 식민지배를 받던 이들로부터 당한 치욕스러운 패배뿐 아니라 인도차이나 전쟁을 놓고 프랑스 사회 내부에서 벌어졌던 쓰라린 갈등도 떠올리게 한다. 그리고 이러한 갈등은 인도차이나 전쟁에 대한 기억을 놓고 어느 정도는 여전히 진행 중이다. 그런 의미에서 디엔비엔푸는 베트남인들뿐 아니라 프랑스인들에게도 '기억의 장소'이다.

19

1954년 11월:
알제리 전쟁, 식민통치의 기억과 화해의 수사학

이용재

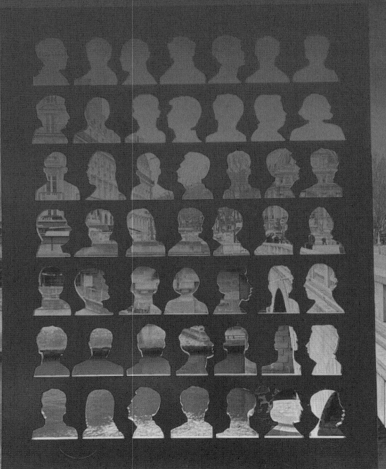

'알제리'라는 식민지

1830년 프랑스군의 '점령' 이후 무려 120년 넘게 식민지배 아래 놓여 있던 알제리에서도 제2차 세계대전 이후 독립에 대한 열정이 불타오르기 시작했다. 제2차 세계대전 당시 프랑스는 나치 독일에 치욕적인 패배를 당했다. 프랑스는 드골 장군이 이끄는 '자유 프랑스'를 중심으로 격렬한 항독투쟁을 펼쳤으며, 1945년 5월 독일이 항복하고 전쟁은 연합국의 승리로 끝났다. 당시 프랑스군에는 북아프리카, 특히 알제리 출신 병사들이 많았으며, 이들은 나치 독일에 맞서 목숨 바쳐 싸웠다. 알제리인들은 전쟁이 끝나면 프랑스로부터 완전 독립은 아니더라도 상당한 자치권을 얻을 수 있으리라 기대했으며, 실제로 프랑스는 알제리인들에게 독립이라는 장밋빛 약속을 늘어놓기도 했다.

1945년 5월 8일, 알제리 콩스탕틴 지방 세티프에서 무슬림 알제리인 5,000여 명이 운집해 프랑스의 승전을 기리는 동시에 약속대로 독립을 시켜 줄 것을 요구하는 시위를 벌였다. 그러자 프랑스 식민당국은 시위대를 향해 무차별 발포했다. 세티프의 시위가 인근 도시들로 확산되고 거류 프랑스인들에 대한 테러로 이어지자, 프랑스군은 육·해·공군을 동원해 대규모 진압작전을 펼쳤다. 한 달 가까이 자행된 학살극으로 적어도 6,000명에서 많게는 4만 5,000명 가까운 알제리인이 희생된 것으로 추정된다. 식민통치 잔혹성의 상징으로 역사에 기록된 '세티프 학살'은 프랑스가 알제리의 독립을 결코 허용하지 않겠다고 세상에 공표한 것에 다름 아니었다.

알제리는 프랑스의 가장 오래된 그리고 프랑스인이 가장 많이 거주하는 식민지였다. 지중해 너머 알제리에 한 세기 넘는 오랜 식민통치기 동안 많은 유럽 이주민이 건너와 삶의 터전을 잡았다. 알제리 전쟁이 발발한 1954년 무렵, 아랍족과 베르베르족으로 이루어진 토착 알제리인의 수는 900만을 헤아린 반면, 알제리에 정착한 프랑스인—유럽인 포함—은 이미 100만을 넘어섰으며 이 중 80퍼센트는 현지 출생이었다. 사정이 이렇다 보니 프랑스인들은 알제리에 상당한 집착을 보였으며 심지어 오랜 세월에 걸쳐 자신들의 피와 땀으로 개척한 땅인 양 여기는 경향이 농후했다. '세티프 학살' 1년 후 1946년 10월에 공식 출범한 프랑스 제4공화국의 헌법은 옛 식민지와 부속령들이 이제 본국과 더불어 프랑스 대통령을 수반으로 하는 '프랑스연합Union française'의 일원이 될 것이라고 규정했다. 하지만 알제리는 프랑스연합의 일원인 동시에 여느 식민지들과는 달리 프랑스공화국의 일부로 완전히 편입되었다. 알제리는 완벽하게 프랑스 영유지라는 것이 프랑스 정부의 공식 입장이었다.

그러나 아시아와 아프리카의 많은 식민지가 1950년대 이후 때로는 무장투쟁을 통해 때로는 본국과의 타협과 절충을 거쳐 잇달아 독립을 얻어 냈으며, 1956년에는 알제리와 인접한 이슬람 국가 모로코와 튀니지가 마침내 독립을 쟁취했다. 이 와중에 알제리 독립운동은 프랑스의 거센 저항과 탄압에 직면해야 했다. 결국 알제리인이 오랜 식민지배를 청산하고 독립을 쟁취하기 위해서는 '20세기 최대의 민족해방 전쟁'을 치러야만 했으며 8년간의 교전은 알제리와 프랑스 양측에 씻을 수 없는 앙금을 남겼다.

'이름 없는 전쟁'의 연대기:
'붉은 만성절'에서 '에비앙 협정'으로

한 세기 넘게 프랑스의 식민통치를 받은 알제리는 이주 유럽인과 토착 알제리인 사이에 치유할 길 없는 심각한 불평등과 적개심으로 점철된 사회였다.* 더구나 알제리인들의 불만을 무마하고자 프랑스 정부가 1947년 9월에 공포한 '알제리 법령'은 현지 실정과는 아주 거리가 먼 것이었다. 법령에 따라 신생 알제리 의회는 현지 유럽인 유권자(1차 선거인단)와 알제리인 유권자(2차 선거인단)가 각각 절반씩 선출하는 120명의 의원들로 구성되었다. 현지 인구비례를 전혀 무시한 이러한 조처는 곧 알제리인들의 분노를 샀을 뿐만 아니라, 특히 2차 선거인단 투표에서는 알제리 독립을 주창하는 민족주의 정당들의 진출을 막기 위한 물밑 공작과 사기 협잡이 만연했다. 1948년 4월부터 1954년 2월까지 세 차례 시행된 선거에서 투표소에 늘어선 군대의 위협, 반대당 후보에 대한 협박과 체포 등 유럽인에게만 유리한 부정선거가 자행되었다. 이에 알제리 독립투사들은 화평과 타협에 의한 독립 성취의 기대를 포기하고 무장 투쟁의 길로 나섰다. 비타협 무장투쟁 노선은 곧 1954년 10월에 민족해방전선FLN으로 결집되었다. 민족해

* 유럽인과 토착인 사이의 사회적 위상과 신분적 지위는 크게 달랐다. 유럽인의 95퍼센트가 도시에 거주한 반면, 알제리인은 19퍼센트만이 도시에 거주했다. 고위전문직의 93퍼센트, 국가 공직의 86퍼센트, 전문기술직의 83퍼센트가 유럽인의 몫인 반면, 육체노동자의 95퍼센트가 토착인으로 채워졌다. 유럽인 자녀들은 당연히 초등의무 교육을 받은 반면, 취학연령에 달한 알제리인 어린이의 18퍼센트만이 초등학교에 다닐 수 있었다.[1]

방전선이 주도한 11월 1일 '붉은 만성절Toussaint rouge' 봉기는 1962년 3월 에비앙 협정Accord d'Evian을 거쳐 그해 7월에 독립을 쟁취할 때까지 이후 8년간 계속된 알제리 전쟁의 봉화였다.

'붉은 만성절'은 테러와 살상, 고문과 폭력, 파괴와 살육으로 점철된 '20세기 최대의 민족해방 전쟁'의 시발점이었다. 테러전이 전국으로 확산되는 가운데, 1955년 8월에 서부 콩스탕틴 지방 필리프빌 주변에서 민족해방군이 군인·민간인 가리지 않고 유럽인 123명을 학살했다. 그러자 복수에 나선 프랑스군과 피에누아 병사들이 무슬림 수천 명을 무차별 학살하는 참극이 벌어졌다. 콩스탕틴의 학살극은 유럽 전역을 놀라게 했으며 실태 파악에 나선 국제연합이 외교적 압력을 가하기 시작했지만 프랑스 정부의 대응은 더욱 단호해졌다.

1956년 1월 출범한 기 몰레의 사회당 정부는 민족해방전선의 무장 폭동과 폭탄 테러에 맞서 40만 정규군을 알제리에 파견하는 한편 마쉬Jacques Massu 장군이 이끄는 제10공수특전사단 8,000 병력에 수도 알제의 치안을 유지하기 위한 전권을 부여했다. 마쉬 장군이 이끄는 진압부대는 알제리 민족해방군을 분쇄하고 테러범을 소탕한다는 명분으로 1957년 내내 소위 '알제 전투'를 벌였으며 이 과정에서 수많은 불법 처형과 고문을 자행했다. 프랑스군의 잔인한 진압과 고문의 실상이 알려지자 국제연합이 나서서 알제리 사태를 공론화하고, 프랑스 국내에서는 알제리의 독립에 호의적인 여론이 조성되고 군대의 잔학행위를 비난하는 지식인들의 선언이 줄을 잇는가 하면, 일부는 비밀리에 알제리 독립군에 자금을 지원하기도 했다. 프랑스군은 알제리 해방군 1,000여 명을 사살하고 지도자들을 체포하는 등 탄압에 나섰지만 알제리인의 저항은 더욱 격렬해졌다.

다른 한편 '프랑스령 알제리'라는 기치 아래 끝까지 알제리를 고수하고자 하는 현지 유럽인들과 군부의 저항 또한 만만치 않았다. 알제리의 소용돌이에 휩쓸려 거듭 정부가 실각하는 가운데 1958년 5월, 유화적인 해결책을 내세운 플림랭 정부가 들어서자, 알제에서 마쉬 장군을 비롯한 군부가 쿠데타를 도모해 공안위원회를 설치하고 본국에 정면으로 맞섰다. 본국 정부와 현지 군부 사이의 대립과 혼란 속에서 난국을 수습하고자 프랑스 해방의 영웅 드골 장군이 다시 정계에 복귀했다. 이로써 제4공화정은 알제리의 파고에 휩쓸려 힘없이 붕괴되고, 1958년 10월 드골을 대통령으로 하는 제5공화정이 탄생했다.

드골이 알제리인들에게 내놓은 첫 제안은 '원조'와 '평화'였다. 드골은 알제리의 경제 회복과 원조 증대를 약속하는 '콩스탕틴 계획'을 발표하고, 양측이 상호 신뢰 아래 무기를 내려놓고 평화협상에 임하자는 이른바 '용자의 평화'를 제안했다. 하지만 알제리 해방군 측이 '협정 후 휴전' 전략을 고수하며 프랑스 정부의 제안을 거부하고 산발적인 테러전을 계속하자, 드골은 적극 공세로 전환하고 병력을 증원해 남부 산악 지역에서 대대적

[그림 19–1] 알제리 독립 투쟁 다큐멘터리 영화 〈알제 전투〉. 1962년 질로폰테코르보 감독 등 이탈리아 좌파 영화인들이 알제리 정부의 후원을 받아 제작했다. 제27회 베네치아 국제영화제에서 최고상인 황금사자상을 받았다. 프랑스에서는 오랫동안 상영금지되었다가 1971년에 비로소 공개 상영이 가능해졌으나, 극장마다 크고 작은 사고가 잇달았다.

인 게릴라 소탕작전을 명령했다. 그러나 국제 사회의 비난을 감수하면서
엄청난 인적·재정적 손실을 초래하는 전쟁을 밀고 나가는 것이 현실적으
로 불가능함을 깨달은 드골은 서서히 알제리 문제를 알제리인의 '자율 결
정autodétermination'에 맡기는 쪽으로 선회하는 한편, 1961년 1월에 자신의
알제리 정책에 대한 찬반을 묻는 국민투표를 통해 범국민적 지지—75퍼
센트 찬성—를 확인한 후 이를 바탕으로 알제리 임시정부 측과 독립 문제
를 놓고 협상을 벌였다.

       하지만 알제리 '포기' 쪽으로 기우는 본국의
여론 동향에 격분한 현지 유럽인들의 소요가
격화되는 가운데 현지 군부는 또다시 본국 정
부에 정면으로 맞섰다. 1961년 4월 모리스 샬,
라울 살랑R. Salan, 에드몽 주오, 앙드레 젤레 등

[그림 19-2] '장군들의 쿠데
타'(1961년 4월 22~25일) 4인
방. 왼쪽부터 앙드레 젤레,
모리스 샬, 라울 살랑, 에드
몽 주오.

장성 4인방이 공수여단을 이끌고 파리로 날아가 정부를 타격하려는 '무모한' 계획을 꾸민 이른바 '장군들의 쿠데타'는 드골 정부의 신속한 대응과 여론의 비판에 밀려 사흘 만에 실패로 끝났다. 하지만 일부 과격파들은 비밀 군사 조직OAS을 조직하고 프랑스 본토와 알제리에서 요인 테러를 감행했으며 급기야는 몇 차례에 걸쳐 드골 대통령에 대한 테러를 기도하기도 했다.

'자율 결정' 제안 이후에도 알제리 해방군의 공세가 수그러들지 않고 알제리의 독립과 평화를 촉구하는 국제 사회의 압력이 가중되는 가운데 드골은 마지막 양보안을 내놓아야 했다. 드골은 협상 파트너로 알제리공화국임시정부GPRA의 대표성을 인정했으며 휴전이라는 선결조건 없이 평화협상을 하자는 알제리 측의 주장을 수용했다. 이미 1961년 4월부터 프랑스 정부와 알제리 민족해방전선은 중립지대 스위스의 에비앙에서 공개·비공개 회담을 이어 나갔다. 1962년 3월 18일, 오랜 물밑 협상과 진통 끝에 마침내 휴전과 독립 절차 및 전후 처리를 규정한 에비앙 협정이 체결되었다. 프랑스인들은 4월 8일 국민투표에서 91퍼센트란 압도적인 찬성으로 에비앙 협정을 추인했다. 7월 1일, 에비앙 협정의 규정에 따라 독립 찬반 의사를 묻는 국민투표에서 알제리인들은 너나없이 찬성표—99퍼센트—를 던졌다. 마침내 '알제리인민민주주의공화국'이 탄생하고 알제리인들은 해방의 기쁨을 나누었다.

하지만 독립 선포를 전후해서 한편으로 유럽인 지구에 거주하는 알제리 무슬림들에 대해서, 다른 한편으로 알제리에 거주하는 유럽인, 이른바 피에누아pieds—noir(검은 발)에 대해서 납치와 살해가 끊이지 않았다. 알제리인들이 해방의 기쁨에 들뜬 7월 5일, 대도시 오랑에서 알제리 해방군이 유럽인 수백 명을 학살하는 일이 벌어졌다. 가까스로 휴전이 유지되었지만 포연은 멎지 않았으며, 알제리 국가가 탄생했지만 재류 유럽인들의 신변은 전혀 보장되지 않았다. 무려 100만 명에 달하는 현지 프랑스인들이 자신들을 버린 프랑스 정부를 비난하면서 보복 위협을 피해 알제리를 떠났다.* 또한 알제리인으로서 프랑스군에 복무한 소위 아르키들harkis은 생명의 위협을 느끼고 서둘러 프랑스군의 뒤를 따라 도망쳐야 했다. 미처 프랑스로 탈출하지 못한 자들은 '조국의 배신자'로 낙인찍혀 동포들의 손에 무참히 학살당했다.** 실로 알제리 전쟁은 프랑스와 알제리 사이의 전쟁인 동시에 프랑스인들 사이의 내전이었으며, 알제리인들 사이의 내전이기도 했던 것이다.

전쟁은 또한 엄청난 인명 살상을 동반했다. 최근에 발표된 가장 신뢰할 만한 통계는 8년간의 격전 끝에 프랑스 측은 군인과 민간인을 포함해서 약 3만여 명, 알제리 측은 약 30만 명의 사망자를 낸 것으로 추정하고 있다.*** 알제리 해방군의 테러전과 프랑스 군대의 잔인한 진압이 되풀이되는 가운데 양측에서 수많은 민간인이 무고하게 희생된 것이다.

* '알제리 포기'가 기정사실화된 1961년 말까지 15만 유럽인들이 알제리를 떠났다. 휴전에서 독립으로 이어지는 혼란 속에서 1962년 한 해에만 65만 명이 알제리를 '탈출'하는 가운데 3,000명(실종자 1,700명 포함)에 달하는 재류 프랑스인들이 살해당했다. 1963년에는 7만 6,000명이, 1964년에는 3만 2,000명이 알제리를 등졌다. 알제리에 남은 생존 유럽인 수는 1970년 초에 약 5만 명, 1990년 초에 수천 명 정도로 추정된다.[1]

**아르키는 운동 또는 원정을 뜻하는 아랍어 '아르카harka'에서 나온 말이다. 정규병과 지원병을 포함한 약 20여만 명의 아르키와 그 가족들 중 종전 직후 약 8만여 명이 프랑스로 탈출하고 약 12만 명 정도가 알제리에 남은 듯하다. 잔류 아르키들 중 알제리군에 희생된 피살자 수는 '만 명 이상', '2만 5,000명', '6만 명', 심지어 '적어도 10만 명' 등등으로 추산된다. 아르키의 정확한 개념 범주와 실태, 사상자 수치는 여전히 논란의 대상이 되고 있다.[2]

***프랑스군 당국은 전쟁 중 14만 3,000명의 '반란군'을 처형했다고 공식 발표한 반면, 알제리 당국은 독립 직후 조국을 위해 목숨을 바친 150만 명의 '순국자'를 추모했다. 그러나 두 수치 모두 진실과는 거리가 먼 듯하다.[3]

[그림 19-3]
종전 직후 알제리를 떠나는
프랑스계 피에누아들(1962).

[그림 19-4]
독립을 환호하는 알제리인,
1962년 7월 5일.

[그림 19-5] 알제리 독립
20주년을 맞이한 1982년 수
도 알제의 높은 언덕에 세워
진 92미터의 높이 '순국열
사기념관'〈마캄 에차히드
Maqam Echahid〉.

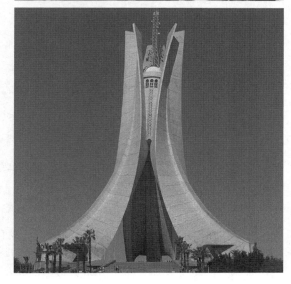

'기억'과 '망각' 사이의 알제리 전쟁

침묵과 망각의 세월: 1960~1970년대

오늘날 알제리 전쟁은 물론 알제리에서 민족해방의 성전聖戰이요 건국의 초석으로 널리 기념되고 있다. 해마다 독립기념일(7월 5일)에는 조국을 위해 목숨을 바친 '150만 순국자들'을 기리는 거국적인 기념제가 열린다.*

뿐만 아니라 민족해방전선의 독립 투쟁 선포(11월 1일), 에비앙 협정에 따른 휴전(3월 19일), 1945년 세티프 봉기(5월 8일), 1955년 콩스탕틴 학살(8월 20일) 등등 독립 투쟁과 관련된 크고 작은 기념일 때마다 공식 기념제는 물론이고 각종 집회와 학술 행사가 줄을 잇는다. 독립 후 60여 년 동안 정치적 격변과 사회적 혼란이 거듭될 때마다 역대 정권들은 통치의 정당성을 해방 전쟁에서 찾으면서 피와 눈물로 얼룩진 독립 투쟁 이야기를 집권자의 구미에 맞는 웅장한 영웅담으로 만들었다. 알제리 전쟁사는 국민적 일체감을 다지는 '공인된' 민족 서사가 되었으며 비판적 역사의 영역을 멀찌감치 벗어나 어떤 섣부른 비교나 분석도 용납되기 힘든 신화의 세계에 자리 잡은 듯하다.

반면 프랑스인들에게 알제리 전쟁은 굳이 드러내고 싶지 않고 마주 보기 힘든 쓰라린 상처였다. 전쟁이 막을 내린 뒤인 1960~1970년대에 프랑스는 유례없는 경제발전과 고도성장을 경험했다. 현실의 풍요 속에서 프랑스인들은 우선 희망찬 미래로 눈을 돌리려 했고 애써 지난날의 상처를 잊고자 했다. 식민통치와 전쟁이 남긴 상흔은 한편으로 세계를 뒤흔든 1968

* 알제리가 독립을 선포한 날은 1962년 7월 3일이다. 7월 5일, 트리폴리에 기지를 둔 민족해방군이 에비앙 협정 조항을 어기고 국경을 넘어 수도 알제로 진입했다. 부메디엔 정권은 알제리를 해방시킨 것은 바로 민족해방군이라는 점을 부각시키려는 의도에서 7월 5일을 '독립기념일'로 정했다.

년 변혁의 물결이 사회 저변을 뒤흔들면서, 다른 한편으로 항독 레지스탕스운동과 비시정권의 유산에 범국민적 관심이 집중되면서, 기억의 뒤편으로 멀어져 갔다. 1970년대에 간간이 울려 퍼진 지식인들의 자성의 목소리와 진상규명의 요구는 전쟁의 기억에서 벗어나고자 하는 프랑스인의 집단 무의식 속에 속절없이 묻혀 버리곤 했다.

알제리의 상흔을 봉합하려는 프랑스 정부의 움직임은 우선 알제리 문제에 대한 일련의 사면조치로 구체화되었다. 1964년 12월, 친알제리 성향의 인사들에 대한 테러를 감행한 OAS의 단원 173명에 대한 대통령의 특별사면 조치가 단행되었다. 노동자 총파업과 학생 시위의 열기가 채 식지 않은 1968년 7월, 군인들이 저지른 범행을 비롯하여 알제리 사건에 관련된 모든 형사범죄를 취하하는 법령이 소리 없이 통과되었다. 뿐만 아니라 알제리 전쟁을 비롯해서 식민통치를 연상시키는 어떤 형식의 기념물도 세워지지 않았으며 어떤 사건도 공식적으로 기념되지 않았다. 알제리참전용사전국연합FNACA에서 3월 19일 종전 기념식을 치르려는 움직임은 늘 정부와 야당의 반대에 부딪쳤으며, 알제리 독립을 인정하지 않으려는 골수 우익 단체들과 물리적 충돌을 빚곤 했다. '패전'과 '철수'를 연상시키는 '휴전일'은 기념 대상이 될 수 없다는 것이 정부의 공식 입장이었다.

하지만 프랑스 식민통치의 종식과 독립 국가 알제리의 탄생이 두 나라 사이의 관계 단절과 냉전 대립을 의미하는 것은 결코 아니었다. 알제리로서는 해방 정국의 혼란을 딛고 경제를 재건하고 국가 위상을 강화하려면 프랑스의 원조가 절실했으며, 실제로 1960년대 내내 프랑스가 북아프리카 3국에 보낸 인적·물적 원조의 70퍼센트 이상이 알제리로 향했다. 냉전기 국제 전략에서 사하라사막에 매장된 석유자원과 인근 핵실험 기지에 눈독을 들인 프랑스로서도 알제리와의 관계를 정상화해야만 했다.

1975년 4월, 종전 후 프랑스 대통령으로는 처음으로 알제리를 공식 방문한 지스카르 데스탱이 "과거는 하나의 단절 또는 하나의 전환점일 수 있으나……중요한 것은 현재를 인정하고 미래를 준비하는 일입니다"라며 선린을 다짐하자 알제리 대통령 우아리 부메디엔은 "우리는 이해합니다. 과거는 완전히 지난 일입니다"라고 화답했다.[4] 두 나라는 과거의 앙금을 건드리지 않으면서 현실의 실리를 위해 '협조'관계를 유지해 나가고자 한 것이다. 프랑수아 미테랑 대통령과 샤들리 벤제디드 대통령이 집권한 1980년대에 프랑스와 알제리는 실로 '밀월관계'를 유지했다. 새로운 국제경제질서에서 유럽 선진산업국과 아프리카 개발도상국을 잇는 '남─북 관계'의 중추가 되고자 하는 프랑스로서는 전략적 동반자로서 알제리가 필요했다. '협조를 통한 상호 이익'이라는 현실 앞에서 양국 정부는 상대방에게 전쟁의 상흔을 일깨우는 발언을 자제했으며 굳이 과거를 들추려 하지 않은 것이다. 과거사에 침묵하고 미래의 선린을 도모하는 이러한 협조체제는 두 나라 정상이 상대 국가를 서로 교환 방문하는 외교 관례를 만들어 냈다.

1981년에 탄생한 사회당 정권도 적어도 알제리 문제의 처리 방식에 관해서는 달라진 것이 별로 없었다. 사회당 정부는 알제리 전쟁 종전 20주년을 맞아 국민적 화합과 용서를 도모한다는 명분으로 여론의 비판을 무릅쓰고 알제리 전쟁과 관련해 사면과 복권을 단행했다. 정부의 훈령을 무시하고 반기를 들었던 경찰과 행정 관료에 대한 '법률적' 복권이 이루어졌으며, 정부 전복 기도에 가담했던 항명장군들은 '예비역 장성'으로 군대에 복귀했다. 끝까지 '프랑스령 알제리'를 고수하며 국가의 권위에 도전했던 장본인들의 명예가 회복된 것이다. 이는 고문행위, 전쟁범죄, 인종 학대 등 전쟁 동안 자행된 모든 불법적 만행에 대해 더 이상 누구에게도 그 책임을 묻지 않는다는 것을 뜻했다.

사정이 이렇다 보니 종전 후 거의 한 세대가 지날 동안 알제리의 기억을 '축소'하거나 '은폐'하려는 국가기구와 이를 애써 '망각'하려는 국민 사이에 일종의 '침묵'의 공감대가 형성된 듯했다. 참전 용사, 피에누아, 아르키 등은 제각기 조직을 결성하고 정부를 상대로 '인정'과 '보상'을 요구했지만, 이들의 외침이 망각의 장막을 헤치고 여론광장에 울리기는 힘들었다. 전쟁 기억의 담지자들은 사회의 한구석에서 외로이 지난 세월을 반추해야 했다.

기억의 회귀와 증언의 시대: 1980~1990년대

애써 떨쳐 내고 잊고자 했던 알제리 전쟁의 상흔이 프랑스인의 뇌리에 다시 떠오르기 시작한 것은 1980년대 후반에 접어들면서였다. 종전 후 한 세대가 지난 후에 군이 전쟁과 식민통치의 기억이 활짝 들추어지기 시작한 것은 한편으로 프랑스 사회 자체의 변모와, 다른 한편으로 1980년대 후반 이후 알제리가 겪은 정치적 격변과 밀접한 관련이 있다.

프랑스는 전후의 경제 번영기에 이민노동력을 적극 수용했으며, 이주민들은 프랑스 경제발전의 일익을 담당했다. 그러나 무슬림 주민의 수가 늘고 만성적인 경제 불황에 접어든 1980년대부터 프랑스인들은 이주민을 불안한 눈빛으로 대하기 시작했다.* 프랑스인들은 곧 외부의 '침략자들'에게 경계의 눈초리를 던지기 시작했으며, 이민자는 무슬림이요 마그레브인으로 마침내는 알제리인으로 동일시되는 가운데, 알제리 전쟁에서의 쓰라린 패배의 기억이 환기되고 나아가 좋았던 식민 시절을 그리는 이른바 '알제리 노스탤지어' 현상이 나타나기 시작한 것이다.

무슬림이민자의 증대에 대한 우려와 경계는 "프랑스인 우선Les Français

---

* 1990년 현재 350만에 육박하는 프랑스 거주 외국인들 중 유럽계가 37퍼센트를, 튀르키예를 포함한 동양계가 13퍼센트를 차지한 반면, 북아프리카 출신, 즉 마그레브인들의 비중은 42퍼센트에 달했으며 이중 과반수가 알제리인이었다.

d'abord"이라는 슬로건을 내세우며 공공연히 인종주의를 부추기는 극우 정당 '민족전선Front National'의 상승세로 나타났다. 일부 옛 식민지배 세력을 비롯해서 극우 민족주의 정객들을 주축으로 한 군소 정파에 불과하던 민족전선은 1980년대 이후 정계의 뇌관으로 등장했다. 민족전선은 식민지원주민들이 거꾸로 본토에 상륙하여 문명인의 영토를 잠식하고 있다고 선동하면서 프랑스인의 경계심에 불을 지핀 것이다. 결국 알제리 전쟁은 프랑스인들의 뇌리에 현재 프랑스 사회가 직면한 모든 위기와 병폐의 근원인 양 어두운 색조를 드리우며 다시 나타났다.

결국 알제리 전쟁은 잊고자 한다고 쉽게 잊힐 수 있는 과거가 아니었다. 전쟁에서의 패배를 못내 아쉬워하며 오히려 식민 시대를 그리워하는 '기억의 역류'를 막기 위해서는 전쟁의 진상을 솔직하게 드러내고 냉정하게 성찰할 수 있는 여유가 필요했다. 프랑스 사회에 만연되어 가는 인종주의적 사고방식이나 외국인 배척 감정을 바로잡고 프랑스인의 정체성을 재확립하기 위해서 지난 식민지배의 역사를 돌이켜 보고 반성하는 작업에 식자층을 포함한 사회 일반의 관심이 집중되기 시작한 것도 바로 이 무렵부터였다.

이제 알제리 문제는 프랑스 사회에서 적극적으로 공론화되기 시작했으며 '기억의 의무'는 시대의 화두로 등장했다. 그동안 당국과 사회의 외면 속에 침묵하던 참전 용사, 피에누아, 아르키 등 소위 '역사의 희생자들'은 국가로부터 자신의 존재를 인정받고 스스로 정체성을 되찾고자 했으며, 관계당국에 공식적인 '인정'과 '보상'을 요구하고 나섰다. 종전 직후 빈털터리로 프랑스로 돌아온 80만 피에누아들의 연합체인 귀환자전국연합Recours은 선거 때마다 특정 정당이나 후보에게 지지를 선언하는 등 선거 로비를 통해 정부에 압력을 넣곤 하면서 자신들의 존재를 부각시켰다. 이미 1970년대에 세 차례 보상금 지불이 이루어졌고 1987년 7월에는 향후 15년에 걸쳐 총 300억 프랑을 보상한다는 법령이 통과되었다. 1996년 11

월, 자크 시라크 대통령은 파리 19구에 '1952~1962년 북아프리카에서 숨진 희생자와 전투원들'을 추모하는 '전몰자 위령탑'을 세웠다.

1999년 10월에는 그동안 정부 공문서에 남아 있던 '질서유지 작전'이라는 용어를 '알제리 전쟁'이라는 용어로 대체하는 법안이 통과되었다. 그동안 프랑스 정부가 그 실체조차 인정하기를 꺼렸던 어느 '이름 없는 전쟁'이 비로소 제 이름을 찾은 것이다. 알제리 전쟁이 마침내 법적으로 명칭을 갖게 됨에 따라 200만에 달하는 참전 용사들이 종전 37년 만에 참전 군인으로서의 지위를 인정받고 물질적 보상도 얻게 되었다. 2002년 12월, 파리 센강 변에 '알제리 전쟁 국립기념관'을 세우면서 대통령 자크 시라크는 "1914년과 1940년의 용사들과 마찬가지로 마침내 우리 조국의 기억 속에 제자리를 찾게 된 북아프리카의 병사들"에게 헌사를 바쳤다. 종전 40년 만에 알제리 전쟁이 국가가 마련한 공식적인 '추모의 장소'를 갖게 된 것이다.

프랑스 편에 선 죄로 조국을 떠나온 '배신자' 아르키와 그 후손들은 전쟁이 남긴 가장 비극적인 희생자였다. 아르키들은 정작 그들이 충성을 바친 식민 모국에서도 사회의 음지로 팽개쳐진 영원한 이방인이었다. 엄연히

[그림 19-6] 알제리 전쟁 국립기념관. 2002년 12월 알제리 전쟁 종전 40주년을 맞아 프랑스 정부는 파리의 에펠탑 근처 센강 변에 기념관을 세웠다.

프랑스 국적을 가지고 있으면서도 '내부 불순분자' 취급을 받으며 온갖 차별과 홀대에 시달리던 아르키와 그 후손들은 1970년대 말부터 몇 차례 폭동을 일으키기도 했으며, 1990년대에도 줄기차게 공개 시위와 법정 소송을 이어 갔다. 2001년 9월 25일, 다가올 선거를 의식한 프랑스 정부는 오랜 침묵을 깨고 '아르키 추모제'를 열고 아르키를 비롯해 프랑스군에 복무한 보충병들에게 감사한다는 공식 성명을 내놓았다. 2003년부터 연례 행사로 개최된 '아르키 감사의 날' 행사는 자신들의 존재를 인정받기 위한 40여 년에 걸친 투쟁의 결실이었다.[5]

반면에 진상규명과 처벌이 따르는 민감한 사안들, 더욱이 프랑스 정부와 알제리 정부 사이의 책임 공방과 외교 마찰을 부를 수 있는 '뜨거운' 사건들에 대한 논의는 더디게 진행되었다. 식민통치와 관련하여 양국 사이에 가장 민감한 사안 중 하나는 바로 1954년 8월 알제리 북부 세티프에서 독립을 요구하는 시위대에 프랑스군이 총탄 세례를 퍼부은 유혈 참극이었다. '세티프 학살'은 반세기 넘도록 그 진상이 제대로 밝혀지지 않은 '은폐된' 사건이었다.

세티프 봉기 50주년을 맞이한 1995년 알제리 정부는 프랑스 정부의 책임과 진상규명을 촉구하는 공식 담화를 내놓았다. 하지만 알제리 정부는 더 이상 프랑스에 사죄를 촉구하는 식으로 과거사 문제를 들출 만한 여력을 갖지 못했으며, 프랑스 정부의 공식 입장으로는 2005년 알제리 주재 프랑스 대사가 "용서할 수 없는 비극"이라고 밝힌 것이 전부였다. 세티프 학살 70주년을 앞둔 2015년 4월, 프랑스 정부는 학살 현장을 찾아 희생자 묘역에 '추모의 조화'를 바쳤으나, 알제리인이 보기에는 여전히 공식적인 사죄의 수준에 미치지 못했다.

1990년대에 프랑스 국내를 뜨겁게 달군 문제는 '1961년 10월 17일 사건'이었다. 1961년 10월 17일 민족해방전선 프랑스 지부의 주도 아래 파리에서 일어난 알제리인들의 시위에 대한 경찰의 무자비한 진압으로 수십 명이 사망하고 수백 명이 체포, 고문, 집단 폭행을 당했다. 프랑스 정부가 침묵으로 일관해 온 이른바 '1961년 학살극'은 30주기를 맞이한 1991년부터 언론방송의 집중조명 아래 공론화되기 시작했다. 1998년과 1999년, 사건과 관련된 내무부와 법무부의 공문서가 공개되고 이를 토대로 진상보고서가 발간되었다. 역사가와 시민단체가 앞장선 여론전에 힘입어 사건은 마침내 기억의 장소를 얻을 수 있었다. 사건에 대한 정부의 공식 사과와 책임자 처벌은 뒤따르지 않았지만, 40주기를 맞이한 2001년 10월 17일, 파리 시장 베르트랑 들라노에B. Delanoë는 센강 변에 희생자들을 추모하는 동판을 설치했다.

[그림 19-7] '10월 17일 학살' 40주년을 맞이한 2001년 10월 17일, 파리 시장 베르트랑 들라노에는 센강변 현장에 희생자들을 추모하는 동판을 설치했다.

[그림 19-8] 2019년 10월 17일, 파리 시장 안 히달고는 희생자들을 추모하는 새로운 조형물로 동판을 대체했다(파리, 센강, 생미셸 다리 옆).

기억의 의무, 사죄와 참회의 수사학: 2000년대

2000년대 후반에 들어서면서 프랑스에서든 알제리에서든 이제 양국의 과거사 청산 논의가 알제리 전쟁을 넘어 식민통치 시기 전반으로 확장되었다. 2005년 2월, 프랑스 의회는 '프랑스인 귀환자들에 대한 국가의 인정과 국민적 지원에 관한 법'을 공포했다. 법의 원래 취지는 종전 후 알제리를 떠나온 귀환자들의 공적과 노고를 인정하고 특히 당시 프랑스군에 가담했던 아르키들에 대한 보상책을 강구하는 것이었다. 하지만 프랑스의 식민지배를 미화하는 식의 교육지침을 담고 있는 일부 조항은 엄청난 논란을 불러일으켰다.* 역사가와 교사들의 '식민통치 관제 역사 교육에 반대하는 성명을 발표하고 시위에 나섰으며 언론과 정치권에서는 식민지배의 과거사를 어떻게 수용할 것인가를 두고 연일 논쟁을 벌였다.

이른바 '식민지배 미화' 입법은 여론의 질타 속에서 서둘러 철회되었지만, 알제리에서는 격한 반응을 보였다. 2006년 7월 5일 독립기념일을 맞아 부테플리카 대통령이 "우리나라를 식민지배한 모든 기간 동안 저지른 범죄와 약탈행위에 대해 공식적으로 사과하라"는 메시지를 프랑스에 보냈다. 이제 식민지배 과거사는 정부와 야당을 움직이는 정치 현안이 되었으며 급기야 다가오는 대선을 앞두고 후보자들의 공약집에까지 올랐다.

2007년 5월, 대선에서 승리한 집권 여당 후보 니콜라 사르코지는 선거전 동안 불거진 과거사 청산 시비를 염두에 두고 종교적 함의를 담은 '참회 repentance'라는 용어는 국가와 국가 사이에서는 어울리는 표현이 아니라며

---

* (제4조) 대학의 연구 프로그램들은 프랑스의 해외 진출, 특히 북아프리카 진출의 역사에 대해 그에 걸맞은 지위를 부여한다. 학교 프로그램들은 무엇보다 프랑스의 해외 진출, 특히 북아프리카 진출의 긍정적인 역할을 인정하고 이 지역 출신 프랑스 부대원들의 희생과 역사에 마땅히 누려야 하는 높은 지위를 부여한다.[6]

대뜸 "나로서는 참회라는 표현을 쓰지 않을 것입니다"라고 말해 주위를 긴장시켰다. 아마도 사르코지는 식민지배에 대해서든 노예제와 노예무역에 대해서든 과거사 청산 요구에 대해 '참회'로 읽힐 수 있는 어떤 사죄의 표현도 공식적으로 거부한 첫 프랑스 대통령일 것이다. 2007년 12월 알제리를 방문한 사르코지는 공식 연설에서 식민주의의 착취와 부당성을 인정하고 전쟁 중 발생한 희생자들에 대해 유감을 표명했으며 엇갈린 역사에 대한 양국 연구자들의 공동 연구와 해명을 제창하기도 했다. 하지만 그의 연설에서 프랑스의 식민지배에 대한 공식적인 사과와 참회의 언급은 찾을 수 없었다.

사르코지의 알제리 방문 이후 적어도 과거사 문제에서 프랑스의 태도는 더욱 강경해지고 알제리와의 관계도 소원해졌다. 2011년 6월 알제리를 방문한 프랑스 외무장관 알랭 쥐페는 알제리를 찾는 프랑스 정부 요인들에게 으레 되풀이되는 과거사 입장 표명 요구에 지친 표정으로 "과거를 끝없이 되묻지 맙시다"라고 잘라 말하면서, "프랑스가 참회의 길에 들어서는 일은 없을 것입니다"라는 공식 멘트로 프랑스 정부의 입장을 거듭 확인했다.

에비앙 협정과 알제리 독립 50주년을 맞이하는 2012년은 두 나라 국민이 국내에서든 양국 간의 관계에서든 과거사 문제에서 무언가 새로운 전기가 마련될 것이라는 기대를 가질 수 있는 해였다. 프랑스에서는 프랑수아 올랑드가 사르코지를 누르고 대통령에 당선되어 17년 만에 사회당 집권 시대를 열었으며, 알제리에서는 집권당 민족해방전선이 부정선거 시비 속에서도 국민의 재신임을 얻는 데 성공했다. 국내 정치에 부대끼느라 바쁜 양국 정부는 과거사 문제를 놓고 더 이상 설전을 벌이지는 않았지만, 알제리로서는 과거사 청산에 전향적인 공약을 내걸었던 올랑드의 당선을 환영했다. 부테플리카 대통령은 7월 14일 프랑스 국경일을 맞아 신임 대통령에게 두 나라 사이의 화합과 유대를 강화하기 위해 "과거를 명확하고 의

연하게 검토할 때가 왔다"는 친선 메시지를 보냈다.

'10월 17일 사건'의 51주기를 맞이해 엘리제궁은 "공화국은 이 사실을 분명하게 인정하며……[대통령은] 희생자의 기억에 경의를 표한다"라는 짤막한 공식 성명을 내놓았다. 공화국 대통령이 처음으로 알제리 전쟁 중 프랑스가 저지른 잘못에 대해 공식적으로 '인정'한 것이다. 하지만 그것은 사건의 전말에 대한 언급도 유감 표명도 찾아볼 수 없는 반쪽짜리 사과이기도 했다.

2012년 12월, 올랑드가 알제리를 방문했을 때, 언론은 종전 후 반세기 만에 프랑스 대통령이 알제리 국민을 상대로 내놓을 메시지에 주목했다. 올랑드는 아마도 오랫동안 숙고된, 프랑스 정부의 최종적인 입장을 표명했다. "……지난 132년 동안 알제리는 매우 부당하고 야만적인 체제에 복속되었습니다. 그 체제는 바로 식민지배colonisation입니다. 그리고 나는 여기서 식민통치가 알제리인들에게 끼친 고통을 '인정'합니다.……" 이렇게 올랑드는 과감하게 지난날의 잘못을 인정하면서도 직접적인 사과의 표현은 피해 나간 셈이다. 결국 과거사 문제에 관한 한 좌파 대통령 올랑드는 자크 시라크는 물론이고 '참회 불가'를 대 놓고 외쳤던 사르코지 등 우파 대통령들과 그리 멀리 떨어져 있지 않았다. '국가'의 책임은 '인정'하되 '사죄'의 표현은 담지 않는다는 프랑스 정부의 기존 입장을 재확인한 것이다.

알제리 전쟁을 어떻게 기념할 것인가

알제리 전쟁은 끝났는가? 알제리 전쟁 발발 60주년을 하루 앞둔 2014년 10월 말, 《르 몽드》는 알제리 전쟁이 바야흐로 기억과 애도의 토양을 넘어 역사의 피안으로 접어들고 있다는 조심스러운 분석을 내놓았다. 종전 후

반세기를 넘어선 오늘날 전쟁에 직간접으로 개입했던 세대는 하나둘씩 세상을 떠났으며, 프랑스에서든 알제리에서든 정치 무대는 전후 세대의 몫이 된 지 오래다. 언론 매체와 학교 교육은 기념제 때마다 전쟁의 기억을 계속 재생산해 내고 있지만 전쟁을 모르는 젊은 세대의 시선은 어두운 과거보다는 밝은 미래로 향한다. 2014년 10월 설문조사에서 프랑스 국민의 3분의 2 이상이 "알제리 독립은 알제리(68퍼센트)뿐만 아니라 프랑스(65퍼센트)에도 '잘 된 일bonne chose'이다"라고 답했다.[7] 알제리 전쟁의 엇갈린 기억들은 하나둘씩 국민적 합의 속에 해소된 것이다.

이제 식민지배와 전쟁의 상흔을 모르는 새로운 세대와 함께 프랑스는 식민통치 과거사 문제에서 큰 걸음을 걸을 수 있었다. 보수-진보로 나눠진 진영정치를 뚫고 중도파로 대통령에 당선되는 파란을 일으킨 에마뉘엘 마크롱은 알제리 전쟁 종전 이후에 태어난 첫 프랑스 대통령이었다. 2017년 2월, 대선 유세 중 알제를 방문한 마크롱은 프랑스의 식민지배가 "인도에 반한 죄crime contre l'humanité에 해당한다"고 말해 프랑스 정계를 발칵 뒤집어 놓았다. 마크롱은 식민지배 과거사에 대해 '부인하지도 참회하지도 않는다ni déni, ni repentance'는 입장을 고수하기는 했지만, 두 나라의 진정한 화해를 위해 서슴지 않고 큰 걸음을 내딛었다.

젊은 대통령은 알제리 전쟁 동안 프랑스군이 저지른 참혹한 고문과 학살을 솔직하게 인정하고 피해자들을 찾아가 사과하는 행보를 시작했다.[8] 2018년 9월, 마크롱은 알제리 독립을 위해 싸운 저명한 프랑스인 수학자 모리스 오댕이 프랑스군에 의해 살해된 사실을 인정하고 미망인을 직접 찾아가 사죄했으며, 2021년 3월에는 알제리 독립투사이자 변호사인 알리 부멘젤이 잔혹하게 고문당하고 살해된 사실을 인정하고 손자들을 초청해 사죄의 뜻을 전했다. 2021년 9월, 마크롱은 프랑스를 위해 싸우다 희생된 아르키와 그 후손들을 엘리제궁에 초청하고 그들에게 '용서'를 구하기도

했다.[9] 마침내 알제리 독립 60주년을 맞이한 2022년 8월, 알제리를 공식 방문한 마크롱 대통령은 알제리 독립투사들의 영혼이 잠든 '순국열사기념관Maqam Echahid'을 찾아 헌화했으며, 알제리 전쟁의 진상을 규명하기 위한 프랑스−알제리 역사가 공동위원회를 발족시키는 데 합의했다.

　마크롱 대통령의 이러한 프랑스−알제리 '화해'를 위한 광폭 행보는 양국 국민 사이의 앙금을 가라앉히고 획기적인 도약을 이루어 냈다는 점은 부정할 수 없을 것이다. 물론 알제리 정부와 국민은 프랑스 대통령이 내놓은 이 정도의 사과 수위에 그리 만족스러워하지 않을 수도 있다. 게다가 식민통치 과거사를 비판적으로 보는 프랑스인들도 정작 사죄의 당위성 여부를 놓고 찬반 양론이 갈린다. '사과excuses'의 문제는 적어도

[그림 19−9] 2022년 8월, 알제리 독립 60주년을 맞아 알제리를 공식 방문한 마크롱 대통령은 알제리 독립투사들이 잠들어 있는 순국열사기념관을 찾아 헌화했다.

가해국에서는 여전히 국민적 합의를 이끌어 내기 어려운 사안으로 남아 있는 것이다. 알제리 전쟁 발발 70주년을 맞이한 오늘날, '알제리 전쟁'은 프랑스인과 알제리인 모두에게 과거사의 앙금과 전쟁의 상처를 오롯이 간직한 영원한 '기억의 장소'로 남아 있다. 이제 한걸음 더 나아가 알제리 전쟁이 기억의 울타리를 넘어 역사의 지평에서 제자리를 찾아야 할 때다.

20
1968년 5월:
'68운동' 50년 후의 평가와 유산

이재원

[그림 20-1] 1968년 5월 당시 돌을 던지며 시위하는 한 남학생 옆에 "젊었으면 입 닥쳐", "미술학교는 문을 닫았지만, 혁명적 미술이 탄생했다", "공장 점령 찬성" 등의 구호가 담긴 포스트가 열거된 에릭 알라리, 《50년 전……68년 5월》의 책 표지.

50주년을 기념할 것인가?

2018년은 1968년의 사회·문화 변혁운동이 일어난 지 50주년이 되는 해였다. 1968년에 벌어진 '프라하의 봄'과 미국에서의 대규모 시위, 멕시코 대학에서의 '학살', 그리고 전 유럽의 학생운동 등의 사건들은 전 지구적 차원의 현상이었다. 그중 프랑스는 68운동의 발자국이 가장 뚜렷이 남아 있는 상징적인 국가로 평가된다. 라탱 지구의 바리케이드와 포석, 거리에 나선 수십만 명의 사람, 크고 작은 시위에 마비된 도시, 역사상 가장 큰 규모의 총파업 등 68운동이 프랑스 사회에 '파열'을 가져왔다는 사실은 분명해 보인다. 50주년이라는 숫자의 상징성이 증명하듯, 2018년의 기념 자체가 다양한 토론과 논쟁, 그리고 회고 대상이 되었다. 하지만 일각에서는 "이 사건을 기념하는 것이 과연 필요한가?"라는 의문을 제기하기도 했다. 특히 '68운동의 유산'과 관련해 프랑스인들 사이에 견해 차가 첨예하게 드러났다.

68운동이 일어난 지 9년 후에 태어난 마크롱 프랑스 대통령은 2017년부터 이미 '68년 5월'에 대해 숙고했다. 그는 결국 공식적인 기념식을 고려하지는 않았지만, '68'이 유토피아를 향한 여정이었음은 인정했다.[1] 엘리제궁은 68운동 50주년 기념 문제에 대해 당시 학생운동의 주역인 콘벤디트 Daniel Cohn-Bendit와 함께 논의했다. 하지만 그 이름 하나만으로도 68운동을 상징한다고 해도 과언이 아닌 콘벤디트는 50주년 기념식에 참석하는 것을 원하지 않았다. "나는 50년 후에도 계속해서 같은 소리를 되풀이하지 않을 것이다"라고 언급했다. 프랑스 68운동의 또 다른 주역인 크리빈Alain Krivine 역시 50주년 기념을 반대했다. 그 반대 이유를 "68정신의 보존을 위해서"라고 했다. 68운동을 전후하여 혁명공산주의청년Jeunesse communiste révolutionnaire과 공산주의연맹Ligue communiste이라는 조직을 창단했으며, 2018년 당시 신新반자본주의 정당Nouveau Parti anticapitaliste의 수장이었던 크리빈은 2018년 3월 TV 방송과의 인터뷰에서 "기념행위는

[그림 20-2] 1968년 5월 6일, 파리 소르본대학 앞에서 공화국 보안기동대CRS 소속의 로맹 구필 Romain Goupil을 마주한 다니엘 콘벤디트.

과거 사건에 대한 '매장'을 의미한다"라고 분명하게 말했다.[2]

반면 역사가 오리Pascal Ory는 68운동은 프랑스 역사에서 "토대가 되는 사건"이기에 그것을 기념하는 것은 너무나 당연한 일이라고 주장했다. "68 운동은 정치적으론 실패했지만, 장기적인 관점에서 볼 때, 예를 들어 낙태의 합법화 법안인 베이유 법Loi Veil의 등장, 모두를 위한 결혼, 환경에 관한 관심 등 문화적으로는 성공한 사건이었다"라고 평가했다. 비록 자신들은 완전히 다른 시대에 살고 있지만, 삶의 방식과 관련해서 "68의 자녀들"이라는 견해를 밝힌 것이다.

2007년 대통령 선거유세에서 "68운동의 유산을 청산하자"라고 발언했던 사르코지 전 대통령처럼 여전히 우파는 그들에게 "종말의 시작", "권위에 대한 존중의 종말", "도덕의 종말"을 의미했던 이 운동의 기념을 반대했다. 68운동에 대한 논쟁

[그림 20-3] 68운동 50년 후 (2018년 5월 22일) TV 방송("C Politique")에서 다시 마주한 콘벤디트와 구필.

은 50년 후에도 어김없이 다시 시작되었지만, 역사가 가리그Jean Garrigues 는 이러한 논쟁들이 적어도 "기억을 보전"하는 장점이 있다고 평가했다. "68운동의 기억은 오늘날 상실되었다. 따라서 그것을 되살리고 우리들의 국가적 삶에서 이 순간이 의미하는 것을 상기시키는 것은 중요하다"라고 언급하였다.

기존 질서에 대한 문제 제기, 학교와 공장 그리고 사회에서의 변화, 직장에서 이전과는 다른 관계에 대한 요구, 가치관의 변화, 여성들의 해방 등, 1968년 5월 운동과 관련된 다양한 주장과 1960년대 이후 진행된 변화에 대해서는 이미 많은 연구가 있다. 이 글에서는 68운동에 대한 다양한 논의와 입장이 교차하는 가운데 프랑스는 이 사건을 50년 후에 어떤 방식으로 기념하고자 했는지, 프랑스인의 의식 속에 이 '실패한 혁명'은 어떤 이미지로 남아 있는지를 살펴보고자 한다.

"불가능한 것을 요구하라!"

1968년에 벌어진 사건들은 반세기가 지난 후에도 여전히 다양한 논쟁과 분석을 일으키고 있다. 혹자가 주장하듯이 이후 프랑스 사회가 경험한 모든 격변의 원조 자격을 68에 부여할 수 있을까? 정치적으론 실패했지만 적어도 문화적인 측면에서는 가히 혁명적인 사건으로 인식되는 이 사건이 이후 프랑스 사회에 가져다준 변화를 긍정적으로 평가할 수 있을까? 이 "유례없는 혁명révolution introuvable"이 남긴 유산들에 관해, 특히 "불가능한 것을 요구하라!Demandez l'impossible"라는 당시의 구호를 키워드로 하여 68운동을 분석해 보도록 하겠다.

먼저 주목할 측면은 68운동이 주장했던 "새로운 세상에 대한 요구"이며,

"삶을 변화시키고자 하는 의지"이다. 너무나 당연시되고 견고해 보였던 기존질서에 대한 도전은 "권위에 대한 저항과 비판정신"으로, 그리고 실현 불가능성을 알면서도 외쳤던 "유토피아에 대한 추구"로 구체화되었다.

1968년 이전에 '권위'는 '지배하는 아버지'라는 존재와 함께 가족 내에서 굳건히 자리 잡은 것처럼 보였다. 학교에서 권위는 신체에 대한 규율을 통해 이루어졌다. 1960년대 후반에는 "그때까지 반대에 부딪힌 적이 거의 없는 권위적 모델이 프랑스 사회에 정착되어 있었다. '길들이기'라는 단어는 (모든 영역에서) 여전히 사용되고 있었다"라고 철학자이자 사회학자인 르 고프Jean-Pierre Le Goff는 주장했다. 젊은이들에게 스스로 표현할 공간은 적었다. 그들에게는 자율성이 인정되지 않았다. 그것은 학교에서의 '수련 기간'을 거치고, 성인 나이에 들어선 후에야 획득될 수 있었다. 하지만, "권위는 압도적으로 산재했지만, 비인간적인 것은 아니었다"라고 르 고프는 강조했다. 그는 "젊은이들은 기

[그림 20-4] 제목에 "불가능한 것을 요구하자"가 포함된 책들. 필립 고다르Philippe Godard 편, 《68년 5월: 현실주의자가 되자, 불가능한 것을 요구하자》(2010); 에르베 아몽Hervé Hamon, 《불가능한 것을 요구하라. 68년 5월의 이야기》(2018); 아들린 레이노Adeline Regnault, 《18세, 불가능한 것을 요구하자: 나의 68년 5월 일기》(2018).

존질서에 복종하지 않았으며, 내적 자유를 누릴 수 있었고, 자기 나름의 생각을 펼칠 수 있었다. 바로 그러한 요소들이 반란자들을 양성한 것이었다"라고 설명했다.[3]

권위에 대한 문제 제기는 반문화, 대항문화, 대안문화 등으로 번역되는 젊은 층의 '카운터 컬처counter culture'의 등장과 함께 1968년 이전부터 이미 표출되고 있었다. 그것은 어른들과 기존제도에 위협을 가하는 매우 소수의 '검은 잠바[4]'를 통해 드러났다. 결국, 1965년 대통령 선거에서 당선된 드골의 권위는 권력의 약화와 사회의 변화로 조금씩 실추되어 갔다. 하지만 실질적으로는 1968년이 되어서야 이러한 권위에 대한 저항이 폭발했다. 이에 대해 역사가 뤼디빈 방티니Ludivine Bantigny는 젊은이들이 "자신들의 자율권을 요구하고 그들 자신의 삶과 공동체적인 삶을 재발견하기 위해 이전에 없던 방식으로 발언했다"라고 평가했다. 예를 들어 '점거'를 통해 권위에 도전한 것은 정치가 단지 대통령을 포함한 정치인에게만 국한될 수 없음을 보여 주는 것이었다. 또한 그것은 "(젊은) 우리도 역시 이러한 지배적인 관계를 멈추고, 숙고하고, 전복시킬 권리를 가지고 있다"라는 사실을 보여 주는 것이기도 했다.

이러한 저항의 정당성에 대한 확신은 모든 영역, 즉 공장과 병원 등지에서도 표출되었다. 고등학교와 대학교에서도 젊은이들이 집결했고, 자신들의 요구 목록을 작성했다. 이로써 정권의 권위는 흔들렸다. 역사가 시리넬리Jean-François Sirinelli는 이를 1968년 5월의 특징 중 하나라고 지적했다. 방티니 역시 1968년 5월의 '창조적이고도 비판적인 특성'을 강조했다. 이렇듯 권위에 대한 저항과 비판정신은 '68년 5월'의 의미심장한 유산으로 남았다. "68년 5월은 정치사와 사회사에서 우리가 명백하다고 생각하는 것들, 특히 권위의 명백함에 대해 질문을 던지는 드문 상황에 해당할 것이다"라고 방티니는 분석했다. "권위는 이제는 당연하고 자연적인 것으로 인식되지 않았으며, 그것은 이후 그 정당성을 증명해야 했고, 그것이 행사되고 있는 이들을 설득해야 했다."

르 고프에 따르면, 기존의 권위주의와 도덕적 가치를 최우선으로 여기는 '도덕주의'에 대한 문제 제기는 불가피하고 정당한 것이었다. 그럼에도 "68운동은 카타르시스적인 측면을 지녔다"라고 그는 평가했다. '비판의 힘'은 이후 더는 억제되지 않았다고 지적하면서, "매우 빠르게 권위주의의 문제 제기로부터 권위 자체의 문제 제기로, 도덕주의의 비판으로부터 도덕 자체에 대한 비판으로 옮겨 가게 되었다"라고 분석했다. 르 고프는 이러한 현상을 1968년 5월의 "불가능한 유산héritage impossible"이라고 명명했다. 즉 68의 유산은 실현되기에는 불가능한 상태로 남아 있다는 이야기다. 그럼에도 그는 변화를 위한 투쟁을 다시 전개하기 위해서는 68이 남긴 유산을 비판적 방식으로 수용해야 한다고 주장했다.

1960년대에 프랑스인들은 진보에 대한 믿음이 있었다. 장 프랑수아 시리넬리가 지적했듯이 당시의 상황은 어쩌면 낙관적이었는지도 모른다. 아이들은 그들의 부모들보다 경제적으로 여유롭게 살았으며, 1950년대 중반과 1960년대 말 사이에 평균 생활수준은 2배로 증가했다. 1968년 5월이 도래했을 때 '유토피아'라는 단어가 '압도적'이었던 것은 아니었다. '(유토피아를 꿈꾸는) 공상적인 사회주의자들'은 유물론자들이 되기에는 충분치 못하다고 지적한 마르크스를 언급하며, "유토피아라는 단어는 심지어 다소 비하적인 의미로 사용되었다"라고 뤼디빈 방티니는 주장했다. 그럼에도 '혁명의 실험'은 모든 영역에서 시행되고 있었다. 통합사회당, 좌파 기독교인, 심지어 드골주의자들까지 말이다.

이렇듯 68운동과 관련한 중요한 주제 중 하나는 바로 혁명이라는 역사적 실험을 했던 사람들의 유토피아 지향성일 것이다. 그들은 "보도블록 밑에 해변이 있다Sous les pavés, la plage"라는 믿음을 지녔으며, "상상력에 권력L'imagination au pouvoir"을 부여하고자 했고, "금지하는 것을 금지한다Il est interdit d'interdire"라고 천명했으며, "현실주의자가 되고 불가능한 것을 요구하라Soyons réalistes, demandons l'impossible"라고 외쳤다.

유토피아적인 요소가 가미된 "삶을 변화시키자"라는 열망이 젊은이들을 사로잡았다면, 가장 급진적인 아이디어로 이어졌던 것은 즉각적이고 매우 구체적인 요구들이었다. "임금 인상 요구는 기업 내 민주주의 정착, 해고와 회계장부 작성에 대한 거부, 노동자 자주관리에 대한 요구로 이어졌다. 시민들은 책임을 지는 새로운 사회로 옮겨 가는 것을 상상했다."[5] 농민 세계 내부에서도, 공동시장에 의해 촉진된 경쟁과 과잉생산의 거부, 잉여 식량의 폐기는 일부 농민들 사이에서 아프리카 농민과 연대하여 다른 세상을 만들고자 하는 열망을 자극했다.

그러나 68운동의 '실패' 이후 '구체적 유토피아'라는 표현은 이후 완성해야 할 '작은 혁명들'을 지칭하기 위해 등장했다. 세상을 바꿀 수 없다고 느낀 젊은이들은, 좌익 활동가들이 새로운 공동체 생활을 위해 농촌으로 떠나는 것처럼, 일상생활 속에서 여러 가지를 실험해 보고자 했다. 50년이 지난 지금, 이러한 구체적 유토피아는 과거의 이념적 비전과 구별하기 위해 종종 '현실적' 또는 '실재적'이라고 묘사되어 다시 돌아오려고 시도하는 듯하다. 68의 유산 중 하나는, 장 프랑수아 시리넬리가 2016년의 '밤을 새우다'[6]의 사례를 통해 지적했듯이, 이러한 구체적 유토피아의 실현일 것이다. 같은 맥락에서 르 고프는 2018년에도 여전히 우리가 던질 수 있는 질문은 "이 구체적 유토피아로부터 참조할 수 있는 전복적 혹은 문명적인 측면에 관한 것"이라고 진단했다. "이러한 시도들에 높은 가치를 부여할 수 있음에도 불구하고 실질적으로 매우 제한적인 노력만 행해지고 있는 현실"을 그는 안타깝게 생각했다.

[그림 20-5] 1968년 3월 22일, 낭테르. '3월 22일 운동'을 탄생시킨 선언문에 서명한 학생들이 점유한 교수협의회 회의실.

[그림 20-6] 1968년 3월 29일, 낭테르대학 학생들이 학장이었던 피에르 그라팽Pierre Grappin이 폐쇄한 캠퍼스를 점거했다.

(여전히) 기념하기 힘든 역사?

'실패한 혁명'임에도 불구하고 대체로 긍정적으로 인식된 사건을 기념하는 것은 어떤 의미일까? 68운동 50주년을 맞이하여 수많은 문화적이고 학술적인 행사들이 계획되어 있었지만 1968년 5월을 '포용할 능력'이 없어 보이는 프랑스 정부는 그것에서 벗어나 있는 듯했다.

낭테르Nanterre대학의 '3월 22일 운동'[7]에서부터, 5월의 총파업을 거쳐, 6월 중순 소르본Sorbonne 철수까지 이르는 이 혼란스러웠던 격동의 순간을 기념하고 찬사를 보내는 것은 다소 '엉뚱'하다고 생각하지만, "68운동은 '모든 것'이었다"라고 델포르트Christian Delporte 베르사유대학 역사학 교수는 평가했다.

파리와 그 근교 지역만 놓고 보더라도 68운동 50주년을 기념하는 30여 개의 전시회와 연극 공연, 콘서트, 토론회와 심포지엄이 낭테르대학과 퐁피두센터 등지에서 열렸다. 앞에서 언급했던, 루앙Rouen대학의 사학과 교수로, 2018년 1월에《1968, 위대한 밤에서부터 새벽까지*1968, de grands soirs en petits matins*》를 출간한 뤼디빈 방티니는 68운동의 50주년 기념을 "굉장한 열정"이라고 요약했다. 20세기 가장 거대한 사회운동에 대해 대단하고 점증하는 관심을 증명하는 수십 권의 저서와 논문들 역시 5월을 전후하여 출간되었다.

1968년 5월은 프랑스 사회 전체와 관련되어 있고, 모든 세대는 68의 기억을 지니고 있다. 라탱 지구의 바리케이드와 르노Renault 공장 점령 50년 후 프랑스인들의 입장은 분명했다. 2018년 2월 초에 발표된 해리스-앵테르악티브Harris-Interactive 여론조사에 의하면 응답자 중 79퍼센트는 68운동이 프랑스 사회에 긍정적인 결과를 초래했다고 생각했다.[8] 68운동을 비판한 다수의 정치인이나 지식인의 입장과는 차이가 있었다.

프랑스 정치인들의 경우, 이 주제에 대해 여전히 분열된 입장이다. 2007
년 대통령 선거유세에서 니콜라 사르코지는 "지적·도덕적 상대주의"를 강
조했고, 특히 학교에서 도덕적이고 위계적인 가치들을 파괴한 68운동의
유산을 '청산'하길 원했다. 오늘날 프랑스를 시위 및 '투쟁의 공화국'으로
만들고, 평등을 중시하며 경쟁과 변화를 거부하는 사회로 만든 '프랑스병'
의 원인이 68운동에 있다는 비판이었다. 반면에 5년 후, 역시 대통령 선거
유세 기간 올랑드는 그의 전임과의 단절을 상징하는 의미로 '68운동의 유
산'을 강조했다. 그는 "별 속을 걸으면서도 편협하고 낡아빠진 사회가 변
화해야 한다는 사실을 인지한 68운동의 참여자들"을 찬양했다. 이미 그 시
기에 다른 세계가 가능하다는 것을 믿었던 젊은 층의 열망을 표현했던 68
운동을 변호한 것이다. 올랑드에 따르면 "그들의 유토피아는 사람과 자연
을 존중할 수 있는 우애로운 사회의 유토피아이며, 그것은 물질적 번영이
모든 것을 평가하는 것을 거부했다."[9]

그렇다면 "모든 것이 정치적인가?" 결국 프랑스 정치권력은 공식적인
기념식을 행할 것을 '거부'했다. 보리스 고비유는 비록 68운동에 대한 기
념을 축제의 영역으로만 한정하더라도, "그것을 기념하면서 (적어도) '회
복 형태의 감정'을 줄 수 있다"고 평가했다. 기념을 통해 적어도 과거 사건
을 환기하고 평가할 기회를 제공할 수 있는데, 그러지 않은 정부의 결정을
아쉬워한 것이다. 그러나 2017년도에 어떠한 교리나 편견 없이 이 순간에
대해 숙고하고 그로부터 찬성하지도 반대하지도 않은 교훈을 얻는 것이
중요하다고 언급한 한 대통령 측근은 "우리는 결코 유토피아를 얻지 못했
으며 너무나 많은 환멸을 경험했다"라고 주장했다. 같은 맥락에서 "어떤
행동 양식들은 불법행위를 혁명의 수단으로 활용했다. 어떤 정부도 그것
을 좋게 평가하기는 힘들 것이다"라고 보리스 고비유는 평가했다. 방티니
역시 같은 의견이었다. 하지만 동시에 방티니는 "국가가 단 한순간만이라

도 적어도 시장의 논리와 반대되는 입장 가운데서 공장 점거와 함께 진행된 총파업을 기념하기를 바란다"라고 언급했다.

68운동 이후에 태어난 에마뉘엘 마크롱은, 68운동을 방티니 교수의 지적처럼 "사회 관습의 해방", "낭만적이고 사회적인 68운동", "파도의 찰랑거리는 소리에 불과한 순진함과 무지가 섞인 극도의 추상적인 이미지"로만 기억하지 않았을까라는 질문에 "아마도"라고 대답했다. 하지만 2015년 7월, 당시 경제부 장관이었던 마크롱은 68운동과 관련하여 "당시 정권이 자행한 폭력적 상황에 의해 위협당하는 가운데 많은 실수가 저질러졌고, 말하지 못하고 행동하지 못하는 상황을 수용할 수밖에 없게 만들었다"라고 언급하기도 했다.

그렇다면 무엇을 기념할 것인가? "68운동은 프랑스공화국의 건설에서 중요한 요소가 될 수 있는가? 결국 68은 성공하지 못한 혁명이고 엄청난 실패였다"라고 크리스티앙 델포르트는 단언했다. "감정에 치우치지 않고 일을 진행해 나가야 한다"라고 말하면서도 델포르트는 "그런데, 기념은 무엇보다 감정적인 행위이다"라고 결론지었다.

68운동을 공식적으로 기념하지 않는 대신 정부는 관련 사료의 개방을 약속했다. 가장 기대되는 전시회는 국립문서고에서 당시 저항을 억압하고자 했던 대통령, 정부, 중앙 행정기관, 법원 등을 통해 본 1968년 5월과 6월 사건이 될 것이다.

50년이라는 시간은 분명 '기억의 영역'에서 '역사의 영역'으로의 전이轉移를 허락하는 시간이 될 수 있다. 하지만 프랑스 사회에서 68운동은 여전히 서로 다른 저마다의 평가와 해석으로 논란의 중심에 있는 것처럼 보인다.

50년 후, 68운동에 대한 인식과 평가

2018년 3월 1일 자 《새로운 문학 잡지Le Nouveau Magazine Littéraire》는 프랑스인들에게 68운동에 대해 어떤 이미지가 연상되는지, 그것의 유산은 무엇이라고 생각하는지에 대해 질문을 던졌다.[10]

먼저, "당신은 1968년 5월 사건들에 대해 이미 들어본 적이 있는가?"라는 질문에 82퍼센트의 응답자가 "그렇다, 그리고 그것이 어떤 사건인지 정확히 안다"라고 대답했으며, 11퍼센트는 "그렇다, 하지만 그것이 어떤 사건인지 정확히 알지 못한다"라고, 나머지 7퍼센트는 "알지 못한다"라고 대답했다. 하지만 1968년 5월에 대한 이해는 응답자의 연령대에 따라 차이가 있었다. "연령대에 따라 68년 5월이 무엇인지 정확히 아는 사람들의 비율"의 조사 결과, 18~34세 사이의 프랑스인 가운데 61퍼센트가 68운동이 무엇인지 정확히 안다고 대답했으며, 22퍼센트는 그것이 무엇인지 정확히 알지 못한다고 응답했다. 17퍼센트는 이 사건에 대해 알지 못한다는 사실을 인정했는데, 이 비율은 모든 연령대 가운데 가장 높은 수치였다. 35~49세 가운데 7퍼센트, 50~54세 가운데 3퍼센트, 65~75세 사이에서는 2퍼센트만이 1968년 5월이 무엇인지 알지 못한다고 응답했다. 75세 이상의 프랑스인 가운데 그 누구도 1968년 5월을 알지 못한다고 대답하지 않았다. 이처럼 1968년 5월에 대한 이해는 나이 든 연령층의 프랑스인들에게는 거의 일반적이었지만, 젊은 층에게는 보다 덜 분명했다.

다음으로, 복수 응답이 가능한, "당신은 1968년 5월이 무엇과 부합한다고 생각하는가?"라는 질문에 87퍼센트의 응답자들은 "시대에 뒤떨어진 사회 모델에 대한 문제 제기"라고 대답했으며, 86퍼센트가 "학생 시위", 83퍼센트가 "보다 나은 노동조건과 임금을 위한 운동", 82퍼센트는 "문화적 측면에서 새로운 시대의 시작", 74퍼센트는 "여성 발언의 자유" 등의 개념

과 연관시켰다. "권력기관에 의한 폭력적인 탄압"(65퍼센트)이라고 생각하
는 사람들은 상대적으로 적었고, "비행행위非行行爲"라고 응답하는 사람은
26퍼센트에 불과했다.

이를 통해 우리는 프랑스인들이 68운동을 기존질서와 체제에 대한 문제
제기, 학생운동과 노동운동, 그리고 문화적 측면에서는 가히 '혁명적인 사
건'으로 이해한다는 점을 알 수 있다. "여성 발언의 자유"의 경우, 여성의
독립성과 남녀평등에 대한 요구, 부부와 가족에 대한 문제 제기 등과 연관
시킬 수 있을 것이다. 이러한 '여권운동'의 산물이라 할 수 있는 1970년에
창설된 여성해방운동MLF은 "여성의 희생 개념, 현실 참여와 고용 문제에
대한 고정관념, 욕망과 감정의 억제 요구 등에 대한 문제 제기와 함께 모든
자기중심적 사고를 강조하면서 저항의 가장 급진적인 형태를 띨 것"이라
고 장 피에르 르 고프는 설명했다.[11]

다음 질문은 프랑스인들이 '68년 5월 사건' 하면 무의식적으로 연상시키
는 단어에 관한 질문이었다. 오직 1968년 5월을 들어본 사람들을 대상으로
한, 선택 사항이 없는 이 주관식 질문에 대해서는 다양한 단어들이 등장했
다. "68운동을 생각할 때 당신에게 본능적으로 떠오르는 모든 단어, 이미지,
개념은 무엇인가?"라는 질문에 응답자들은 "파업", "학생", "시위", "혁명",
"포석"이라는 단어를 가장 많이 언급했으며, 다음으로 "폭동", "자유", "젊
음", "바리케이드", "거리"를, 그 밖에 "프랑스", "드골", "노동자", "해방",
"변화", "파리", "인민", "사회", "청년", "아수라장chienlit", "콘벤디트" 등의
단어를 열거했다. 이렇듯, 이 시기를 경험한 이들이나 이 시기를 '역사'로 기
억하는 이들 모두 이 사건에 대한 자신들의 시각을 가지고 있었다.

68운동의 결과에 관한 질문에서는 전반적으로 10명 중 8명의 프랑스인
이 1968년 5월이 긍정적인 영향을 가져다주었다고 생각했다. "당신은 68
사건이 프랑스 사회에 긍정적 영향을 가져다주었다고 생각하는가? 부정적

영향을 가져다주었다고 생각하는가?"라는 질문에 1968년 5월에 대해 들어본 프랑스인 가운데 다수(79퍼센트)는 긍정적인 결과를 가져다주었다고 생각했다. 17퍼센트만이 부정적인 결과를 초래했다고 생각했으며, 4퍼센트는 의견을 표명하지 않았다. 1968년 5월에 대해 들어본 프랑스인 중에 35~49세에 해당하는 사람들이 가장 많이(84퍼센트) 68운동의 긍정적 영향을 평가했다. 뒤이어 18~34세(81퍼센트), 50~64세(79퍼센트), 65~75세(73퍼센트), 75세 이상(61퍼센트) 순이었다. 연령층이 올라갈수록 68운동의 부정적 영향을 강조하는 비율이 늘어났다. 18~34세의 경우 단지 12퍼센트만이 부정적 평가를 하는 데 반해, 35~49세(13퍼센트), 50~64세(18퍼센트), 65~75세(25퍼센트), 75세 이상(36퍼센트) 등 연령이 높을수록 68운동의 부정적 영향을 더 많이 언급했다. "잘 모르겠다"라는 응답자 중에는 18~34세에 해당하는 연령층의 비율이 7퍼센트로 가장 높았다. 결국 1968년 5월을 직접 경험한 사람들이 더 젊은 프랑스인보다 이 사건에 대해 조금 덜 긍정적이었다. 사회계층별로 보았을 때, 서민계층 출신 사람들(85퍼센트)이 유복한 계층 사람들(77퍼센트)보다 조금 더 1968년 5월에 대해 긍정적인 견해를 밝혔다.

이른바 '68세대'와 관련된 질문에서는, 다수의 프랑스인은 68운동에 참여했던 사람들이 오늘날에도 여전히 50년 전과 같은 입장을 유지하고 있다고 생각했다. 1968년 5월에 대해 들어본 프랑스인 중 56퍼센트는 68운동에 참여했던 사람들이 당시 그들이 주장했던 이념들과 유사한 생각을 지금도 여전히 가지고 있다고 생각했으며, 37퍼센트는 그렇지 않다, 7퍼센트는 모른다고 대답했다. 연령층이 낮아질수록 "68세대가 과거 그들의 이념으로부터 멀어졌다"라고 생각하는 사람들은 줄어들었다. 75세 이상의 프랑스인 중 57퍼센트, 65~75세의 경우 48퍼센트, 50~64세의 경우 44퍼센트, 35~49세의 경우 33퍼센트, 18~34세의 경우 단지 21퍼센트 만이 그렇게 생각했다. 68세대에 대한 평가는 불과 10년 전까지만 하더라도 매우 부정적이었으며, 그들에 대한 평가가 68운동에 대한 비판의 가장 핵심적 사안이었다는 점을 고려하면,[12] 10년 사이에 이들에 대한 인식이 현격하게 변화되었다고 볼 수 있는 것이다.

"1968년 5월의 결과에 대한 비판 가운데 다음과 같은 주장에 당신은 찬성하는가? 반대하는가?"라는 질문에 대해서는 다수의 프랑스인(60퍼센트)이 "1968년 5월이 정치에 대한 시민들의 신뢰를 떨어뜨렸다"라는 견해에 동의했다. 반면에 "1968년 5월이 공동체를 희생시키며 개인주의를 강화했다"거나, "공화국의 학교를 파괴했다"라는 생각에는 각각 53퍼센트와 61퍼센트의 프랑스인이 동의하지 않았다. 가족의 중요성에 관한 질문에 대해서는 의견이 나뉘었다. 1968년 5월에 대해 들어본 적이 있는 이들 중 49퍼센트는 68이 사회 속에서 가족의 중요성을 희석시켰다는 생각에 동의하지 않았으며, 43퍼센트는 그 반대로 생각했다. 모든 정치적 성향을 막론하고 대다수 프랑스인은 1968년 5월이 정치인에 대한 시민들의 신뢰를 떨어뜨렸다는 견해에 동의했다.

1968년 5월 당시에 수많은 구호가 등장했다. 대중들의 행동을 조직하고 결집하기 위해 다양한 의견과 강령 등을 간결하고 명료한 어휘에 담아 '68의 주역들'은 자신들의 주장을 펼쳐 나갔다. 1968년 5월에 대해 들어보았거나 들어보지 못한 프랑스인들이 가장 선호하는 구호들은 "전쟁 말고 사랑을 하라"(79퍼센트), "텔레비전을 끄고 눈을 떠라"(72퍼센트)였다. 이 구호들은 모든 정치적 성향을 불문하고 거의 모든 프랑스인이 만장일치로 선호했다. 그 뒤를 이어 "나는 돈을 벌면서 내 삶을 허비하고 싶지 않다"(60퍼센트), "모든 것은 정치적이다"(59퍼센트), "현실을 위해 우리의 욕망을 취하라"(58퍼센트), "선거는 속임수에 불과하다", "금지하는 것을 금지한다", "우리가 일단 눈을 뜨면 우리는 더는 조용하게 잠들 수 없다", "상상력에

권력을"의 경우 57퍼센트의 응답자들이 선호했다. 이보다는 조금 적게 42
퍼센트의 응답자들이 "무위無爲의 시간 없이 살고, 구애받지 않고 즐겨라"
와 "예배당의 그늘 아래서는 자유롭게 생각할 수 없다"를 선택했다. 반면
에 "부모가 투표할 때 아이들은 피해를 본다"(38퍼센트)와 "공화국 보안기
동대CRS는 나치 친위대SS와 마찬가지이다!"(18퍼센트)는 전반적으로 프랑
스인 다수가 마음에 들어 하지 않았다.

현재 프랑스인들이 선호하는 구호를 통해 유추해 볼 수 있는 점은 당대
에도 그리고 현재에도 여전히 프랑스인들은 기
성 사회와 정치, 기존질서에 대해 비판적인 시
각을 견지하고 있으며, 소비 사회에 대한 비판,
절대적 자유와 욕망, 그리고 이상적 사회에 대
한 추구를 통해 새로운 세상을 꿈꾸고 있다는
사실이다. 어쩌면 변화는 그렇게 이루어지는지
모를 일이다. 당연시되고 굳건히 자리하는 기존
의 질서와 체제에 대해 끊임없이 의심하고 균열

[그림 20-7] 68운동 관련
구호들이 적힌 포스터. "금
지하는 것을 금지한다", "상
상력에 권력을", "포석 아래
해변이 있다", "노동자에게
권력을" 등의 구호가 적힌
'1968년 5월' 관련 포스터 다
수는 프랑스 국립미술학교
아틀리에에서 제작되었다.

을 내려는 작은 시도를 통해 사회는 진보하고, 더 많은 자유와 권리가 쟁취
될 수 있는 것이 아닐까 싶다.

'1968년 5월'의 유산

프랑스의 '1968년 5월', 더 나아가 전 세계적 차원의 68운동은 앞서 논의
한 것보다 훨씬 더 광범위하고 또 다른 차원에서 평가할 수 있는 현대사의
획기적 사건이었다. 예컨대, 탈근대의 서막을 열었으며, 환경, 인권, 여성
같은 소외되었던 주체들을 인류의 중대한 문제로 전이시킨 운동이었다.
자본과 노동이라는 근대적 수준의 갈등구조에 가려져 드러나지 않았던 중
대한 삶의 문제들을 논의의 중심으로 끌어들였다는 점에서도 평가할 수
있을 것이다.
　50년이 지난 이후 프랑스의 '1968년 5월'은 우리에게 무엇을 남겼는가?
그것이 품은 저항의 구상이 얼마나 실현됐는지를 따져 볼 때, 아마도 대부
분의 실패와 부분적인 성공으로 평가할 수 있을 것이다. 자본의 지배에 대
한 대안이 하나하나 무너지면서 자본과 자본의 숭배자들은 결정적인 것처
럼 보이는 승리를 축하했는데, 이는 '진보 진영'의 패배를 의미했다. 68운
동을 주도했던 소위 '신좌파 그룹'은 기존 조직에 복귀해 다시금 개인을 집
단에 종속시킴으로써 자기 결정과 개인 해방을 목표로 삼은 68운동의 반
권위주의를 포기하기도 했다. 68운동의 결과물로 등장한 여권운동과 대안
운동, 생태운동 같은 현상들은 68운동이 그린 구체적 유토피아와 비교할
때 기존 사회질서에 대한 전 사회적 대항의 구상을 펼쳐 내지 못했다.
　그럼에도 68은 값진 경험으로 남았다. 68운동의 영향은 조직적으로 계승
되지는 못했지만, 서구 사회에 의식의 전환을 가져다주었다고 평가된다.

68운동은 이런 의식 전환이 무관심의 타파와 활발한 사회 참여, 그리고 상품 사회와 소비 사회에 대한 비타협과 거부를 통해서만 가능하다는 전제에서 출발했다. 나아가 68운동이 선전한 이행전략은 '개인'에서 시작되고, 사회 참여를 통한 개인의 변화가 다른 사회를 낳기 위한 전제조건이라고 보았다. 결국 68운동은 이전 사회에서 제기되었던 경제 위주의 대안만이 아니라 일상적 모순에 대한 대안도 중요하다는 인식을 가져온 사건이었다. 그것은 서구 사회가 물질문명의 편리함에만 함몰되어 타자로 전락해 버린 인간에 대한 진지한 성찰에서 비롯된 인간 주체성 회복운동이었다.

프랑스의 1968년 5월을 평가하는 많은 학자가 68은 실패한 혁명이라고 규정하곤 한다. 그러나 상상력에 권력을 부여하고, 새로운 사고를 통한 새로운 의식의 사회를 만들고자 했던 1968년의 이야기는 아직 끝나지 않았다. 68운동은 한 시대만의 열정이 아니라 이후 전개되는 전 세계적인 사회운동의 방향을 제시하고 있다는 점에서 영구혁명의 성격을 띠며, 이러한 시각으로 1968년 5월의 성패 여부와 의의를 생각해 보아야 할 것이다. 아직 끝나지 않은 이야기로서의 1968년 5월은 현 시대를 사는 사람들의 더 나은 삶을 위한 상상력 속에서 지금도 계속되는 현재진행형이다.

21

1981년 5월:
미테랑의 대선 승리와 프랑스의 사회주의 정치

민유기

1981년 5월 10일 저녁 8시 프랑스의 주요 방송들은 대선 결선투표에서 사회당의 미테랑François Mitterrand이 승리했음을 알렸다. 사회당사 안팎의 환호는 바스티유 광장으로 몰려든 지지자 20여만 명의 미테랑 연호로 이어졌다. 광장에 모인 이들은 노래하고 춤추며 1968년 5월 파리의 거리에서 표출되었던 혁명적 축제의 분위기를 재현했다. 이틀 뒤《르 몽드》만평은 보수층의 충격을 희화한다.

에펠탑이 보이는 파리의 부유한 16구 아파트 난간에서 "뭐라고!? 대통령이 사회주의자인데 에펠탑이 그 자리에 그대로 있다고!?", "믿을 수 없군!"이라는 대화가 오간다. 미테랑의 대선 승리와 한 달 뒤 사회당의 총선 승리는 프랑스에서 제5공화국이 탄생한 1958년부터 23년을 이어 오던 우파의 집권을 끝내는 정권교체였다. 미테랑은 1988년 5월 재선 성공으로 1995년 5월까지 14년 동안 대통령직을 수행해 프랑스 역사에서 왕과 황제를 제외한 최장기 국가원수로 남게 되었다. 미테랑 대통령은 1986년 총선과 1993년 총선에서 승리한 우파에게 총리를 맡겨 각각 2년여씩 두 차례 '좌우 동거' 정치를 하기도 했으나, 그 외 기간에는 사회당 총리의 정부와 함께 국정을 운영했다.

　오랫동안 수권을 준비해 온 사회당은 집권하자마자 정책 역량을 잘 보여
주었다. 1981년부터 1984년까지 모루아Pierre Mauroy 총리의 정부가 실현
한 각종 진보적 사회경제 정책들은 민주주의를 강화하고 노동자와 사회적
약자에 대한 공적 지원을 확대했다. 프랑스는 세계적 경제위기에 대응하
는 영국과 미국의 보수정치와 다른 길을 가며 진보정치의 희망으로 여겨
졌다. 그러나 국내외 경제 상황의 악화로 프랑스도 1983년부터 긴축재정
을 하면서 신자유주의 경제를 서서히 도입하기 시작했다. 신자유주의는
1986년 제1차 좌우 동거 시기 시라크 총리의 우파 정부에 의해 확대되었
으나 1988년 대선에서 프랑스인들은 시라크 대신 미테랑을 선택해 신자유
주의의 전면적 도입에 명확한 거부감을 표출했다. 하지만 어느새 세계적
흐름이 된 신자유주의는 미테랑의 두 번째 임기 동안 영향력을 키워 나갔
고 사회당은 이상보다 현실정치에 몰두하는 실용정당으로 변해 갔다. 미
테랑은 두 번째 대통령 임기에는 국내 문제보다 대외정책에 더 많은 관심

[그림 21–1] 1981년 5월 12일 《르
몽드》 만평. 파리의 부유층은 사회
주의자 대통령 당선을 믿지 못했
다. 만평 속 한 사람이 "뭐라고!?
대통령이 사회주의자인데 에펠탑
이 그 자리에 그대로 있다고!?"라
며 놀라움을 표하자 옆의 사람도
"믿을 수 없군!"이라며 맞장구를
쳤다.

을 기울였다. 소련 붕괴와 독일 재통일로 인한 냉전 해체와 냉전 이후 세계
질서 구축 과정에서 미테랑은 미국의 일방적 주도권을 견제하며 유럽통합
의 진전에 헌신했다.

좌파연합의 상징 미테랑

미테랑은 1916년 프랑스 남서부 샤랑트도 내 기초자치체 자르낙Jarnac에서
철도기술자의 8남매 중 다섯째 아들로 태어나 파리정치대학에서 법학을 공
부했다. 제2차 세계대전 초창기에 배치받은 전선에서 독일군의 포로로 잡
혔다가 탈출에 성공했고, 이후 비시정부에서 잠시 공무원으로 일했으나 곧
레지스탕스에 참여했다. 1946년 11월 제4공화국의 첫 총선에서 중도좌파
후보로 출마해 니에브르Nièvre도 하원의원으로 선출되어 정계에 입문한 이
후 1958년까지 그리고 다시 1962~1981년에 하원의원을, 1959~1962년 상
원의원을 지냈다. 의원내각제였던 제4공화국에서 국무부, 내무부, 법무부
등 여러 장관직을 맡았고, 1959~1981년에 니에브르도의 소도시 샤토시농
Château-Chinon 시장을 지내며 1971~1981년 사회당 대표를 역임했다.
  프랑스 제4공화국은 식민지 해방 전쟁인 알제리 전쟁이 초래한 국가적·
사회적 위기에 제대로 대응하지 못했다. 1953년에 정계에서 은퇴했던 드골
이 위기 수습을 위해 1958년 6월에 총리로 복귀했고, 9월 국민투표로 대통
령제 헌법이 채택되면서 제5공화국이 탄생했다. 드골은 국민대표자(상·하
원 의원, 시장과 지방의원) 간선으로 대통령에 선출되어 1959년 1월에 취임했
다. 1962년 3월 에비앙 협정으로 알제리가 독립하자 드골은 10월에 국민투
표를 실시해 대통령 선출 방식을 직선으로 바꾸었다. 레지스탕스 헌신으로
제4공화국 내내 가장 많은 유권자의 지지를 받았던 프랑스공산당은 드골의

정계 복귀와 개헌 및 대통령 직선제 국민투표에 줄곧 반대했다. 의원내각
제가 더 민주적이라 판단했고 대통령의 독재 가능성을 염려했기 때문이다.

미테랑은 드골이 국민투표를 도구 삼아 독재체제를 구축한다고 비판하
는 책을 1964년에 출간해 주목받았다. 이듬해 치러질 첫 직선제 대선을 앞
두고 그는 '공화주의제도협약CIR'이라는 정치단체를 만들어 기존 좌파 정
당 외 다양한 중도좌파 세력을 규합했다. 당시 주요 좌파 정당에는 1962년
총선에서 22퍼센트를 득표한 공산당, 12.5퍼센트를 얻은 사회당, 7.8퍼센
트를 얻은 급진당이 있었다. 공산당은 대통령제에 반대하던 입장이었고,
1930년 7월부터 서기장을 맡아온 토레즈Maurice Thorez가 1964년 7월에
사망하면서 당을 정비하느라 대선에 큰 관심을 보이지 않았다. 사회당에
서는 마르세유 시장이자 사회당의 하원 원내대표 드페르Gaston Defferre가
유력한 대선후보였다. 그는 기독민주 세력 등 중도파와 연합을 추진했는
데 정교 분리를 중시하는 좌파의 비판을 받자 1965년 여름에 대선 불출마
를 선언했다.

드골의 압도적 대선 승리가 점쳐지던 시점에서 공산당과 사회당은 드골
을 비판해 온 공화주의제도협약의 미테랑을 좌파연합 대선 후보로 추대하
기로 합의했다. 미테랑은 1965년 9월 출마 선언 직후 민주사회주의좌파연
맹FGDS(이하 좌파연맹)을 결성했다. 좌파연맹에는 공화주의제도협약, 사회
당, 급진당이 결합했다. 대통령제에 반대한 공산당은 공식 결합 대신 좌파
연맹 후보만 지지했다.

미테랑은 대선 공약으로 드골의 개인권력에 맞서 공화국을 민중에게 돌
려주기, 개인의 자유 보호, 평화 공존과 유럽 협력, 핵무기 종식, 민주적 경
제 계획, 사회 정의, 교육 민주화라는 일곱 개의 커다란 방향성을 제시했으
며, 선거운동 내내 좌파연합 후보, 좌파 단일 후보, '현대 프랑스를 위한 젊
은 대통령'을 강조했다. 대선에는 6명이 출마했는데, 1965년 12월 5일 1차

투표에서 드골이 44.65퍼센트, 미테랑이 31.72퍼센트를 얻었다. 2주 뒤 결선투표에서는 드골이 55.2퍼센트 득표로 재선에 성공했는데, 그가 1차 투표보다 더 획득한 약 225만 표는 미테랑이 결선투표에서 더 획득한 약 292만 표보다 적었다. 프랑스의 '위대함'을 추구하며 드골은 알제리 전쟁 종식, 핵 개발 성공, 동서 데탕트 추구 등으로 인기가 많았기에 많은 이들은 드골이 1차 투표에서 과반이 넘는 득표로 쉽게 대통령에 재선되리라 예상했었다. 대선 3개월 전 여론조사에서 그의 지지율은 67퍼센트나 되었다. 따라서 결선투표까지 끌고 간 미테랑이 패배에도 불구하고 매우 선전했다는 평가가 많았다.

좌파연맹은 1967년 3월 총선에서도 상당한 정치적 효과를 발휘했다. 드골파는 1962년 총선보다 의석 수가 34석 감소했고, 좌파연맹으로 결합한 사회당과 급진당의 전체 의석이 전보다 20석, 공산당도 32석이 늘어났다. 그런데 1년 뒤 갑자기 총선이 또 치러졌다. 1968년 5월 학생들은 프랑스 전역의 대학과 거리에서 총체적 사회 변화를 요구했고 이를 지지한 노동자 연대 총파업으로 혁명과도 유사한 상황이 전개되자 드골 대통령이 의회를 해산했기 때문이다. 1968년 6월 총선은 혼란 대신 안정을 호소한 드골파의 압승으로 끝났다. 하원의 드골파 의석 수는 1년 전보다 94석이 늘었으나 좌파연맹은 64석, 공산당은 39석이 줄었다.

68세대에게 드골과 마찬가지로 권위주의적 '꼰대' 취급을 받던 공산당과 사회당은 총선 참패 이후 전면적 쇄신으로 새로운 좌파정치의 가능성을 모색해야 했고 좌파연맹은 자연스럽게 해체되었다. 그런데 드골은 1969년 4월 상원 및 지방행정 개혁안 국민투표에서 신임을 얻지 못하자 대통령직을 사임했다. 이로 인해 6월에 갑자기 대선이 치러졌기에 이전 대선처럼 좌파연합이 추진될 시간이 부족했다. 대선에는 우파 2명, 좌파 5명 총 7명이 출마했다. 드골 대통령 시절 6년이나 총리를 지냈던 드골파 퐁피

두Georges Pompidou, 상원의장으로 드골 하야 후 대통령 권한대행을 맡은
중도우파 포에르Alain Foher가 1차 투표에서 각각 44.47퍼센트와 23.31퍼
센트로 결선투표에 진출해 퐁피두가 58.21퍼센트로 대통령에 당선되었다.
후보를 낸 좌파 정당들의 1차 투표 득표는 공산당 21.27퍼센트, 사회당
5.01퍼센트, 통합사회당PSU 3.61퍼센트, 급진당 1.27퍼센트, 극좌 트로츠
키주의 정파 1.06퍼센트에 불과했다.

좌파는 우파와 중도우파의 결선투표를 바라만 봐야 했으나, 공산당은 1
차 투표에서 5공화국 출범 이후 모든 선거에서 획득한 20~22퍼센트를 얻
어 변함없는 고정 지지층을 확인함과 동시에 좌파 정당 중 최대 지지를 받
은 것을 위안으로 삼았다. 사회당은 대선 직후 전당대회에서 1905년 창당
부터 사용하던 당명 노동자인터내셔널 프랑스 지부SFIO를 사회당PS으로
변경했고, 1971년 에피네Epinay 전당대회에서 전면 쇄신에 성공했다. 이 전
당대회에서는 당 외부에서 활동하던 다양한 사회주의자들이 사회당으로
합류했다. 미테랑 역시 전당대회 직전 공화주의제도협약을 해체하고 사회
당에 입당해 바로 당 대표로 선출되었다. 1973년 총선 승리를 위해 좌파연
합의 결성을 원했던 사회당 당원들은 1965년 대선에서 드골에 맞섰던 좌파
연합 후보 미테랑의 정치력을 높게 평가했다. 개혁적 중도좌파로 정치를
시작한 미테랑은 68년을 거치며 개혁보다 혁명을 중시하기 시작했다. 에피
네 전당대회에서 그는 '혁명이냐 개혁이냐'에서 사회당은 혁명을 선택해야
하고, 혁명은 '단절'이며 "자본주의 사회 및 기존 정치질서와 단절을 원치
않는 이는 사회주의자가 될 수 없다"라고 웅변했다.[1]

미테랑은 사회당을 기존의 개혁노선에서 혁명노선으로 이끌고 가며 공
산당과의 좌파연합을 추구했다. 사회당은 1972년 6월에 이듬해 총선에서
승리하면 공산당과 공동정부를 구성하기로 합의했고, 여기에 급진당 내
좌파도 참여한 3개 정당의 좌파연합을 구성했다. 좌파연합은 바로 '자본주

의를 바꾸자'라는 공산당 정책 자료집과 '삶을 바꾸자'라는 사회당 정책 자료집의 내용을 조율한 '공동정부 프로그램'을 발표했다. 이 프로그램은 제1부 '더 잘 살기, 삶을 바꾸기', 제2부 '경제 민주화, 공공부문 발전, 진보적 경제 계획', 제3부 '제도 민주화, 자유 보장과 발전', 제4부 '평화 기여와 국제 협력 강화', 총 34개 장으로 좌파연합의 정책 구상을 소개했다.[2]

좌파연합은 1973년 3월 총선에서 승리하지 못했으나 1969년 총선에 비교해 의석 수를 공산당은 2배 이상, 사회당은 거의 두 배 가깝게 늘렸다. 그런데 퐁피두 대통령이 1974년 4월 병사해 5월에 예상치 못한 대선이 또 치러졌다. 대선에는 좌파연합 후보로 사회당의 미테랑이 출마했고 극좌 트로

[그림 21-2] 좌파연합의 공동정부 프로그램(1972)은 좌파 정당들의 정책 역량을 잘 보여 주었다.

[그림 21-3] 1981년 5월 11일 조간 《르 파리지앵》 1면의 미테랑 대통령 당선 보도.

츠키주의 정파 2명, 좌파연합에 참여하지 않은 중도좌파 1명, 총 4명의 좌파 후보가 출마했다. 우파에서는 드골파 샤방델마스Jacques Chaban-Delmas, 중도우파 지스카르 데스탱Valéry Giscard d'Estaing 포함 5명이 출마했다. 프랑스 대선에 처음 등장한 환경생태주의 후보 1명, 무소속 2명을 포함한 총 12명의 후보 중 1차 투표에서 5퍼센트 이상 득표한 후보는 3명으로 미테랑 43.25퍼센트, 지스카르 데스탱 32.60퍼센트, 샤방델마스 15.11퍼센트였다. 결선투표에서는 지스카르 데스탱이 샤방델마스의 표를 흡수해 50.81퍼센트를 얻어 1차 투표에서 1위를 차지한 미테랑에게 1.62퍼센트, 약 42만 표 차이로 승리했다. 이 근소한 차이는 좌파 지지자들에게 좌파 정당이 만년 야당 역할에서 벗어나 집권할 수 있다는 믿음을 심어주었다.

지스카르 데스탱이 첫 총리로 임명한 40대 초반의 젊은 드골파 정치인 시라크는 2년 뒤 총리직을 사임하고 드골파 정당 공화국연합RPR을 창당했고, 지스카르 데스탱은 1978년 드골파에 반대하는 우파와 중도우파를 규합해 프랑스민주연합UDF을 창당했다. 지스카르 데스탱 집권기는 1973년 석유파동 여파로 세계적인 경제위기 국면이었다. 그는 68세대의 열망을 반영해 21세에서 18세로 참정권 확대(1974), 낙태 합법화(1975) 등 정치개혁과 사회개혁에서 성과를 거두기도 했으나, 긴축과 산업 구조조정이 이어졌고 이로 인한 노동계의 불만이 컸다. 한편, 좌파연합은 경제위기를 반영하는 공동정부 프로그램 개정을 논의하다가 의견 차이를 좁히지 못해 1977년 9월에 무너졌다. 1978년 총선에서도 좌파는 우파에 패배했으나, 공산당, 사회당 의석은 전보다 증가했고, 공화국연합, 프랑스민주연합 의석 수는 전보다 줄었다. 자본주의 위기 국면에서 좌파를 대안으로 생각하는 국민은 점점 늘고 있었다.

1981년 대선과 사회당 집권

공동정부 프로그램을 매개로 한 좌파연합이 깨진 이유는 국유화 정책에 대한 입장의 차이였다. 공산당은 국유화 대상 기업 확대, 국가의 기업 매입을 원했으나 사회당은 국유화뿐 아니라 노동자 자주관리를 중시해 국유화 대상 확대를 주저했고 국민주 발행을 통한 국유화를 선호했다. 사회당에는 혁명파와 개혁파가 공존했는데 1970년대 중반부터 마르크스주의와 국유화를 중시한 당내 좌파가 '제1좌파', 노동자 자주관리를 중시한 당내 우파가 '제2좌파'라고 지칭되었다. 제2좌파는 통합사회당 후보로 1974년 대선에 나섰던 로카르Michel Rocard가 그해 말에 사회당에 입당하며 세력이 커져 '로카르주의'로 지칭되기도 했는데 과잉 국유화에 반대하고 사회주의경제와 시장경제의 공존을 적극 옹호했다.

사회당 내 개혁파의 영향력 확대는 68운동의 유산이었다. 68세대는 거대한 사회 변혁을 도모하는 권위적 구좌파를 비판하고 청년세대의 사회문화적 요구를 반영하는 일상적 민주주의 확산을 원했다. 로카르는 1977년 사회당 전당대회에서 제1좌파를 중앙 집중, 자코뱅주의, 국가 역할을 중시하는 구좌파로, 제2좌파를 지방자치와 노동자의 자율성을 중시하는 신좌파로 구분하며 제2좌파가 프랑스 사회주의의 새로운 모델이라고 웅변했다. 로카르를 지지하는 개혁파의 영향력이 커지면서 미테랑은 당 대표직을 위협받았으나 1979년 봄 사회당 메스 전당대회에서 당내 좌파의 도움으로 대표직을 유지했다. 이후 사회당은 1979년 가을 제2차 석유파동에 따른 경제위기에 대응하며 자본주의에 대한 선명한 비판적 대안을 제시했다.

미테랑은 메스 전당대회에서 자본주의를 사회주의로 대체하고, 시장의 전능함과 이윤의 논리를 깨는 전환을 시작하자고 주장했다. 이 전당대회에서 논의되고 이후 구체화되어 1980년 초에 출간된 정책 자료집 〈80년대 프랑스를 위한 사회주의 프로젝트〉는 자본주의에서 사회주의 사회로 전환하는 구체적 정책들을 담아 냈다.[3] 이 중 사회적 성장과 일자리 관련 정책은 공공지출 확대로 소비와 투자를 늘려 성장을 회복하고 일자리를 창출해 재정 균형을 유지하면서 인플레이션을 합리적 수준에서 유지한다는 선순환 구조를 기반으로 했다. 자본주의와의 단절과 사회주의로의 대체 주장은 사실 수사에 불과했다. 실제는 시장을 통제하지 못하는 기존 자본주의 체계를 개혁하며 수정자본주의를 더욱 사회주의적인 방식으로 운영하겠다는 것을 의미했다.

1981년 5월 대선은 최악의 경제 상황에서 실시되었다. 지스카르 데스탱의 대통령 임기 7년 동안 실업자는 40만 명에서 150만 명으로 늘어났고, 석유가격 상승에 따른 대외수지 불균형으로 국가 부채가 160억 프랑에서 1,230억 프랑으로 증가했으며 국제통화제도 위기가 가져온 인플레이션으로 1980년 소매물가가 전년보다 13.6퍼센트나 상승했다. 그럼에도 1980년까지 사회주의자 대통령의 탄생은 불가능하다는 인식이 팽배했다. 1980년 8월 여론조사에서 지스카르 데스탱 지지율은 36퍼센트였고 미테랑은 18퍼센트에 불과했다. 그런데 대선이 다가오면서 지지율이 변하기 시작했다. 지스카르 데스탱 지지율은 1980년 12월 34퍼센트, 1981년 4월 26.5퍼센트로 하락했고, 미테랑의 지지율은 같은 기간 21퍼센트에서 23.5퍼센트로 상승했다.

미테랑의 출마 과정은 순탄치 않았다. 사회당에서 미테랑은 사회를 변화시키기 위한 국가기구의 역할에 신뢰를 보내는 제1좌파를, 로카르는 관료주의를 불신해 국가기구의 역할을 제한하고 효율적 지방분권을 바라는 제2좌파를 대표했다. 1979년 메스 전당대회에서 당권 도전에 실패한 로카르는 대선 후보가 되기를 원했고 지지율도 그가 앞섰다. 1979년 가을부터 1980년 봄까지 로카르 지지율은 47~54퍼센트, 미테랑 지지율은 34~30퍼센트였고 1980년 10월에는 53퍼센트 대 30퍼센트였다. 그러나 1981년 1월 사회당 임시 전당대회에서 선출된 대선 후보는 미테랑이었다. 당원들은 자본주의와의 단절 의지를 포기하지 않았고, 권력을 획득해 생산수단의 부분적 국유화나 적극적 재정정책으로 경제위기에 강력하게 대응하기를 원했다.

사회당의 대선 공약은 〈110개 제안〉으로 발표되었으며 당내 좌우 분파의 지향성을 종합했다.[4] 〈110개 제안〉 제1부 '평화: 세계에 개방적인 프랑스'와 제4부 '프랑스: 자유롭고 존중받는 국가'에서는 군축, 제3세계 지원, 핵무기의 국제 통제 강화, 다양한 국제 협력 등을 제안했다. 제2부 '일자리: 경제관리에 의한 사회적 성장'에서는 대규모 공공사업, 공공부문 일자리 창출, 경제 계획의 민주화 및 지방 분권화, 9개 산업체 국유화 및 은행과 보험 국유화, 노조의 기업 참여 확대, 노동 시간 주당 35시간 단축과 연간 5주 유급휴가, 노동조합과 협상을 통한 최저임금 인상, 실업수당과 가족수당 인상, 부유세 도입 등의 핵심 공약들을 제시했다. 제3부 '자유: 책임성'은 제2부의 정책과 연계되어 생활민주주의를 확대하고 경제민주주의를 실현하며 양성평등과 사회적 약자를 지원한다는 60개 정책이 제안되었다. '경제민주주의, 노동자의 새로운 권리'라는 하위 영역에서는 노동자 참여가 보장되는 기업위원회에 기업의 고용, 해고, 직업 교육 등에 대한 거부권 부여, 위생안전위원회에 사업장 폐쇄 권한 부여, '여성 평등권' 영역에서는 고용 기회의 균등 보장, 남녀 동일임금제, '이민자의 새로운 권리' 영역에서는 이주노동자 차별 금지, '연대의 사회' 영역에서는 남성 60세 여성 55세 은퇴 권리, 사회적 약자에 대한 공적 지원 강화 등의 정책을 소개했다.

1981년 대선의 가장 큰 관심사는 일자리였다. 1980년 7월 유권자의 84퍼센트가 이 문제를 '우선순위'로 꼽았고 이 수치는 1981년 4월에 88퍼센트로 증가했다. 인플레이션과 사회적 불평등에 대한 투쟁만이 비슷한 수준의 관심을 받았으나 일자리의 중요성보다는 약간 낮은 수준이었다. 선거 한 달 전 유권자의 34퍼센트는 미테랑이 일자리 문제를 효과적으로 해결할 능력이 있다고 판단했고 유권자의 20퍼센트만이 지스카르 데스탱이 그럴 능력이 있다고 생각했다. 대선 후보는 총 10명이었는데 4월 26일 1차 투표에서 5퍼센트 이상 득표한 후보는 지스카르 데스탱 28.32퍼센트, 미테랑 25.85퍼센트, 시라크 18퍼센트, 공산당 후보 마르셰Georges Marchais 15.35퍼센트였다. 5월 10일 결선투표에서 미테랑은 51.76퍼센트로 48.24퍼센트를 얻은 지스카르 데스탱에게 승리했다. 산술적으로 1차 투표에서 모든 우파 후보의 득표율이 49.31퍼센트였고 모든 좌파 후보의 득표율은 44.82퍼센트였기에 결선투표 결과를 예측하기 어려운 상황이었다. 승패를 가른 건 청년층의 표심이었다. 1974년에 미테랑은 청년층 59퍼센트의 지지를 얻었는데 1981년에는 이보다

[그림 21-4] 1972년부터 프랑스사회당을 상징한 '주먹과 장미'.

[그림 21-5] 취임식 직후 팡테옹을 방문한 미테랑은 주먹에 장미를 들고 지지자들에게 인사했다.

많은 63퍼센트의 지지를 받았다.

대선 결선투표 당일 미테랑은 머물던 샤토시농에서 당선 확정 소식을 접하자마자 "일자리, 평화, 자유를 위한 위대한 국가적 추진력 속으로 뭉친 청년의 힘, 노동의 힘, 창조의 힘, 쇄신의 힘이 거둔 승리"라며 감격을 표명했다.[5] 5월 21일 오전 대통령 집무실 겸 거처인 엘리제궁에서 미테랑은 전임 대통령에게 핵무기 권한 등 상징적 업무를 인계받고 헌법재판소장에게 취임선서를 했다. 이어 인접한 샹젤리제 대로를 걸어 개선문 아래 무명용사의 묘에 헌화하고 파리시청을 방문한 후 팡테옹으로 이동했다. 그는 팡테옹 지하에 안치된 국가 영웅들 가운데 1905년 사회당 창당의 주역이자 제1차 세계대전 직전 반전평화운동에 헌신하다 암살당한 조레스Jean Jaurès, 레지스탕스 국내 총책임자였고 해방 전 나치에 체포되어 처형된 급진공화파 물랭Jean Moulin, 1848년 노예제 폐지의 주역이었던 공화파 정치가 쇨셰르Victor Schoelcher 무덤에 헌화했다. 팡테옹 밖으로 나온 미테랑은 붉은 장미를 든 오른손 주먹을 높이 올려 지지자들의 환호에 답했다. 미테랑이 당 대표가 된 1971년 에피네 전당대회부터 사회당의 상징은 '주먹과 장미le poing et la rose' 혹은 '장미를 든 주먹'이었다.

집권 좌파의 진보정치

취임식 다음 날 미테랑은 대통령의 헌법상 권한 중 하나였던 의회해산권을 행사해 새 총선을 예고했고, 선거운동 당시 대변인이었던 모루아를 총리로, 사회당 38명과 급진당 4명의 정치인을 장관들로 임명했다. 정부는 6월 3일 국무회의에서 6월부터 최저임금 10퍼센트, 가족수당 25퍼센트, 주택보조금 25퍼센트, 노령연금과 장애인 보조금 20퍼센트 인상을 결정했고,

임금 인상에 사용하도록 저임금 노동집약산업 기업의 사회보장기여금 50 퍼센트 환급을 결정했다. 6월 10일에는 공공 및 사회 서비스 부문에서 5만 4,290개의 일자리 창출을 결정했다. 필요한 재원은 고소득층과 은행 고액 예금자, 기업의 간접비 사용에 대한 새로운 과세로 마련하기로 했다.

집권 사회당의 발 빠른 경기 부양책은 총선에서 사회당이 압승하는 데 도움을 주었다. 6월 14일 총선 1차 투표에서는 사회당 36.03퍼센트, 공산당 16.13퍼센트, 급진당 1.41퍼센트, 여기에 다양한 좌파와 극좌파가 얻은 미미한 득표율을 더해 좌파가 총 55.69퍼센트를 얻었고, 공화국연합 20.83퍼센트, 프랑스민주연합 19.17퍼센트, 여기에 다양한 우파와 극우파의 미미한 득표율을 더해 우파가 총 43.18퍼센트, 환경생태주의 정파가 1.07퍼센트를 얻었다. 6월 21일 결선투표 이후 최종 의석은 총 491석 중에서 사회당이 단독 과반을 크게 넘는 266석, 공산당 44석, 급진당 14석, 다양한 좌파 9석, 공화국연합 85석, 프랑스민주연합 62석, 다양한 우파 11석이었다. 1978년 총선과 비교하면 사회당은 두 배 이상 의석을 늘렸으나 공산당, 공화국연합, 프랑스민주연합은 모두 전보다 절반 정도씩의 의석을 상실했다.

새 의회 구성과 함께 정부도 개편되었다. 모루아 총리 아래 36명의 장관급에는 한 달 전에 임명된 사회당과 급진당 출신 장관들이 대부분 자리를 지켰고, 일부 직책에 새로 공산당 정치인 4명이 포함되었다. 공산당의 정부 참여는 1947년 이후 처음이었다. 미테랑은 1977년에 깨진 좌파연합의 공동정부 운영 구상을 잊지 않았고, 공산당 역시 전후 가장 낮은 1차 투표 득표와 적은 의석에 따른 정치적 영향력 상실과 소외를 우려해 내각 참여를 원했다.

정부와 의회 다수를 차지한 사회당은 주요 산업 국유화를 통해 새로운 유형의 사회적 관계를 수립하고 그 과실이 보다 공정하게 분배될 수 있는 경제발전을 촉진하고자 했다. 국유화는 19세기 말 이래 프랑스 좌파가 요구해 온 오랜 전통의 경제정책으로 1972년 좌파연합의 공동정부 프로그램, 사회당의 〈80년대 프랑스를 위한 사회주의 프로젝트〉, 미테랑의 대선 공약 〈110개 제안〉에 모두 명시된 바 있었다. 9월 23일 국무회의를 통과한 정부 발의의 국유화 법안에 관한 의회 논의 과정에서 우파 야당은 1,438개의 수정안을 제출하며 국유화를 막으려 했다. 하원 의석 3분의 2 이상을 차지한 좌파 정당 의원들의 찬성으로 12월에 하원을 통과한 법은 야당이 제기한 위헌심판에서 헌법재판소가 일부 법 조항의 위헌을 결정하자 문구 재수정을 거쳐 재통과되었다. 5개 산업 그룹, 36개 은행, 2개 금융회사 국유화를 규정한 법은 최종적으로 1982년 2월 11일에 제정되어 이틀 뒤 관보에 공포되었다.

유럽 여러 국가에서는 제2차 세계대전 직후 수정자본주의 흐름 속에서 국유화되었던 주요 산업체들이 1970년대 경제위기 국면에서 민영화되는 게 일반적 추세였기에, 미테랑 대통령 임기 초의 국유화는 '프랑스적 예외'를 가장 잘 보여 주는 사례 중 하나가 되었다. 의회 논의가 한창이던 1981년 12월 9일 미테랑 대통령은 자본 축적과 집중이 일정 수준에 도달해 경제의 주요 부문에서 민간 집단이 지배적 지위를 차지하게 되면, 국가가 통제권을 갖는 것이 필수적이라며 주요 산업체 국유화의 당위성을 강조했다. 국유화로 국가는 거의 모든 철강산업, 모든 알루미늄 생산, 절반의 유리 생산, 모든 정밀화학과 전자부문, 대부분의 전기부문, 절반의 IT부문, 건축 및 공공 사업과 제약산업의 중요 영역을 소유하거나 통제했다. 국가는 산업 공공부문의 매출 30퍼센트와 인력 24퍼센트, 금융부문의 예금 90퍼센트와 대출 85퍼센트를 관리하게 되었다.

일자리를 늘리고 높은 실업률을 낮추기 위해 추진한 노동 시간 단축 역시 국유화처럼 각종 논란을 불러왔다. 집권하자마자 기업계 및 노동계와 만남을 이어간 사회당 대통령과 총리는 1981년 7월 17일 노사정 합의로 주당 노동 시간 39시간과 연간 5주 유급휴가 도입을 논의한다는 의정서를 도출해 냈다. 모루아 총리는 하원에서 9월 15일 실업 완화를 위한 정부 정책을 소개하며 다음과 같이 호소했다. "프랑스 국민은 우리에게 더 많은 연대, 안보, 번영을 요구하고 있습니다.……목표는 분명합니다. 프랑스 전체가 다시 일할 수 있도록 하는 것입니다. 그리고 무엇보다도 실업률 상승을 막는 것입니다.……우리는 실업률 상승 앞에서 체념하지 않습니다. 우리는 눈앞에서 사회구조가 붕괴하는 것을 거부합니다. 우리는 국가공동체를 일자리를 위해 동원할 것을 촉구합니다."[6] 노동 시간 단축을 위한 입법 절차는 많은 시간을 요구했기에 사회당은 헌법 조항을 활용해 사회 문제 해결을 위한 정책 실행을 정부 시행령으로 허용하는 법을 1982년 1월 6일에 제정하였다.

1970년대 중반부터 노동 시간 단축은 좌우 구분 없이 경제위기 대응책 중 하나로 고려되기 시작했다. 우파는 임시노동 확대 등 노동시장 유연화를 통한 임금 감소로 경제적 효용성을 강화하려 하였고, 좌파는 임금 감소 없는 노동 시간 단축으로 신규 일자리를 창출해 실업률을 낮추는 동시에 노동자의 여가 확대라는 사회 진보 차원에서 이 문제에 접근했다. 집권 사회당은 노동 시간을 주 40시간에서 주 35시간으로 단축하기를 원했으나 이는 장기적 목표였기에 서둘러 주 39시간 단축이라는 노사정 합의에 성공했다. 1982년 1월 16일 자 정부 시행령은 주 39시간 노동과 연간 5주의 유급휴가를 규정했다. 같은 날 또 다른 시행령은 노동 시간 단축으로 인한 신규 고용 관련 기업의 사회보장기여금을 국가가 부담하도록 규정했다. 미테랑은 주 39시간 노동제로 인한 소득 감소 우려에 대해 공공부문에서는 기존 소득의 보장을 확언했고 당사자들의 계약을 따르는 민간부문도 노동자의 구매력 약화를 초래하지 않아야 한다고 강조했다. 1982년 3월 26일 자 정부 시행령은 1983년부터 연금 수혜 가능한 은퇴 시점을 60세로 낮추었다. 모루아는 2003년 출간한 회고록에서 자신의 임기 내 실현된 은퇴 시점 하향이 '고용 위기 대응'이자 나이 든 노동자에게 건강과 연금생활자로의 안락한 삶을 제공하는 '사회 정의'을 구현하기 위한 가장 중요한 개혁이었다고 평가했다.[7]

노동 시간 단축 노사정 합의 과정에서 고용주 측은 반대급부로 임시직과 시간제 노동의 전면적 허용을 요구했다. 1982년 2월과 3월의 정부 시행령은 이를 허용했으나 각종 제한 규정을 통해 완전한 노동시장 유연화로 이어지지 못하게 막았다. 임시직과 시간제 계약을 제한하고 정규 일자리가 불안정한 계약직으로 대체되는 것을 방지하기 위해서는 노동자의 권리 증대가 필수적이었다. 노동부 장관 오루Jean Auroux는 노사정 논의가 진행되던 1981년 9월 대통령과 총리에게 '노동자의 권리' 증진 방안을 담은 보고서를 제출했다.[8] 보고서에서 제시된 노동자 권리 증진 방안들은 1982년 하반기에 '오루법'으로 지칭된 4개의 법, 즉 '기업 내 노동자의 자유' 법(8월 4일 자), '노동자 대의제도 발전' 법(10월 28일 자), '단체교섭 및 노동쟁의 해결' 법(11월 13일 자), '보건 안전 및 노동조건 위원회' 법(12월 23일 자) 제정으로 빛을 보았다. 오루법은 노동자의 근무 시간 내 집회와 노동조건을 논의할 권리, 연례 정기적 단체교섭의 의무화, 노조와 기업위원회 등 노동자 대의제도의 발전, 보건 안전의 이유로 노동 거부 가능 등을 규정해 노동자와 노조의 권리를 강화했다.

미테랑과 사회당 집권 초기의 진보정치는 사회보장 강화, 국유화, 노동 시간 단축, 노동자 권리 증진 등 경제사회 분야 외에도 각종 대선 공약 이행을 통해 진행되었다. 사회주택 지원 강화로 주택 공급을 확대했고 경제위기에 놓인 임차인의 거주권을 보장하는 1982년 퀴리오Quilliot 법을 제정했다. 1982년과 1983년 지방 분권화 관련 법들은 근대 절대주의 이래 수도에 집중된 각종 권한을 지자체에 배분했으며, 드골 시기 문화정책의 방향성이

던 '문화 민주화'를 한층 발전시킨 '문화 민주주의' 정책은 고급 문화예술뿐
아니라 일상적 대중적 문화예술의 향유와 창작 지원을 강화했다.

　하지만 경기 부양 효과는 빠르게 나타나지 않았다. 경기 부양에 필요한
재원 마련을 위해 1981년 12월에 1982년부터 적용되는 부유세를 신설하
기도 했지만, 공공지출이 크게 늘면서 재정 상황은 급격히 나빠졌다. 1982
년 11월 산업 생산수준은 1년 전보다 2.3퍼센트 감소했고, 1981년 3월 31
일에 약 165만 명이던 구직자는 1982년 3월 31일에 약 196만 명으로,
1982년 12월에는 약 200만 명으로 늘었다. 1982년은 대외무역 적자가 전
년보다 세 배 증가한 사상 최대를 기록해 외환 보유가 크게 줄었고 국가 부
채는 크게 늘었다. 프랑스의 산업 기반이 구매력 상승에 따른 수요를 충족
시키지 못해 수입이 증가하자 무역수지는 더 나빠졌고, 정부는 할 수 없이
1981년 10월에서 1983년 3월 사이 세 차례 프랑화 평가절하를 단행했다.
프랑화의 평가절하는 1979년부터 서독과 함께 운영을 주도한 유럽통화제
도 유지에 부담을 주었기에, 세 번째 평가절하와 함께 사회당 정부는 긴축
정책으로 전환할 수밖에 없었다.

　긴축으로의 전환은 우파의 시각에서 보면 적극적 재정 지출로 경기를 부
양하려던 좌파의 '이상주의적 경제정책의 처참한 실패'였다. 반면에, 미테
랑과 사회당은 좌파의 진보정치 지속가능성을 위한 '현실주의의 부분적인
수용'이라고 생각했다. 프랑스의 기업가들은 사회당 집권 2년 차부터 집권
좌파의 사회경제 정책에 강한 반대 의사를 표명했다. 미테랑은 1983년 9
월 15일 한 텔레비전 프로그램에 출연해 "계급 전쟁이 멈추기를 원합니다.
그렇기에 더 많은 정의가 필요하다고 생각합니다. 이윤이 올바르게 분배
되는 한 나는 결코 이윤의 적이 아닙니다"라고 발언했다.[9] 분배의 정의는
생산성이라는 담보를 요구했기에 1984년 3월 정부는 고비용 저효율의 조
선·탄광·철강 산업 감산과 정리해고를 포함하는 산업 구조조정 계획을 발

표했다. 실업자에 대한 최소한의 공적 지원이 약속되었으나 노동계는 구조조정에 강력하게 반발했고 사회당 집권 후 처음으로 4월에 대규모 반정부 시위가 펼쳐졌다.

모루아 총리는 반정부 시위에 책임을 지고 사임했고, 사회당의 30대 후반 젊은 정치인 파비위스Laurent Fabius가 1984년 7월 17일에 새로 총리를 맡아 정부를 구성했다. 공산당은 이 정부에 참여하지 않고 사회당의 우경화를 비판하였다. 파비위스 총리는 사회당 정부가 '효율적 관리자'임을 보여 주고자 했으며 '전문성'을 바탕으로 '실용주의' 정책을 펼치길 원했다. 새 정부의 긴축과 실용주의 정책들로 무역적자는 줄어들기 시작했고 1982년 12퍼센트에 육박하던 인플레이션은 1986년 2.7퍼센트로 낮아졌으나 실질임금과 구매력이 동반 하락했고 실업률은 여전히 높았다. 사실 높은 실업률은 프랑스만의 문제가 아니었다. 세계적 경제 침체와 신자유주의 확산으로 많은 국가가 전면적이건 부분적이건 산업 구조조정에 나섰기에 높은 실업률을 기록할 수밖에 없었다. 1985년 유럽 경제공동체 9개국의 평균 실업률은 11.2퍼센트였는데 10.5퍼센트의 프랑스는 9.3퍼센트의 서독보다는 조금 높았으나 14.1퍼센트였던 영국보다는 훨씬 낮았다.

1986년 3월 총선에서는 공화국연합과 프랑스민주연합이 결합한 우파연합이 승리했고 미테랑은 새 총리로 공화국연합의 시라크를 임명해 제1차 좌우 동거 정치를 펼쳤다. 시라크 우파 정부는 기업의 세금 감면, 부유세 폐지, 정리해고에 대한 행정당국의 승인 폐지, 국유기업 민영화 등 이전 좌파 정부의 여러 정책을 후퇴시키고 신자유주의를 적극적으로 수용했으나 실업률은 줄어들지 않았다. 이에 국민은 다시 사회당을 지지하게 되었다. 1988년 대선 1차 투표에서 미테랑은 34.10퍼센트를, 시라크는 19.94퍼센트를 얻었고, 결선투표에서는 미테랑이 54.02퍼센트를 얻어 재선에 성공했다. 첫 임기 때와 마찬가지로 의회 해산으로 치른 1988년 6월 총선에서 승리한 사회당은 좌우 동거 정치를 끝냈다. 미테랑의 두 번째 대통령 임기 동안 사회당 정부는, 1993년 총선에서 승리한 우파 정부와 제2차 좌우 동거를 하기 전까지, 부유세 재도입, 최소소득RMI 도입, 주거권 강화 등 진보정치를 구현했다. 그러나 사회당의 진보정치는 1983년 긴축 때부터 이상보다 현실을 중시하는 중도정치의 방향으로 이미 이동한 후였다.

미테랑 집권이 남긴 유산

자본주의와 단절을 주장했던 사회당과 미테랑은 집권으로 국민의 삶을 좌우할 현실 정치에 책임을 지게 되면서 실용의 논리를 수용할 수밖에 없었다. 애초 자본주의와의 단절 주장은 이윤 추구에만 몰두하는 탐욕스러운 시장질서를 사회주의적 계획과 규제를 받는 사회적 시장질서로 대체하겠다는 것이었다. 미테랑은 책임정치의 모습을 보임으로써 좌파 진보정치의 지속가능성이 확고해지기를 원했다. 모루아 총리는 집권 초기부터 급진적 사회경제 정책의 속도를 조절하지 않는다면 좌파가 장기 집권에 실패한 1848년과 1936년을 반복할 것으로 판단했다. 프랑스대혁명 이래 좌파의 권력 획득과 유지는 쉽지 않았다. 제1공화국과 제2공화국, 1871년 파리코뮌, 1936년 인민전선에서 좌파 권력은 짧게는 몇 개월을 길게는 2~3년을 버티지 못했다. 좌파 권력은 미테랑의 1981년과 1988년 대선 승리를 통해 비로소 지속해서 현실 정치 속에서 구현되었다. 1983년 긴축으로의 전환 이전 각종 진보적 사회경제 정책은 당대 영·미의 보수정치와 비교되며 세계 곳곳에서 진보정치에 대한 희망을 품게 했다.

집권 사회당의 긴축은 당대부터 오늘날까지 우파와 신자유주의 신봉자들에게 경제 현실과 시장 논리를 무시하고 과도한 복지로 재정을 파탄 낸 좌파 이상주의의 패배로 평가되곤 한다. 그러나 사회주의의 이상은 이론과 사상의 저작들 속에 활자로만 존재하지 않는다. 사회주의는 하나의 고정된 이데올로기가 아니라 시대 상황에 따라 끊임없이 변화하는 유연성으로 더 나은 세상을 만들려 했던 이들에게 다양한 실천 방향을 제공해 왔다. 1983년 사회당의 긴축 역시 사회주의의 갑작스러운 선회가 아니라 현실 경제 상황에 따라 경기 부양, 개혁, 긴축의 미묘한 균형을 추구한 사회당의 일관된 경제위기 대응이었다. 신자유주의 요소는 사회당 집권 동안 악영향을 최소화하는 조처들과 함께 조금씩 수용되었을 뿐이다. 미테랑은 자신의 대통령직을 수행하며 다음과 같이 발언했다.

> 내가 1981년 당선되고 난 후에 일어난 일들은……혁명은 아니고 국제적이고 국가적인 가치와 우선권의 진정한 재분배입니다. 그 안에서 지식과 연구의 발전, 더욱 방법론적이고 심화된 일반인의 교육, 소외의 거부, 자유의 보장, 문화의 확산, 복지 권리의 활성화, 책임의 분산, 지방화, 현대의 정글인 야만적 자유주의의 중지를 모색할 것입니다.[10]

'68년 5월'은 제도적 민주주의뿐만 아니라 경제·사회·문화 모든 영역에 작동할 일상적 민주주의를 열망했다. 미테랑과 사회당 집권은 이러한 열망을 현실 정치에 녹아 냈고, 동시대 영·미의 '보수 혁명'이 세계에 퍼뜨린 시장 만능 자본주의와는 다른 프랑스식 자본주의를 제시했다. 나아가 시장과 개혁적 사회주의를 공존하게 하며 자유, 평등, 연대, 문화, 사회보장, 공공서비스를 중시하는 좌파 정치의 유산을 프랑스 사회에 남겼다. 그 시작은 1981년 5월 10일 미테랑의 대선 승리였다. 이날은 분명 현대 프랑스를 만든 결정적 나날 중 하루였다.

22

2015년 1월:
《샤를리 엡도》사건과 프랑스 내 소수자들

박단

프랑스공화국, 무슬림 그리고 유대인

2015년 1월 7일 현지 시각 11시 30분경, 알제리계 이민자 2세인 쿠아시 형제Chérif et Saï'd Kouachi가 파리 11구에 위치한 풍자 시사만화 주간지《샤를리 엡도Charlie Hebdo》의 편집실에 난입해 10명의 편집진과 2명의 경찰관을 살해하고, 다른 네 명에게 중상을 입혔다.*

이 사건은 전 세계를 경악시켰을 뿐만 아니라 누가, 왜라는 질문과 함께 '표현의 자유'라는 명제를 전 세계인의 마음속에 각인시켰다.

국내외의 다양한 언론은 이 사건의 원인을 이해하기 위해 프랑스 내 무슬림이민자들의 상황, 이슬람 극단주의, 표현의 자유 등을 분석 대상으로

---

* 이날 살해된 주간지의 편집주간 및 만화가들은 다음과 같다. 샤르브Charb, 카뷔Cabu, 오노레Honoré, 티그누스Tignous, 볼린스키Wolinski. 그 외에 편집 자문을 맡은 경제학자 마루와Bernam Marois, 정신분석학자 카야Elsa Cayat와 르노Michel Renaud, 교정위원 무스타파Mustapha, 우라Ourrad 등이 살해되었고, 주간지의 경호를 맡고 있던 경찰관 2명은 각각 브랭솔라로Frank Brinsolaro와 메르다베Ahmed Merdabet이다.

삼았다. 이 사건의 가해자 쿠아시 형제가 알제리이민자 출신이라는 점이 강조됨으로써 프랑스 내 마그레브 출신 무슬림이민자 2세대 문제와 함께 '표현의 자유와 타 종교에 대한 존중'이라는 쟁점은 언론을 가장 뜨겁게 달군 주요 주제로 떠올랐다.

사실, 《샤를리 엡도》가 이슬람과 무슬림이민자에 적대적인 민족전선 Front National을 매우 빈번히 풍자했을 뿐만 아니라, 좌우를 불문하고 정치인, 심지어는 교황까지 풍자 대상으로 삼았다는 사실은 익히 알려져 있다. 《샤를리 엡도》가 이들로부터 여러 차례 고소를 당할 정도였으니 이 주간지의 성역 없는 비판을 의심할 사람은 거의 없다. 그럼에도 유대인에 대한 풍자는 이슬람이나 다른 정파에 비해 상대적으로 '절제'되었다는 주장이 곳곳에서 나오고 있다.

쿠아시 형제는 왜 《샤를리 엡도》를 표적으로 삼았을까? 이 사건에 연이어 발생한 아메디 쿨리발리Amedy Coulibaly의 유대인 전용 코셔 식품점 공격은 《샤를리 엡도》 공격과 어떠한 연관관계가 있는 것일까? 필자는 이 두 사건 사이의 실질적인 연관관계, 이 사건들 범인의 급진 이슬람 세력과의 연관성 등에 대해서는 특별히 논할 생각이 없다. 필자가 관심을 갖는 것은 두 사건의 공격 대상이 프랑스 무슬림들이 가질 수 있는 불만의 대표적인 상징물일 수 있다는 점이다.

필자는 현대 프랑스 사회에서 일어난 몇 가지 사례를 들어 이 점을 설명할 것이다. 우선 프랑스 거주 무슬림과 유대인의 관계를 살펴보아, 프랑스 내 반유대주의의 주 가해자가 전통적인 백인 집단에서 무슬림 집단으로 옮겨 가고 있음을 지적할 것이다. 두 번째로는 《샤를리 엡도》에서 해고된 '시네 기자 사건'을 사례로 들어 《샤를리 엡도》가 유대인 문제만큼은 비판에서 그렇게 자유롭지 못했다는 점을 지적할 것이다. 마지막으로는 2008년 파리에서 일어난 유대인 청년 폭행 사건을 분석함으로써 라이시테llaïcité 원칙을 공화국의 제1원리로 주창하고 있는 프랑스가 모든 인종, 모든 종교에 대해 공정한 심판자 역할을 하지 못했다는 점을 지적하고자 한다.

다시 한번 강조하지만, 필자가 들여다보려는 것은 기존 언론이 집중 조명한 프랑스 태생 무슬림과 '표현의 자유'에 대한 논쟁이 아니다. 이보다 한발 더 나아가 무슬림이민자와 프랑스 내 유대인 그룹, 프랑스공화국의 원칙, 그리고 이 삼자 간의 관계를 역사 및 구조적 맥락에서 살펴보려는 시도이다. 이를 통해 프랑스 사회의 무슬림 차별, 프랑스 내 반유대주의 성

[그림 22-1] 《샤를리 엡도》 본사 앞에 부착된 희생자 명단(필자 촬영).

[그림 22-1] 《샤를리 엡도》 희생자 추모 현장(필자 촬영).

격 변화와 함께 프랑스공화국의 홀로코스트 콤플렉스를 일부 드러낼 수 있을 것이다.

현대 프랑스 사회의 반유대주의: 그 성격과 현황

금세기에 들어서면서 프랑스 내 반유대주의 행위와 관련하여 뚜렷한 변화가 생기고 있다. 반유대주의 주체가 백인 극우파에서, 같은 소수자로 분류될 수 있는 무슬림으로 넘어가고 있다는 점이다. 2024년 프랑스 총선을 앞두고 극우파인 민족연합Rassemblement National이 좌파연합인 신인민전선 Nouveau Front Populaire 소속 '굴복하지 않는 프랑스당LFI'을 두고 반유대주의 정당으로 공격한 것도 결코 우연이 아닐 수 있다. 그렇다면 백인이 가해자인 반유대주의와 무슬림이 가해자인 반유대주의의 행위는 어떤 차이가 있고, 어떤 의미가 있는가?

우선 다음 질문부터 해 보자. 프랑스 거주 무슬림들의 반유대주의 활동은 과연 고전적 의미의 '반유대주의', 즉 유대인이라는 특정 인종에 대한 증오에서 발생한 것인가? 국제관계를 조금 더 들여다보면, 무슬림들의 반유대주의 활동은 무엇보다도 근동/중동 정세와 밀접하게 연관되어 있다. 특히 2000년 가을에 일어난 두 번째 인티파다*의 발발로 프랑스에서의 반유대주의 행위가 급격히 증가한 점이 그것을 입증한다. 그렇다면 이를 유대인이라는 특정 인종에 대한 혐오라기보다, 유대 국가 이스라엘에 대한

---

* 인티파다Intifada는 팔레스타인인들이 이스라엘의 점령과 억압에 저항하여 일으킨 대규모 민중 봉기로, 1차(1987~1993)와 2차(2000~2005) 두 차례 발생했다. 주로 시위, 돌 던지기, 무장 저항 등의 형태로 이루어졌다.

증오,[1] '자신들'을 위협하는 이스라엘 국가에 대한 증오로 해석할 수도 있다.

이처럼 국제 정세와 연관된 반유대주의는 시대를 더 거슬러 올라갈 수 있다. 중동 전쟁 초기인 1967년 이미 프랑스 대통령 드골은 이스라엘이라는 국가와 관련하여 프랑스 유대인을 비난한 바 있다. 전쟁 당시 드골은 프랑스 유대인들이 이스라엘을 지지한 것에 대해 분노했고, 그해 11월 27일 개최된 한 프레스 컨퍼런스에서 이 분노를 표현했다. 그는, 유대인들이 "엘리트 민족이고……오만하다"고 지적했다. 드골의 이와 같은 언급으로 인해, 프랑스 사회는 유대인의 입장과 반유대주의의 정치적 이용에 관한 토론으로 뜨겁게 달아올랐다. 몇몇 유대인 비평가는 드골의 코멘트가 상투적인 반유대주의를 합법화했다고 지적했으며, 또 다른 지식인 그룹은 "유대인에 대한 이러한 역사적 판단은 반유대주의를 부활시킬 수도 있다.……수 세기에 걸친 대량학살과 수백만의 학살을 그들이 정당화할 수도 있는데, 이것은 반동적이다"라고 비판했다. 이스라엘 만국연합Alliance Israélite Universelle이 발행하는 유대 저널 《레 누보 카이에Les Nouveaux Cahiers》도 드골의 발언과 관련된 사설에서 이스라엘의 존재가 "절대적으로 필요하다"고 선언하고, 유대인이 이스라엘과 연대하는 것은 적법하다고 주장했다. 이 사설은 프랑스 국가, 프랑스 민족 일부가 이스라엘과 연대하는 것에는 어떠한 모순도 없다고 선언했다. "프랑스의 다원적 공존은 현실이고, 다원적 공존을 부인하는 것은 프랑스를 전체주의 국가로 만들기" 때문이라는 것이다.[2]

드골의 '반유대주의 발언'이 근동/중동 정세와 관련되었듯이 오늘날 프랑스에서 무슬림이민자들의 반유대주의 행위도 중동 정세와 관련이 깊다는 것은 알려진 사실이다. 비록 반유대주의가 결코 프랑스 정치생활에서 없어지지는 않았지만, 1970~1980년대까지는 적어도 반유대주의 폭력행

위가 사회 문제로 비화하지는 않았다. 반유대주의 폭력행위는 무슬림이민
자의 2~3세대가 성장하여 유대인들과 어느 정도 세력 균형이 이루어진 다
음에야 일어날 수 있는 일이었다. 이는 분명 과거의 반유대주의 행위와는
달랐다.[3]

  그렇다면, 오늘날 프랑스에서 '반유대주의 행위'는 어떻게, 얼마나 빈번
하게 나타나고 있는가? 제2차 세계대전 이후 과학적 인종주의가 부정되
고, 반유대주의에 대한 처벌이 어느 때보다 강화되었음에도 여전히 프랑
스에서는 '반유대주의' 활동이 증가하고 있다. 통계에 따르면, 2000년 이
래 프랑스에서 모든 형태의 인종차별 행위가 크게 증가했다. 이는 1990년
대와 비교할 때 더욱 뚜렷하다. 예를 들어, 1993년에 비해 2003년은 세 배
반 정도 증가하였다. 비록 이러한 현상이 다른 유럽 국가에서도 나타나고
있다 할지라도, 프랑스에서는 이 현상이 특히 새롭다. 다른 나라에 비해
인종주의 활동에 폭력행위가 수반되기도 하기 때문이다.

  프랑스에서 인종주의적 발언은 이제 어느 정도 보편화된 편이다. 2000
년대 들어 이는 학교에서 새로운 현상이 되었는데, 특히 반유대주의적 발
언이 그러했다. 프랑스에서는 유럽에서 수적으로 가장 많은 유대공동체가
존재하므로 반유대주의 활동이 활발할 수 있는 여지가 많아 보일 수 있
다. 흥미로운 것은 앞에서도 지적했듯이 반유대주의 활동의 주인공들이
줄곧 극우단체 소속이었지만 최근에는 그들의 반유대주의 활동이 상대적
으로 감소하고, 도시 외곽의 젊은이들이 새로이 주인공으로 등장했다는
점이다. 이들이 주인공이 될 수 있었던 환경적 요인을 국제관계에서 찾아
볼 수 있는데, 중동 정세의 불안과 프랑스에서 반유대주의 활동이 절정에
이르는 시기가 어느 정도 일치한다.[4]

  이처럼 2000년대 들어 반유대주의는 프랑스에서 인종주의의 주요 형태
로 자리 잡았다고 할 수 있다. 모든 형태—폭력, 위협, 언어 등—의 반유

대주의 활동을 합쳤을 때 그 빈도는 2000년에 743건, 2002년에 932건이 었다. 2001년에는 216건, 2003년에는 588건으로 상대적으로 감소했으나, 2004년에 들어서는 전반기에만 510건으로 증가했다. 2000년 이래 발생한 현상 가운데, 두 가지 특징을 지적할 수 있는데, 우선 1990년대와 비교할 때 1999년과 2000년 사이에 13배, 1997년과 2000년 사이에만 8배 이상이 증가하였다. 두 번째로는, 인종주의와 외국인 혐오—반마그레브인 포함 —가 1990년대에 가장 높은 비율을 차지했으나, 그 경향이 2000년 들어 바뀌었다. 곧 다른 형태의 인종주의와 비교해서 반유대주의 활동이 완전 히 다수가 되었다는 점이다. 예를 들어, 2002년에는 반유대주의 활동이 다 른 형태의 인종주의에 비해서 2.4배나 많았다.

이를 더 구체화해 보자. 통계에 따르면, 2000년부터는 주요 희생자가 유 대인이었다. 1993년부터 1999년까지는 평균 3분의 1 정도였을 뿐인데 2000년에는 82퍼센트, 2002년에는 71퍼센트, 2003년에는 72퍼센트에 이 르렀다. 이러한 반유대주의 경향은 지속적으로 고착되는 한편 폭력행위 도 심화하는 것을 볼 수 있다. 특히 학교에서 일어나고 있는 반유대주의 언행들은 새로운 현상이 되어가고 있다. 예를 들어, 2009년 1월 발 두아 즈Val d'Oise도의 14세의 여중생이 일부 학생들로부터 육체적 폭력과 모욕 을 당했다고 그들을 고소한 사건이 있었다. 이 소녀는 방과 후 집에 가다 가 이 문제의 학생들로부터 폭행당하고, 반유대주의 욕설을 들었다고 진 술했다. 경찰 조사 결과, 이는 가자 지구에서 진행되고 있는 이스라엘의 폭격행위와 관련된 사건이었다.

이보다 앞서 2000년 가을에 일어난 두 번째 인티파다 이후, 프랑스에서 의 반유대주의 행위가 급격히 증가했음을 알 수 있는데, 이 경우도 두 사건 사이의 관계가 매우 밀접하다.[5] 수많은 사례가 있지만, 학교와 관련된 사 건으로는 2003년 11월 18일 세느-생-드니도의 갸니에서 발생한 유대인

학교 메르카즈 아토라 방화 사건을 들 수 있다.

이와 같이 가해자가 무슬림인 경우가 다수이며, 그 외에도 신원을 알 수 없는 가해자가 많다는 것은 무슬림 가해자 비율이 더 증가할 수도 있다는 것을 의미한다. 이는 반유대주의의 성격 자체가 변화되고 있음을 통계뿐만 아니라 구체적 사례로서도 증빙할 수 있음을 보여 준다. 이처럼 중동 정세의 불안과 프랑스에서 반유대주의 활동이 절정에 이르는 시기가 연관성이 있음은 명확해 보인다. 그러므로 이를 유대인이라는 특정 인종에 대한 혐오라기보다, 유대 국가 이스라엘에 대한 증오, 자신들의 '형제'를 위협하는 이스라엘 국민에 대한 증오로 해석할 수 있다. 특히 2000년 이후 발생한 반유대주의는 유대 국가 이스라엘에 대해 반대하는 성격을 띠며, 반유대주의의 한 형태로 자리 잡아가고 있다.

이번에는 《샤를리 엡도》가 2008년 '반유대주의적 발언'을 한 기자를 해고한 사건을 추적해 보자. 2008년 7월 《샤를리 엡도》의 만평가인 시네[Maurice Sinet, Alias Bob Siné]가 사르코지 당시 대통령 차남의 약혼 문제를 비판했는데, 그것이

[그림 22-3] 2023년 11월 이스라엘의 가자 지구 폭격 이후 파리 시내에 나붙은 유대인 표지. France2 방송 캡처.

반유대주의 논쟁으로 비화한 일이 있었다. 사건의 개요는 이러했다. 2008년 9월 10일 뇌이-쉬르-센느 시청에서 장 사르코지의 결혼식이 열렸다. 신부는 전자유통 재벌 다티그룹Darty의 상속녀였다. 문제는 이들이 같은 해 6월 약혼했을 때 나온 기사 한 컷 때문이었다. 이 약혼녀는 유대인이었고,* 장 사르코지는 유대교로 개종을 준비 중인 것으로 알려졌다. 장 사르코지의 행보가 탐탁지 않았던 만평가 시네는 7월 2일 시평에서 "장 사르코지는 유대인이자 다티 창업자의 상속녀인 약혼녀와 결혼하기 전에 유대교로 개종하기를 원한다"고 주장하고는, "이 젊은이는 인생을 잘 살아가겠군!"이라고 덧붙였다. 이 기사 하나로 시네는 《샤를리 엡도》에서 해고되었다. 반유대주의적 글을 썼다는 이유에서였다. 이 사건은 프랑스 언론계를 분열시켜 많은 기사와 논단의 주제가 되었다. 《르 몽드》에는 철학자 앙리 레비Bernard-Henri Lévy가, 《르 피가로》에는 평론가 아들러Alexandre Adler가, 《리베라시옹》과 《누벨 옵Le Nouvel Observateur》에는 각각 로랑 조프랭 Laurent Joffrin과 드니 올리비엔느Denis Oliviennes 등이 이 주제에 대해 언급하면서 논쟁에 참전했다.

신문 만평의 베테랑인 시네는 사실 그간 모든 종교와 권력을 비꼬면서 세상사를 알리는 데 공헌해 왔다. 측근들에 따르면, 그는 늘 도발자이자 우상 파괴자인 독설의 천재였다. 아나키스트로서 반교권주의자이자, 반군국주의자이며, 모든 것에 대해 반대하는 자였다. 79세의 이 자유주의자는 알제리 민족해방전선FLN을 위해 일한 적이 있었으며, 쿠바혁명을 동경해 왔다.[7]

1992년 재발행된 이후, 《샤를리 엡도》는 매주 시네의 시평을 게재해 왔

---

* 프랑스의 유대인은 오늘날 대략 53만~70만 명 정도로 추정된다.[6]

는데, 이런 상황에서 2008년 7월 8일 '사건'이 터졌다. 《누벨 옵》 기자인 클로드 아스콜로비치Claude Askolovitch가 시네의 시평을 RTL 라디오 방송에서 재인용했다. "다른 데가 아닌 《샤를리 엡도》라 불리는 신문에 반유대주의 성격의 기사가 있다." 소란이 일기 시작했다. 장 사르코지의 측근이 《샤를리 엡도》 편집인인 필립 발Philippe Val에게 《샤를리 엡도》가 고소당할 것이라고 통보했다. 반인종주의가 주요 사훈社訓인 《샤를리 엡도》가 반유대주의 때문에 법정으로 끌려 가는 것을 보고 싶지 않았던 필립 발은 시네에게 사과하도록 설득했다. 그렇지만 시네는 이에 응하지 않았다. 결국, 필립 발은 7월 15일 시네에게 해고 통지서를 보냈다. "발이 나를 해고하기 원한 지 2년이 되었다." 시네는 자신의 글이 반유대주의적이라는 평가 자체를 논박하며, 아스콜로비치를 명예훼손으로 고소했다.

이 사건에 대해 시네, 그리고 편집인 발의 입장은 어떠한가? 발은 "시네가 기사화한 것에 거의 동의하지 않지만, 《샤를리 엡도》에서는 나와 다른 입장을 표현할 자유가 있다. 그렇다 하더라도, 그의 표현의 자유는 인종차별 그리고 반유대주의적 발언을 특히 금지하는 사훈을 분명 거슬렀다"고 주장했다. 《샤를리 엡도》가 7월 16일 발행할 성명서에서, 필립 발은 "장 사르코지와 그의 약혼녀에 대한 시네의 발언은 사생활을 건드린 것 외에, 유대교로 개종할 것이라는 잘못된 루머를 퍼뜨린 것이다. 그러나 특히 그 발언은 유대교로의 개종과 사회적인 성공 사이에 관련이 있는 것처럼 해석될 수 있으며, 그 발언은 용인될 수도 없고, 법정에서도 옹호될 수 없다"고 강조하였다.

그의 말을 뒷받침하듯 "인종적 증오를 부추겼다"고 '인종주의 및 반유대주의 연맹Ligue contre le racisme et l'antisémitisme(Licra)'이 시네를 고소하였다. 이 연맹의 변호사인 알랭 자쿠보비츠Alain Jakubowicz에 따르면, "프랑스에서 시네에게 면책특권이 있지는 않았다." 왜냐하면, "장-마리 르펜과 디유

도네Dieudonné가 동일한 언급을 한 적이 있는데, 이들은 이 일로 기소된 적이 있기 때문이다. 이런 것들로 사람들이 장난칠 수 있는 그런 시대는 지났다"고 그는 결론 지었다.

그들뿐만이 아니었다. 사실, 시네는 4년 전 한 집회에서 유대식 이름에 대해 야유한 일 때문에 고소된 적이 있었으며, 23년 전에도 반유대주의 언행으로 비난받은 적이 있었다. 이 일을 기억하고 있는 유명 철학자 베르나르-앙리 레비, 문화부 장관 크리스틴 알바넬, 그리고 역사학자 알렉상드르 아들레르, 과거 법무부 장관이자 헌법재판소 소장이었던 정치인 로베르 바댕테르Robert Badinter, 노벨평화상 수상자이자 문학가인 엘리 비젤Elie Wiesel, 베르트랑 들라노에Bertrand Delanoë 당시 파리 시장 등 19명의 유력인사들이 시네를 해고한 필립 발의 입장을 지지했다. 이들은 7월 31일 자 《르 몽드》에 시네의 과거 행적을 지적했다. 1982년 8월 9일 점심시간에 파리 시내 대표적 유대인 구역인 마레 지역에서 일어난 '로지에 거리의 학살 Fusillade de la rue des Rosiers'에 관해 시네가 라디오 카르본 14에서 발언한 반유대주의적 행위를 상기시킨 것이다. "나는 이스라엘이 (팔레스타인 지역에) 폭탄을 퍼부은 이래 반유대주의자가 되었다. 나는 반유대주의자이다. 그것을 고백하는 데 더 이상 두려움을 느끼지 않는다. 모든 벽에다가 나치의 십자가를 그려 넣을 것이다.……정말 진저리가 난다. 나는 유대인들이 친팔레스타인인 경우를 제외하고, 모두 공포에 떨며 살기를 원한다." 하지만, 그는 이 일에 대해 사과하고 1985년 죗값을 치렀다.

시네는 '2008년도의 사건'에 대해서는 마녀사냥이라고 비난하였다. "나는 단지 장 사르코지가 기회주의적으로 개종한 것을 비난했을 뿐이다. 만일 그가 이슬람 국가 태수의 딸과 결혼하기 위해 무슬림으로 개종했어도 이는 마찬가지이다. 또한 가톨릭 신도의 딸이었어도 마찬가지일 것이다. 나는 가톨릭에도 결코 우호적이지 않다"고 시네는 설명했다. 시네의 입장을 지지하며 그의 청원에 서명한 사람이 사건 초기 며칠 만에 3,000여 명을 넘어섰으며, 얼마 지나지 않은 같은 해 8월 2일에는 1만 명을 돌파했다. 여기에는 같은 만평가인 플랑튀Plantu, 철학 교수인 다니엘 방사이드Daniel Bensaïd, 유대계 철학자이자 사회학자인 에드가 모랭Edgar Morin, 극좌파 정치인 올리비에 브장스노Olivier Besancenot, 국경없는의사회 회장을 지낸 유대계 의사 로니 브로망Rony Brauman, 여성운동가이자 변호사인 지젤 알리미Gisèle Halimi 등이 동참했다.

이러한 지지를 바탕으로, 시네는 9월 10일 수요일 새로운 풍자 주간지를 창간하였다. 《시네 엡도Siné Hebdo》가 그것이다. 인터넷에서는 8월 27일 '시네 후원Soutenir Siné'이 추진되었다. 여기에 서명한 1만 6,700명의 서명자에게 재정 지원을 호소하였다. 이 신문은 시네가 1962년에 발행했던 신문의 현대판인데, "어떤 것도 준수하지

[그림 22-4] 시네는 해고된 후 《시네 엡도》라는 인터넷 풍자 신문을 창간했다.

않고, 어떠한 금기도 없을 것이다."[8]

이렇게 볼 때, 시네의 비평을 정말로 반유대주의적이라 평가할 수 있을까? 설사 그렇다고 하더라도 그동안 《샤를리 엡도》는 종교와 권력 등 그 모든 것을 풍자하며 비판해 왔다고 자부해 오지 않았던가? 이 기사 또한 그 이상도 그 이하도 아닐 수 있다. 앞에서 서술했듯이, 이 사건은 현직 대통령의 아들과 관련된 사건이고, 유대 종교를 건드렸다는 점에서 다른 사건에 비해 조금 더 민감한 사안이 되었을 뿐이다. 게다가 비시정부 시절 독일군이 아닌 프랑스 경찰과 행정당국이 약 7만 6,000명의 유대인을 강제수용소로 이송했기에, 홀로코스트에 커다란 책임감을 느끼는 프랑스 사회의 분위기가 그 성격이 모호한 이 사건을 반유대주의 사건으로 몰고 갔다고 판단할 수도 있다.

프랑스 사회의 홀로코스트 콤플렉스를 이해하기 위해 한 가지 사건을 더 예로 들어보자. 2008년 6월 한 유대인 청년이 파리 시내 길거리에서 유대인 특유의 모자인 키파를 쓰고 지나가다 아랍계 및 흑인 청년에게 구타당한 일이 있었다. 이 사건은 언론에서 특별하게 취급되었으며, 금세 반유대주의 논쟁에 불을 당겼다. 만일 맞은 자가 아랍계 청년이었더라도, 이 사건이 언론의 집중적인 조명을 받으며, 인종차별 행위의 일환으로 부각되었을까?

《르 몽드》에 따르면, 유대 청년은 아프리카 출신 청년 30여 명과 19구區의 프티 거리에서 우연히 조우했고, 이들 집단에게 두들겨 맞았다. 이 버전에 따르면, 이 유대 청년은 키파를 썼기 때문에 유대인임이 드러나 폭행당했다는 것이다. 이것이 유대 단체들과 그 청년의 아버지가 라디오 방송인 RTL의 인터뷰에서 주장한 시나리오였다. 유대공동체 조직들은 이 폭력에 반유대주의적 동기가 있다고 확신했다. 그런데 이들뿐만 아니라 중립적이어야 할 정치인, 정부 관료들도 이들의 견해에 매우 쉽게 동조했다.

이스라엘 공식 방문을 마치고 일요일 저녁(6월 22일) 귀국한 사르코지 대통령도 사건 경위를 보고받자마자 깊은 분노를 표출했다. 그는 "모든 인종주의 및 반유대주의에 맞서 투쟁할 결연한 의지"를 반복적으로 표현했다. 프랑수아 피용François Fillon 총리 또한 이 폭력을 비난했으며, 미셸 알리오-마리Michèle Alliot-Marie 내무부 장관과 라시다 다티Rachida Dati 법무부 장관, 여당인 대중운동연합UMP과 제1야당인 사회당 모두 인종주의적 폭력에 대해 비판적 태도를 보였다. 제라르 가셰Gérard Gachet 내무부 대변인 또한 피해자 및 그 가족 그리고 유대공동체에 대한 지지와 반유대적 폭력에 분노를 표현함으로써, 이 사건을 반유대주의적 사건으로 단정 지었다. 이렇게 반유대주의 행위로 단정 짓고, 그러한 방향으로 몰고 가려는 사회 분위기는 쉽게 감지된다.

그렇지만 이와 다른 버전에 따르면, 이 사건은 유대 청년 조직과 북아프리카 청년 조직 사이에 일어난 '소규모 전투'에 불과했다. 이 폭력은 '본격적인 전투' 직전에 일어난 하나의 다툼일 뿐이라는 것이다. 여기에서 주목할 것은 이 두 번째 버전을 제시하는 사람들은 자신의 신원을 밝히고 싶어 하지 않았다는 점이다. "자신의 신원을 밝히고 싶어 하지 않는 경찰 측 증언"이 이러한 버전을 제시하였다. 왜 이들은 신원을 밝히고 싶어 하지 않는가? 잘못하다가는 자신들이 바로 반유대주의에 동조하는 자로 낙인찍힐 위험 때문은 아닌가? 이러한 것이 오늘날 유대인 문제와 관련된 프랑스 사회의 분위기를 단적으로 보여 준다.

이처럼 단순 폭력 사건일 수도 있다는 입장에서 이 사건을 바라보면 어떻게 될까? 사후에 밝혀진 바에 따르면, 피해 당사자는 루디 하다드라는 이름의 17세 청년으로 이날 시나고그에 가던 길이었다. 당일 오후 1시 30분, 19구 구청 근처에서 흑인 청년들과 유대 청년들 사이에 싸움이 일어났었고, 4시 30분에는 같은 구역에서 20세의 유대 청년 한 명이 공격당했다.

이러한 법률 자료를 검토해 본다면, 이 사건은 조직 간의 투쟁으로 그 성격을 파악할 수도 있다. 게다가 희생자인 루디는 2007년 12월 파리 지역 시위 당시 '무력에 의한 폭행상해'로 이미 경찰에 감치된 적이 있었다. 한 언론은 이러한 정황으로 볼 때, 유대인 개인에 대한 공격과는 무관했을 것이라는 분석을 내놓기도 했다.

그런데 여기서 눈여겨보고자 하는 것은 공화국의 라이시테 원칙에 따라 종교적 중립을 엄격히 지켜야 할 프랑스 정부가 왜 유대인 조직의 주장에 쉽게 동조하느냐 하는 점이다. 내무부 장관인 미셸 알리오-마리는 이 사건과 연계하여 "공화국의 가치를 무시하는 인종주의, 반유대주의, 외국인 혐오주의의 모든 언행에 대해 결연히 투쟁할 것"을 재차 확인한 바 있다. 이러한 언사는 분명 반유대주의 행동에 대한 프랑스 당국의 단호한 경고를 담고 있는 한편, 이 사건을 반유대주의 사건으로 단정 짓고 있으며, 이는 자연적으로 프랑스 정부의 판단이 사건에 대해 객관적이기보다 친유대인 입장에 서게 되는 것이라 할 수 있다. 다른 공동체의 피해에 대해서도 프랑스 공권력이 이처럼 단호할까 하는 의문이 남는 것이다.

이와 관련하여 공화국의 종교에 대한 중립적 원칙을 강조하며 반유대주의와 관련된 정부 당국자들의 '과도한 언사'들은 분명히 짚고 넘어가야 한다는 주장이 제기되었다. 유대 청년 사건에 대한 원로 정치인 장-피에르 슈벤느망(공화국시민운동Mouvement Républicain et Citoyen 의장, 사회당 정권 교육부, 국방부, 내무부 장관 역임)의 비판이 그것이다. 그는 정치인들이 과도하게 반유대주의를 언급한 것에 대해, 공동체주의에 대한 "국가 차원에서의 가장 높은 수준의 아첨"이라고 비난하였다. 6월 23일, LCI 방송에서 슈벤느망은 "대통령이 모든 종파에 대해 예외없이 계속 아첨하고 있다"고 비판한 것이다.[9] 그에 따르면, "이러한 방식은 프랑스공화국의 정체성을 해체하는 가장 확실한 방법이 될 것이다." 유대 청년이 공격당한 것에 대해

"수년 전 이래로, 이 구역은 4개의 조직, 즉 흑인, 마그레브인, 유대인 그리고 튀르크인 조직에 의해 장악되어 있다. 이것이 바로 현 공화국의 주소이다." "이민자들이 과도하게 특정 공동체에 소속됨으로써 우리가 공유하는 공화국의 시민성은 결국 말살될 것이다. 국가 차원에서 이러한 현상에 대해 아첨하는 것을 나는 비판한다"라고 슈벤느망은 덧붙였다.[10]

이처럼 프랑스 사회는 한 유대 청년의 폭행 사건을 두고 반유대주의 및 공화국의 정체성에 관한 많은 논쟁을 펼쳤다. 분명한 점은 유대 청년이 폭행당한 것이다. 누가, 무엇 때문에 한 유대 청년을 폭행했느냐가 명확히 규명되기 위해서는 그 시대적 배경도 함께 고려되어야 할 것이다.

무슬림, 유대인, 그리고 프랑스공화국 :
새로운 관계 설정을 기대하며

프랑스와 이슬람의 관계는 단순히 푸아티에 전투(732)를 막연하게 떠올릴 것이 아니라, 르네상스 시기인 프랑수아 1세 이래, 유럽 국가 중 처음으로 왕립학교(현 콜레주 드 프랑스)에 아랍어 교수를 채용한(1530) 일이나 루이 14세 때인 1669년에 콜베르Jean-Baptiste Colbert가 오스만제국과의 외교 및 무역 교류에 필요한 통역관을 양성할 목적으로 이날코INALCO(국립동양어 및 문화 학교)의 전신인 청소년 언어학교(통역학교)를 세운 일, 1795년에 정식으로 이날코를 세운 일 등을 떠올릴 필요가 있다. 이처럼 역사에서 볼 때 프랑스는 이슬람과의 교역에 많은 힘을 기울일 정도로 이슬람과의 관계는 대체로 우호적이었다.

하지만, 프랑스가 1830년 알제리를 식민지화하면서 자신들과 종교·문화가 다른 이슬람을 믿는 사람들에 대해 부정적 인식이 강해졌다. 특히 프랑스인들은 제2차 세계대전 이후 알제리 전쟁(1954~62)을 겪으면서 결정적으로 이슬람에 대한 부정적 인식을 갖게 되었다. 알제리 내에서 일어난 전쟁은 알제리 농촌을 피폐화시켰고, 공업 기반을 황폐화했다. 일자리를 잃은 자들 상당수는 자연히 고국을 등질 수밖에 없었으며, 결국 식민지 모국이었던 프랑스로 향했다. 1962년 알제리가 독립한 후, 프랑스는 알제리 정부와의 여러 차례 회담을 거쳐 알제리인들의 프랑스 이주를 제한하려 했다.[11] 전쟁 중에 일어난 테러, 고문, 학살 등 상호 간의 갈등, 그 가운데 프랑스 경찰의 폭력적 억압이 노골적으로 드러난 1961년 10월 17일의 사건이나, 전쟁 후 빈번히 발생한 알제리 이민자 2세들의 각종 테러, 2005년 가을 프랑스 소요사태 등으로 이슬람에 대한 두려움과 혐오가 한층 강화됨으로써 프랑스의 이주 제한 정책에 한층 힘이 실리게 되었다. 이뿐만 아니라 냉전 종식 이후 발생한 구 유고 내전, 걸프전, 이라크 전쟁 등 다양한 이슬람권과의 전쟁, 9·11 테러 사건은 프랑스에서도 무슬림을 문명충돌의 희생자로 보기보다는 테러리스트로 보기에 충분했다. 그렇지 않아도 다양한 이유로 주류 사회에서 배제당하고 있는 이방인으로서, 이러한 국제 환경은 무슬림이민자들을 더욱 곤혹스러운 처지로 몰아넣었다.

[그림 22-5] 《샤를리 엡도》에 게재된 벌거벗은 무함마드.

여기에 덧붙여 생각해 볼 것이 바로 프랑스의 유대인 문제다. 프랑스는 앞서 설명했듯이 라이시테를 원칙으로 하는 공화국, '단일하고 분리될 수 없는' 공화국임을 천명하고 있다. 그럼에도 프랑스는 플르방 법loi Pleven(1972년 7월 1일 채택)을 한층 강화한 게소 법loi Gayssot(1990)*을 통해 홀로코스트를 부정하는 경우, 즉 홀로코스트의 규모나 실제에 이의를 제기하는 경우 처벌할 수 있게 함으로써 의사 표현의 자유를 제한한 바 있다. 이 두 법은 시민들의 자유를 실현하는 틀인 정치공동체의 보호를 위해 의사 표현의 자유를 제한했다는 점에서 공화주의적이기는 하다. 하지만 특정 소수인종, 종교, 문화 집단의 존재를 인정했다는 점에서 법 앞에 평등한 개인 이외의 모든 중간 집단을 인정하지 않는 공화주의 원칙과는 모순된다.

필자는 프랑스가 스스로 자부하듯 라이시테 원칙을 엄정하게 적용하는 나라가 아니며, 프랑스 스스로 공정한 심판자가 되지도 못했다고 생각한다. 프랑스는 그들의 식민지 경험과 무슬림이민자 유입으로 인한 이슬람 혐오, 그리고 비시정부 시기 프랑스 국적 유대인을 프랑스인 스스로가 강제수용소로 보냈다는 죄책감 등의 업보에서 자유롭지 못하기 때문이다. 그럼에도 프랑스 일부에서는 이 사건에 대한 대책으로 다문화주의 정책의 강화나 아니면 반대로 라이시테의 철저한 교육을 주장하고 있다.

다시 한번 문제 제기로 돌아가 보자. 이슬람 극단주의자들은 왜《샤를리 엡도》를 공격했으며, 코셔 식품점에서 유대인을 살해했는가? 그 원인에 대한 역사적 맥락을 이해한다면, 이는 다문화주의 혹은 라이시테 강화 등

** 게소 법은 홀로코스트 부인을 범죄로 규정하여 최대 1년의 징역과 벌금을 부과하는 프랑스 법이다. 이 법에 대한 지지자들은 인종차별과 반유대주의 방지를 위한 조치라고 평가하지만, 반대자들은 표현의 자유와 학문적 자유를 침해할 우려가 있다고 비판한다. 이 법은 이후 유럽 여러 국가의 유사 법안 제정에 영향을 미쳤다.

단순히 프랑스 거주 무슬림이민자 문제에 대한 대책으로만 해결될 수 없을 것이다. 필자는 무슬림이민자 차별에 대한 대책뿐만 아니라 이스라엘과 관련된 중동 문제, 더 나아가 홀로코스트와 관련된 역사 부정négation-nisme 문제, 그리고 '단일한 공화국'을 추구하는 프랑스공화국의 원칙까지 재검토해 볼 필요성을 제기하고자 한다.

주

1장 1789년 7월: 바스티유 습격, 혁명의 깃발을 올리다!

※ 이 글은 《프랑스사 연구》 52(2025. 02)에 실린 〈루이 16세의 반혁명 기도와 바스티유〉를
바탕으로 대폭 수정 가필한 원고이다.

1 Jacques Godechot, *14 Juillet 1789: La Prise de la Bastille* (Paris; Gallimard, 1962), pp.
   327~332.

2 George Rudé, "July 14th 1789: The fall of the Bastille," *History Today*, t. 4 (1954), pp.
   448~457.

3 Albert Mathiez, *La Révolution française*, t. 1 (Paris; Armand Colin, 1922), p. 57.

4 Siméon-Prosper Hardy, *Mes Loisirs, ou Journal d'événemens tels qu'ils parviennent à ma
   connoissance*, t. 8, p. 341.

5 파리시의 상징색인 적색과 청색 사이에 왕가의 상징색인 흰색을 배치한 것으로, 봉기 초
   기에 착용했던 네케르 가문의 상징색인 녹색 모장을 대신했다. 현재 프랑스공화국의 국
   기와 같다.

2장 1792년 8월: 왕정의 몰락, 혁명의 일탈인가 도약인가

※ 이 글은《프랑스사 연구》43(2020. 08)에 실린 〈1792년 8월 10일, 왕정의 몰락〉을 바탕으로 대폭 수정 가필한 원고이다

1 "Décret relatif à la suspension du Roi", du 10 Août 1792, *Collection Baudouin*(《보두앵 선집》), vol. 31,

2 *Archives parlementaires*(《의회속기록》), tome 45, p.339.

3 *Archive parlementaires*(《의회속기록》), tome 45, p.653.

4 *Archives parlementaires*(《의회속기록》), tome 47, p.426.

5 *Archives parlementaires*(《의회속기록》), tome 47, p.645.

3장 1794년 7월: 테르미도르 9일 정변과 로베스피에르의 실각

※ 이 글은《프랑스사 연구》42(2020. 02)에 실린 〈1794년 7월 27일, '테르미도르 9일'과 로베스피에르의 실각〉을 바탕으로 대폭 수정 가필한 원고이다.

1 Françoise Brunel, *Thermidor. La chute de Robespierre* (Bruxelles: Editions Complexes, 1989).

2 Martyn Lyons, "The 9 Thermidor: motives and effects", Peter Jones (ed.), *The French Revolution and Political Perspective* (London: Arnold, 1996).

3 Colin Jones, "The Overthrow of Maximilien Robespierre and the 'Indifference of People'", *American Historical Review* 119, No. 3(2014); "9 Thermidor: Cinderella among Revolutionary Journées", *French Historical Studies*, Vol. 38, No. 1 (February 2015).

4 Françoise Brunel, "Sur l'historiographie de la réaction thermidorienne pour une analyse politique de l'échec de la voie jacobine", *AhRf*, n° 237 (1979).

5 Bronislaw Baczko, *Comment sortir de la Terreur. Thermidor et la Révolution* (Paris: Gallimard, 1989).

6 Harder, Mette, "A Second Terror: The Purges of French Revolutionary Legislators after Thermidor," *French Historical Studies*, Vol. 38, No. 1 (February 2015).

[7] Pierre Serna, *La République des Girouettes: 1789~1815 et au delà: Une anomalie politique: La France de l'extrême centre* (Champ Vallon, 2005).

4장 1799년 11월: 브뤼메르 18일 정변과 나폴레옹의 등장

※ 이 글은 《프랑스사 연구》 48(2023. 2)에 실린 〈1799년 11월 9일, 시이예스와 나폴레옹 보나파르트의 무월 18일 정변〉을 바탕으로 대폭 수정 가필한 원고이다.

[1] *Journal des hommes libres*, 공화력 7년 숙월 21일(1799년 9월 7일).

[2] Bernard Gainot, "Le projet de constitution de Bernard Metge", in Roger Bourderon (ed.), *L'an I et l'apprentissage de la démocratie* (Paris: PSD Saint-Denis, 1995), pp. 417~426; Bernard Gainot, "Un itinéraire démocratique post-thermidorien: Bernard Metge", in Christine Le Bozec and Eric Wauters (eds.), *Pour la Révolution française. En hommage à Claude Mazauric* (Rouen: IRED-CRHCT, 1998), pp. 93~106; Bernard Gainot, "Enquête sur le 'suicide' de Victor Bach", *Annales historiques de la Révolution française*, 318 (1999), pp. 615~637.

[3] Marc-Antoine Jullien, *Entretien politique sur la situation actuelle de la France, et sur les plans du nouveau gouvernement* (Paris: Léger, 1799), pp. 12~17, 26~34, 62~66.

[4] 김민철, 〈프랑스혁명에 대한 결산으로서의 19세기 정치사상〉, 《사림》, 78, 2021, 511~515 쪽.

5장 1815년 6월: 워털루 전투, 나폴레옹제국의 황혼 서사시

※ 이 글은 《프랑스사 연구》 51(2024. 8)에 실린 논문 〈1815년 6월, 워털루 전투, '영광스러운 패배'의 서사시〉를 바탕으로 대폭 수정 가필한 원고이다.

[1] 북부 국경 너머에서는 이미 웰링턴의 영국-네덜란드 연합군(9만 5,000)이 브뤼셀에, 블뤼

허의 프로이센군(11만 6,000)이 리에주에 집결했다. 동쪽 라인강 너머에서는 클라이스트가 이끄는 2만 프로이센군이 모젤강 주변으로, 바클라이 드 톨리가 이끄는 15만 러시아군이 알자스 로렌 지방으로, 슈바르첸베르크가 이끄는 23만 오스트리아군이 바젤 근처로 집결하기 시작했다. 여기에 더해서 카스타노스 장군이 이끄는 4만 에스파냐군이 카탈루냐 지방에서 국경을 넘을 준비를 했으며, 이탈리아 방면에서는 4만 오스트리아-피에몬테군이 대기 중이었다. Th. Lentz, *Waterloo 1815* (Perrin, 2015), p. 96.

2 D. Chandler, *The Campaigns of Napoleon* (Scriber, 1973), p. 1043.

3 전세가 기울자 자신감을 잃은 웰링턴이 이렇게 말했다고 전해진다. "신이여, 밤을 주시든지 블뤼허를 주시든지 하소서." Th. Lentz, *Waterloo 1815*, p. 250에서 재인용.

4 퇴각하면서 나폴레옹은 '몽생장 전투'(6월 18일)의 전말에 대한 보고서를 파리로 보냈다. 블뤼허 장군은 자국 사령부에 보낸 보고서에서 전투에 종지부를 찍은 프로이센군의 공헌을 강조하려는 의도로, 그가 웰링턴을 만난 장소를 부각시켜 '벨알리앙스 전투'라고 부르자고 제안했다. 클라우제비츠를 비롯한 당대 독일 전쟁사 문헌에는 주로 이 표현이 사용되었다. 한편 웰링턴은 영국군 총사령부가 자리한 워털루를 부각시켜 주로 '워털루의 승리'라고 언급했으며, 이로써 '워털루 전투'라는 명칭이 영국을 통해 전 세계에 널리 퍼지게 되었다.

5 G. Gourgaud, *Campagne de dix-huit cent quinze ou Relation des opérations militaires qui ont eu lieu en France et en Belgique, pendant les Cent Jours* (P. Mongie Aîné, 1818), IV-242p.

6 *Mémoires pour servir à l'histoire de France en 1815* (Barrois l'Aîné, 1820), VI-336p. (*Mémoires pour servir a l'histoire de France sous Napoléon*, Paris, 1822~1823)

7 Las Cases, *Le Mémorial de Sainte-Hélène, ou Journal où se trouve consigné, jour par jour, ce qu'a dit et fait Napoléon durant dix-huit mois* (Dépôt du Mémorial, Bossange frères, 1823).

8 'Souvenirs de Waterloo(Mardi 18)', Las Cases, *Le Mémorial de Sainte-Hélène*, t. I, (Flammarion, 1983), pp. 761~762.

9 Las Cases, *Le Mémorial de Sainte-Hélène*, t.II, p. 594.

10 Cf. J.-M. Largeaud, *Napoléon et Waterloo, la défaite glorieuse de 1815 à nos jours* (La Boutique de l'Histoire, 2006).

11 스웨덴 보컬그룹 아바Abba는 1974년 세계적인 히트곡 〈워털루〉를 발표했다. 흥미롭게도 〈워털루〉는 연인 사이의 대화를 나폴레옹의 명운에 빗대어 다음과 같이 노래한다. "워털루, 내가 지고 당신이 이겼어 / …… / 하지만 나는 졌어도 이겼다고 느낀다네Waterloo, I

was defeated, you won the war/……/I feel like I win when I lose."

[12] Las Cases, *Le Mémorial de Sainte—Hélène*, t. I, p. 762.

6장 1830년 2월: 빅토르 위고의 〈에르나니〉, 낭만주의의 승리

※ 이 글은 《프랑스사 연구》 46(2022. 2)에 실린 〈1830년 봄의 '에르나니 전투'〉를 바탕으로 대폭 수정 가필한 원고이다.

[1] 김찬자, 〈빅토르 위고 연극과 그로테스크 미학―'크롬웰Cromwell' 서문과 '뤼 블라스Ruy Blas'를 중심으로〉, 《한국프랑스학논집》 제69집, 2010, 46쪽.

[2] *Le Globe*, 5 août 1829.

[3] *Le Figaro*, 3 janvier 1830.

[4] Victor Hugo, "Préface", Charles Dovalle, *Le Sylphe, Poésies de feu Ch. Dovalle* (Paris: Ladvocat, 1830), pp. iii~xiij.

[5] Jean—Marc Hovasse, *Victor Hugo*, vol. I: *Avant l'exil, 1802~1851* (Paris: Fayard, 2001), p. 429.

[6] Théophile Gautier, *Histoire du romantisme* (Paris: G. Charpentier et Cie, 1874), p. 113.

7장 1830년 7월: '영광의 3일', 혁명이 부활하다

※ 이 글은 《세계역사와 문화연구》 73(2024. 12)에 실린 〈1830년 7월 혁명, '영광의 3일'과 혁명의 부활〉을 바탕으로 대폭 수정 가필한 원고이다.

[1] Jean—Louis Bory, *La Révolution de Juillet* (Gallimard, 1972).

[2] Pamela M. Pilbeam, *The 1830 Revolution in Europe* (London: Palgrave, 1991); David H. Pinkney, *The French Revolution of 1830* (New Jersey: Princeton University Press, 1972).

[3] Maurice Agulhon, "1930 dans l'histoire du XIXème siècle français", *Romantisme*, No.

28~29(1980).

4 헌장의 전체 조항은 Jacques Godechot, *Les Constitutions de la France depuis 1789* (Paris: Garnier-Flammarion, 1979).

5 R. Anchel, "Un témoignage anglais sur les journées de Juillet: souvenir de Lady Aylmer", *Revue d'histoire moderne*, t. 6 (1931), p. 350.

6 "자유! 자유! 마음의 소원, 영혼의 외침, 전 세계에 네 이름을 부르는 메아리가 울려 퍼진다." 프랑스 여성 시인 데보르드 발모르Marceline Desbordes-Valmore의 시 〈삼색기Le Drapeau tricolore〉의 마지막 두 행.

7 장 클로드 카롱은 이들 협회 안에서 민주주의공화국, 사회공화국의 개념이 출현했고 도덕적 가치에 의해 고대 공화주의를, 사회경제적 강령에 의해 1793년의 공화주의를 계승한 근대 공화주의가 탄생했다고 본다. Jean-Claude Caron, "Élites républicaines autour de 1830. La Société des amis du peuple", in Michel Vovelle (dir.), *Révolution et République. L'exception française* (Paris: Kimé, 1994).

8 7월혁명이 유럽의 혁명과 반란에 미친 영향에 대해서는 Sylvie Aprile, Jean-Claude Caron, Emmanuel Fureix (dir.), *La liberté guidant les peuples. Les Révolutions de 1830 en Europe* (Champ Vallon, 2013).

8장 1848년 2월: 2월혁명과 두 개의 공화국

※ 이 글은 《프랑스사 연구》 51(2024. 8)에 실린 논문 〈1848년 2월 22~24일, 2월 혁명과 두 번의 바리케이드 전투〉를 바탕으로 대폭 수정 가필한 원고이다.

1 Jason Frank, "The Poetics of the Barricade", in *Democratic Sublime* (Oxford: Oxford Univ. Press, 2021), pp. 134~135에서 재인용.

2 Pierre-Joseph Proudhon, *Correspondance de P.-J. Proudhon*, Vol. 2 (Paris: A. Lacroix, 1875), p. 284.

3 Marc Caussidière, *Mémoires de Caussidière, ex-préfet de police et représentant du peuple* (Paris: Michel Lévy frères, 1848), pp. 47~48.

[4] Jill Harsin, *Barricades: the War of the Streets in Revolutionary Paris, 1830~1848* (London: Palgrave Macmillan, 2002), p. 268에서 재인용.

[5] Daniel Stern, *Histoire de la Révolution de 1848*, Vol. 2 (Paris: Sandré, 1850~1853), pp. 38~39. 라마르틴은 낭만주의 시인으로도 유명했다.

[6] Samuel Hayat, *Quand la République était révolutionnaire* (Paris: Seuil, 2014), p. 288.

[7] Roger Price, *The French Second Republic: A Social History* (Ithaca: Cornell Univ. Press, 1972), p. 104에서 재인용.

[8] *L'Organisation du travail* (5 juin 1848).

[9] *Le Tocsin des travailleurs* (7 juin 1848).

[10] François Pardigon, *Épisodes des journées de juin 1848* (Paris: La Fabrique, 2008). p. 130.

[11] Stern, *Histoire de la Révolution de 1848*, Vol. 3, p. 170.

[12] *Le Toscin des travailleurs* (juin 24, 1848).

[13] Mike Rapport, *1848: Year of Revolution* (NY: Basic Books. 2010), p. 221에서 재인용.

[14] Louis Hincker, "Officiers porte-parole des barricades: Paris, 1848," in Serge Bianchi and Roger Dupuy, (eds.), *La Garde nationale entre Nation et peuple en armes* (Rennes: Presses universitaires de Rennes, 2006), p. 30.

[15] *Le National* (29 juin 1848).

[16] 빅토르 위고, 정기수 역, 《레미제라블》5권, 민음사, 2012, 9~21쪽.

9장 1851년 12월: 루이 나폴레옹의 쿠데타, 역사의 희비극

※ 이 글은 《프랑스사 연구》 50(2024. 2)에 실린 논문 〈1851년 12월 2일, 루이 나폴레옹 보나파르트의 쿠데타〉를 바탕으로 대폭 수정 가필한 원고이다.

[1] 프랑수아 퓌레, 〈구체제와 혁명〉, 피에르 노라 외, 김인중·유희수 외 옮김, 《기억의 장소 3》, 나남, 2010.

[2] 카를 마르크스, 〈루이 보나파르트의 브뤼메르 18일〉, 임지현·이종훈 옮김, 《프랑스혁명사 3부작》, 소나무, 2017. 〈루이 보나파르트의 브뤼메르 18일〉은 1852년 독일어 월간지

《혁명*Die Revolution*》에 처음 발표되었다.

[3] René Arnaud, *Le coup d'État du 2 décembre* (Paris: Librairie Hachette, 1926).

[4] Adrien Dansette, *Louis-Napoléon à la conquête du pouvoir* (Paris: Hachette, 1961); William Smith, *Napoleon III* (London: Wayland, 1972); Louis Girard, *Napoléon III* (Paris: Fayard, 1986); Thierry Lentz, *Napoléon III*, 《Que sais-je?》(Paris: PUF, 1995); Pierre Milza, *Napoléon III* (Paris: Perrin, 2004); Jean Sagnes, *Napoléon III, le parcours d'un saint-simonien* (Sète: Éditions Singulières, 2007); Eric Anceau, *Napoléon III. Un Saint-Simon à cheval* (Paris: Tallandier, 2012).

[5] Philippe Ségain, *Louis-Napoléon le Grand* (Paris: Grasset, 1990).

[6] 이 책의 8장 〈1848년 2월: 2월혁명과 두 개의 공화국〉 참조.

[7] Emmanuel Cherrier, "Le 2 décembre, l'archétype du coup d'État", *Napoléonica. La Revue*, No.1(2008/1).

[8] Eugène Ténot, *Paris en décembre 1851. Étude historique sur le coup d'État* (Paris: Le Chevalier, 1868), pp. 131~132.

[9] 이날의 상황에 대해서는 Jacques-Olivier Boudon, "Baudin et la barricade du 3 décembre 1851: histoire et représentation de l'Empire à la République", Alain Corbin et Jean-Marie Mayeur (dir.), *La Barricade* (Paris: Éditions de la Sorbonne, 1997) 참조.

10장 1871년 3월: 파리코뮌 봉기, 코뮌 신화의 탄생

※ 이 글은 《문화과학》 68(2011 겨울)에 실은 〈실현된 유토피아? 1871년 파리코뮌의 현재성〉 과 《역사와 경계》 111(2019, 6)에 실은 〈파리코뮌의 분열과 제3공화국 초기의 통합—1880 년의 코뮌 사면을 중심으로〉, 그리고 《프랑스사 연구》 45 (2021, 8)에 실은 〈1871년 파리 코뮌과 '피의 주간'〉에 기초해 본서의 취지에 맞게 다시 쓴 것이다.

[1] 아쏘시아시옹은 "연합하려는d'associer 행위와 그 결과"를 포괄적으로 의미하기에 '결사'로 옮겨도 무방하지만, 프랑스 역사의 맥락에서 이 말은 단순한 결사보다 좀 더 복잡한 사회 적·정치적 함의를 갖고 있다. 이를 보여 주는 것이 '아쏘시아시옹주의associationisme'란 말

인데, 이 말은 "자유롭게 연합한 생산자들의 자율적인 소그룹들의 조직화를 통해 사회의 전반적 변혁을 권장하는 교의"라고 정의된다. 즉 프랑스에서 아쏘시아시옹은 "사회의 전반적 변혁"을 이루기 위한 기초적인 편제와 관련되어 있고, 이는 프랑스만의 특징이다. 그래서 이 말을 발음 그대로 표기한다.

2 코뮌정부가 운용 가능한 국민방위군의 수는 17만 명 정도로 추정되나, 실제 동원령에 응한 병력 수는 그에 훨씬 못 미쳤다. 그 이유는 국민방위군 병사들이 베르사유군의 파리 진입이 시작되자 파리 방어보다는 자기 동네quartier 방어에 더 신경을 써 각자 자기 동네로 돌아갔기 때문이라고 한다. 이것은 국민방위군의 성격상 필연적인 부분인데, 당시 국민방위군에 참여했던 코뮈나르들도 자기 회상록에서 이를 확인했다. 따라서 각 동네에서 일어난 전투와 그 희생자 수는 그 전모를 다 파악하기가 힘들며, 실제 이런 식으로 전투에 참여한 이들의 수는 정확히 알 수가 없다.

3 파리 서남쪽은 베르사유로 이어지는 방향이며 프로이센군이 철수하여 프랑스에 관할을 넘겨준 곳이었다. 반면 파리 동북쪽은 여전히 프로이센군이 점령한 채 직접 관할하고 있었다. 프로이센은 '피의 주간' 막바지인 5월 27일 북쪽도 베르사유군에게 열어 주어 파리 점령을 위한 최종 작전을 도왔다.

4 이 과정에서 5월 24일 파리 대주교 조르주 다르부아Georges Darboy를 비롯한 주요 성직자 6명이 코뮈나르에 의해 처형당했고, 5월 26일에는 완전히 이성을 잃은 코뮈나르들이 감옥에 인질로 잡아 두었던 죄수 50명을 악소 거리에서 처형했다. 이것은 코뮈나르가 저지른 대표적인 범죄행위로 오랫동안 코뮌의 범죄적 이미지로 회자되었고, 이에 대한 속죄의 의미로 몽마르트르에 사크르쾨르 대성당이 건설되었다. 물론 이 성당의 건설에는 '피의 주간'에 벌어진 '형제 살해'에 대한 속죄의 의미도 암묵적으로 담겨 있었다.

11장 1874년 4월: 〈인상, 해돋이〉, 클로드 모네와 인상파 예술의 탄생

※ 이 글은 《프랑스사 연구》 45(2021. 8)에 실린 논문 〈1874년 4월 15일, 인상주의의 탄생〉을 바탕으로 대폭 수정 가필한 원고이다.

1 아르놀트 하우저, 백낙청·염무웅 옮김, 《문학과 예술의 사회사 4—자연주의와 인상주의 영화의 시대》, 창비, 2020, 270쪽.

[2] 제임스 H. 루빈, 김상희 옮김, 《인상주의》, 한길사, 2001, 20쪽.

[3] Jon Kear, *Les Impressionnistes* (London: Gründ, 2008), p. 26.

[4] 루빈, 앞의 책, 24쪽.

[5] Emile Zola, "Une nouvelle manière en peinture. M. Edouard Manet", Revue du XIXe siècle, 1867.

[6] Lettre de Frédéric Bazille à sa mère, avril 1867.
https://museefabre-en.montpellier3m.fr/Media/Files/RESSOURCES/ARCHIVES/Lettres_d_artistes/Lettre_de_Frederic_Bazille_a_sa_mere_avril_1867.

[7] Janine Bailly-Herzberg(dir.), *L'art du paysage de l'atelier au plein air* (Paris: Flammarion, 1997), p. 300.

[8] 루빈, 앞의 책, 16쪽.

[9] 존 리워드, 정진국 옮김, 《인상주의의 역사》, 까치글방, 2006, 216쪽.

[10] Jules Castagnary, "Exposition du boulevard des Capucines. Les impressionnistes", *Le Siècle*, le 29 avril 1874.

[11] 존 리워드, 앞의 책, 212쪽.

[12] Maurice Guillemot, "Calude Monet", *La Revue Illustrée*, le 15 mars 1898.

[13] Robert L. Herbert, *Impressionism. Art, Leisure and Parisian Society* (New Haven: Yale University Press, 1988), p. 303.

[14] 앞의 책, p. 28.

[15] Jérôme Coignard, "Tribulations d'un chef-d'oeuvre", *Impression, soleil levant*, (Paris: Musée Marmottan, 2014), p. 38.

[16] 필립 후크, 유예진 옮김, 《인상주의 그림은 왜 비쌀까》, 현암사, 2011, 53쪽.

[17] 앞의 책, 29쪽.

[18] Pierre Assouline, "Paul Durand-Ruel 'Ma folie avait été sagesse……'", *Paul Durand-Ruel Le pari de l'impressionnisme* (Paris:Musée du Luxembourg, 2014), p. 10.

[19] Caroline Le Got, "L'épopée de Paul Durand-Ruel en huit tableaux", *Paul Durand-Ruel Le pari de l'impressionnisme* (Paris: Musée du Luxembourg, 2014), p. 10.

[20] Norma Broude(dir.), *Impressionism. The International Movement, 1860~1920* (New York: H. N. Abrams, 1990).

12장 1894년 9월: 드레퓌스 사건, 프랑스의 분열과 통합

※ 이 글은 《서양사론》 135(2017. 12)에 실린 〈드레퓌스 사건을 통해 본 프랑스의 분열과 통합〉을 바탕으로 대폭 수정 가필한 원고이다.

[1] Jean-Baptiste Duroselle, *La France de la Belle Époque* (Paris: Presses de la Fondation Nationale des Sciences Politiques, 1992(1972)), p. 9.

[2] Brian Jenkins and Nigel Copsey, "Nation, nationalism and national identity in France", Brian Jenkins and Spyros A. Sofos(ed.), *Nation and Identity in Contemporary Europe* (Routledge, 1996), ch.5, pp. 101~124.

[3] Roselyne Koren(dir.), *Les Intellectuels face à l'affaire Dreyfus alors et aujourd'hui* (L'Harmattan, 1998), p. 7.

[4] Arnaud-Dominique Houte, *Le Triomphe de la République(1871~1914)* (Seuil, 2015), pp. 240~243.

[5] 드레퓌스 사건의 개요에 대해서는 주로 다음의 자료들을 참고했다. "L'Affaire Dreyfus: vérités et mensonges", *L'Histoire*, No. 173 (Jan., 1994); Arnaud-Dominique Houte, *Le Triomphe de la République 1871~1914* (Seuil, 2015); James F. McMillan, *Twentieth-century France: politics and society 1898~1991* (Bloomsbury Academic, 2011)(1992).

[6] James F., McMillan, *Twentieth-century France: politics and society 1898~1991*, p. 8.

[7] Jean Doise, *Un secret bien gardé. Histoire militaire de l'affaire Dreyfus* (Paris: Seuil, 1994); Jean-Jacques Tur, *L'affaire Zola-Dreyfus-Le vortex et la trombe* (Paris: L'Harmattan, 2014), p. 205.

[8] Michael Curtis, *Three Against the Third Republic: Sorel, Barrès and Maurras* (New Brunswick and London: Tranction Publishers, 2010)(1959), p. 37.

[9] Maurice Barrès, *Scène et doctrines du nationalism* (Paris: Juven, 1902), pp. 31~33.

[10] Tur, *L'affaire Zola-Dreyfus-Le vortex et la trombe*, p. 207.

[11] Daniel Halévy, *Apologie pour notre passé*. Texte écrit en 1910, publié dans *Regardes sur l'Affaire Dreyfus* (Paris: Édition de Fallois, 1994).

[12] Michel Winock, "Les affaires Dreyfus", *Vingtième Siècle. Revue d'histoire*, No. 5 (janvier-mars, 1985), p. 19.

[13] Robert Gildea, *Children of the Revolution, The French, 1799~1914* (Harvard University Press, 2008), p. 274.

13장 1905년 12월: 정교분리법과 그 현대적 유산

※ 이 글은 《통합유럽 연구》 12권 1집(2021. 3)에 실린 〈프랑스 내 무슬림 차별 기원과 공화주의 유산〉을 바탕으로 대폭 수정 가필한 원고이다.

[1] "Loi séparatisme: Aurore Bergé défie Macron sur le port du voile", *Le Parisien*, January 15, 2021.

[2] Stéphane François, "Marine Le Pen, Le Front National et La Laïcité: Une reférence à la Geéomètrie variable", *Terra Nova* (2013), p. 7.

[3] le projet de loi 〈confortant les principes républicains〉 vise à ajouter de nouveaux outils pour lutter contre le séparatisme islamique 이 법안은 이슬람의 분리주의에 반대하기 위해 만들어진 법안으로 평가된다. Discours de M. Jean CASTEX, Premier ministre à l'occasion de la présentation du projet de loi confortant les principes républicains le mercredi 9 décembre 2020 au Palais de l'Élysée.

[4] Joan W. Scott, *The Politics of the Veil*, p. 1.

[5] 박단, 《프랑스의 문화전쟁》, 71~73쪽.

[6] LOI n° 2004-228 du 15 mars 2004 encadrant, en application du principe de laïcité, le port de signes ou de tenues manifestant une appartenance religieuse dans les écoles, collèges et lycées publics, Article 1.

[7] Loi du 9 décembre 1905 concernant la séparation des Églises et de l'État (Publiée au Journal officiel du 11 décembre 1905).

[8] la loi du 19 août 1920 (*Journal officiel* du 21 août 1920). 이 기념비적 건축물은 카두 뱅 가브리트Si Kaddour Ben Ghabrit(1868~1954)의 책임하에 건축되었다. 그는 알제리 현지의 유력 가문 출신으로 저명한 학자이자 프랑스의 식민지 관료였다. 모스크 완공 후 무슬림연구소의 책임자가 되어 사망할 때까지 맡았다. La loi du 19/06/1920 et la Grande Mosquée de Paris. Source: site de la Grande Mosquée de Paris, http://www.mosquee-de-paris.org/ (검

색일: 2021. 1. 27).

9   Olivier Roy, *Secularism Confronts Islam* (Columbia University Press, 2007), pp. 16~17.

14장 1914년 8월: 제1차 세계대전의 시작

※ 이 글은 《프랑스사 연구》 43(2020. 8)에 실린 논문 〈1914년 8월 1일, 프랑스 총동원령의 포고〉를 바탕으로 대폭 수정 가필한 원고이다.

1   Bruno Cabanes, *Août 14: La France entre en guerre* (Paris: Gallimard, 2014), p. 36.

2   Jean-Yves Le Naour, *1914: la grande illusion* (Paris: Perrin, 2013), p. 35에서 재인용.

3   Agathon (Henri Massis et Alfred de Tarde), *Les jeunes gens d'aujourd'hui: le goût de l'action, la foi patriotique, une renaissance catholique, le réalisme politique* (Paris: Librairie Plon, 1913), pp. 22, 31~32.

4   *Journal officiel de la République française, Débat parlementaire: Sénat*, 11 février 1912.

5   "M. Raymond Poincaré à Nantes: le discours du président du conseil", *Le Temps*, 28 octobre 1912.

6   Jean-Jacques Becker, *L'année 14* (Paris: Armand Colin, 2013), p. 113에서 재인용.

7   Jean Jaurès, "Les Furieux", *L'Humanité*, 18 juillet 1914.

8   *À Jean Jaurès: discours prononcé aux obsèques de Jean Jaurès par Léon Jouhaux, secrétaire de la Confédération générale du travail* (Paris: La Publication sociale, 1914).

9   *Journal officiel de la République française, Débat parlementaire: Chambre des députés*, 4 aout 1914.

10 Jean-Jacques Becker, *L'année 1914*, p. 152에서 재인용.

11 Marc Bloch, *Souvenirs de guerre* (Paris: Plon, 1920), p. 10.

12 Bruno Cabanes, *Août 14: La France entre en guerre*, p. 80.

13 "En France: Conseil des ministres", *Le Temps*, 21 aout 1914. 유산

15장 1936년 5월: 인민전선, 사회주의적 공화주의의 정치 실험

※ 이 글은 《역사와 경계》 53(2018. 6)에 실린 논문 〈인민전선과 두 개의 프랑스: 자유주의적
공화주의 대 사회주의적 공화주의〉와 《역사비평》 133(2020. 11)에 실린 논문 〈68운동의
동원 메커니즘과 노스탤지어—인민전선과 연대의 기억〉을 바탕으로 대폭 수정 가필한
원고이다.

[1] *L'Humanité*, 18 avril 1936.

[2] *L'Humanité*, 4 mai 1936.

[3] *Ibid.*

[4] Déclaration de Léon Blum sur le Front populaire et la République, Archives sonores de l'
INA (http://www.ina.fr).

[5] Maurice Niveau, Yves Crozet, *Histoire des faits économiques contemporaines* (Paris: PUF,
2000), p. 277.

[6] Michel Dreyfus, *Histoire de la CGT* (Bruxelles, Editions Complexe, 1995), p. 151.

[7] *L'Humanité*, 6 mars 1933.

[8] Georges Dupeux, *Le Front populaire et les Elections de 1936* (Paris: Armand Colin, 1959), p.
75.

[9] Michel Margairaz, Danielle Tarkakowsky, *Le Front populaire* (Paris: Larousse, 2009), p. 35.

[10] *Le Temps*, 21 janvier 1936.

[11] Michel Margairaz, *L'Etat, les finances et l'économie. Histoire d'une conversion 1931~1952*,
vol. I (Paris; CHEFF, 1991), pp. 202~204.

[12] Jean Vigreux, *Histoire du Front populaire, l'echappée belle*, p. 159.

[13] INA, Les ministres à l'Elysée, le 19 mai 1968.

[14] Laurent Gervereau, "Les affiches de Mai 68", *Matériqux pour l'histoire de notre temps*, No.
11~13(1988), p.163.

[15] Jean Vigreux, Emmanuel Ranc, "La direction et les députés du PCF à l'épeuve de Mai–juin
68", Parlement[s], revue d'histoire politique, No. 9(2008), p. 92.

[16] Serge Wolikow, *Le Front populaire en France* (Bruxelles: Editons Complexe, 1996), p. 13.

16장 1940년 6월: 드골과 '자유 프랑스', 레지스탕스의 역사를 열다

※ 이 글은 《프랑스사 연구》 10(2004. 2)에 실린 논문 〈드골, 자유 프랑스 그리고 전시드골주의〉를 바탕으로 대폭 수정 가필한 원고이다.

[1] Jérôme Jaffré, "L'enquête d'opinion de la SOFRES", in Institut Charles de Gaulle, *De Gaulle en son siècle, t. I: Dans la mémoire des hommes et des peuples* (La Documentation française—Plon, 1990), pp. 327~328.

[2] Charles de Gaulle, *Mémoires de guerre, t. I: L'Appel, 1940~1942* (Librairie Plon, 1954), p. 73.

[3] *Documents*, n° 3(1942. 11. 11), p. 7.

[4] Jean Lacouture, *De Gaulle*, t. 1: Le rebelle, 1890~1944 (Seuil, 1984), p. 226.

[5] Dominique Venner, *Histoire critique de la Résistance* (Pygmalion, 1995), p. 9.

[6] Jean-Louis Crémieux-Brihac, *La France Libre: De l'appel du 18 juin à la Libération* (Gallimard, 1996), pp. 72~73.

[7] *Journal officiel de l'Etat français*, No. 319 (10 décembre 1940), p. 6044.

[8] François-Georges Dreyfus, *Histoire de la Résistance* (Editions de Fallois, 1996), pp. 195, 592.

[9] Jean-Louis Crémieux-Brihac, *La France libre*, p. 209.

[10] Henri Michel, *Les courants de pensée de la Résistance* (PUF, 1962), pp. 41, 43.

[11] British Institute of Public Opinion, *Survey*, No. 88(June 1942).

[12] Charles de Gaulle, *Mémoire de guerre, t. II: L'Unité, 1942~1944* (Librairie Plon, 1956), p. 383.

[13] Chantal Morelle, *De Gaulle, le gaullisme et les gaullistes* (Armand Colin, 1998), p. 20.

[14] Roland Sadoun, "De Gaulle et les sondages", in Institut Charles de Gaulle, *De Gaulle en son siècle*, t. I: Dans la mémoire des hommes et des peuples, p. 320.

[15] Charles de Gaulle, *Discours et Méssages*, t. I: Pendant La Guerre, Juin 1940~Janvier 1946 (Plon, 1970), p. 89.

[16] '몽발레리앙 기념관Mémorial du Mont-Valérien'은 흔히 '투쟁 프랑스 기념관Mémorial de la France combattante'으로 불린다. 옛 포대의 임시 지하묘소에 안치된 15명의 투사 외에 이후 추가된 2명의 시신을 포함해 총 17명, 즉 12명의 군인(북아프리카 보병 2명, 블랙 아프리카 보

병 2명, 자유 프랑스군 4명)과 5명의 레지스탕스(국내 프랑스군 4명과 인도차이나 레지스탕스 1명)의 시신이 1960년 6월 18일 자로 새로 마련된 기념관의 지하묘소로 옮겨져 안치되었다. 더 자세한 내용은 몽발레리앙 기념관Mémorial du Mont-Valérien 홈페이지 https://www.mont-valerien.fr와 자유프랑스재단 홈페이지 https://www.france-libre.net를 참조하라.

17 등재 기록물은 '6월 18일의 호소'의 육필 대본, '6월 22일의 호소' 라디오 방송 녹음본, 8월 5일의 '모든 프랑스인에게' 포스터 원고와 포스터 원본이다. 유네스코 세계기록유산 등재에 대한 자세한 내용은 유네스코 홈페이지 https://www.unesco.org/en/memory-world를 참조하라.

17장 1942년 7월: 벨디브 사건, 독일강점기 프랑스 최악의 대독 협력

※ 이 글은 《이화사학연구》 48(2014)에 실린 논문 〈벨디브의 기념: 비시, 공화국, 프랑스 (1992~1995)〉를 바탕으로 대폭 수정 가필한 원고이다.

1 Claude Lévy et Paul Tillard, *La Grande rafle du Vel d'hiv* (Robert Laffont, 1967).

2 대통령령 전문全文은 《프랑스 공화국 관보》 1993년 2월 4일 자만이 아니라 《르 몽드Le Monde》, 5 février 1993, p. 8에도 실렸다. 필자는 《르 몽드》 지에 실린 것을 참조했다

3 1942년 7월 16~17일에 검거된 유대인의 수는 1만 3,152명이 아니라 1만 2,884명이다. '1만 3,152명'이란 수치는 이후 사흘 동안(7월 18~20일) 추가로 검거된 사람들의 수를 더한 것이다.

4 시라크의 연설문 전문은 Éric Conan et Henry Rousso, Vichy, un passé qui ne passe pas (Gallimard, 1996), pp. 444~449에 수록되어 있다. 필자가 인용한 것은, 말미의 두 단락이 누락되었지만 몇몇 수치를 정정한 것으로 보이는 Maurice Rajsfus, La Rafle du Vel d'Hiv(PUF, 2002), pp. 122~125에 수록된 연설문이다.

5 *L'Événement du Jeudi*, 27 juillet ~ 2 août 1995, p. 16.

18장 1954년 5월: 디엔비엔푸의 함락과 프랑스 식민제국의 해체

※ 이 글은 《프랑스사 연구》 48(2023. 2)에 실린 논문 〈1954년 5월 7일, 디엔비엔푸 요새의
함락과 프랑스 식민지 제국의 해체〉를 바탕으로 대폭 수정 가필한 원고이다.

[1] '디엔비엔푸로 가는 길'은 베트남인민군 총사령관 보응우옌잡 장군의 회고록 제목이기도
하다.

[2] Alain Ruscio et Serge Tignères, *Dien Bien Phu, mythes et realités: cinquante ans de passions
françaises, 1954~2004* (Les Indes savantes, 2005), p. 24에서 재인용.

[3] *L'année politique: 1951*, p. 585

[4] *Le Matin*, 28 novembre 1949.

[5] Bernard Fall, *Hell in a Very Small Place: The Siege of Dien Bien Phu* (Philadelphia: J. B.
Lippincott Company, 1967).

[6] *Le Monde*, 21 mai 1953.

[7] Pierre Journoud et Hugues Tertrais, *Paroles de Dien Bien Phu: les survivants témoignent*
(Tallandier, 2004), p. 75.

[8] Le Figaro, 13 janvier 1954.

[9] Pierre Journoud et Hugues Tertrais, *Paroles de Dien Bien Phu*, p. 118.

[10] Pierre Journoud et Hugues Tertrais, *Paroles de Dien Bien Phu*, p. 138.

[11] Alain Ruscio, *Dien Bien Phu: la fin d'une illusion* (L'Harmattan, 1995), p. 34.

[12] Ferhat Abbas, *La nuit coloniale* (René Julliard, 1962), p. 16.

[13] Kathryn M. Edwards, *Contesting Indochina: French Remembrance between Decolonization and
Cold War* (Oakland, California: University of California Press, 2016), p. 1.

19장 1954년 11월: 알제리 전쟁, 식민통치의 기억과 화해의 수사학

※ 이 글은 《역사비평》 63(2003 여름)에 실린 〈알제리전쟁과 프랑스인: 식민통치의 상흔과 기억의 정치학〉과 《역사비평》 111(2015 여름)에 실린 〈에비앙 협정 50주년을 넘어: 프랑스-알제리 '화해'의 줄다리기〉를 바탕으로 대폭 수정 가필한 원고이다.

1 Cf. G. Pervillé, *Pour une histoire de la guerre d'Algérie* (Picard, 2002).

2 최근의 논의로는 F.-X. Hautreux, La guerre d'Algérie d'Harkis (Perrin, 2013).

3 G. Pervillé, "Combien de morts?", *La Guerre d'Algérie, sans mythes ni tabous*, 2002, p. 94.

4 'Giscard d'Estaing a eu de premiers entretiens avec Boumediene", *L'Humanité*, 11 avril 1975.

5 R. Dalisson, *Guerre d'Algérie, impossible commémoration* (Armand Colin, 2018), pp. 188~190.

6 〈Loi N.2005−158 du 23 février 2005 portant reconnaissance de la Nation et contribution nationale en faveur des Français rapatriés〉.

7 〈Le Regard des Français sur la guerre d'Algérie, 60 ans après la 'Toussaint Rouge'〉, Sondage-Ifop pour Le Monde et la Fondation Jean jaurès (5 octobre 2014). 2021년 12월 여론조사기관 해리스인터랙티브의 조사에서도 비슷한 결과가 나타난다. 프랑스 국민(설문 대상자 2,003명)의 69퍼센트가 알제리 독립은 프랑스에 '잘 된 일'이라고, 65퍼센트가 알제리에 '잘 된 일'이라고 응답했다. 이 조사에서 프랑스인 51퍼센트가 알제리에 좋은 이미지를, 48퍼센트가 나쁜 이미지를, 알제리인 55퍼센트가 프랑스에 좋은 이미지를, 43퍼센트가 나쁜 이미지를 가지고 있다고 응답했다. Enquête Harris Interactive pout *Historia* (3~13 décembre 2021).

8 마크롱 대통령의 알제리 과거청산 정책에 대해서는 S. Dedoux & P. Max Morin, *L'Algérie de Macron, Les impasses d'une politique mémorielle* (PUF, 2024).

9 G. Pervillé, *Histoire de la mémoire de la Guerre d'Algérie* (Editions Soteca, 2022), pp. 135~140.

20장 1968년 5월: '68운동' 50년 후의 평가와 유산

※ 이 글은 《프랑스사 연구》 39(2018. 8)에 실린 〈'68운동을 기념할 것인가?' 50년 후의 유산과 전망〉을 바탕으로 대폭 수정 가필한 원고이다.

[1] 2017년 10월과 11월에 마크롱 대통령이 68년 50주년을 국가기념식으로 거행할 구상을 언급했다가 취소하면서 한 발언들에 의하면 68은 '유토피아와 환멸의 시기'였다. "Mai 68: Macron envisage de commémorer les 50 ans des événements", *L'Opinion*, 2017. 10. 19.

[2] "Alain Krivin: 50 ans après, l'héritage de Mai 68", *TV5 Monde*, 2018. 3. 21.

[3] "Il y a 50 ans, Mai 68", La Croix, 2018. 3. 18.

[4] '검은 잠바blouson noir'는 1950년대에 프랑스에서 처음 등장했고, 1958년부터 1961년 사이에 정점에 이른 후, 1960년대 후반에 퇴색한 청년층의 '하위문화subculture'이다. 미국문화 영향의 결과로 특별한 복장 규정과 로큰롤 음악과 연관되는 가운데 '검은 잠바'는 이후 많은 청소년 문화 유행의 모태가 되었다. 이와 유사한 하위문화는 다른 유럽 국가에서도 동시에 번성했다. 이 주제와 관련해서는 다음 자료를 참조하라. Jean-Paul Bourre, *Quand j'étais blouson noir–Issoire 1963~1964* (Paris: Scali, 2007); Emile Copfermann, *La génération des Blousons Noirs. Problèmes de la jeunesse française* (Paris: La Découverte, 2003); Laurent Mucchielli et Marwan Mohammed (dir.), *Les bandes de jeunes. Des "blousons noirs" à nos jours* (Paris: La Découverte, coll. "Recherches", 2007).

[5] "Il y a 50 ans, Mai 68", *La Croix*, 2018. 3. 18.

[6] '밤을 새우다Nuit debout'는 2016년 2월에 소개된 '노동법'에 반대하여 2016년 3월 31일부터 공공장소에서 발생한 일련의 시위이다. 이 사회운동은 다원적 성격을 지니며, '투쟁의 공조'를 구축할 것을 제안했다. 초기의 요구인 노동법의 거부는 정치제도와 경제체제의 전반적 도전으로까지 확대되어 나갔다. 이와 관련해서는 다음 자료를 참조하라. Gaël Brustier, *Nuit debout: que penser?* (Paris: Le Cerf, 2016); Patrick Farbiaz (textes, choisis et présentés par), *Nuit debout* (Paris: Les Petits matins, 2016).

[7] 3월 22일 운동Mouvement du 22 mars은 1968년 3월 22일 낭테르대학Université Paris X-Nanterre에서 조직된 반권위주의적이고 자유주의적인 프랑스 학생운동이다. 다니엘 콘벤디트는 이 운동의 핵심 지도부였다. 이 주제와 관련해서는 다음 자료를 참조하라. Mouvement du 22 mars, Émile Copfermann (préf), *Ce n'est qu'un début, continuons le combat*

(Paris: Maspero, 1968); Mouvement du 22 mars, *Mai 68, tracts et textes* (Paris: Éditions Acratie, 1998).

[8] "Mai-68: cinquante ans après, une histoire toujours difficile à commémorer", *Le Point*, No. 2383(15 mars 2018).

[9] Alexandre Pouchard, "Mai 68, ligne de fracture nette entre François Hollande et Nicolas Sarkozy", *Le Monde*, 24 octobre 2011.

[10] "50 ans après Mai 68, quel héritage?", *Le Nouveau Magazine Littéraire*, No. 589 (1er mars 2018). 68년 5월에 대한 이 여론조사는 18세 이상의 프랑스인 2,007명을 대상으로 2018년 2월 5일부터 6일 동안 전화 연결을 통해 이루어졌다. 할당표본은 인터뷰에 응한 자들의 성별, 나이, 사회 직능별 범주에 따라 적용되었다. 조사 결과의 오차범위는 1퍼센트에서 2.3퍼센트 사이였다.

[11] 동시에 르 고프는 68운동 내에 존재하는 성적 불평등을 비판하기도 했다. "심지어 68운동의 주역인 학생들 사이에서도 여성들은 남성들이 말하게 내버려두는 것이 낫다는 생각을 마음속에 품고 있었다. 학생 지도부에서는 어떠한 여성들의 이름도 등장하지 않았다. 68년 5월은 '여권신장적'이지 않았다는 점을 분명히 해야 한다". 뤼디빈 방티니 역시 '혁명의 나날들' 동안 "남녀 간의 역할 분담은 그대로 유지되었다. 운동 내부에는 성차별주의가 존재했다"라고 비판했다. "Il y a 50 ans, Mai 68", *La Croix*, 2018. 3. 18.

[12] 이와 관련해서는 이재원, 〈프랑스의 '68년 5월': 40주년 기념과 평가〉, 《서양사론》, No. 100(2009년 3월), 287~309쪽을 참조하라.

21장 1981년 5월: 미테랑의 대선 승리와 프랑스의 사회주의 정치

※ 이 글은 《프랑스사 연구》 49(2023.8)에 실린 〈1981년 5월 10일, 미테랑의 대선 승리와 프랑스 사회주의 정치〉를 바탕으로 대폭 수정 가필한 원고이다.

[1] Mehdi Ouraoui, *Les grands discours socialistes français du XXe siècle* (Paris: Complexe, 2007), p. 149.

[2] *Programme Commun de Gouvernement du Parti Communiste Français et du Parti Socialiste (27*

juin 1972) (Paris: Editions Sociales, 1972).

3 *Projet socialiste pour la France des années 80* (Paris: Club socialiste du livre, 1980), p. 10.

4 "110 Propositions pour la France", *Le Poing et la Rose*, No. 91 (Février 1981).

5 Olivier Wieviorka et Christophe Prochasson, *La France du XXe siècle: Documents d'histoire* (Paris: Seuil, 2011), p. 626.

6 Michel Beaud, *Le mirage de la croissance: T.I La politique économique de la gauche (mai 1981–décembre 1982)* (Paris: Syros, 1983), p. 60.

7 Pierre Mauroy, *Mémoires: "Vous mettrez du bleu au ciel"* (Paris: Plon, 2003), p. 204.

8 Jean Auroux, *Les droits des travailleurs. Rapport au président de la République et au Premier ministre* (Paris: La Documentation française, 1981), pp. 4~5.

9 Pierre Favier et Michel Martin-Roland, *La Décennie Mitterrand: 1. Les Ruptures (1981~1984)* (Paris; Seuil, 1990), p. 601.

10 J. Attali, *C'était François Mitterrand* (Paris: Fayard, 2005), 김용채 옮김, 《자크 아탈리의 미테랑 평전》, 뷰스, 2006, 132~133쪽.

22장 2015년 1월: 《샤를리 엡도》 사건과 프랑스 내 소수자들

※ 이 글은 《호모미그란스*Homo Migrans*》 13(2015년 11월)에 실린 〈샤를리 엡도 사건과 프랑스 내 소수자들—무슬림, 유대인 그리고 프랑스 공화국〉을 바탕으로 대폭 수정, 보완한 원고이다.

1 Alexis Rosenbaum, *L'antisémitisme : thèmes & débats* (Paris : Bréal, 2006), p. 91.

2 Paula E. Hyman, *The Jews of Modern France* (University of California Press, 1998), pp. 201~202.

3 Pierre-André Taguieff, *La Nouvelle Judéophobie* (Paris: Mille et une nuits, 2002).

4 Michel Winock, *La France et les juifs : De 1789 à nos jours* (Paris : Editions du Seuil, 2004), p. 351.

5 Nicolas Weill, *La République et les antisémites* (Paris: Grasset, 2004), p. 15. 2023년 10월에 시작된 하마스-이스라엘 전쟁 이후에도 프랑스 내 반유대주의 사건이 급증했음은 다수

언론을 통해 입증할 수 있다.

6 필립 아리에스, 조르주 뒤비 책임편집, 앙투안 프로, 제라르 뱅상 편집, 김기림 역, 650쪽.

7 Bernard Langlois, "L'affaire Siné" in *Politis* du 24 juillet 2008.

8 *Le Monde* du 28 août 2008.

9 박단, 〈2005년 프랑스 '소요사태'와 무슬림이민자 통합문제〉, 《프랑스사 연구》 제14호 (2006. 2), 245~247쪽 참조.

10 *Chevenement.fr* —le blog de Jean-Pierre Chevènement.

11 David Assouline, Mehdi Lallaoui(s.d.), *Un siècle d'immigrations en France* : 1945 à nos jours (Paris : Syros, 1997), p. 23.

찾아보기

프랑스를 만든 나날, 역사와 기억

II 현대 프랑스의 파노라마

2025년 5월 15일 초판 1쇄 인쇄
2025년 5월 19일 초판 1쇄 발행

글쓴이	이용재 외
기 획	한국프랑스사학회
펴낸이	박혜숙
디자인	이보용 김진
펴낸곳	도서출판 푸른역사

　우) 03044 서울시 종로구 자하문로8길 13

　전화: 02)720-8921(편집부) 02)720-8920(영업부)

　팩스: 02)720-9887

　전자우편: 2013history@naver.com

　등록: 1997년 2월 14일 제13-483호

ISBN 979-11-5612-294-4 04900
ISBN 979-11-5612-267-8 04900(세트)

• 잘못 만들어진 책은 교환해드립니다.